Der Buchverlag

Eduard Schönstedt

Der Buchverlag

Geschichte, Aufbau, Wirtschaftsprinzipien,
Kalkulation und Marketing

Zweite,
durchgesehene und korrigierte Auflage

Verlag J. B. Metzler
Stuttgart · Weimar

Die Deutsche Bibliothek - CIP-Einheitsaufnahme

Schönstedt, Eduard:
Der Buchverlag: Geschichte, Aufbau, Wirtschaftsprinzipien,
Kalkulation und Marketing / Eduard Schönstedt. – 2., durchges. Aufl. –
Stuttgart : Metzler, 1999
ISBN 3-476-01691-9

Gedruckt auf säurefreiem, alterungsbeständigem Papier

ISBN 3-476-01691-9

© 1991/1999 J. B. Metzlersche Verlagsbuchhandlung und
Carl Ernst Poeschel Verlag GmbH in Stuttgart
Einbandgestaltung: Willy Löffelhardt
Satz: Grafik-Design und Satzstudio Fischer, Weimar
Druck: Franz Spiegel Buch GmbH, Ulm
Printed in Germany

Motto:

Der Verleger schielt mit einem Auge nach dem Schriftsteller, mit dem anderen nach dem Publikum. Aber das dritte Auge, das Auge der Weisheit, blickt unbeirrt ins Portemonnaie.

Alfred Döblin

Inhaltsverzeichnis

Teil A:
Verlags-Historie

Teil B:
Verlagsformen und Wirtschaftsprinzipien

Teil C:
Aufbau und Organisation im Buchverlag

Teil D:
Die Kalkulation von Büchern

Teil E:
Marketing für Buchverlage

Teil F:
Anhang

Vorwort

»Die Buchhändler sind alle des Teufels, für sie muß es eine eigene Hölle geben.« Keinem geringeren als Johann Wolfgang von Goethe entfuhr dies als Fluch in einem Gespräch im Jahre 1829, aber gemünzt war die zitierwürdige Äußerung nicht auf die Sortimenter, sondern auf Johann Friedrich Cotta, seinen *Verleger.*

Verteufelt werden die Verleger in diesem Buch *nicht,* auch wenn es seit Goethe nicht aufgehört hat, daß Autoren, Buchhändler und Leser Verleger verteufeln: Bei Goethe speziell war der Grund Cottas Zaudern bei der Herausgabe der Goetheschen Werke, bei Autoren schlechthin ist es (zum Beispiel) notorisch der zu geringe Einsatz des Verlags für die Werbung, beim Buchhändler der Rabatt, der zu niedrig, und beim Leser der Ladenpreis, der zu hoch ist. Unter Insidern haben Verleger zuweilen sogar ein Image, das nachträglich die Gestalten der Bibel verändert. Wie schreibt doch Lord Byron an einschlägiger Stelle? »Barabbas aber war ein Verleger.«

Genau dem ökonomischen, kommerziellen, nicht dem geistig-ideellen Aspekt, sondern der »Ware« Buch ist dieses Buch gewidmet – genauso, wie es Döblin in *seinem* Bonmot formuliert hat. Es wird gezeigt, wie Verleger wirtschaftlich handeln müssen, um ihre kulturelle Aufgabe erfüllen zu können. Der Leser wird dabei nicht nur erfahren, wie es zur Entwicklung der Verlage in unserer heutigen Form kommen mußte, sondern auch, was der moderne Verlag von der Akquisition der Autoren bis zu Durchführung des Absatzes konkret zu tun hat. Produktionsrisiken, Buchhandelsrabatte, Ladenpreise wie aber auch Wirtschaftsphilosophie oder Marketing der Verlage werden dadurch verständlich.

Die Branche, um die es hier geht, ist einerseits von beeindruckender Größe. Etwa 2 000 Buchverlage sind Mitglied im Börsenverein. Etwa 3 000 Verlage kommen hinzu, wenn man auf Presseverlage erweitert. Geht man wieder auf die Buchbranche zurück, stehen neben den Mitgliedsverlagen über 3 500 Mitgliedsbuchhandlungen. Zählt man auch diejenigen Verlage von Büchern, die nicht Mitglied im Börsenverein sind, entstehen nach dem Verzeichnis lieferbarer Bücher (VLB) über 8 500 Firmen, nach dem Adreßbuch für den deutschsprachigen Buchhandel kommen über 12 000 zusammen und die Gesamtheit aller Händler im herstellenden und verbreitenden Buchhandel bringt es inklusive Zwischenbuchhandel auf 17 200 Adressen. Die Buchtitelneuproduktion belief sich zur Buchmesse 1990, das noch nicht einmal ein Titelrekordjahr darstellte, auf 62 500, was auf den Arbeitstag umgerechnet über 200 Titel täglich neu bedeutet. Neben diesen neuen stehen über 500 000, die nach dem VLB lieferbar sind, obwohl längst nicht alle Verlage ihre Titel dort sigeln. Die Umsätze mit Büchern belaufen sich (1990 für das Vorjahr erhoben) mit den Fachzeitschriften der Buchverlage auf zwölf Milliarden Mark auf allen Vertriebswegen, nimmt man die Verlage der Presse wieder hinzu, entstehen zusätzliche 36 Milliarden oder 48 total. Und genauso beeindruckend ist der Blick auf die Beschäftigtenzahlen, insbesondere im verlagsnahen Branchenvergleich. Für die Verlage arbeiteten im Erhebungszeitraum für Buch und Presse in allen Arbeitsstätten zusammen über 270 000 Beschäftigte – für die Druckindustrie waren es 180 000, die etwa 33 Milliarden umsetzten und in der Werbewirtschaft knapp 100 000 mit etwa 24 Milliarden Mark Jahresumsatz.

Die beeindruckende Bilanz der Verlagswirtschaft ändert sich aber bzw. wird erst dann einschätzbar, wenn man sie mit »fremden« Branchen oder der Gesamtwirtschaft in Vergleich setzt. Der Handel mit Büchern beträgt dann, gemessen am Gesamteinzelhandel (mit Lebensmitteln, Textilien, Radio und TV etc.) gerade ein Hundertstel, und der Anteil am Bruttosozialprodukt (2 260 Milliarden) beträgt für die Buchverlage 0,53 Prozent. In absoluten Zahlen entspricht das dem Umsatz eines einzigen Kaufhauskonzerns oder den Kontoführungsgebühren, welche die Banken in der BRD gegenüber ihren Kunden erheben.

Innerhalb dieses einerseits großen, andererseits minimalen wirtschaftlichen Rahmens erscheint »Der Buchverlag« zu einem für die Entwicklung des Verlagswesens brisanten Zeitpunkt. Der »Strukturwandel« liegt (aber bis zu welchem Teil?) hinter uns, das »Gemeinsame Deutschland« (mit seinen Chancen) konstituiert sich, der »EG-Binnenmarkt« (mit seinen Unsicherheiten und sicher Gefahren) ab 1993 liegt vor uns. Aber nicht nur die wirtschaftlichen Umbrüche werden die Verlagswirtschaft ändern, sondern auch die technologischen, die gerade nach 1990 auch für das Buch zu neuen Medien führen. Vom gedruckten Produkt, der Grundlage für die Buchverlagswirtschaft, hieß es schon vor zehn Jahren, daß es in Zukunft als buchgroßer Körper mit Flüssigkristallbildschirm erscheine, in dem man, je nach Bedarf, literarische, wissenschaftliche und sogar farbbildfähige ganze Verlagsprogramme/Programmbibliotheken einspeisen könne. Auf der Buchmesse 1990 haben – nach Mikrofiches, PC-Kassetten, Disks und CD-ROMs europäischer und amerikanischer Provenienz – Japaner ihren nur postkartengroßen » Electronic Book Player« von erstaunlicher Speicherkapazität und mit, für ein Druckprodukt, unerreichbarem Benutzerkomfort vorgestellt, dies »Buch« steht also vielleicht bald neben den anderen Formen, die wir bereits aus dem Electronic Publishing kennen. »Der Buchverlag« versucht zusammenzufassen, was sich im Bereich des gedruckten Produkts tun läßt, aber manches wäre schon übertragbar.

Ein paar Bemerkungen sind noch für das Lesen des »Buchverlags« nötig. Er beginnt wie ein Lesebuch, wird dann zum Sachbuch, und ist am Ende beinahe ein Lehrbuch. Er greift dabei auf über sechs Jahre eigener praktischer Tätigkeit in Verlagen und nahezu zehn in Lehre und teilweiser Forschung zurück. Er verarbeitet ferner Gespräche mit Verlegern, Autoren, Herstellern, Vertriebs- und Werbespezialisten, dazu die auf Branchenseminaren, Verlagsexkursionen und Buchmessen des In- und Auslandes gewonnenen Informationen, Sendungen aus Hörfunk und Fernsehen und Zufallsfunde aus Zeitungen und Zeitschriften – neben natürlich »Börsenblatt«, »BuchMarkt«, »Buchreport« sowie der »eigentlichen« Literatur. Für den Leser ergibt sich vor diesem Hintergrund positiv, daß dies Buch fast ohne Anmerkungen auskommen muß, nur das Notwendigste (wie zentrale Zitate) wird nachgewiesen. Die Leserschaft für das Buch müßte vielfältig sein. An den Universitäten ermöglicht es allen mit der Materie Buch und Verlag besonders verbundenen Studierenden einen Einblick in den verlegerischen bzw. kaufmännischen Literaturbetrieb. Im Ausbildungswesen für den Buchhandel fundiert oder erweitert es für Verlagsbuchhändler, Verlagskaufleute, Sortimenter und Bibliothekare die Fachausbildung. In Verlagen kann es Lektoren, Herstellern, Werbern, Vertriebs- und Marketingkräften, Kalkulatoren und Verlegern zum Nachschlagen darüber dienen, was gegenüber den im eigenen Verlag realisierten Modellen anders sein könnte. Für direkt das Buch- oder Verlagswesen Studierende dürfte es ein Baustein im Rahmen des Fachstudiums sein, Autoren (nicht nur potentielle) dürften als Leser in Frage kommen, sowie der von den Buchhändlern und Verlegern seit Gutenberg gesuchte »am Buch allgemein Interessierte«. Fachlesern sei aber vorab erklärt, daß sie nicht immer das ihnen Vertraute vorfinden. Lücken mußten angesichts des thematischen Umfangs oft bleiben, Abweichungen geschahen immer wider besseren Wissens, für die echten Irrtümer bin ich natürlich selbst verantwortlich und bedanke mich für eine Belehrung.

Vorwort zur zweiten Auflage

»Der Buchverlag« ist ausverkauft und verlangt seine zweite Auflage. Was ist über die erste zu berichten und was über die neue zu sagen?

Zunächst zur Rezeption der Erstauflage. Die Presse hat mit einer Fülle von in der Fachliteratur erschienenen Rezensionen positiv reagiert – aus der Vielfalt der zitierbaren Stimmen sei allein eine Überschrift aus der Besprechung im »Börsenblatt für den Deutschen Buchhandel« herausgegriffen: »In kurzer Zeit schon fast zum Standardwerk geworden.« Ähnlich reagierten die Verlage. Es gibt kaum ein Kapitel dieses Buchs, für das nicht Verlage eine komprimierte oder erweiterte oder sogar unveränderte Fassung für eine eigene Ausgabe hätten haben wollen. Die Fachautoren »orientieren« sich in gekennzeichneter, aber auch ungekennzeichneter Form (speziell im Teil Marketing) an dem Buch und sogar Unternehmensberatungen für Verlage greifen für ihre Klientenberatungen auf das in »Der Buchverlag« Dargelegte zurück. So darf man zusammenfassend wohl annehmen, daß die Rezeption der ausverkauften Auflage positiv war und die Produktion einer neuen Berechtigung hat.

Damit zur zweiten, vorliegenden Auflage. Kein Buch, so sagen geflügelte Worte aus der Druck- und Verlagswirtschaft, sei ohne Druckfehler – auch »Der Buchverlag« war ein Beispiel dafür; in dieser Ausgabe sind (hoffentlich!) alle Druckteufeleien beseitigt. Dann zum Inhaltlichen. Die zweite Auflage ist keine inhaltlich aktualisierte und vollständig überarbeitete Neuausgabe. Dafür sprechen zeitliche Gründe, denn das Buch hätte sonst über mehrere Jahre vergriffen sein müssen, aber andererseits auch sachliche. Wir stehen 1999 in der Endphase der Diskussion um die Preisbindung, direkt vor der Einführung des Euro, die seit Jahrzehnten beobachteten Entwicklungen zum Strukturwandel erhalten im Zug der jetzt begonnenen Globalisierung mit ihren massenhaft vorangetriebenen nationalen und internationalen Aufkäufen und Fusionen eine Dimension niemals gekannten Ausmaßes. Daneben stehen so »kleine« Innovationen wie das Soft- oder Rocket-eBook, das Publishing On Demand für das Buch mit der Auflage 1 Exemplar, die ebenfalls Revolutionierungen einleiten können sowie – last, aber keinesfalls least – der aufschießende Internet-Buchhandel. Es geht also um mehr als nur die nicht mehr neuen Neuen Medien und Multimedia, es geht um Veränderungen, deren Folgen erst im neuen Millennium absehbar sind – und danach wird »Der Buchverlag«, in welcher Form auch immer, vollständig erneuert erscheinen.

Stuttgart, im Dezember 1998   Eduard Schönstedt

TEIL A:
VERLAGS-HISTORIE

1. Vor-Geschichte: Relativierung heutiger Grundvorstellungen

»Buch«, »Druck«, »Verlag« – drei Begriffe, drei Phänomene, die zusammengehören – untrennbar, komplexartig. So sah es jahrhundertelang das lesende Publikum, und so sahen es auch die professionellen Verlagsspezialisten. Dabei ist es ein Irrtum. Es gibt mehr Verlagssysteme als die, die zu Buch und Druck gehören, und ursprünglich hatten Buch, Druck und Verlag überhaupt *nichts* miteinander zu tun.

Für diesen Irrtum nicht nur einer teilgebildeten Allgemeinheit, sondern durchaus auch einer ungebildeten Fachwelt gibt es eine Erklärung; am Anfang dieses Buches bezeichnen wir sie zunächst als »Verlags-Syndrom«. Es ist eine Folge der automatischen Erinnerung an jenen bekannten Erfinder, auf den man das Drucken von Büchern gemeinhin zurückführt – an Gutenberg also – und von dessen Erfindung an es das Verlegen gedruckter Bücher gibt. So steht hinter dem Verlags-Syndrom, genauer gesehen, ein weiteres, das es erklärt: Die wahre Wurzel des Irrtums ist in dem »Gutenberg-Syndrom« zu entdecken.

Von einem Syndrom zu reden empfiehlt sich, da in einem Syndrom – wie in dem einer Krankheit – stets mehrere Merkmale zusammenkommen, deren gemeinsames Auftreten auf eine sachimmanente Verkettung hinweist – dies gilt auch für unser Denken. *Buch, Druck* und *Verlag* sind die drei zentralen Vorstellungen, die schon beim Laien in einem Assoziationskomplex verschmelzen. Würde man die wenigen noch einfachen Elemente aus der Sicht eines speziellen Kenners der Branche präzisieren und differenzieren, könnte man den gleichen Komplex professioneller wie folgt beschreiben:

Verlage sind Gewerbebetriebe, die Bücher hervorbringen, und zwar als identische Vervielfältigungstücke (Kopien) aus einer Auflage, die mittels Druck produziert wird.

Dieser Satz, exakt, rational – eventuell aber auch als trivial oder als Binsenweisheit ansehbar (doch somit als »wahr«) – war über Jahrhunderte in allen zentralen Einzelbegriffen sowie als Ganzes vollständig »falsch« und ist es von der allgemeinen betriebswirtschaftlichen sowie volkswirtschaftlichen Systematik aus auch in der Gegenwart. Er dient deswegen als Leitsatz, um über die Relativierung geläufiger Grundvorstellungen von heute in die eigentliche Geschichte von Buch, Druck und Verlag einzuführen.

3

1.1 »Verlag«

»Verlag« hatte nichts mit Druck und mit Buch zu tun; das kann man gleich auf drei Ebenen belegen: *etymologisch, semantisch* und *kultur-* oder *wirtschaftsgeschichtlich.*

Die *etymologische* Analyse zeigt, daß das erste Verlegen weit vor dem Beginn des Drucks lag, denn die Sprache der ersten Drucker in Deutschland war – sofern nicht Latein, wie in den Fachtermini – das Frühneuhochdeutsche, der älteste Nachweis des Verbs »verlegen« ist aber bereits im Althochdeutschen als »farlegjan« gesichert. Aus ihm entwickelte sich durch Sprachverschiebung und Umlautung im Mittelhochdeutschen »verlegen« (mit »verleger« und »verlegunge«) sowie im Mittelniederdeutschen »vorlegen« (mit »verleger« und »verlac«).

Die *semantische* Analyse ist noch erhellender, denn sie zeigt, daß dies »verlegen« nicht – im lokalen Sinn – mit »etwas von einem Ort nach einem anderen« verlegen zu tun hat, sondern – wie die Lexika zeigen – den Bedeutungsumfang »etwas hingeben an einen anderen«, »wofür aufkommen«, »für einen Geldausgaben machen« etc. haben, zusammenfassend: »Kosten vorstrecken für jemand oder eine Sache« bzw. in Anlehnung an das genaue Wort des Niederdeutschen gesagt: verlegen heißt vorlegen. Druck und Buch aber kommen auch in der Semantik von »vorlegen« / »verlegen« nicht vor.

Am aufschlußreichsten schließlich ist die wirtschafts-, nämlich *handelsgeschichtliche* Recherche, weil sie ein Ergebnis liefert, das gleichfalls nicht mit dem Syndrom von Verlag übereinstimmt, aber an das wortgeschichtliche Ergebnis anknüpft. In Helmut Hillers »Wörterbuch des Buches« (dem kleineren der beiden traditionellen Fachlexika für die Branche Verlag) ist unter dem Stichwort Verlag zu lesen:

»Der ›Verleger‹ war auch schon im 14. und 15. Jahrhundert derjenige, der aufgrund intensiver Marktkenntnisse und seiner Kreditierfähigkeit Handwerker und Heimarbeiter mit der Herstellung verschiedener Erzeugnisse beauftragte, ihre Arbeit finanziell bevorschußte und für den Verkauf der fertigen Produkte sorgte.« [1]

Eine ganz gleichartige Auffassung gibt auch Joachim Kirchners »Lexikon des Buchwesens« (das umfassende traditionelle Nachschlagewerk für Buch und Verlag) von Verlegern:

»Die bekanntesten ›Verleger‹ des Mittelalters waren die Fugger, die z. B. das Eisenerz der österreichischen Hütten in die oberdeutschen Hütten beförderten und für den Absatz des Erzes sorgten oder für die oberdeutschen Weber einheitlich Maß und Qualität festlegten und die so marktfähig gemachten Tuche exportierten.« [2]

Die nicht buch- oder druckbezogene Herkunft des ursprünglichen Verlegers rundet sich zu einem abgeschlossenen Eindruck, wenn man als drittes die nicht buchhandelsbezogene allgemeinwirtschaftliche, beispielsweise be-

triebswirtschaftliche Literatur hinzuzieht. In der allgemeinen Betriebswirtschaftslehre wird klargestellt:

»Der Verlag. – Beim Verlag wird zwar ebenfalls handwerklich produziert, doch erfolgt
im Gegensatz zum Handwerksbetrieb die Anfertigung von Erzeugnissen durch Heimarbeiter aus vom Unternehmer geliefertem Material unter Verwendung von möglicher-
weise ebenfalls durch den Unternehmer gestellten Werkzeugen oder Maschinen. Der
Arbeitsplatz wird vom Unternehmer sozusagen in die Wohnung der Heimarbeiter verlegt. Der Unternehmer befaßt sich somit im wesentlichen nur mit der Materialbeschaf-
fung, läßt die Produkte extern in Lohnarbeit anfertigen und übernimmt dann wieder den
Vertrieb.« [3]

Der Buchverlag steht dabei weder im Zentrum, noch ist er ein Beispiel am
Rande, er kommt gar nicht vor! Er ist eine Ausnahme, von der es in den Kul-
tur- und Handelsgeschichten heißt, daß sich seltsam genug das Wort Verlag
»nur für die Buchverlage erhalten« habe. [4]
  Im Rahmen der allgemeinen Wirtschaftslehre wird das Verlagssystem also ab-
strakt gesehen und hat einen bestimmten Stellenwert innerhalb der historischen
Nacheinanderentwicklung der vier möglichen *gewerblichen Betriebssysteme.*
Aufeinander folgen in Stufen, wieder nach der Betriebswirtschaftslehre [5]:

* Handwerksbetriebe
* Verlag (nicht zu verwechseln mit Buch- oder Zeitschriftenverlag),
* Manufaktur,
* Industrieunternehmen.

Beim *Verlag* kann dann noch einmal differenziert werden: der Verlag nach
dem *Lohnsystem* (der Verleger entlohnt die von ihm Beschäftigten durch ein
Entgelt), nach dem *Kaufsystem* (der Verleger kauft dem an sich Selbständigen
die Ware zu einem vereinbarten Preis ab) und nach dem System der gewerblichen *Zwischenmeister* (die Produkte werden von Selbständigen bezogen, die
sich ihrerseits – in einer Werkstatt – Beschäftigte halten).
  Diese Positionierung liefert die wirtschaftlich allgemeine, ursprüngliche –
und noch heutig gültige – Definition von Verlag. Die Fugger, welche im Erz-
abbau die historischen sogenannten Gewerken oder Gewerkschaften (Gruben-
arbeiter) bevorschußten, waren die ersten Großverleger in einem »Mon-
tan«-Verlag. Bei den Webern lag ein »Textil«-Verlag vor. Der historische
Weberaufstand – dokumentiert in dem Schauspiel von Gerhart Hauptmann –
ist tatsächlich ein Verleger-Aufstand (nämlich gegen die Verleger), der zeigt,
bis zu welchen sozialen Ausbeutungen das Verlagssystem pervertiert werden
konnte. Nach dem Verlegersystem wurden auch Böttcher, Seiler, Drahtzieher,
Instrumenten-, Uhren-, Kleineisen- und Waffenmacher beschäftigt. Im 17. und
18. Jahrhundert war der Verlag das »beherrschende« Betriebssystem, das zu
dieser Zeit zugleich seine Grenzen erreichte:

»Aber selbst das Verlegersystem genügte den steigenden Anforderungen des 17. und 18.
Jahrhunderts nicht mehr, als zum Beispiel große stehende Heere mit Waffen und Klei-
dung versorgt werden mußten.« [6]

Diese Bewertung belegt noch einmal in historischer Sicht den Verlag als »Übergangsform vom Handwerk und Hausgewerbe zur Manufaktur und Fabrik«. [7] Aber bis heute sind Verlage in dem ursprünglichen Sinn wirtschaftlich tätig: als thüringischer Spielzeug-Verlag, österreichischer Tabak-Verlag, als italienischer Pelzmode-Verlag, als deutscher oder amerikanischer internationaler mehrere Hundert Mitarbeiter beschäftigender Teppich-Verlag usw. – um nur einige gegenwärtige Formen zu nennen. Die einzige Ausnahme, die nicht in den Kreis echter Verlagssysteme gehört, ist der »Bier-Verlag« – weil er einen puren Zwischenhandel für die Brauereien auf Kommissionsbasis darstellt. Warum sich der Name Verlag heute dennoch fast ausschließlich auf dem mit Herstellung und Vertrieb beschäftigten Verlag von Büchern oder Presseprodukten erhalten hat, konnte die Forschung bis heute nicht befriedigend klären.

1.2 »Buch«

War der Weg vom Verlagssystem zum Buchverlag weit, so ist es auch der zum heutigen *»Buch«* und verlangt der Begriff seinerseits Relativierungen. Wenn wir heute von »Büchern« reden und sie besitzen, dann wegen der hinter dem Buch stehenden *Idee,* seiner *Ökonomie* und einer besonderen *Sprachgebung.*

Von der *Idee* her oder dem Prinzip beginnt das Buch beim griechischen »Diptychon«. Unter einem Diptychon hat man zwei hölzerne, metallene oder auch elfenbeinere Tafeln zu verstehen, die durch Ringe miteinander verkettet, auf ihren Außenseiten verschiedentlich mit Dekor, innen aber mit einer glatten Beschichtung aus Wachs versehen waren. Aufgeklappt konnten die »Zweikläppler« auf dem meist weißen Wachs (»album« d. h. das Weiße, daher unser heutiges »Album«) mit dem Griffel (»stylos«, daher unser heutiger »Stil«) beschrieben werden. Der Ausgangspunkt ist die nur einseitige Notiztafel, der das Diptychon folgte. Aber durch das Hinzufügen weiterer Tafeln entstanden das »Triptychon«, »Tetra-«, »Penta-« und allgemein das »Polyptychon«. Im Prinzip des Polyptychons ist das Buch von Idee und Funktion her zum erstenmal realisiert. Die Diptychen und ihre mehrseitigen Varianten tragen zwar einen griechischen Namen, sind aber hauptsächlich im römischen Kulturraum und dort bis in die christliche Zeit belegt.

Die Römer unternahmen auf dem Weg zum Buch den nächsten Entwicklungsschritt, indem sie den »Kodex« (lat. »codex«) entwickelten. Ein Kodex hat mit Büchern zunächst gar nichts zu tun. Wir finden die ursprüngliche Bedeutung in heutigen Begriffen wie Ehren-, Moral- oder Verhaltenskodex, für die Bücher lediglich dann die materiellen Träger zur Aufzeichnung wurden. Die Kodizes hängen mit den Di- oder Polyptychen aber dennoch direkt zu-

6

sammen, was schon aus der älteren – erhaltenen – Form »caudex« (was »Holzblock« oder »Holzdeckel« bedeutet) hervorgeht, nur daß man die Holztafeln durch Pergament ersetzte. Das hatte wichtige Hintergründe. Denn die Wachstafelbücher hatten zwar den funktionalen Nutzen, durch Erhitzen immer wieder geschmolzen, geglättet und damit einer neuen Benutzung zugeführt werden zu können, und dies sprach auch ökonomisch für sie, abgesehen davon, daß die Kosten für Holz und Wachs niedriger waren als die für Pergament. Aber die Holztafelseiten waren zu unhandlich, zu voluminös. Und ihr Format zu begrenzt. Beides reichte nicht zur Aufzeichnung so langer Texte, wie es, nicht erst später, das Buch forderte. Bei Pergament ist das anders. Es entsteht durch eine besondere Behandlung ungegerbter Haut von beispielsweise Kälbern, Ziegen oder Schafen, ist also praktisch eine Art Leder. Das größte vorgeschnittene Format führte nach einmaliger Falzung zum Format »Folio« (deswegen später »Foliant«), das damit zwei Blätter oder vier Seiten enthielt. Die vierseitigen Falze konnten ineinandergelegt und zu »Lagen« geheftet, die gehefteten Lagen in oder zwischen hölzerne, oft lederüberzogene Deckel gebunden werden. Die Idee und das Prinzip des Buches haben wir daher, wenn man von dem noch nicht erfundenen Druck, vom Papier und weiteren unten genannten Parametern absieht, im Kodex somit vollständig vorliegen.

Was die Idee des »Kodex« bedeutet, erkennt man erst dann, wenn man bedenkt, daß er den klassischen Informationsträger der Antike, die »Rolle«, ablöste. Die Rolle, ob Quer- oder Längsrolle, war zur Aufzeichnung umfangreicher Texte sehr geeignet. Man kennt Rollen, die eine Länge von 20 Metern erreichten, was immerhin der Textmenge eines modernen Taschenbuchs von etwa 100 Seiten entspricht. Aber die Rolle war unhandlich, das Finden von Textstellen mühsam. Außerdem war eine Beschriftung nur auf einer Seite, der Innenseite, die Regel und eigentlich möglich. Hinzu kamen Nachteile, die sich aus dem hauptsächlich verwendeten Schreibmaterial, dem Papyrus (aus »pa-p-uir«, die »Pflanze des Stroms«), ergaben. Die Ägypter fertigten nach einer alten Flechttechnik zu einem Teil ihre Schiffe, leichte Flußboote, aus Papyrus, doch die Pflanzenfasern ließen sich auch zu einem Beschreibstoff verarbeiten – der älteste, der »industriell« hergestellt wurde. Durch Klopfen, Verkleben und Pressen der überkreuz geschichteten Pflanzenfasern entstanden unterschiedlich große Blätter, die wie unser heutiges Papier beschrieben werden konnten. Die Produktion geschah fabrikmäßig, und mindestens seit dem dritten Jahrhundert vor Christus sind Massentrans- und -exporte des Papyrus in Form von »Ballen« belegt.

Allerdings hatte dieses Schreibmaterial einen *ökonomischen* Nachteil: Auf Papyrus ließ sich einmal Geschriebenes nicht wieder tilgen, man konnte nicht radieren oder schaben. Bei Pergament hingegen war dies möglich. Pergament läßt sich sogar bei Bedarf nähen. Und auf Pergament konnte man ferner Texte vollständig tilgen, so daß es, wie seinerzeit die Wachstafeln, erneut beschrieben werden konnte. »Palimpseste« heißen derartige Handschriften, auf denen die erste oder vielleicht zweite und weitere (bis zu acht) Beschriftungen wieder entfernt wurden, um neu beschrieben zu werden (von »palimpsestos«, »wieder abgeschabt«). Papyrus gestattete dies nicht. Außerdem ließ sich Papyrus kaum falzen, so daß er, soweit es längere Texte betraf, allein für die Schriftrolle geeignet war, deren bereits erwähnte Nachteile nun noch zu denen des Materials hinzukamen, also: Schwierigkeiten bei der Findung von Textstellen (ein Buch kann man durchblättern, auf einer Seite aufschlagen, die Rolle muß gerollt werden), dadurch Zeitverlust (eine Rolle muß ja auch noch zurückgerollt werden) und größerer, nämlich der doppelte Materialbedarf, weil nur eine Seite beschrieben wurde (vgl. dazu den von den Römern verwendeten anderen Namen für die Rolle neben »rotulus«: »volumen«), während die Blätter eines Kodex beidseitig zu beschreiben waren. Es sind also ökonomische Kriterien – funktionelle wie materielle –, die die mehrtausendjährige Tradition der Schriftrolle abbrechen ließ zugunsten einer neuen Erfindung, dem Kodex, die dann zum Buch in unserem Sinn führt.

Aber wieso *heißt* das Buch, dessen Idee und Prinzip im Kodex realisiert wurde, »Buch«? Unsere Sprache kennt viele Lehnwörter, also eingedeutschte Begriffe, die auf beispielsweise lateinische Wurzeln zurückgehen: Fenster (»fenestra«), Nase (»nasa«) etc. Aber wir kennen keines, das analog zu lateinisch »codex« gebildet wäre. Die Erklärung ist einfach. Die Germanen bedienten sich nur ausnahmsweise einer Schrift, der Runenschrift, wie sie etwa auf den Grabsteinen der nordischen Hünengräber erhalten ist und deren einzelne Zeichen »buochstaben« genannt wurden (hergeleitet von den Stäbchen aus ursprünglich Buchenholz, den ersten germanischen Symbolen zur Darstellung und Fixierung von Information, sei sie konkret wie bei Handelsgeschäften erforderlich, sei sie symbolisch, wie sie bei magischen oder religiösen Riten nötig war). Dieses Alphabet bzw. diese Runenzeichen hatten Ähnlichkeit mit den römischen Schriftzeichen der Kodizes und wurden einfach mit dem vertrauten Ausdruck aus der eigenen Sprache benannt. Interessant ist dabei, daß erst das mittelhochdeutsche Wort »buoch« einen Singular darstellt, während die althochdeutsche Form »buoh« noch einen Plural (der Singular fehlte) bezeichnete und damit auf die zusammengehefteten Holztafeln des »caudex« verweist (Deckel und später die Seiten), über welche das Buch, vom Diptychon ausgehend, sich entwickelt hat.

Seit der Einführung des Kodex hat »das Buch« seinen Charakter nicht mehr verändert. Man erkennt das an den Definitionen, die vom heutigen modernen Standort aus das Buch so zu definieren versuchen, daß sie allen bekannten Varianten gerecht werden sollen. Nach dem zitierten »Wörterbuch des Buches« etwa ist ein Buch

»Eine in einem Umschlag oder durch Heftung zusammengefaßte, meist größere Anzahl von leeren, beschriebenen oder bedruckten einzelnen Papierblättern oder Lagen bzw. Bogen.« [8]

Die Form ist geblieben, neu sind vor allem das Material (Papier) und das Verfahren (Druck). Eine international gültige Definition gibt die UNESCO, wobei es heißt:

»The United Nations Educational Scientific and Cultural Organization (UNESCO) has defined a ›book‹ as being ›a nonperiodical printed publication of at least 49 pages excluding covers‹. This may be the best definition we have.« [9]

Hier werden, wenn man von der Abgrenzung gegen die (periodische) Presse die hier nicht interessiert, einmal absieht, Druck und Umfang als auffälligste Definitionskriterien hervorgehoben: Alles, was gedruckt über drei Druckbogen (mit je 16 Seiten) hinausgeht, darf Buch genannt werden. Die häufigste Anwendung ist naturgemäß die auf Verlagsprodukte. Die Definition entspricht daher sehr genau den drei Grundvorstellungen *(Buch, Druck, Verlag),* wie sie sich im eingangs erwähnten »Gutenberg-Syndrom« äußerten. Es ist jedoch noch den anderen Vorstellungen nachzugehen (wie *Vervielfältigung, Kopie* oder *Auflage).* Und über die Person Gutenbergs selbst, der Drucken, Verlegen und Bücher miteinander in Zusammenhang brachte, wurde noch gar nicht gesprochen.

1.3 »Vervielfältigungsstück«, »Kopie«, »Auflage«

Den gerade zitierten um größtmögliche Allgemeinheit bemühten Definitionen ist eines gemeinsam: Sie beschreiben das Buch wie ein Einzelstück. Um Buch und Verlag miteinander zu kombinieren, reicht das nicht aus. Der Weg zum Verlag und Büchern im heutigen Sinne verlangt *Vervielfältigungsstücke.*

Die Vervielfältigung (»multiplicatio«) konnte im Prinzip auf zwei Weisen geschehen, als Einzelvervielfältigung (Abschrift) durch einzelne, also nacheinander, wie sie in den Klöstern dominierte, oder nach der vom Staat und gewerblich praktizierten Methode, der Mehrfachvervielfältigung durch mehrere Schreiber gleichzeitig nach dem Diktat eines »Diktators«.

Jede Abschrift war zeitaufwendig. Die Einzelabschrift einer Bibel etwa brauchte zwei Jahre. Entsprechendes hätte für die einfache Abschrift profaner Texte gegolten. Das Vervielfältigungssystem mit Diktator und Hörschreibern war aber nicht nur deswegen vorteilhafter, weil es bereits im ersten Vervielfältigungsschritt eine mehrfache Anzahl von Exemplaren hervorbrachte, es erwies sich vor allem bei wiederholter Anwendung als viel effizienter: Durch die Einzelabschriften des Originals der Bibel hätten beispielsweise – wenn nach jeder fertiggestellten Abschrift die Vervielfältigung sofort an den nächsten Abschreiber weitergegeben worden wäre und man auch von allen anderen »multiplicationes« sowie dem Original erneut abgeschrieben hätte – nach drei Perioden maximal sieben Exemplare hinzukommen können; ein gleichlanger

Text hätte es in Diktierstuben mit dem Einsatz von jeweils vier Schreibern dagegen auf zusätzliche 125 gebracht! Das Diktieren war damit das erste System einer wirklichen Massenvervielfältigung. Doch diese Massenvervielfältigungsstücke unterschieden sich von den heutigen durch zweierlei. Erstens war jedes aufgrund seiner Handschriftlichkeit und Individualität seines Abschreibers ein Einzelstück. Hätte etwa Justinian, der Begründer des Römischen Rechts, von seinem Reformwerk 10 000 Exemplare anfertigen lassen, er hätte 10 000 Unikate erhalten. Und zweitens konnten sich im Prozeß von Diktat und Niederschrift Hör- und Schreibfehler einschleichen, die der Methode entsprechend auch massenhaft multipliziert wurden. So entstanden in jedem Fall Stücke, die vom Original abwichen und nicht miteinander identisch waren – noch keine »Kopien«.

Vervielfältigungsstücke dieses Sinns waren also der nächste Schritt zu einer Verlagsproduktion (vgl. den englischen Ausdruck für das Exemplar »copy«). Was für eine Zäsur und ein welcher Fortschritt sich nach dem Ende der schriftlichen Vervielfältigung anbahnte, kann man aus einem historischen Dokument herauslesen, das vielleicht deswegen so relativ oft zitiert wird, weil es einen Schlüsseltext darstellt. Als in Regensburg 1485 zum ersten Mal ein handschriftliches Meßbuch durch Druck vervielfältigt wurde und die massenhaften Stücke der Auflage jedes einzelnen durch geistliche Experten überprüft waren, da, so die authentische Quelle

»... ergab es sich [...] wie durch ein Wunder Gottes, daß in den Buchstaben, Silben, Wörtern, Sätzen, Punkten, Abschnitten und anderem, was dazu gehört, der Druck bei allen Exemplaren und in jeder Hinsicht mit den Vorlagen [...] unseres Doms übereinstimmte. Dafür danken wir Gott.« [10]

Der Text verdeutlicht, daß die Zukunft des Buches beim Druck lag, weil dieser identische Vervielfältigungsstücke, Kopien, gewährleistete. Und Bücher stammen seitdem aus einer Auflage, deren einzelne Kopien mit den früheren Vervielfältigungsstücken nicht mehr vergleichbar sind. So wird oft der Beginn des modernen Verlagswesens grundsätzlich mit dem Beginn einer gedruckten Auflage verbunden. [11]

1.4 »Druck«

Waren die bei Buch und Verlag durchgeführten Revisionen der geläufigen Vorstellungen dadurch gerechtfertigt, daß jenes als Gutenberg-Syndrom bezeichnete Phänomen heute andere als die landläufigen Vorstellungen gar nicht mehr zuläßt, so ist eine Revision in dem Bereich besonders nötig, der sich mit dem »Druck«, der Person Gutenbergs selbst und den von ihm gedruckten Werken beschäftigt. Denn Gutenberg *zwar* sozusagen nicht Gutenberg, zweitens trifft unsere Vorstellung, er sei der Erfinder des *Drucks,* nicht zu, er war – drittens – auch nicht der erste Drucker von *Büchern,* daneben ferner nicht, wie Spezialisten oft vermuten, wenigstens der Erfinder des Satzes und Drucks mit den *beweglichen Typen,* fünftens war die berühmte *»Gutenberg-Bibel« nicht Gutenbergs* Bibel, und sechstens sah dieses Buch – wie alle seine sonstigen Drucke – nicht *»wie gedruckt«* aus.

In der Reihenfolge der Thesen hier nun die Belege. Nur beiläufig sei erwähnt, daß Gutenberg eigentlich anders hieß: Johannes »dictus« (mit Namen) »Gensfleisch«, und zwar »zur Laden« (d. h. auf dem Gehöft) »zum Gutenberg« (bei Mainz). Aber Gensfleisch war auch nicht der Erfinder des Druckens: Araber kannten den »Zeugdruck« (mit hölzernen Modeln auf Stoff), Chinesen und Koreaner druckten schon im siebten und achten Jahrhundert Bücher von Holztafeln auf Papier (die asiatischen »Blockbücher«), und die Tatsache, daß sie 600 bis 700 Jahre älter sind als die frühesten Beispiele aus Europa, mag auf die frühere Erfindung des Papiers zurückgehen. Gutenberg war aber auch in Europa nicht der erste Buchdrucker gewesen, denn dort existierte schon seit dem 13. Jahrhundert das europäische Blockbuch und war noch in der Generation vor Gutenberg und während seiner eigenen Lebenszeit populär (der Name dieser Bücher erklärt sich durch die spezielle Technik des Druckens: Es wurde nach Art unserer Holzschnitte »vom Block« gedruckt und nicht mit beweglichen Lettern). Gutenberg war, wenn man allein auf die Technik abhebt, schließlich nicht einmal der Erfinder des Typendrucks mit einzelnen Buchstaben und anderen Lettern, auch nicht der hölzernen. In seiner Zeit benutzte schon der Holländer Janszon Coster, der auch Blockbücher gedruckt hat, metallische Einzeltypen; kupferne und zuvor hölzerne Einzeltypen waren in Korea im frühen 15. Jahrhundert und im achten Jahrhundert in Gebrauch. Und die früheste – nachweisbare – Anwendung des Letterndrucks ist auf dem kretischen »Diskus von Phaistos« dokumentiert, der minoische Hieroglyphen enthält, die von Typenstempeln stammen – datiert auf mindestens 1650 vor Christus – also über 3000 Jahre vor Gutenberg!

Wenn heute Satz und Druck dennoch auf Gutenberg zurückgeführt werden, dann aus berechtigten, anderen Gründen. Beim Diskus von Phaistos wurden die hieroglyphischen Stempel in den noch weichen Ton der etwa handtellergroßen Scheibe gedrückt, bevor man sie brannte. Das Material bot nicht die Voraussetzungen für die Aufnahme größerer Textmengen. Beim koreanischen Verfahren wären etliche Tausend Zeichenarten für Silben und Wörter zu bewältigen gewesen, zudem war diese Produktion auch deswegen zu aufwendig, weil die kupfernen Drucklettern im Sandgußverfahren entstanden, so daß jede Gußform (als »verlorene« Form) nach ihrem Gebrauch auch verloren war. Der Holländer Coster schließlich hatte seine metallischen Stempel nur für den Druck von Initialien in Handschriften verwendet, nicht aber für den Text selbst. Es existieren weder gedruckte Wörter, noch Zeilen, noch Seiten. Gutenberg hingegen profitierte von der geringeren Anzahl der »buchstaben« des Alphabets in Europa und schuf sich ein Handgießinstrument, das immer wieder verwendbar war, mit dem jede beliebige Type in jeder beliebigen Menge herstellbar war, die ihrerseits wiederverwendet werden konnten und den Druck umfangreicher Texte erlaubten. Das Handgießinstrument ist seine eigentliche und erste Erfindung. Sie ermöglichte und ökonomisierte, von heute aus gesprochen, den »Satz«. Seine zweite Erfindung betrifft den Druck selbst. Bei den Blockbüchern hatte der Druck noch daraus bestanden, daß man die erhabenen Stellen des Holzblockes mit zwei Reiberballen (»Tampons«) zunächst einfärbte, das Papier dann darauflegte und mit einer Bürste reibend und drückend darüberfuhr. Bei diesem mechanisch strapaziösen Verfahren (den »Reiberdrucken«) konnte Papier aus einleuchtenden Gründen nur einseitig bedruckt werden. Entsprechend bestehen die Blätter aller Blockbücher aus zusammengeklebten einseitig bedruckten einzelnen Seiten. Gutenberg ersetzte die Technik des Abreibens durch eine Presse, bei der die Papier- und Pergamentblätter auf einer planen, unnachgiebigen Platte (Deckel) auflagen, wodurch die erhabenen Lettern sich beim eigentlichen Druckvorgang nicht durchdrücken konnten, und sparte dadurch – außer der Vorderseite (ab da: heutige »Schöndruckseite«) konnte auch die Rückseite bedruckt werden (ab da: die »Widerdruckseite«) – die Hälfte des Papier- oder Pergamentbedarfs. So ist Gutenberg zwar nicht der Erfinder des Buchdrucks und Drucks mit einzelnen Lettern gewesen, hat aber mit seinen Erfindungen die teils älteren Ideen in diejenige Form umgesetzt, die sie ökonomisch zum Tragen brachte. Seine eigentliche Genialität bestand nicht in jeder Erfindung (Lettern, Gießinstrument, Presse) als einzelner, sondern in ihrer Kombination. Jede Erfindung für sich allein hätte wenig bewegt, zusammen verursachten sie das, was man später die Gutenberg-Revolution nannte und sich auch in dem eingangs erwähnten Syndrom niederschlägt. Zur Vervollständigung sei noch erwähnt, daß für die Forschung auch Gutenbergs Druckfarbe eine eigene Erfindung darstellt.

Um nach der Würdigung wieder mit der Revision fortzufahren, geht es nun um die Ansicht, daß die legendäre erste gedruckte Bibel der Welt, die nach ihm benannte 42-zeilige »Gutenberg«-Bibel (»B 42«) – sein Werk – auch sein eigen gewesen sei. Gutenberg war der Produzent – er konnte sie aber niemals besitzen. Von der ganzen Auflage gehörte ihm nicht ein Exemplar. Die Geschichte dazu liest sich wie die eines kaltschnäuzigen Betrugs oder wie ein Beispiel von Wirtschaftskriminalität in der Historie.

Um die Erfindung umzusetzen und die Bibel drucken zu können, war die Errichtung einer Werkstätte erforderlich, die Beschaffung von Material, die Beschäftigung von Gesellen u. a. Zur Finanzierung nahm Gutenberg – hauptsächlich – ein Darlehen des Mainzer Rechtsanwalts und Kaufmanns Johannes Fust in Höhe von 800 und später noch einmal 800 Gulden auf, eine Summe im Wert von jeweils etwa zehn Mainzer Stadthäusern. Beide Darlehen forderte Fust nach mehreren Entwicklungsjahren, als die Produktion vor dem Abschluß stand, gerichtlich zurück – sei es, daß ihm die Zeit zu lange wurde, sei es, daß ein persönliches Zerwürfnis mitspielte, sei es, daß er die Chance sah, das Geschäft alleine zu machen – und erhielt neben der fast vollständig gedruckten Bibel die Werkstatt samt Inventar (dem gesamten Typenvorrat), aus der er – gemeinsam mit dem langjährigen Gesellen Gutenbergs, Peter Schöffer, der zu Fusts Schwiegersohn wurde – die »Offizin« (Druckerei und Verlag) Fust und Schöffer machte. Fust hat zwar vor Gericht geschworen, sich das geliehene Geld selbst gegen die Zahlung von Zinsen besorgt haben zu müssen, aber bis jetzt hat nichts in der modernen Forschung belegt, daß er aus Not sein Geld einforderte – Gutenberg hingegen wurde als Betrüger verurteilt. Allein der Reingewinn aus dem Verkauf der Bibel wird auf 5000 bis 6000 Gulden geschätzt, eine gute Basis für die Entwicklung der Firma. Die Gutenberg-Bibel war auch sozusagen deswegen nicht »Gutenbergs« Bibel, weil er am Schluß kein Kolophon hinterlassen hat, das über seinen Namen Auskunft gegeben hätte. Dies taten bei allen nachfolgenden Drucken dann Fust und Schöffer, die auch die ersten waren, die sich ein Druckzeichen schufen. Es wird wohl erst die spätere Leistung der Offizin gewesen sein und nicht die unrühmliche Entstehung, die den neugegründeten westdeutschen Börsenverein dazu bewegte, das Zeichen von Fust und Schöffer – die Raubmarke – nur leicht modifiziert bis 1986 als sein eigenes Signet für den Bundesverband des deutschen Buchhandels zu führen.

Die letzte der im Assoziationsfeld von Druck und Gutenberg genannten falschen Vorstellungen muß noch revidiert werden, daß nämlich Gutenbergs Buch »wie gedruckt« aussah. Der Druck, den Gutenberg machte, nach der heutigen Terminologie ein Pilot-Projekt, war so vollendet, daß Fachleute noch heute diese *erste* als *schönste* Bibel der Welt bezeichnen, und auch die Technik war so perfekt, daß sie sich praktisch über Jahrhunderte nicht änderte. Aber alles, was er und seine nachahmenden Zeitgenossen gedruckt haben, sah aus »wie geschrieben«. Die Formulierung klingt nur auf Anhieb frappant. Auch Gutenberg konnte nur nachahmen, was Vorbild war, nämlich Schrift. So war das Druckbild perfekt, wenn es wie Schriftbild aussah. Schriftarten verschiedener Schönheit und Lesbarkeit waren bekannt, die Kunst des Schreibers trug gleichfalls zu beiden Kriterien bei. Gutenberg wählte sich eine Textur, die eine der schönsten Schriften des Mittelalters gewesen sein soll, und schnitt sich nach ihr *seine* »buochstaben«. Um als Letter verwendet werden zu können, mußte jeder einzelne Buchstabe perfektioniert, idealisiert, typisiert sein – den Anklang an diese Leistung haben wir in unserem Ausdruck der »Type«. Die Nachahmung der Schrift erforderte neben den Einzelbuchstaben des Alphabets auch noch die Übernahme von Sonderzeichen wie Abreviaturen und Ligaturen, Logotypen und Polytypen. So bestand die Gutenbergsche Druckschrift aus 290 verschiedenen Zeichen, welche im Druck die Techniken wiederholten, mit denen die mittelalterlichen Schreiber den Aufwand an Schreibarbeit wie Schreibmaterial zu minimieren trachteten.

Es bedurfte weiterer »Schrift«-Entwicklungen, bis die Bücher auch »wie gedruckt« aussahen. Für die Zeitgenossen war der Druck Schrift [sic!]: Gutenberg hatte die *»ars artificialiter scribendi«* vollbracht, die Kunst und mittelalterliche Utopie, *»künstlich zu schreiben«*.

2. Entstehungs-Geschichte:
Der Weg zum »reinen« Verlag

In der Phase der Vor-Geschichte waren Verlag, Buch und Druck voneinander getrennt zu behandeln, weil Verlag nichts mit Buch, das Buch nichts mit Druck und Druck wieder nichts mit Verlag zu tun hatte. Die Darstellung galt der Revision der modernen geläufigen Vorstellungen, die zuvor noch nicht gelten konnten, oder dem »Abbau« des Gutenberg-Syndroms.

Mit den Erfindungen Gutenbergs und ihren Anwendungen ändert sich alles. Buch, Druck und Verlag gehören von da an zusammen. Das Syndrom konstituiert sich und bestimmt bis heute unser Vorstellungsbild. Zu beachten ist jedoch zweierlei. Erstens, noch einmal im Blick auf eine Fortschrittsgeschichte: Dieser Wechsel mit dem ihm zugrundeliegenden revolutionären Veränderungen geht nicht auf die originären Ersterfindungen selbst zurück, sondern die nachträgliche Ökonomisierung der Ursprungserfindungen, sei es nun beim Buch (von der Tontafel über die Rolle, das Polyptychon und den Kodex), sei es beim Druck (vom Reiberdruck und Blockbuch zur dann Jahrhunderte unverändert gebliebenen Gutenberg-Technik), welche die Revolutionen hervorgerufen haben. Und zweitens: Bei dieser Innovation entsteht eine *neue* Art von Verlag, der mit dem am Anfang entwickelten »Verlagssystem« nichts gemein hat und dem die erwähnten Ökonomisierungen die Grundlagen für eine Verlagswirtschaft eigener Art schafften.

Da dieses, das »neue«, Verlegen das Buch zum Gegenstand hat, kann man es auch als »literarisches«, wissenschaftliches, philosophisches u. a. Verlegen bezeichnen; wenn man will auch: das von Informationen, von Texten. Da diese in Büchern vorliegen, aber schon gezeigt wurde, welchen Wandel z. B. das Buch in seinen Vorformen gemacht hat, ist anzunehmen, daß auch das »neue« literarische Verlegen weit vor Gutenberg beginnt und es eine entsprechende Verlagswirtschaft weit vor ihm gegeben hat.

2.1 Handschriften-Verleger

Das Gutenberg-Syndrom, das sich nach seinem historischen Entstehungsprozeß bis in die Gegenwart auswirkt, verstellt uns also den Blick für den Verlag auch nach rückwärts bis zu den *Anfängen*.

15

Für die abendländische Kultur allgemein liegen die Anfänge meistens in *Griechenland* – was für eine Einrichtung wie den Verlag keineswegs auch so sein müßte, weil man bis in die griechische Klassik in Dichtung und Wissenschaft dem gesprochenen Wort gegenüber der schriftlichen Aufzeichnung den Vorzug gab. Noch Sokrates hat nur mündlich gelehrt. Alle Aufzeichnungen stammen von seinem Schüler Plato, welcher auch in bezug auf seine eigene Lehre der Meinung war, das Beste könne nur gesagt, aber niemals geschrieben werden. [12] Jedoch schon von Euripides geht die Kunde, er habe sich einen Sklaven zum Abschreiben von Büchern gehalten. [13] Statt einer einzigen Abschrift (»autograph«) für den privaten Gebrauch konnten so mehrere (im Plural: »polygraph«) eines einzelnen Autors entstehen, der Beginn einer Auflage. Händler (»bibliopoles«) taten dies zu damaliger Zeit bereits gewerbemäßig: »Die Geburtsstunde des abendländischen Buchhandels fällt damit in das fünfte Jahrhundert v. Chr.« [14] Wenn man bedenkt, daß die Buchhändler zumeist Verkäufer und Abschreiber in Personalunion waren, also die Kosten der Produktion und das Risiko des Vertriebs auf sich nahmen, kommt dies einem Verlag schon sehr nahe. Sogar die Entstehung des wirklichen Verlags wird in Athen angenommen, und zwar in Form eines Staatsverlags: dies geht auf den Tyrann von Athen – Peisistratos – zurück, der die über 300 Jahre nur mündlich tradierten Epen Homers um 550 vor Christus sammeln, schreiben und in Buchform veröffentlichen ließ, »und zwar von Staats wegen.« [15]

In *Rom* ging man noch weiter. Man ließ gleichfalls abschreiben, hier von den gebildeten Sklaven. Den »servi litterati« sind dann später die Lohnschreiber gefolgt, und ein Handschriftenbuchhandel ist für das Jahrhundert vor Christus bekundet. War das Verlegen bei den Griechen noch eher die Ausnahme, wurde in Rom eine Dimension neuer Art erreicht: »Ein Zeitgenosse Cäsars und Freund Ciceros, der reiche Handelsherr und Bankier Atticus, gilt als der erste Unternehmer auf dem Gebiet des Buchhandels. Er baute einen Verlag auf, dessen lateinische Abteilung Cornelius Nepos und dessen griechische Abteilung der Dramatiker Tyrannio leitete. [...] Man spricht in Zusammenhang mit seiner Tätigkeit von der Geburtsstunde des Verlagswesens.« [16] Horaz, Quintilian und Martial fanden bereits viele Verleger. Für die Verbreitung ihrer Handschriften sind Beispiele bekannt, daß die Distribution die Donaugebiete, England und Afrika erreichte. Der wirtschaftliche Weg vom Autor zum Leser bestand darin, daß der Autor dem Buchhändler oder Verleger eine »Urschrift« zur Vervielfältigung gab, dieser nach Zeilen die Schreiber sowie danach die Korrektoren bezahlte und die Auflage in Rom selbst oder über reine Buchhändler in den Provinzen verkaufte. Ein Honorar als Entgelt für seine eigene Arbeit erhielt und forderte der Autor nicht, da dies als unehrenhaft galt. Er konnte es lediglich als Ehrengeschenk (wie auch die wörtliche Übersetzung von »honorarium« lautet) erhalten, wenn es ihm gelang, für seine Urschrift einen »Patron« zu finden, dem er sie dedizierte (dem römischen Kodex entsprechend »si dedicatio, si honorarium«): Nahm dieser die »Dedikation« an, war er zur Publikation verpflichtet. Nach dem Patron des Horaz – Maecenas – der viele Dichter und damit das römische Verlagswesen gefördert hat, sprechen wir heute vom »Mäzenatentum«.

In *Deutschland* führte das Vervielfältigen von Texten noch das ganze Mittelalter hindurch nicht zu »Verlags«produkten. Die Vervielfältigungen waren in den Klöstern Einzelabschriften für privaten Gebrauch und Tausch mit anderen Klöstern; man spricht in diesem Zusammenhang lediglich von einer »geistlichen Verkehrsbibliothek«. [17] Mit dem Aufkommen der Universitäten gab es Ansätze, die aber auch nicht einer Vervielfältigung im Maßstab von Auflagen und einem echten Buchhandel entsprachen: »stationarii« veranlaßten Abschriften von Texten, die den Studenten als Lehrmittel dienten. Erst im 15. Jahrhundert kann man gewerblichen Handel systematischer Art und mit größeren Mengen verzeichnen. Deutschlands prominentester Verleger ist Diebold Lauber, der in der elsässischen Stadt Hagenau zwischen 1425 und 1467 einen geradezu firmenmäßigen Betrieb zur Produktion weltlicher und geistlicher, deutscher und lateinischer Bücher führte, die auf der Burg Hagenau gesammelt, gezeigt und veräußert wurden. Mit Diebold wurde in Deutschland erstmals etwas dem römischen Verlagshandel Entsprechendes erreicht. »Durch die werkstattmäßige Vervielfältigung [...] wird der Begriff der ›Auflage‹ wieder lebendig, so daß Diebold Lauber als der erste deutsche Verleger bezeichnet werden kann.« [18]

Das Verlegen von Texten vor Gutenberg ist also kontinuierlich von der Antike bis zu seiner Zeit und in drei Kulturkreisen belegbar. Weitere Beispiele, auch für andere »Firmen« oder »Gesellschaftsformen« ließen sich hinzufügen. Sozusagen genossenschaftlich betrieben diesen Handel zeitgleich mit Diebold die »Fratres vitae communis« aus Holland, die ihr gemeinschaftliches Leben mit kollektivem Abschreiben geistlicher Texte sowie deren Verbreitung finanzierten, bis sie den Handschriftenverlag wegen der Neuerung Gutenbergs aufgaben und sich gleichfalls der Vervielfältigung durch den Druck zuwandten.

2.2 Drucker-Verleger

Die neue Kunst, künstlich zu schreiben, haben die Zeitgenossen »von den Anfängen an als eine Gabe [...] Gottes« [19] empfunden, aber auch als »schwarze« Kunst – *schwarz* nicht wegen der *Druckerschwärze,* sondern weil man eine Vervielfältigung in diesem Ausmaß für schwarze *Magie* hielt. In dieser »Magie« liegt nichtsdestoweniger die Wurzel für die weitere Entwicklung von Druck und Verlag. Wenn ein Zeitgenosse berichtet, daß in Deutschland jetzt »in einem Monat von einem einzigen Manne so viel [...] wie sonst in einem Jahr« [20] produziert werde, ist das gewiß eine Untergrenze, und über die Gewinnmöglichkeiten gibt das Geschäft Auskunft, das Fust mit der – noch mit allen Anlaufkosten belasteten – Bibel von Gutenberg machte. Bis 1500, dem Ende der Inkunabel- oder Wiegendruckzeit, entstanden in Europa über tausend Druckereien, die über zehn Millionen Bücher (!) verkauften.

Hätte Gutenberg seine Bibel verkaufen können, er wäre zugleich der erste Verleger der Welt für (nach der *neuen* Methode) *gedruckte* Bücher geworden. Durch seine Erfindungen hervorgerufen, hätten sich in ihm zusätzlich sämtliche innovativen Fähigkeiten vereinigt. Diese Zusammenfassung der Techniken und Tätigkeiten in einer Person ist für die Frühzeit des Drucks typisch und wichtig. Der »Schweizerdegen« war ein Fachmann, der – wie Gutenberg – setzen und drucken konnte, ein technischer Universalist, was über die Sprichwörter von damals noch bis in die Gegenwart nachklingt: »Ein Schweyzerdegen ist eyn Mann, der setzen und auch drucken kann.« In den frühen Druckstuben liegen Satz und Druck stets in demselben Haus. Auf der ältesten erhaltenen Abbildung einer Druckwerkstätte kann man im gleichen Haus sogar eine Ladentheke mit Büchern sehen. Satz, Druck und Verkauf, die – heute wieder getrennten – Funktionen sind damals vereint und befinden sich sogar konkret unter einem Dach. Wir sprechen in diesem Zusammenhang vom Universalismus der Frühdruckzeit. Er ist geprägt von weitgehender Personal- sowie vollständiger Betriebsunion. Die Verleger sind hier Universal- oder Drucker-Verleger. Der Fachterminus »Drucker-Verleger« bezeichnet die Einheit von Druck und Verlag, weil der Drucker das, was er selbst produziert hat, auch selbst verkauft. Den »reinen« (ausschließlichen) Verleger gibt es noch nicht.

Die frühesten Drucker-Verleger hatten einen hervorragenden Markt. Die Produkte waren konkurrenzlos und knapp. Die Zielgruppe – Gelehrte, Geistliche, Institutionen, Herrscher – verfügte über genügend Kaufkraft. Ein »psychologischer« Preis brauchte nicht anvisiert werden, da er in jedem Fall weit unter dem einer Handschrift lag. Dagegen waren alle Pioniere von Anfang an mit den drei folgenden Wirtschaftsproblemen beschäftigt, die aus der Natur des Universalverlags stammten und ihn allmählich veränderten: dem *Vertriebsproblem,* dem *Finanzierungsproblem* für eine Druckereiwerkstätte und die Auflagen, sowie dem *Problem* des sich *wandelnden Marktes.* Sie sollen der Reihe nach vorgestellt werden.

Um einen optimalen oder befriedigenden Gewinn oder wenigsten Kostendeckung zu erhalten, war von der Absetzbarkeit einer großen Anzahl von Exemplaren aus einer um ein Vielfaches größeren Auflage auszugehen, denn Produktion und Verkauf einer einzigen Vervielfältigung oder auch relativ weniger wie in der handschriftlichen Zeit war in dem neuen Verlagssystem nicht mehr denkbar. Das Problem hätte im Fall einer reflektierten Verlagsgründung bereits Einfluß auf die Wahl des Standorts gehabt, denn nur solche Städte waren möglich, die aufgrund der Zahl ihrer eigenen Bürger, aber besonders der Durchreisenden, für den Absatz ein ausreichendes Potential boten. Ob frei gewählter oder vorgegebener Verlagsort, klar war, daß eine Stadt allein zum Erreichen der Deckung »am Platze« nicht ausreichte. So bekam der überregionale Vertrieb, die »Verbreitung«, eine zentrale Bedeutung. Dies Geschäft konnte der Verleger selbst besorgen, indem er mit seinen lateinischen Drucken zu Gelehrten und Geistlichen, Höfen, Städten und Messen reiste. Sofern man nicht selbst reiste oder man eine zusätzliche Hilfe brauchte, konnte man »Buchführer« beauftragen, was schon für Fust und Schöffer mit dem fest angestellten Gesellen Konrad Henliff dokumentiert ist. In den Knotenpunkten des Handels ließen sich Faktoreien als Lager errichten, deren Verwalter, Bürger mit Stadtrecht, den Verkauf auch zwischen den Messen erlaubten. Die Buchführer, die nicht nur exklusiv reisten, sondern auch die Produkte anderer Drucker-Verleger mitführten, waren die Vorläufer der späteren Sortimenter, die Faktoreiverwalter die Vorläufer der buchhändlerischen Kommissionäre. Neben den genannten Vertriebsformen stand noch, für Gebrauchsartikel (kleinere Drucke wie Kalender, Broschüren) der allgemeine hausierende Warenhändler, der das Buch als einen Artikel neben dem anderen mitnahm und darüber gegebenenfalls auch den Weg zum Beruf des Buchhändlers einschlug. Zu sehen ist aber vor allem, daß für die Drucker-Verleger der Verlag zum Reise-, Wander- und Fernhandel wurde, der den Verleger zum überregionalen Verkauf hindrängte, ihn zeitlich fixierte, vom Druck- und Verlagsort fernhielt, und so zur *Abspaltung der Funktion »Handel«* bewegte.

Die Produktion, der Druck, war das zweite Problem, denn für die Drucker-Verleger bedeutete Drucken nicht einfach das Produzieren, sondern die Unterhaltung eines funktionsfähigen Druckereibetriebs. Probleme bei der betrieblichen Symbiose von Verlag und Druck sind bis heute noch typisch, doch niemals waren sie finanziell so gravierend wie in der Frühzeit und dort in den Anfängen. Die frühesten Drucker-Verleger hatten sich ja ihre Druckmaterialien noch selbst herzustellen: Eine Schrift mußte geschnitten, die Stempel graviert und ein erheblicher Vorrat an Typen gegossen werden – das dauerte beträchtliche Zeit und war eine größere Investition. Danach kam die eigentliche Druckerei mit Gebäude, Pressen und laufenden Kosten. Beide Investitionen (für den Druck) waren zu leisten, bevor es erst um die dritte, die Investitionen für die herzustellenden Auflagen (die Verlagsinvestition) ging. Wenn man nur die verlegerische Komponente betrachtete, war also eine Abspaltung der produzierenden Funktion geraten aufgrund der Verringerung der Kapitalinvestition im Bereich Druck. Wenn man nur die druckbezogene Komponente ansah, war es ähnlich, denn die Wirtschaftlichkeit einer Druckerei verlangt eine möglichst vollständige Auslastung und einen schnellen Kapitalrückfluß; die verlegerische Betätigung hingegen bedeutete wegen des langsamen Bücherumschlags einen langsamen und gegebenenfalls unsicheren Kapitalrückfluß, und die Produktion des Verlags war zusätzlich zu unregelmäßig für eine gleichmäßige Ausnutzung der Druckerei. Folgerichtig verlangte die Ökonomie der Druckerei ihrerseits eine *Hinwendung zum »Lohndruck«*.

Die Abspaltung der Handelsfunktion und die Hinwendung zum Lohndruck entwickelt so aus ökonomischen Zwängen einen neuen, den *»reinen«* Verleger. Bei ihm allein liegt dann auch das die Auflage betreffende Finanzierungsmoment. Wenn der »reine« Verleger sozusagen zwangsweise entsteht, so zeigt sich das auch an den Mischformen, die auf dem Weg dahin existierten. Neben dem Universalisten, der alles auf eigenes Risiko druckt und verlegt und selber verkauft, stand der Verleger, der druckt, aber seine Produktion fast ausschließlich über Distributoren (wie die »Buchführer«) verkauft; der Verleger, der teilweise oder überwiegend Lohndruckaufträge ausführt; der Verleger, der nicht mehr druckt, aber ein Agenturnetz von Händlern über Europa ausbreitet; und der Verleger, der Großprojekte mit anderen im Verbund finanziert. Das sind also *fünf* Varianten, die aber auch zeitgleich von *einem* Verleger je nach Fall praktiziert werden konnten. Ein typisches Beispiel ist das des gelehrten Drucker-Verlegers Johannes Froben aus Basel, dessen verlagswirtschaftliche Strategie Erasmus von Rotterdam (der bei ihm als Textkritiker für Editionen arbeitete) 1523 mit seinen Worten wie folgt sozusagen nach »Geschäftsarten« aufgliederte:

»Es gibt eine dreifache Art der Herstellung des Drucks. Bisweilen unternimmt Froben das ganze Geschäft auf eigene Gefahr. Dies thut er zu zeiten bei kleinern Werken, bei welchen das Risiko weniger gefährlich ist. Bisweilen besorgt er das Geschäft auf fremde Gefahr und bedingt sich für seine Mühewaltung nur eine Vergütung aus. Bisweilen aber wird das Geschäft auf gemeinsame Gefahr der Gesellschaft unternommen.« [21]

In Personalunion haben wir damit den Drucker-Verleger (s. o.), den Lohndrucker (s. u.) bzw. den Verleger in Kommission (s. S. 74ff. Kommissionsverlag), und im Verbund der Verlagsgesellschaft sogar ein modernes »Joint-Venture« (s. S. 95 ff.).

Die »reinen« Verleger sind nur in wenigen Fällen dokumentiert, aber alle beginnend am Übergang des 15. zum 16. Jahrhundert. In Wien hatten 1498 die Brüder Leonhardt und Lucas Alantsee von ehemaligen Buchführern zu »Nur«-Verlegern gewechselt, im württembergischen Öhringen und später in Augsburg war Johannes Rynmann ein Verleger, der von Anfang an (1497) keine Druckerei besaß, Anton Koberger, der »Fürst der Buchhändler«, nämlich Drucker, Verleger und Buchhändler in Augsburg, ging von 1504 an zum reinen Verlag über.

Daß die Entwicklung zum reinen Verleger führt, ist letztlich durch einen *Wandel des Marktes* bedingt, der seinerseits durch eine kulturelle Entwicklung bestimmt ist. Als die Drucker- Verleger in der Nachfolge Gutenbergs ihr Geschäft aufnahmen, verlegten sie kirchliche und überkommene klassische Schriften der griechischen und danach der römischen Antike, deren Absatz unkritisch war. Mit dem Aufkommen des gelehrten Humanismus verlangten die Werke aber nicht nur einen immer größeren redaktionellen und textkritischen Bearbeitungsaufwand (die ersten »Editionen« entstanden), sondern wollten auch die *Gegenwartsautoren* verlegt werden. Dadurch entstanden größere Kosten für die Werke der Alten sowie ein unabsehbares Verlagsrisiko für die Werke der Neuen – was die nicht ideell und kulturell, sondern eher kommerziell Engagierten unter den Jüngern der Schwarzen Kunst, die zuvor gern Verleger waren, in den reinen Lohndruck zurücktrieb. Von daher läßt sich der sonst kulturell gemeinte Satz einer Buchhandelsgeschichte auch ökonomisch verstehen: »Das Verlagswesen im heutigen Sinn hat seinen Ursprung in der Zeit des Humanismus.« [22]

2.3 Sortimenter-Verleger

Die Entwicklung zum reinen Verlag wird in der Folgezeit unterbrochen. Denn während die Wirtschaft – gemeinhin – vom Tauschhandel zum Kaufhandel »fortschreitet«, entsteht für die Verlagswirtschaft die Rückkehr von der Barzahlung zum *Tausch*. Der Tauschhandel von Büchern hielt sich mehr als zweihundert Jahre!

Der Buchtausch war vereinzelt schon zuvor praktiziert worden, sogar vom »Fürsten« der Buchhändler (Koberger); nun aber kam es zu seiner völligen Etablierung auf den Frankfurter Messen. Die beiden Frankfurter Messen – die zur Fastenzeit und die im Herbst – waren für Verleger schon vorher wichtig gewesen, nicht nur wegen des Kaufhandels (gegenüber dem Publikum), sondern weil dort die Drucker erschienen und der Zahlungsausgleich geschah. Desgleichen reisten die Buchhändler an, denen man, weil man über sie alle Länder und Städte erreichte, die Bücher in immer größerem Maß zum Weitervertrieb verkaufte, so daß der Besuch der Messe die langwierigen Fernreisen ersetzte. Daß diese *drei* buchhandelsbezogenen Gruppen einen beständigen Kreis von Messeteilnehmern bildeten, geht sogar aus einem amtlichen Frankfurter Ratsprotokoll von 1569 hervor, das schon zu dieser Zeit genau zwischen »Typographis« (Lohndruckern), »Buchhändlern« und »Verlegern« differenziert. Das Buchangebot auf der allgemeinen Frankfurter Messe war um diese Zeit so bedeutend, daß bereits 1564 der Augsburger Großsortimenter Georg Willer, wenn auch zu eigenen Zwecken, ein Verzeichnis der Novitäten druckte, den ersten buchhändlerischen »Meßkatalog«, den Anfang der späteren »Meß-Relationen« oder großen deutschen Buchtitelverzeichnisse. Wenn man den Beginn des Tauschhandels auf dieses Jahr datiert, dann nur deswegen, weil Willers Verzeichnis erstmals den Umfang der (sei es nun Kauf- oder Tausch-) Messe dokumentiert. Die Zuordnung ist aber willkürlich und im speziellen Fall sogar sachlich nicht zutreffend, weil Willer seine Novitäten noch kaufte.

Für das Prinzip des Tauschs hat aus der Sicht der Verleger eine Reihe von Gründen gesprochen. Allen voran stand die Verringerung ihres Verlagsrisikos. Statt für eines oder nur wenige Produkte jeweils eine große Auflage verbreiten und verkaufen zu müssen, konnte man sich durch Tausch ein breites Sortiment mit unproblematischen Kleinmengen verschaffen (ein »hundertprozentiger« Sortimenter-Verleger tauschte fast die gesamte Eigenauflage gegen andere Bücher). Die mit dem uneinheitlichen Münzverkehr verbundenen Erschwernisse und Unsicherheiten der Abrechnung wurden vermieden. Landesfürsten sahen es gerne, wenn die eigene Währung im Lande verblieb. Die Sicherheit auf dem Weg zur und zurück von den Messen war ein zusätzlicher Faktor. Der »universale« Verleger allerdings, der dem Prinzip des Tauschs folgte, wandelte sich dadurch. Je mehr er sich von seinen eigenen Produktionen entlastete und die Palette durch fremde Titel erweiterte, desto mehr wurde er zum »Sortimenter-Verleger«

Die Technik des Tauschs war das »Stechen« (nach der Stichprobe einzelner Körner aus einem Sack bei der Getreideprobe) oder »Changieren«, wobei man im Prinzip Druckbogen gegen Druckbogen eintauschte, nach dem sogenannten »Baratto«-Prinzip. Ein Buch wurde damit unabhängig von Auflage, Druckqualität, Inhalt und Autor rein materiell gehandelt. Das barg die Gefahr, gute gegen schlechte Ware zu tauschen – und legte umgekehrt die Versuchung nahe, Minderes zu produzieren, einfach um Tauschgut zu haben – eine Gefahr, der die deutschen Verleger gleich scharenweise erlagen:

»In Deutschland aber, weil das sog. Stechen, Tauschen oder Changieren aufgekommen, so soll und muß etwas gedruckt seyn. Sie schleppen sodann ihre, auch noch so liederliche Waare auf die Messen; da heißet es, man müsse Novitäten mit nach Hause zurücke bringen. Und da werden gute Sachen gegen schlechte und liederliche vertauschet und umgesetzet.« [23]

Der »Schofeldruck«, von dem das zeitgenössische Dokument redet, betraf nicht mehr allein die universalen und die Sortimenter-Verleger, sondern auch die Sortimenter selbst, die ja drucken lassen mußten, um tauschen zu können, und dadurch gleichzeitig auch zu Verlegern wurden – »Verleger-Sortimenter«, in Entsprechung zu den Sortimenter-Verlegern. Die Folge war eine Zunahme der Produktion beliebiger schlechtgängiger Titel, die die Lager verstopften und zu spektakulären Verramschungen in einer berüchtigten »Bücherauktion« oder »Buchlotterie« führten. Franzosen, Engländer und Holländer, die damals die besten Drucke lieferten, reagierten auf diese Zustände mit der Einschränkung des Tauschhandels, indem man die »Change« von 1:1 nur den Vertrauensverlegern gewährte, für die übrigen Artikel die »Bogenrelation« 1:3 einführte oder von vornherein Bücher nur als bar zu bezahlendes »Kontant«- bzw. »Komptant«-Gut (von »compter«, »prix comptant« d. h. zählen, berechneter Preis) verkaufte oder erwarb. So entstand durch den internationalen Handel ein Nebeneinander von Tausch und von Preis; vielleicht davon sensibilisiert, bildete sich auf der Messe als Übergangsform für jedes Buch ein individueller »Tauschpreis«, wobei sich die Summen miteinander verrechnen ließen und nur die Differenz bar zu bezahlen blieb, zusätzlich reduziert um einen Messe- oder Händlerrabatt, meist ein Drittel des Verkaufspreises gegenüber dem Leser. In dieser Form ist das »Tauschprinzip« zwar schon der Anfang des späteren »Ordinär-« und »festen Ladenpreises«. Aber das Tauschprinzip und mit ihm der Sortimenter-Verleger mit seinem Pendant und dem tauschenden Drucker-Verleger haben den Verlagshandel von der ersten großen Dokumentation der Frankfurter Buchmesse 1564 bis zu ihrem vollständigen »Begräbnis«, das im Jahr 1764 (s. u.) dokumentiert wird, bestimmt – nach diesen Zahlen genau zwei Jahrhunderte, in Wirklichkeit sogar darüber hinaus.

2.4 Der »reine« Verlag

Die Entwicklung zum »reinen« Verlag, der nicht selbst druckt und der den Verkauf dem Sortiment überläßt, das nicht selbst verlegt, war durch den Tauschhandel im Rahmen von Buchmessen, für die der erste Druck eines Bücherverzeichnisses und das Ende der Frankfurter Buchmesse die Eckpunkte waren, unterbrochen worden. Dafür, daß erstens: diese Messe nach ununterbrochenen 200 Jahren Historie für die nächsten zwei Jahrhunderte aufhörte, zweitens: das Tauschsystem abgelöst wurde und drittens: der Verlag und das Verlagswesen sich zu seiner heute gewohnten Form konstituierten, war Leipzig – die Konkurrenzstadt – verantwortlich. Im Prinzip des Zeitraffers hier die drei zentralen Stationen:

1. Leipzig statt Frankfurt: Leipzig, im Schnittpunkt der Handelsstraßen nach Norden und Osten, mit einer Messe wie Frankfurt im Frühjahr und Herbst, konkurrierte von Anfang an auch als Buchstadt. Schon seit der Herbstmesse 1594 erschienen wie in Frankfurt Novitätenverzeichnisse. Aber Frankfurt, zuerst das »Teutsch Athen« (nach einem Gedicht eines Frankfurter Stadtpfarrers von 1597 auf die Buchmesse, der seinerseits das Gedicht eines französischen Verlegers zitiert), blieb zunächst führend. In dem wechselvollen Auf und Ab, das sich zwischen den beiden rivalisierenden Städten im Lauf der Jahrhunderte ergab, war wohl ausschlaggebend, daß die Bedeutung Frankfurts, die ihm aufgrund seiner für den internationalen (europäischen) Verkehr günstigeren Lage (in der Mitte Europas) zukam, durch die neue, oft ungute Tauschpraxis zurückging; daß der internationale Handel (mit ehemals lateinischen Drucken) durch erst das Emporkommen und schließlich die Dominanz deutschsprachiger Werke stagnierte; daß die deutsche Reformation von Wittenberg (bei Leipzig) ausging; daß die kaiserliche Bücherkommission in Frankfurt bei der Katalogerstellung und für die Messe Zensur ausübte – sowie nicht zuletzt jene undiplomatischen Maßnahmen wie speziell die von 1710, als der Frankfurter Rat beschloß, seine Frühjahrsmesse direkt vor den Beginn der Messe in Leipzig zu legen, eine Provokation, die sich schließlich als tödlich erwies. So kam es zum Ende der Frankfurter Buchmessen, das gern in der prägnanten Formulierung von 1764 des Philipp Erasmus Reich, dem berühmtesten Leipziger Verleger und Buchhändler des 18. Jahrhunderts, zitiert wird, als er mit einer Vielzahl anderer Verleger damals sein Frankfurter Lager auflöste, nämlich er habe »von Franckfurth am Mayn Abschied genommen und die Buchhändlermessen, sozusagen, daselbst begraben«. [24] Und im Gegenzug dazu erklärte er Leipzig zur »Hauptstadt des deutschen Buchhandels«. [25]

2. Das Ende des Tauschs: Reich war bereits einer der schärfsten Gegner des Tauschhandels gewesen. Er verkaufte nur bar, »fest« (ohne Rückgaberecht) mit einem Rabatt zwischen 25 und 16 Prozent des Ordinärpreises und war damit der radikalste Exponent des »Nettohandels«. Auf dem Weg zum Nettoverkehr war der obige »Tauschpreis« bereits ein Anfang gewesen, weil in ihm schon gegenüber der alten Handelsform des Stechens die Bögen nach individuellem Wert – der erwähnten Relation – »geschrieben« wurden; das Prinzip des Tauschs, weil man nur eine Differenz – also den Rest – bar beglich, war aber erhalten geblieben. Der Übergang zum reinen Nettoverkehr bestand darin, vom Tausch völlig Abstand zu nehmen, d.h. die Verleger nahmen weder von anderen Verlegern noch von Buchhändlern Ware entgegen: So entwickelten sich die Verleger, die zu Sortimenter-Verlegern geworden waren, zu den reinen Verlegern zurück, und solche, die als Sortimenter-Verleger begonnen hatten, auf reine Verlage hin.

Das Nettoprinzip fand, von Leipzig ausstrahlend, vor allem im Norden Deutschlands Aufnahme, bei den süddeutschen Verlegern aber nur zaghaft. Den heftigsten Widerstand entfalteten die Verleger-Sortimenter, also eigentlich Buchhändler, die wie die echten Verleger nun bar vorlegen sollten. Im Süden hatte sich als Handelsform zuvor fest eingebürgert, daß man sich, nach dem Prinzip des Tauschs, die Neuerscheinungen »pro novitate« von Haus zu Haus umsonst zuschickte mit dem Recht, das nicht Verkaufte zurückzusenden: Anstelle des baren Fest-Geschäfts stand damit ein unbares Bedingtgeschäft. Am Rückgaberecht hielten die Süddeutschen fest, weil sie nicht einsahen, daß sich das Risiko des Verkaufs vom Verleger auf den Händler verlagern sollte; an der unbaren Lieferung, weil sie nicht in eine schlechtere Liquidität für ihr eigenes Geschäft manövriert werden wollten. Sie forderten für sich den buchhändlerischen Verkehr nach der »Handlungsart der Reichsbuchhändler« (dem süddeutschen Verfahren) statt nach der (norddeutschen) »Leipziger Handlungsart« und drohten massiv, der Leipziger Buchmesse fernzubleiben (die Frankfurter Buchmesse wurde, s.o., nicht lange vorher, durch das Wegbleiben der Leipziger Händler 1764 »begraben«). Sie drohten darüber hinaus, die norddeutschen Bücher im Süden für den Nachdruck (Raubdruck) zu öffnen, und tatsächlich hatte es im »Hanauer Bücherumschlag« von 1777 sogar eine Nach- und Raubdruckmesse gegeben. 1788 verdichteten sie ihre Forderungen in ihrer »Nürnberger Schlußnahme« zu einem Kompromiß, den die norddeutschen und Leipziger Nettohändler annehmen konnten: Es wurde der Bedingtverkehr mit Rückgaberecht eingeführt, die Abrechnung erfolgte jährlich zur Ostermesse, und auf das zum Ordinärpreis Verkaufte gab es einheitlich einen Durchschnittsrabatt von einem ganzen Drittel des Ordinärpreises. Mit dieser neuen Verkehrsform wurden die Grundlagen des bis heute gültigen *Konditionensystems* gelegt. Sie führten dazu, daß auch die Verleger-Sortimenter ihre Verlags- und Tauschtätigkeit einstellten und wieder zu reinen Sortimentern wurden und die Neugründungen des Sortiments heutigen Buchhandlungen entsprachen. Die Gründung der ersten Buchhandlung in unserem modernen Sinn – ohne angegliederte Druckerei oder Verlag – wird im Jahr 1796 durch den »ersten« (»reinen«) Buchhändler Justus Perthes in Hamburg gesehen.

3. Der »reine« Verlag: So haben wir, nach den Problemen, die schon im Kapitel über die Drucker-Verleger (vor der Tauschzeit) darauf hindeuteten, daß die Entwicklung zum reinen Verlag führen mußte, den Nettohandel (nach der Tauschzeit) mit dem erzwungenen Konditionensystem als zweite Erklärung dafür, daß der moderne Verlag ein prinzipiell von Druck und Sortiment getrennter Betrieb ist (Ausnahmen bestätigen damals und heute die Regel). Im Grunde darf man auch erst von dieser Zeit an, wenn man vom Wort ausgeht, von einem »Verlag« und dem Verlag als »Gewerbebetrieb« reden. Denn schon das Wort als solches taucht – buchhandelsbezogen – erst spät auf und hat dann zunächst einen anderen Sinn. Das unterscheidet »Verlag« von »vorlegen« und vom »Verleger«, der mit genau diesem Wort und in unserem Sinn schon für den Frühdruck in den zeitgenössischen Texten belegt ist. Aber die frühen – und späteren – Verleger hinterließen in ihren Werken als Verlagsnachweis noch keinen Eintrag, der »Verlag« lautete. Die ersten Schriften verschweigen eine Verlegerschaft völlig (ganz im Gegensatz zu den *Druckern* mit ihrem Kolophon). Die späteren Schriften tragen auf ihrer Titelseite stereotyp nur Formulierungen wie »in Verlegung« oder »verlegt hats« – was in der Regel eher auf eine Einzelaktivität hindeutet und nicht auf eine wie immer geartete »Firma« Verlag. Wie ungewöhnlich sogar »Verlag« noch im 18. Jahrhundert ist, wenn es um den *Buchverlag* geht, zeigt auch die größte damalige Enzyklopädie, das *»Universal-Lexikon Aller Wissenschaften und Künste«* von Johann Heinrich Zedler, das im Jahre 1746 unter dem Stichwort »Verlag« *sechs* verschiedene Arten nennt, von denen sich nur eine *einzige* auf Bücher bezieht und dieses eher am Rande. »Verlag« meint in dieser Enzyklopädie dann aber die Bücher selbst:

»Verlag oder Verlags = Bücher heissen bey denen Buchhändlern diejenigen Bücher, so sie auf ihre Kosten zum Verkauff in Menge haben drucken lassen.« [26]

»Verlag« bezeichnet somit Produkte, so wie vorher die »Verlegung« der Name für die Tätigkeit war. Die von Zedler genannte Bedeutung von »Verlag« läßt sich auch noch Jahrzehnte später nachweisen. Der Titel für den Katalog, den der besagte Verleger und Buchhändler Philipp Erasmus Reich für die Ostermesse 1782 veröffentlicht hat, lautet: »Verzeichnis der Herren Buchhändler, so die Leipziger Messe besuchen oder deren Verlag hier zu bekommen ist.« Und noch Kant definiert 1797: »Die Summe aller Kopien der Urschrift (Exemplare) ist der Verlag.« [27]

Der Name Verlag für eine Firma entsteht erst, als (bzw. wenn) nach den universalistischen Anfängen und der Unterbrechung durch den Tauschhandel das »reine« Verlagssystem fest etabliert wird. Vom Namen wie von der Wirtschaftsform her ist die Gründerzeit des modernen Verlags also das späte 18. Jahrhundert, nachdem sich die Veränderungen, markiert durch die Daten 1764 und 1788, durchgesetzt haben. Die moderne Verlagsgeschichte umfaßt somit (1990) nur rund 200 Jahre, was auch statistisch belegt werden kann, da in Deutschland kaum 15 Verlage bekannt sind, die auf eine ältere Geschichte zurückblicken. Und auch erst seit dieser Zeit ist das Bild oder der Komplex des Verlages als Gewerbebetrieb vollständig, der (s. S. 3) Bücher als identische Vervielfältigungsstücke (Kopien) aus einer Auflage hervorbringt, die durch Druck produziert wird.

3. Gegenwarts-Geschichte: Die jüngsten Verlagssysteme im politischen Wechsel

Der Begriff der »Gegenwart« muß für die Verlagsgeschichte weitgefaßt werden. Das Gegenwärtige ist nie nur das, was sich im laufenden Jahr oder in kürzeren oder längeren Zeiteinheiten abspielt, sondern auch das, was gegenwärtiges Denken prägt und belebt. Dies gilt gerade für die jüngere und jüngste deutsche Verlagsgeschichte. Für den, der das deutsche Verlagswesen noch vor der deutsch-deutschen Teilung erlebt hatte, aber auch noch vor der Wiedervereinigung, vollzog sich die Einordnung der beiden verlagswirtschaftlichen Systeme hüben wie drüben vor einem Bild der Erinnerung an diejenige Aufbau- und Organisationsform sowie an ein System, auf das der Name *Leipzig* wie ein Symbol hinweist. Für den, der ohne die Kenntnis des Leipziger Systems Verlagswirtschaft nur in der BRD oder der damaligen DDR erfuhr, war ein Verständnis des westlichen und östlichen Verlagsbetriebs erst möglich, wenn man ihn nicht nur untereinander, sondern in seinem jeweiligen Kontrast zu Leipzig abgrenzte. Und für den heutigen ist der Rückblick auch noch von Nutzen. Denn trotz der Rückkehr zur Marktwirtschaft entstehen wieder veränderte Systeme, wohingegen die planwirtschaftlich sozialistische Verlagsführung im Osten wohl noch bis zum Ende des Jahrtausends besteht.

3.1 Das »Leipziger System«

Leipzig hatte seit dem Abbruch der Frankfurter Buchmessen die alte Konkurrenzstadt vollständig verdrängt und wurde zur zentralen Buchstadt ganz Deutschlands. In Leipzig konzentrierten sich die reinen Sortimente, die Verlage, der Zwischenbuchhandel, konstituierte sich 1825 der Börsenverein (als gemeinsames Organ der gesamten Branche), entstand ab 1912 die deutsche Nationalbibliothek und wurde die deutsche Buchmesse zur Weltbuchmesse.

Für die Messe ergaben sich zunächst Änderungen, die eine Folge des nach der Nürnberger Schlußnahme vereinbarten Konditionensystems waren. Da der Bedingtverkehr eingeräumt war und die Händler das nicht verkaufte Bedingtgut zurückgaben, wurde zu Ostern nur über das tatsächlich Verkaufte abgerechnet. Die Messe entwickelte sich dadurch von der Kauf- oder Verkaufs- zur Abrechnungsmesse, wenn auch nicht in gleichem Maß zur Bestellmesse, da

27

Bestellung und Lieferung sich über das Jahr verteilten. Für die Verleger hatte das wieder Einfluß auf ihre Verlagswirtschaft, weil sie nicht mehr auf die Messetermine Ostern und Herbst hin zu produzieren brauchten. Sie konzentrierten die Produktion ab da auf das Weihnachtsgeschäft, mit dem auch die Buchhändler ihre größten Umsätze machten, und entsprechend entwickelte sich aus der Abrechnung von Ostern zu Ostern nun die nach dem Kalenderjahr, während der Ausgleich aber weiterhin im Frühjahr erfolgte.

Die für Deutschland und Leipzig wichtigste Veränderung ergab sich gleichfalls aus dem Konditionensystem. Es war nämlich vereinbart worden, daß die Lieferungen über die in Leipzig tätigen Kommissionäre der Verleger erfolgten. Zu der Vereinbarung gehörte die Kondition »franco Leipzig«, welche beinhaltete, daß von den Verlegern alles frei nach Leipzig hin- und von den Händlern alles wieder gratis nach Leipzig zurückgeschickt werden konnte, was seinen Grund darin hatte, daß fast alle Verleger in Leipzig Kommissionäre besaßen. Leipzig war damit der zentrale deutsche Kommissionsplatz, der »Weg über Leipzig« die Verkehrsform für den herstellenden und verbreitenden Buchhandel. Dieser Weg hatte für beide erhebliche Vorteile. Da die Kommissionäre nicht nur einen, sondern mehrere Verlage vertraten, konnten die Buchhändler bei ihnen gebündelt bestellen. Was bei einem Kommissionär nicht vorhanden war, ließ sich am Ort bei einem zweiten beschaffen. Umgekehrt profitierten die Verlage von der Bündelung, weil sie nicht diverse Buchhandlungen an diversen Orten, sondern nur ihren Kommissionär in Leipzig belieferten. Einmal pro Woche gingen die Sammelbestellungen als »Leipziger Ballen« an die Sortimenter hinaus. Hatte bereits der Aufbau des Postsystems dazu beigetragen, einen regelmäßigen Bestellverkehr über das Jahr hinweg zu fördern, so steigerte sich das mit dem Hinzukommen der Reichsbahn. Im direkten Bücherwagenverkehr der Reichsbahn gingen Spezialwagen, die den Schnell- oder den D-Zügen angehängt wurden, täglich von Leipzig in alle Richtungen. Es ist einleuchtend, daß diese Kommissionsgeschäfte nicht mehr von den »Factoren«, den Verwaltern der Verlagslager, ausgeübt wurden, sondern daß die neuen Kommissionäre selbständige Geschäftsleute auf einem eigenen Dienstleistungsbereich wurden; ihre Firmengründungen (wie K.F. Koehler 1789 und F. A. Brockhaus 1790) direkt nach 1788 zeigen, daß sie eine unmittelbare Folge der Einführung des Konditionensystems darstellen. Eine logische Folge aus dem Kommissionshandel war auch, Bücher nicht nur in fremdem Namen für fremde Rechnung zwischen Verlag und Sortiment zu vermitteln, sondern das Geschäft unter eigenem Namen auf eigenes Risiko und für eigene Rechnung zu betreiben, als »Barsortiment«. Im Barsortiment wurde ein umfangreiches Lager gebundener Bücher verschiedenster Verlage bereitgehalten, um Sortimenterwünsche umgehend ohne Zwischenstufen erfüllen zu können, zum Original-Verlegerrabatt, aber mit Kauf, der fest war. Damit hatte sich die neue Handelsstufe des Zwischenbuchhandels neben Verlagen und Sortimenten mit dem Zentrum in Leipzig gebildet, Leipzig war der Hauptumschlagsplatz für

Bücher in Deutschland geworden. Dies gipfelte 1842 in der Errichtung der »Zentralen Bestellanstalt«. Die Idee dazu wird gern in einer Anekdote erzählt, die aber schon ihren Sinn verdeutlicht: Die Markthelfer der Kommissionäre, welche die Bestellzettel der Sortimenter für die von der eigenen Firma nicht vertretenen Verlage zu deren Kommissionären expedieren sollten, erfüllten diese Aufgabe nicht durch Arbeit (per pedes), sondern durch einen gemeinsamen Frühschoppen in einer Kneipe im Leipziger Buchhändlerviertel, wobei dann die »Zettel« ausgetauscht wurden – damit war im Prinzip der Gedanke realisiert, den die Bestellanstalt in ihrer »Zettelbörse« verwirklichte, die freilich schon eine Gründung des Vereins der Buchhändler zu Leipzig war.

Auch die weiteren Gründe, aus denen Leipzig schließlich zu einem Synonym für Verlag und Buchhandel in Deutschland wurde, hängen mit dem Vertrieb und der Organisation des Buchhandels zusammen. Da in Leipzig, auf dem Abrechnungsplatz, die Währungen und Ladenpreise aller deutschen Staaten zusammenkamen, wurden Ausgleichsrechnungen wie an sonstigen *Börsen* erforderlich – aus diesem Gedanken entwickelte sich die »Buchhändler-Börse« und 1825 der »Börsenverein« (die Vereinfachung der Abrechnung hat die Verleger und Sortimenter noch bis 1923, zur Gründung der »BAG« – Buchhändler-Abrechnungs-Genossenschaft – beschäftigt). Doch schon vor der Gründung des Vereins hatte es Bestrebungen zu einem ständischen Zusammenschluß gegeben, die von Leipzig ausgingen, nämlich in der Bekämpfung des oben erwähnten »Nachdrucks«, für den die staatlichen Maßnahmen sich als nicht wirksam erwiesen hatten, so daß man ihn aus der Branche selbst heraus abwehren wollte. Nach dem Ende des Nachdruckunwesens bekämpfte der Verein die gleichfalls erwähnte »Buchschleuderei«. Hinter ihr stand die Praxis von Leipziger Großsortimentern, die nach dem Prinzip »franco Leipzig« die Bücher gratis vor Ort bekamen, sie über Mengenrabatt billig erwarben und in der Regel als einfache Versandbuchhandlungen mit minimalen Gemeinkosten im deutschen Sprachraum zu Preisen verbreiteten, die dem Sortimenter am Ort und mit Handlung unmöglich waren. Er bekämpfte ferner den »Kundenrabatt«, den ansässige Sortimenter Lesern gewährten, um durch Verzicht beim Preis zu höheren Absätzen zu kommen, oder weil sie, aufgrund geringerer Liefer- oder Betriebskosten, billiger anboten. Die Argumente von heute gegen den »freien Ladenpreis« – das Ende der Garantie eines umfassenden, auch die kleinen Orte erreichenden Buchhandelssystems – sind die gleichen wie die damaligen, auch wurden sie wie heute von Verlegern hervorgebracht. Der Verleger und Vorsteher des Börsenvereins Adolf Kröner erreichte 1888 (als *Krönersche Reform)* die verbindliche Festlegung des Ladenpreises und das Verbot des Kundenrabatts, bei Androhung des Ausschlusses von der Insertion im Börsenblatt und der Benutzung der Bestellanstalt.

Auf die Initiative des Börsenvereins geht schließlich auch die Gründung einer bis dahin nicht vorhandenen Nationalbibliothek zurück, zu deren direkten Initiatoren die Dresdner Verleger E. Ehlermann und A. Brockhaus gehörten. Die »Deutsche Bücherei«, gegründet 1912, erbaut 1916, erhielt den Sammelauftrag, die gesamte deutsch- und fremdsprachige Literatur des Inlandes sowie die gesamte deutschsprachige des Auslands zu archivieren und zu dokumentieren. Nach dem Grundsatz »Das erste Exemplar an die Deutsche Bücherei!« schickten die Verleger unaufgefordert ein freiwilliges Pflichtexemplar. Vor ihrer Gründung wurden die deutschen Verlagsprodukte in Katalogen zweier Buchhändler verzeichnet. Diese Kayser- und Hinrichsschen Dokumentationen übernahm die Deutsche Bücherei und führte sie fort als »Deutsche Nationalbibliographie«, die sämtliche Publikationen innerhalb, aber auch außerhalb des Buchhandels festhält. Es ist bezeichnend, daß auch die Gründung der Nationalbibliothek nicht in der Hauptstadt des Kaiserreichs, Berlin, sondern in Leipzig erfolgte. Weitere Einrichtungen wie die »Buchhändler-Lehranstalt« – später die »Fachschule für den Buchhandel«, später das »Institut für Buchhandelsbetriebslehre« an der Universität Leipzig – rundeten das Bild ab. Leipzig war somit nicht nur Verlags- und Buchhandlungszentrum, zentraler Abrechnungs-, Kommissions- und Umschlagsort, Sitz der Organisation der gesamten Branche und ihrer Ausbildungsstätten, Ort der Nationalbibliothek und Träger der internationalen Messe: Leipzig war »der Platz« oder »zentrale Platz« oder der »Platz« schlechthin.

Wenn ein Oberstudiendirektor der Deutschen Buchhändler-Lehranstalt in Leipzig über das deutsche Verlagswesen einst urteilte, dieses System sei die »Organisation, die von den andern Kulturnationen bewundernd anerkannt wird, ohne daß sie bisher etwas ihr Gleichwertiges zu schaffen vermochten« [28], so klingt dies auf Anhieb nationalistisch, muß aber doch zum Nachdenken veranlassen, wenn man die Bemerkung von Sir Stanley Unwin danebenstellt, der wegen seiner Verdienste für das englische Verlagswesen geadelt worden war und der als Präsident der Internationalen Verleger-Union über Vergleiche verfügte: Denn nach Unwins Urteil war damals »die deutsche Buchhandelsorganisation das Vollkommenste, was je erreicht wurde«. [29]

3.2 Die Lizenz-Zeit unter den Alliierten

Das Dritte Reich hat den Sortiments- und Verlagsbuchhandel zwar politisch beeinflußt, aber nicht hinsichtlich seiner Organisation und Wirtschaftsprinzipien oder der Stellung von Leipzig. Hingegen waren die Folgewirkungen der nationalsozialistischen Ära auf den Nachkriegsbuchhandel so verändernd, daß man seitdem von der *Vor-* und *Nach*-Leipziger Zeit sprechen kann. Die Ursache liegt in dem Verhalten der alliierten Besatzungsmächte gegenüber den Deutschen und untereinander.

Zur »*Stunde Null*« (im Mai 1945 nach der Kapitulation) lag die gesamte verlegerische Betätigung in Deutschland in den Händen der Alliierten. Zeitungen waren von der Besatzung herausgegebene Nachrichtenblätter. Buchverlage, seien es reine Verlage oder solche mit Druckereibetrieb, existierten nicht, entweder physisch aufgrund von Zerstörung, Beute, Beschlagnahme, Reparationsverwendung oder, wo die Verlage noch hätten arbeiten können, wegen des Gesetzes Nr. 191 der Militärregierung-Deutschland zur Kontrolle über Druckschriften vom 24. November 1944. Nach Maßgabe von § 191 war

»verboten: Das Drucken, Erzeugen, Veröffentlichen, Vertreiben, Verkaufen und gewerbliche Verleihen von Zeitungen, Magazinen, Büchern, Broschüren, Plakaten Musikalien und sonstigen gedruckten oder (mechanisch) vervielfältigten Veröffentlichungen« [30]

bis hin zu Rundfunk, Film und (dem in Deutschland erfunden) Fernsehen.

Die Zeit der Publikation ausschließlich durch die Alliierten war, ob aus Absicht oder Einsicht, aber begrenzt. So erschien das zitierte Militärgesetz, zuerst ausgegeben zum obigen Datum, schon am 12. Mai 1945 mit dem Vermerk »Abgeändert« und der einleitenden Klausel: »Vorbehaltlich anderer Anordnungen oder sonstiger Ermächtigung«, und am selben Tag wurde mit einer *Nachrichten-Kontroll-Vorschrift* Nr. 1 »das Veröffentlichen von Zeitungen, Zeitschriften und Büchern« unter bestimmten Bedingungen wieder erlaubt. Mit ihr wurde die Zeit der »Lizenzträger« eröffnet.

Lizenzträger waren die Verleger der *»Stunde Eins«* im Nachkriegsdeutschland. Mit der Übernahme des Rechts der Alliierten verband sich die Voraussetzung und Pflicht, »politisch unbelastet sowie fachlich als Treuhänder und Interpreten der Politik der Besatzungsmächte geeignet« [31] zu sein. Bei der Lizenzvergabe waren die Russen die ersten, die Amerikaner und übrigen westlichen Alliierten folgten aus besatzungs- und informationspolitischen Gründen nach. Jeder Besatzer wollte sein eigenes, von den Deutschen gemachtes Organ. Dabei wurden von allen politisch unterschiedliche Tendenzen verfolgt:»In der Sowjetzone wurden ausgesprochene Parteizeitungen ins Leben gerufen, die Engländer lizenzierten meistens Parteirichtungszeitungen, wohingegen die meisten in der amerikanischen und der französischen Besatzungszone lizenzierten Zeitungen überparteilich waren.« [32] Der wirtschaftliche Start war einfach, denn die Lizenzträger der Alliierten brauchten praktisch kein Kapital, sie erhielten es aufgrund von Verfügungen der Alliierten und allein nach Vorlage der Lizenzurkunde von den Banken. Henry Nannen erinnert sich, daß »damals eine Zeitungslizenz so gut war, wie die Erlaubnis, Geld zu drucken« [33], nach Rudolf Augstein kostete die Gründung einer GmbH »den Gegenwert einer Leica«. [34] Die Alliierten, im Gegenzug, wollten Einfluß auf Auswahl und Inhalt nehmen. Insbesondere gab es zum Anfang Weisungen, was auf Seite eins einer Zeitung zu stehen hatte.

Das Ziel war, die Deutschen umzuerziehen (in der britischen Zone: »reeducation«), wobei man symbolische Akzente setzte: Gerd Bucerius erhielt seine Lizenz für DIE ZEIT als explizites Pendant zu der englischen TIMES, das eingeschmolzene Blei von Hitlers »Mein Kampf« wurde für den Druck der ersten Süddeutschen Zeitung verwendet. Die Buchverlage wurden wie die Presse behandelt. In Bayern wurde der Verleger Kurt Desch, dessen Bücher vom Propagandaministerium als staatsgefährdend bezeichnet worden waren und der von der Reichsschrifttumkammer ausgeschlossen worden war, von den Amerikanern mit dem Wiederaufbau des bayerischen Verlagswesens betraut. Für Buch und Presse ergab es Probleme, sofern dies die traditionellen »Altverleger« betraf, die in Deutschland geblieben waren und sich durch die nationalsozialistische Herrschaft laviert hatten. Denn da sie sich zumeist dem Druck des Dritten Reichs hatten anpassen müssen (sofern sie nicht ständigen wirtschaftlichen und politischen Pressionen, Beschlagnahmungen, Enteignungen ausgesetzt sein oder in die Emigration gehen wollten), galten sie nun als politisch vorbelastet und kamen dadurch geradezu vom Regen der Nationalsozialisten in die Traufe der Alliierten. Neben das Lizenzprinzip trat in solchen Fällen das »Zwangspachtverfahren«, mit dem der zunächst von den Alliierten beschlagnahmte Verlag an einen Lizenträger verpachtet wurde, während der Altverleger verlegerisch deaktiviert blieb. Beide Verfahren waren politisch und wirtschaftlich nicht dauerhaft haltbar. Eine Lizenz konnte ja jederzeit gelöscht oder nicht weiter verlängert werden, sie bot somit keine marktwirtschaftliche Grundlage auf Dauer. So hob man schon 1949 den Lizenzzwang auf (was also nicht auf zeitgleiche Gründung der BRD zurückgeht), nachdem bereits 1948 das Zwangspachtprinzip durch marktwirtschaftliche Verträge ersetzt wurde. Dadurch ergibt sich jedoch eine noch heute bestehende Struktur der Verlage der Bundesrepublik. Sie setzen sich zusammen aus reinen Lizenzverlagen der Besatzungszeit, die neu sind, aus der Übernahme von Traditionsverlagen durch anfängliche Lizenzträger und ggf. deren Zusammengehen mit den Altverlegern, aus der Wiederfortführung verlassener Betriebe emigrierter Verleger oder deren Neugründung durch sie, sowie – nach 1949 – den Neugründungen nach der Aufhebung des Lizenzzwangs. Die letzteren spielen für die Buchverlage der Bundesrepublik die bedeutendste Rolle. [35] Für die entstehende DDR liefen die Entwicklungen anders.

Mehr als durch das Lizenzgebaren gegenüber neuen und alten Verlegern wurden Wirtschaft und Organisation der deutschen Verlage durch den politischen Umgang der Siegermächte in ihren Besatzungszonen und untereinander verändert. Aufgrund der Zonenhoheiten und nicht wegen der verkehrstechnischen Möglichkeiten fiel Leipzig als zentraler Umschlagplatz und Kommissionsort aus (aber nach dem Krieg war eine zentrale Buchauslieferung auch schon deswegen illusorisch, weil die Besatzer überhaupt keine Zentralisierung mehr zuließen). Da der Börsenverein eine nationale Gesamtorganisation war

(aber auch wegen seiner Eingliederung in die berüchtigte Reichsschrifttumkammer nach 1933 und seiner Gleichschaltung), mußte er seine Arbeit einstellen. An eine Messe war zunächst nicht zu denken. Als Verlagsstadt erlebte
Leipzig einen Exodus, nachdem im August 1945 die Amerikaner das zuerst
von ihnen besetzte Sachsen und Thüringen aufgrund der Verträge von Jalta an
die Sowjets abtraten – schon zuvor hatte sich gezeigt, daß diese ihre Lizenzen
eher für volkseigene Betriebe als an private Verleger vergaben. Bereits im
Monat vorher war durch eine Übereinkunft in Leipzig zwischen Vertretern des
Börsenvereins und den Amerikanern verabredet worden, in deren Hauptquar-
tier in Wiesbaden bzw. Frankfurt eine Zweigstelle des Börsenvereins neu ein-
zurichten. Gleichfalls im August 1945 lizenzierten die Amerikaner eine *westliche* Ausgabe des »Börsenblatt(s) für den Deutschen Buchhandel«, das im
Oktober erschien, parallel zum gleichfalls erscheinenden Leipziger Blatt. Dies
sollte jedoch keiner Spaltung Vorschub leisten, sondern der Fortführung und
Ergänzung dienen (für die drei Westsektoren), wenngleich es die Trennung
schon andeutete. Buchhändler und Verleger bemühten sich vereint um eine gesamtdeutsche Lösung. Als sich ab 1945 die in den jeweiligen Hoheitszonen in
Form von Landesverbänden wieder erlaubten Buchhändler- und Verlegerver-
einigungen konstituiert hatten und miteinander verständigten, lagen auch die
Berichte aus Leipzig vor. Als sich 1947 die verschiedenen Landesverbände der
einzelnen Besatzungszonen bereits zu Zonenverbänden zusammengeschlossen hatte, tagten bei einer Versammlung für den britischen Sektor Vertreter der
britischen, amerikanischen und französischen Zone mit Vertretern des Leipziger Börsenvereins gemeinsam. Eine übergreifende Versammlung des gleichen
Jahres in Berlin wurde »ein Bekenntnis zur deutschen Einheit«. [36] Zuvor
und danach (1946 – 1948) waren die Westdeutschen auf die – wiedergegrün-
dete – Leipziger Messe gekommen. Es waren die politischen Zwiste der Alliierten und nicht die Brancheninteressen, die auch einen gesamtdeutschen
Buchhandel verhinderten. Die Trennung kam wirtschaftlich, als 1948 mit der
Währungsreform zwei unterschiedliche deutsche Währungen eingeführt wurden. Der »Börsenverein der Deutschen Buchhändler zu Leipzig« konnte zwar
im selben Jahr unter dem alten Namen seine Tätigkeit wieder aufnehmen, aber
nicht mehr als integrierendes Gesamtorgan, sondern nur für die sowjetische
Besatzungszone. In Westdeutschland verwandelte sich der bisherige größte
Zusammenschluß (aus der amerikanisch-britischen »Bi«-Zone, der sich der
französische Sektor später anschloß) von der »*Arbeitsgemeinschaft* Deutscher
Verleger- und Buchhändler-Verbände« gleichfalls 1948 in den neuen »*Börsenverein* Deutscher Verleger und Buchhändler-Verbände« – nach dem Willen
der Gründer wieder nicht aus separatistischen Motiven, sondern um unter diesem Namen eine Klammer für den östlichen und westlichen Handel zu bilden
»so daß nunmehr in allen deutschen Zonen die Buchhandels-Organisationen
als Börsenvereine zum Wohle des gesamten deutschen Buchhandels arbeiten,
mit dem Ziel, zu einem einheitlichen deutschen Börsenverein zu kommen, so-

bald die politischen Verhältnisse dies zulassen.« [37] War dies die erklärte Absicht, so waren doch damit zwei deutsche Buchhandelssysteme voll konstituiert – ein Jahr vor der Gründung der Bundesrepublik Deutschland und (nachfolgend) der Deutschen Demokratischen Republik, also der politischen Teilung. Das System war auch insofern vollständig, als schon 1946, als Pendant zur »Deutschen Bücherei« in Leipzig, mit der Gründung der »Deutsche[n] Bibliothek« in Frankfurt eine zweite Nationalbibliothek aufgebaut wurde und von 1949 an die Veranstaltung westdeutscher Buchmessen gleichfalls in Frankfurt begann.

3.3 Das Verlagssystem der DDR

Für die DDR ergab sich die Entwicklung ihres Verlagswesens sehr folgerichtig aus den Anfängen der Übergangszeit. Bereits in ihrer Zeit als »SBZ«, als sie noch über keine eigene Souveränität verfügte, waren die Verlagslizenzen ja weniger an private Eigner als im Sinne der Bildung staatlicher und volkseigener Betriebe an andere Träger erfolgt. Mit dem Rückzug der Amerikaner 1945 verband sich der besagte Exodus auch unbelasteter Altverleger, die ihre Stammhäuser verließen. Für Leipzig waren dies so bekannte Verlage wie die Akademische Verlagsgesellschaft, Johann Ambrosius Barth, das Bibliographische Institut, der Musikverlag Breitkopf & Härtel, F. A. Brockhaus, der S. Hirzel Verlag, Insel, List, Reclam, Teubner, Thieme u. a., in anderen Verlagsstädten beispielsweise G. Fischer, Kiepenheuer und Niemeyer. Alle genannten Verlage wurden im Westen wiedergegründet, was einen erheblichen Verlust an Verlagssubstanz für den Stammort bedeutete, selbst wenn die hinterlassenen Betriebe unter alten Namen als VEB-Verlage reaktiviert wurden und bis 1990 eine west-östliche Doppelexistenz führten. Die Bedeutung von Leipzig als Verlagsstadt war unglaublich gesunken, wenn man etwa bedenkt, daß den 38 Leipziger Verlagen aus den 80er Jahren – etwa nach dem hier willkürlich gewählten, aber repräsentativen Beispiel etwa des Jahres 1928 – 561 gegenüberstanden; 38 waren allerdings wiederum relativ viel, betrug doch die Gesamtzahl der Verlage der DDR nach 40 Jahren Republik 78 [sic!]. [38] Leipzig als Kommissionsort erlangte zwar ebenfalls wieder eine zentrale Funktion, weil, ab 1959, die Belieferung für die gesamte DDR durch den »LKG« (Leipziger Kommissions- und Großbuchhandel) erfolgte. In Leipzig wurde ferner die Tradition der Buchmesse fortgesetzt, bis 1972 sogar mit zwei Messen jährlich. Doch fand die Messe nur auf vier Stockwerken des Messehauses am Markt, einem Nachkriegsbau, statt, bestand ihre Internationalität in der Konzentration auf Länder des Ostens und war sie nicht Weltmesse, wie in der früheren Zeit. Auch der Börsenverein wurde weiter durch die »Buchhändler zu Leipzig« repräsentiert, und die »Deutsche Bücherei« konnte, dank kaum vorhandener Kriegsschäden, bereits ab 1945 ihre Aufgabe als Nationalbibliothek wieder aufnehmen. Trotz dieser Zentralisierungen, die der alten Struktur glichen, entsprach das DDR-System aber keineswegs dem vor den beiden Weltkriegen mit seinem Modellcharakter. Abgesehen von der räumlichen Begrenzung auf den Zonenbereich und der Koexistenz zweier deutscher Staaten war vielmehr ausschlaggebend, daß ein anderes Modell der Buch- und Verlagswirtschaft übernommen wurde entsprechend zur Planwirtschaft. »In den sozialistischen Staaten wird das Verlagswesen zentral geleitet; die Verlage sind verantwortlich für die thematische Planung und den Inhalt [...]. Seine Aufgaben ergeben sich aus den Beschlüssen der kommunistischen Arbeiterparteien und der Regierungen der sozialistischen Länder.« Gemäß diesen Prinzipien gestaltete sich auch die Verlagswirtschaft der DDR. Die Grundlagen waren die Beschlüsse des »Zentralkommittees der SED« und des Ministerrats. Auf ihrer Basis wurden vom Ministerium für Kultur die Aufgabengebiete der Verlage formuliert bzw. bestätigt. Die Verlage legten daraufhin ihre »Perspektiv-« oder »Jahrespläne« vor, die anschließend in der »Hauptverwaltung Verlage und Buchhandel« im Ministerium für Kultur zu bestätigen waren. Da auch die Manuskripte nach Abfassung geprüft wurden, war die zentrale Lenkung global wie im einzelnen festgelegt. Die Zentralisierung war in der Gründungsphase der DDR auch auf dem räumlichen Sektor vorgesehen. So sollten nach einem ursprünglichen Plan sämtliche Verlage der DDR in Leipzig in dem neuen Hochhaus der (jetzt ehemaligen) Karl-Marx-Universität zusammengefaßt werden, das man, 27 Stockwerke hoch, symbolisch in der Form eines aufrecht stehenden und aufgeklappten Buches errichtete. Im Gegensatz zur BRD trugen Bücher der DDR wie in der Zeit direkt nach dem Krieg auch bis 1990 noch im Impressum den Eintrag ihrer Lizenz, sowohl für den Verlag als solchen wie den einzelnen Titel, nur daß die Vergabe nicht mehr bei den sowjetischen Besatzern lag, sondern im eigenen Ministerium. Das gebündelte Aufgaben- und Pflichtpaket der Hauptverwaltung verdient, aus dokumentarischen Gründen, im Originaltext zitiert zu werden. Dieser Abteilung oblag es gesetzlich:

»die Verlage zu lizensieren, die unterstellten Verlage anzuleiten und für eine zweckenentsprechende Arbeitsteilung zwischen den Verlagen Sorge zu tragen; die thematische Jahres- und Perspektivplanung der Verlage anzuleiten, zu koordinieren und ihre Erfüllung zu kontrollieren; die Manuskripte und die Erzeugnisse der nicht lizensierten Verlage (Gelegenheitspublikationen, lokale Festschriften, Heimatblätter usw.) zu begutachten und Druckgenehmigungen zu erteilen.« [39]

Eine Darstellung der Verlagswirtschaft der DDR wäre wegen der Veränderungen 1989 und der Wende 1990 nicht mehr rechtfertigbar, wenn der relativ nüchternen Deskription nicht auch eine kritische Bewertung nachfolgte, die für die Geschichte noch einmal die Zustände und Praktiken hervorhebt, die in der Nach-DDR-Zeit überwunden sein werden. Die Tatsache, daß kein Verlag seine Programme autonom selbst gestaltete, wurde früher verleugnet, kaschiert oder dialektisch zurückgewiesen – heute spricht man offen von einer Befreiung. Die von der zentralistischen Steuerung als nächste Betroffenen waren naturgemäß alle Autoren – heute gestehen sie offen die staatliche Zensur ein, die Anpassung und die Selbstzensur. Nicht linientreue Autoren wurden durch die behördliche Zensur oder bereits im Vorfeld durch die Verlage selbst unterdrückt – wodurch über Jahrzehnte Autoren der DDR in ihrem eigenen Land nicht verlegt wurden. Das Angebot eines Manuskripts im westlichen Ausland, speziell Westdeutschland, war ohne vorheriges Angebot in der DDR nicht gestattet. Es bedurfte der Freigabe durch das staatliche Urheberrechtsbüro Ostberlins und endete im Fall der Zuwiderhandlung mit persönlichen und gerichtlichen Restriktionen (Stefan Heym wurde deswegen der Devisenprozeß gemacht, neben ihm litten aber auch alle DDR-Autoren, die dazu, 1977, eine Protestunterschrift abgaben). Maßnahmen wie diese sowie andere von der Einkerkerung bis zur Ausbürgerung haben den allseits bekannten, unfreiwilligen Exodus der Autoren »von Bahro bis Biermann« verursacht. Einfach »frei« in den Westen zu reisen, war dagegen nur vom Staat anerkannten Autoren gestattet, ein Privileg für Künstler zudem, das die gesamte Bevölkerung nicht hatte.

Von besonderer Art war auch das finanzielle Gebaren, wenn es um verlagswirtschaftliche Beziehungen zwischen der DDR und der BRD ging. Kam ein Lizenzvertrag zustande, durch den ein ostdeutscher Autor in einem westdeutschen Verlag erschien, so gingen die Gebühren nicht an den Verlag oder Autor, sondern an das zentrale Urheberrechtsbüro, das den Betrag in Westmark entgegennahm, einen Teil davon einbehielt und von dem Rest Westmark jeweils zirka die Hälfte in Ostmark an den Autor weitervermittelte, die andere in Form von Gutscheinen zum Einkauf im »Intershop« oder zur Finanzierung westlicher Bildungs- und Lesereisen vorsah. Die Ursache des Verhaltens war der Devisenmangel. Diese Art des Geschäfts mit Lizenzen konnte allenfalls durch den staatlichen Buchexport reglementiert werden: Der VEB Buchexport Leipzig, hervorgegangen aus der enteigneten traditionellen Kommissions- und Barsortiments-Großhandelsfirma Koehler & Volkmar in Leipzig und anschließend mit dem Außenhandelsmonopol der DDR ausgestattet, hatte im Zweifelsfall immer deswegen das Sagen, weil sich mit dem Verkauf von Büchern größere Devisen verbanden als mit Lizenzgeschäften. Nicht selten verursachte der bevorzugte Export in das Ausland (»BRD«) eine Verknappung der Literatur im Inland, so daß, bedingt durch das kontingentierte Papier und die begrenzten Auflagen, im »Leseland« DDR die eigene Literatur nicht mehr greifbar war. Von besonderer Problematik war auch der Bücherverkehr, sofern er sich in Richtung von Westen nach Osten bewegte. Schon der private, nicht gewerbliche Bücheraustausch war dadurch erschwert, daß der einzelne Bürger westdeutsche Literatur nur bei nachgewiesenem Bedarf für Fachgebiete oder Literaturgattungen und per

Sondergenehmigung über das Ministerium für Kultur gesetzlich beziehen durfte. Für den gewerblichen Bücheraustausch war ein Geschäft nach dem Kompensationsverfahren oder dem Clearing zu tätigen. Beim »Kompensationsverfahren« handelte es sich um einen direkten Tausch von Verlagserzeugnissen jedwelcher Art auf der Grundlage 1:1 (Westmark zu Ostmark) bewerteter »Verrechnungseinheiten« (VE), wobei ein Saldo der DDR durch die Vergabe westdeutscher Druckaufträge kompensiert wurde. Das Pikante an dieser Verrechnungsform bestand darin, daß – wie im innerdeutschen Handel allgemein – einer Forderung in D-Mark West höchstens ein Viertel ihres Realwertes gegenüberstand, während eine Forderung in östlicher Mark, 1:1 beglichen, mit praktisch dem vierfachen Gegenwert abschnitt. Beim »Clearing« handelte es sich zwar um echte Käufe zwischen den individuellen Verlagen und Grossisten der BRD einerseits und der zentralen Einkaufsstelle von Leipzig andererseits, aber die ostdeutschen Salden wurden nicht in einer vereinbarten Währung (Devisen oder Gold) ausgezahlt, sondern in einer vom Westpartner gewährten zinsfreien Verkehrsform (»Swing«) kreditiert. Vom Einzelvertrag für eine Lizenz bis zum strategischen Gesamtverhalten erhellen deswegen die ausgewählten Beispiele die dunklen Beziehungen auch im »innerdeutschen Buchhandel«, die alle daraus resultierten, daß sich die sozialistisch abgeschottete Planwirtschaft mit einer nicht konvertiblen Binnenwährung ausstattete.

Die Verlagsproduktion der DDR konzentrierte sich während der Zeit ihres Bestehens auf die Städte Leipzig (38 Verlage, noch 1990 kamen fast 25 Prozent aller Titel aus Leipzig) und Berlin (vor der Wende auch 38 Verlage, aber mehr Titel als Leipzig), der gesamte Rest ging auf Dresden, Halle, Jena, Weimar und einige kleinere Verlagszentren. Die Zahl der Titel ist von ca. 2 000 im Jahr 1950 auf ca. 6 000 im Jahr 1980 gestiegen und 1990 bei dieser Größenordnung geblieben (die westdeutschen Verlage produzieren ca. das Zehnfache). Die Durchschnittsauflage lag für die DDR mit ca. 23 000 Exemplaren mehr als deutlich über der in der Bundesrepublik (geschätzte ca. 5 000 Stück) und hätte bei nicht kontingentiertem Papier ein Mehrfaches betragen. Der Umsatz der Verlage der DDR lag bis zum Schluß in der Größenordnung von ca. 500 Millionen Mark, rein rechnerisch bei ca. einem Zwanzigstel von dem aus der BRD, war aber mit diesem aufgrund der sehr viel niedrigeren »sozialistischen« Preise nicht zu vergleichen.

Eine Erwähnung verdient noch die Leistung der DDR auf dem Bereich der nicht- gewerblichen und nicht-politischen Buchkunst. Die »Internationalen Buchkunstausstellungen« (Kurzformel »iba«), organisiert vom Börsenverein und dem Rat der Stadt Leipzig, die etwa alle sechs Jahre stattfanden, dokumentierten nationale und internationale Tendenzen. In der Zwischenzeit wurden, von den gleichen Veranstaltern organisiert und unter dem Patronat der DDR-UNESCO-Kommission, in der Ausstellung »Schönste Bücher aus aller Welt« internationale Leistungen jährlich prämiert. Daneben standen die

»Schönsten Bücher der DDR« bzw. ab 1982 die »Schönsten Bücher des Jahres«, in deren Wettbewerb man jeweils zu Beginn der Leipziger Buchmesse im Frühjahr die besten Leistungen des Vorjahres auszeichnete.

3.4 Das Verlagssystem der BRD

Zur Kennzeichnung des Verlagssystems, wie es sich in der Bundesrepublik herausgebildet hat, eignen sich die Abgrenzungen, wie sie im Osten aus zeitgenössicher Perspektive erfolgten:

»Der Charakter des Buchhandels richtet sich nach der sozial-ökonomischen Struktur des betreffenden Landes. Im Kapitalismus dient der Buchhandel, der in der Hand der Bourgeoisie liegt, der Erzielung von Gewinnen und der Verbreitung von Schriften, die den Interessen der herrschenden Klassen dienen.«

»In der kapitalistischen Gesellschaft ist die verlegerische Tätigkeit vorwiegend Angelegenheit privater Verlage, d. h. bürgerlicher, nach kaufmännischen Gesichtspunkten aufgebauter Unternehmungen [...]. Profitstreben, Konkurrenzkampf und Käuflichkeit sind für sie kennzeichnend.«

»Der Niedergang der kapitalistischen Kultur zeigt sich besonders kraß im Verlagswesen, das der Propagierung der imperialistischen Aggression, der Rassenhetze und dem Obskurantismus dienstbar gemacht worden ist.« [40]

In ähnlicher, wenn auch geminderter Formulierung erfolgten solche Abgrenzungen noch bis 1989. Die Verleger hatten sich, wie an dem Exodus aus Leipzig und anderen Städten zu sehen war, allerdings bereits selbst entschieden (in der DDR gab es nur 20 Verlage, die ganz oder teilweise in privatem Besitz waren), teils aufgrund ihrer Erfahrung mit der ideologisch gelenkten Verlagswirtschaft nationalsozialistischer Prägung, teils weil sie im »kapitalistischen« System die Form der freien Marktwirtschaft zur Fortführung ihrer Verlage sahen, nach deren Prinzipien sie schon vor allen Veränderungen verlegt hatten und die auch nun wieder privaten unternehmerischen Initiativen ihre Chance gab.

Ein hervorragendes Beispiel ist vielleicht das des jungen Heinrich-Maria Ledig-Rowohlt, eines der ersten Buchverleger, die 1945 eine Lizenz erhielten. In dieser Zeit war der Lesehunger unglaublich groß, das Papier aber knapp und extrem holzhaltig – Zeitungspapier –, so daß sich keine schönen, sondern nur »sehr häßliche Buchgebilde« fertigen ließen. Ledig-Rowohlt löste das Problem auf seine Weise: »Wenn schon schlechtes, holzhaltiges Zeitungspapier, warum lassen wir unsere Bücher dann nicht gleich im Zeitungsformat über die Rotationsmaschinen laufen und geben sie als eine Art literarischer Zeitungen heraus?« So entstanden 1946 Rowohlts-Rotation-Romane (»rororo«), die nach den zwölf Jahren »tausendjähriger« Unterbrechung den Deutschen die Deutschen Kästner, Tucholsky zurück – oder ausländische Autoren wie Hemingway und Steinbeck erstmals in deutscher Sprache nach Deutschland brachten, den Lesehunger befriedigten, den Verlag Auflagen von 50 000 Exemplaren im Nu ausverkaufen ließen und bei den Druckereien dafür sorgten, daß die Rotationsmaschinen für die Zeitungen, die sonst nur in der Nacht ausgelastet waren, auch tagsüber zum Einsatz kamen. Die »rororo«-Zeitungsromane wurden erfolgreich gedruckt bis 1948, als sich die Wirtschaft zu erholen begann und wieder besseres Papier lieferte. Da ging man vom Zeitungsformat ab und versuchte den gleichen Erfolg im Buchformat: Auf diese Weise entstand im Nachkriegsdeutschland zum erstenmal – in unserem modernen Sinn – das Taschenbuch. [41]

Aber um vom Beispiel wieder auf das Allgemeine zurückzuführen, muß man plastisch hervorheben, daß sich auch das Verlagssystem der entstehen den Bundesrepublik gegenüber dem Leipziger gesamtdeutschen und dem zentralistischen der DDR völlig anders entwickelte. Eine zentrale Verlagsstadt bildete sich nicht mehr. Statt dessen entstand eine Verteilung auf fünf bis sechs Hochburgen: München (früher im Vergleich eher unbedeutend) mit 317 Verlagen ist heute die größte Verlagsstadt (und sogar nach New York die zweitgrößte der Welt), Berlin (früher nach der Zahl der Titel und Verlage vor Leipzig) folgt (für West, 1989) mit 176 Verlagen, Stuttgart verzeichnet 142, Hamburg 135, Frankfurt bringt es mit 131 auf Platz fünf der Verlagsorte, und Köln ist mit 90 Verlagen, vom Kriterium Stadt aus betrachtet, das sechste und damit letzte größere Zentrum. Auch von einem zentralen Kommissionsplatz war und ist nicht mehr zu sprechen. Die dezentralisierten Zwischenbuchhandelsorte sind für den Norden Hamburg (Lingenbrink), den Westen Köln (Koehler & Volckmar), die Mitte Frankfurt (Lingenbrink, Wegner), den Süden Stuttgart (Koch, Neff und Oetinger) und mit einer Sonderstellung Gütersloh (Bertelsmann). An die Stelle der organisatorischen Zentrale Leipzig ist Frankfurt getreten, mit dem namentlich so gegründeten westdeutschen Börsenverein, dem westdeutschen »Börsenblatt« und den unten besprochenen Einrichtungen. Die wichtigste, weil normsetzende Funktion war die Wiederkonstituierung der Buchmesse, mit einem zaghaften Beginn als »Bücherschau« von etwa 200 Verlagen 1948 in der Frankfurter Paulskirche, 1949 vom Hessischen Verlegerverband als »Produktionsschau« für westdeutsche Verlage veranstaltet, heute vom (west-) deutschen Börsenverein als Weltmesse anstelle von Leipzig. Die Buchmesse war für Frankfurt dabei diesmal so neu wie die gesamten heutigen Frankfurter Messen. Der Anfang aller fällt in die Nachkriegszeit, und noch 1947 hatte man überlegt, ob man dem Messeplatz Leipzig überhaupt etwas Gleichwertiges entgegenstellen könnte, aber Frankfurt, ursprünglich ältester Messeplatz Deutschlands (in Wirklichkeit ist Frankfurt sogar die älteste Messehochburg Europas), sollte wieder Messestadt werden. So entstand vor der ersten »Buch-«Messe die erste »D-Mark-Messe« mit der Eröffnung am 3. Oktober 1948. Welchen Stellenwert die Buchmesse heute (um 1990) unabhängig von ihrer internationalen wirtschaftlichen Bedeutung genießt, kann man der Anfrage eines amerikanischen Verlages an den Börsenverein entnehmen, der sich erkundigte, ob der ihm unerklärliche Termin für die deutsche Wiedervereinigung zum 3. Oktober 1990 deswegen gewählt worden sei, weil er den Termin des Beginns der Buchmesse darstellte.

Die Unterschiedlichkeit und Gegensätzlichkeit des westdeutschen im Vergleich zum vergangenen ostdeutschen Verlagssystem zeigt sich am deutlichsten, wenn man die Zahl der Verlage vergleicht. Den 78 (offiziell dokumentierten) Verlagen der DDR standen nach der Mitgliedschaft im westdeutschen Börsenverein ca. 2 000 Verlage gegenüber, im VLB (»Verzeichnis lieferbarer Bücher«) wurden 1986 über 6 000 Verlage, 1989 über 8 500 gezählt, in dem »Adreßbuch für den deutschspachigen Buchhandel« befinden sich für die Bundesrepublik über 10 000 Eintragungen, und das Verlagsverzeichnis der Deutschen Bibliothek, das jede Einsendung verzeichnet, kommt auf über 52 000 Nachweise! Dies dokumentiert, egal welche Zahl man als maßgeblich ansieht, zugleich die Unterschiedlichkeit des plan- und marktwirtschaftlichen Systems und zeigt die Abhängigkeit der beiden praktizierten deutschen Verlagswirtschaften von ihrem jeweiligen politischen Umfeld.

Die »alte« Bundesrepublik war damit, pro Kopf umgerechnet, das verlagsreichste Land der Welt. Ihre Titelprodukton ergab, gemittelt von ca. 14 000 (aus Erst- und Nachauflagen) im Jahre 1951 bis ca. 50 000 im Jahre 1984, einen Durchschnitt von ca. 36 000 Neuerscheinungen jährlich, wobei für die letzten fünf Jahre (1985–1990) z. B. Werte zwischen 60 000 und 68 000 statistisch belegt sind. Sie lag damit im internationalen Vergleich über Jahrzehnte nach der UdSSR und den USA an dritter Stelle und liegt nach 1989 an der zweiten. Der durchschnittliche Ladenpreis entwickelte sich von 6,90 DM für 1951 auf fast genau 30,– DM im Jahr 1984 und ca. 31,10 DM 1990. In dem Jahr 1990 erreichte das Verhältnis von Neu- zu Nachauflagen 73 : 27, was bedeutete, daß im Schnitt jeder vierte Titel ein Zweit-, Dritt- oder weiterer Wiederholungsdruck war – ein Erfolg, der seit mehr als 20 Jahren nicht mehr erreicht wurde (was negativ ausgedrückt aber immer noch sagt, daß drei von vier Büchern keine Nachauflage erreichen). Jedes fünfte Buch war 1990 ein Taschenbuch, von dem jeder einzelne Titel statistisch mindestens eine Nachauflage erwarten läßt. Der Gesamtabsatz der Branche ist relativ unklar; im Gegensatz zu der ehemaligen DDR bestehen für die BRD relativ wenig Zahlen. Der Umsatz beläuft sich für die gesamte Branche auf allen Vertriebswegen auf ca. 48 Milliarden Mark, die Buchverlage haben dabei mit ca. 12 Milliarden neben den Zeitschriften und Zeitungsverlagen (Presse) einen erstaunlichen Anteil. Auch die Buchbranche Verlag hat damit volkswirtschaftliche Bedeutung, und zwar zunächst einmal materiell. Bertelsmann (als Konzern) liegt mit über 10 Milliarden Mark Jahresumsatz (1989) weltweit an 38. Stelle der größten Unternehmen der BRD, und auf der 24. in bezug auf die Wertschöpfung

(Leistung eines Unternehmens an seine Mitarbeiter, Eigentümer, Kreditgeber, den Staat und das Unternehmen selbst in Form von Rücklagen, der Beitrag zum Bruttosozialprodukt). Alle Verlage stiften zudem materiellen Nutzen durch die Zahlung der Autorenhonorare an die Verfasser von jährlich neu- oder wiederaufgelegten mindestens durchschnittlich 60 000, insgesamt (mit dem Verzeichnis lieferbarer Bücher als Anhaltspunkt) über 500 000 verkaufbaren Titeln, die Zahlungen an die betrieblichen Mitarbeiter (ca. 150 000, fast soviel wie in der Druckindustrie) und schließlich, als Auftraggeber, an die Betriebe für Satz, Reproduktion, Druck, Weiterverarbeitung und Papierindustrie. Die Dienstleistungsfunktion für bezahlte Werbung und Zulieferfunktion für den Zwischen- und Einzelbuchhandel runden diese volkswirtschaftliche Dimension ab. Dabei darf nicht übersehen werden, daß die *materielle* Nutzenstiftung nur die vordergründige ist und die Verlage ihren hauptsächlichen Nutzen *immateriell* stiften. Es ist der Nutzen, der indirekt entsteht, in Form von Wissen, Information, Schulung, Weiterbildung, von Forschung, Kunst, Kultur, ohne die die heutigen Bildungs- und Wirtschaftssysteme nicht denkbar wären.

Der »Börsenverein des Deutschen Buchhandels e.V.« ist nicht nur die Dachorganisation des westdeutschen Verlagshandels, sondern auch des Zwischen- und Einzelbuchhandels. Er umfaßt damit gleichberechtigt sämtliche an der Produktion und Verbreitung beteiligten Handelsstufen, womit er sich gegen andere Dachorganisationen europäischer Länder, die fast alle dies nicht tun, abgrenzt. Die Mitgliedschaft ist nicht Pflicht, hat aber die Mitgliedschaft in einem der Landesverbände zur Voraussetzung (und umgekehrt hat jedes Mitglied des Landesverbandes auch Mitglied des Börsenvereins zu sein). Der Verein tritt zunächst nur als »e.V.« auf, d. h. als Organisation ohne eigene wirtschaftliche Tätigkeit, allein zur Interessensvertretung der Mitglieder. Zu den *gemeinnützigen* Mitglieder-Einrichtungen gehören eine Rechtsabteilung (mit z. B. den Schwerpunkten fester Ladenpreis und jetzt, besonders in der EG, immer wieder Raubdruckerei), die Beratung in Wirtschaftsfragen, Public-Relations für die gesamte Branche, Berufsbildung, eine eigene Bibliothek u. a. Daneben stehen die *wirtschaftlichen* Einrichtungen, die gleichfalls ab 1947 gegründet wurden und alle in Form der GmbH arbeiten. Die »Buchhändler-Vereinigung GmbH« ist der Verlag des Börsenblattes, des »VLB«, gedruckt und als Mikrofiche, für die »Deutsche Bibliographie«, das »Adreßbuch für den deutschsprachigen Buchhandel«, verlegt für Auftraggeber in Kommission, führt einen eigenen Adressenverlag und produziert buchhandelsbezogene Werbung vom Plakat bis zur Plastiktüte. Daneben ist sie die wirtschaftliche Trägerin der »Schulen des deutschen Buchhandels«, die Nachwuchs ausbilden und Mitarbeiter der Verlage auf allen Bereichen weiterbilden. Die »Ausstellungs- und Messe-GmbH« erwies sich als notwendig, als die Buchmesse 1964 eine solche Größe erreicht hatte, daß sie nicht mehr vom Verleger-Ausschuß allein organisiert werden konnte. Die »BAG Buchhändler-Abrechungs-Gesellschaft mbH« ist ein westdeutsches Pendant des bereits 1922 in Leipzig errichtenen »BAG« (S. 29); sie erleichtert nach der traditionellen Idee den Zahlungsverkehr zwischen den Verlagen und Sortimenten durch Bündelung der Einzelrechnungen und Addition zu nur einer Gesamtsumme, die zu zahlen oder zu kassieren ist, heute mit elektronischen Mitteln. Neben der BAG steht als wirtschaftliche Hilfe die »BKG Buchhändlerische Kredit-Garantiegemeinschaft GmbH & Co KG«, die Buchhändlern Kredite für und Verlagen Vorschüsse auf die Abrechnungen aus der BAG gewährt. Eine immer wichtiger werdende Einrichtung haben sich Börsenverein, Buchhändler-Vereinigung und BAG zusammen in einem eigenen Rechenzentrum geschaffen (»RZB Rechenzentrum Buchhandel GmbH«), das nicht allein der BAG zuarbeitet, sondern mit modernen Satzrechnern an der Produktion des Adreßbuches für den deutschsprachigen Buchhandel und das Verzeichnis lieferbarer Bücher u. a. beteiligt ist. Wurden mit diesen Beispielen die Arbeit des Börsenvereins als Wirtschaftsverband und als Verein deutlich, ist abrundend sein *kulturpolitisches* Engagement zu nennen. Mindestens die beiden wichtigsten sollen deutlich genannt sein. Der »Friedenspreis des Deutschen Buchhandels«, jährlich am Messesonntag in der Paulskirche verliehen, ist eine Reaktion direkt auf den Weltkrieg und geht auf die Stiftung einiger deutscher Verleger 1950 zurück. Seit 1951 trägt sie der Börsenverein. [42] Gleichzeitig 1951 begann der Börsenverein einen jährlichen Wettbewerb: »Die schönsten Bücher der Bundesrepublik Deutschland«. In ihm wurden unter den Kriterien Ästhetik, Funktion, Qualität die von den Verlagen eingeschickten Neuerscheinungen von einer Jury bewertet und auf einer Feier während der Buchmesse mit einem Preis der »Stiftung Buchkunst« prämiert. Die Stiftung Buchkunst, hervorgegangen aus der »Sammlung Buchkunst« der Deutschen Bibliothek, gegründet 1965 und getragen vom Börsenverein, der Deutschen Bibliothek, der Stadt Frankfurt u. a., organisiert neben Wander- und Spezialausstellungen nationaler Art auch die Sonderschau »Buchkunst International«, auf der in Frankfurt zur Messe die prämierten Bücher aus aller Welt vorgestellt werden. Der ursprüngliche Nationalwettbewerb West und sein ostdeutsches Pendant wurden ab 1990 ersetzt durch »Die schönsten deutschen Bücher«.

4. Trends für die Zukunft: Die Verlagswirtschaft im Umbruch

Nachdem die Geschichte der Verlage von ihren Anfängen bis zu den Wirtschaftssystemen in der DDR und BRD vor der Wiedervereinigung auf dem zur Verfügung stehenden Raum knapp skizziert worden ist, müssen zum Abschluß Stichworte zu den drei Phänomenen folgen, die unsere Zukunft nachdrücklich bestimmen: Strukturwandel, die Verlagswirtschaft im gemeinsamen Deutschland und schließlich im Binnenmarkt.

4.1 Strukturwandel

Vor der Beschreibung des Wandels einer Struktur muß man sie selbst beschreiben. Dies ist im Fall des Buchhandels einfach, da man auf über 160 Jahre Tradition des Börsenvereins zurückgreifen kann, der – s. o. – seit 1825 die drei Sparten »Herstellender Buchhandel« (Verlage), »Vertreibender Buchhandel« (Sortimente) sowie Zwischenbuchhandel als übergreifende Spitzenorganisation unter seinem Dach vereinigt. In dieser Organisationsform ist die Struktur der Branche widergespiegelt, das Stichwort heißt *Dreistufigkeit*. Durch sie unterscheidet sich der deutsche Buchhandel strukturell von fast dem gesamten ausländischen Buchhandel, der wegen des Fehlens eines vergleichbaren Zwischenbuchhandels, den man neidisch vermißt, zumeist zweistufig ist. Am Prinzip der Dreistufigkeit selbst ist kein Wandel zu erkennen und auch nicht zu erwarten, daß sich die Grundstruktur ändert. Aber: Es ist ein *Wandel in allen Stufen zu* sehen.

Um mit dem *Verlagsbuchhandel* zu beginnen, besitzt dort die Struktur eine charakteristische Form, die einen Wandel geradezu nahelegt, obwohl sie Jahrzehnte Bestand gehabt hat. Nach statistischen Quellen von 1975 z. B. waren schon 50 Prozent aller umsatzsteuerpflichtigen Verlage erfaßt, wenn als Grenze ein Umsatz von 250 000 DM pro Jahr angesetzt wurde (dem für die Gegenwart gültigen Minimum für einen Verlag als Vollerwerbsbetrieb, wenn ihn nur eine Person betreibt) und 75 Prozent aller Verlage bei einer Million Mark Jahresumsatz (»Vier-Personen-Betrieb«), mit anderen Worten: Nur etwa ein Viertel überschritt überhaupt die Millionengrenze. Verlage sind in ihrer überwältigenden Mehrzahl also typische Klein- und Mittelbetriebe.

Nach den Quellen von heute (1990) liegen diese Werte mit ca. 40 und 60 Prozent bzw. einem Drittel in einer deutlich veränderten Größenordnung; sie demonstrieren sehr klar den Rückgang der kleinen und mittleren sowie die Zunahme der größeren Firmen. Das Substantielle an dieser Strukturverschiebung wird sichtbar, wenn man außer der Zahl der Verlage in ihren Größenklassen auch ihren Anteil am Umsatz hinzunimmt, bei dem die wenigen großen Verlage schon immer das meiste auf sich konzentrierten, aber heute z. B. nur 0,6 Prozent (die elf größten Verlage) der Branche 24,5 Prozent des Umsatzes machen (auf neun Prozent der Verlage entfallen schon 66 Prozent Umsatz), während die 66 Prozent der Kleinen nur 21,7 Prozent umsetzen. Rein bildlich entspricht die Struktur der Verlage damit einer Pyramide, die auf dem Kopf steht. In der Umsatzklasse unter 250 000 DM wurden (1990) nur negative Zuwächse gemeldet.

Der Strukturwandel ist das Ergebnis von über Jahrzehnte getroffenen Entscheidungen der Verlage im freien Marktwirtschaftsprozeß. Das skizzierte Bild, das die Tendenz klargelegt hat, beschreibt aber noch längst nicht die Wirklichkeit vollständig, da in dem statistisch erfaßten Material zwar Zahl und Umsatz der Verlage verzeichnet sind, hingegen nicht ihre Zugehörigkeit zu Konzernen. Gerade hinter mittelgroßen Verlagen stehen aber oft die Namen von Bertelsmann, Fleissner, von Holtzbrinck und anderen Gruppen. Gesamtwirtschaftlich hat sich eine »Konzentration« abgespielt, wie sie im Wirtschaftslexikon steht, nämlich »eine Veränderung der Größenstruktur wirtschaftlicher Einheiten durch Zunahme der großen auf Kosten der kleinen Einheiten. « [42] Auf der betrieblichen Ebene vollzieht sich die Konzentration entweder freiwillig oder gezwungenermaßen entweder durch Einbettung in einen Konzern oder durch die Fusion. Ein exemplarisches Beispiel für die durch wirtschaftlichen *Zwang* verursachte Fusion ist die zwischen dem Bibliographischen Institut Mannheim (z. B. »Duden, »Meyers Enzyklopädie«) und der Wiesbadener F. A. Brockhaus A.G. 1984 zu einer neuen AG, weil diese beiden größten Verlage von Lexika mit je über 150jähriger Tradition nicht mehr glaubten, als selbständige Firmen in Konkurrenz gegeneinander bestehen zu können, sondern nur in Form einer Verschmelzung. Ein exemplarisches Beispiel für die vorwärtsagierende Konzentration aus der Position der *Stärke* sind etwa die Konzernkäufe der Verlagsgruppe Georg von Holtzbrinck in Stuttgart, die erst über Minderheitsbeteiligungen, dann Mehrheitsbeteiligungen und schließlich totalen Erwerb zwischen 1963 und 1984 allein auf dem Taschenbuchsektor die Verlage Droemer-Knaur, Fischer, Kindler und Rowohlt erwarb – mitsamt ihren Mutterverlagen und neben anderen Käufen. Wegen des Binnenmarkts (s. u.) werden die Konzentrationen im deutschen Verlagswesen noch zunehmen.

Das *Sortiment* hat den Strukturwandel in weit stärkerem Maße als die Verlage erfahren, an ihm wurde auch der Strukturwandel mit seinen Konsequenzen überhaupt zuerst sichtbar. Insgesamt geht es dem Sortiment auf den ersten

Blick gut, es verzeichnet seit rund zehn Jahren größere Umsatzzuwächse als der gesamte übrige Facheinzelhandel und ist damit genauso eine expandierende Branche wie die der Verlage, die Frage ist aber wieder, wie sich die Umsätze verteilen. Hier waren nach der Statistik von 1985 bereits fast zwei Drittel aller Buchhandlungen erfaßt, wenn man die Grenze bei 500 000 DM Umsatz ansetzte, ihr Anteil am Umsatz betrug knappe 14 Prozent. Ihnen gegenüber standen die größten Buchhandlungen, die mit nur 0,2 Prozent Firmen (oder einem Fünfhundertstel) jedoch schon einen Anteil von 15 bis 16 Prozent machten. War die Millionengrenze das Ziel, waren bereits neun Zehntel erfaßt und bei der Umsatzklasse bis fünf Millionen 97,6 Prozent – genau dieser Umsatz wurde von den Betriebsberatern aber als durchschnittlicher Mindestumsatz ermittelt für die erfolgreiche Betreibung eines Sortiments – und diesen erreichten folglich gerade 2,4 Prozent (Groß-) Buchhandlungen, die aber volle 40 Prozent des Umsatzes der gesamten Branche einnahmen. Nicht viel anders ist die Situation heute. Die Sortimente mit weniger als einer Million Mark Umsatz schreiben das siebente Jahr nacheinander rote Zahlen, der Durchschnittsumsatz für die Branche liegt pro Laden bei 2,2 Millionen Mark, und die kleinen Läden können sich in ihrer Zahl (innerhalb der über 3 600 Handlungen) nur deswegen halten, weil sie so oft als Familienbetriebe geführt werden. Vorbestimmt ist deswegen der Strukturwandel zu größeren Sortimenten, wo größerer Geschäfts- bzw. Verkaufsraum, größere Anzahl der Beschäftigten bzw. größerer Pro-Kopf-Umsatz, größerer Lagerumschlag und Quadratmeterumsatz das schon seit Jahren beobachtete positive (bis 2,3 Prozent Gewinn) Betriebsergebnis erwirtschafteten, während die Gesamtbranche (mit 0,6 Prozent Verlust 1989) insgesamt negativ dasteht. Strukturwandel im Buchhandel bedeutet demnach auf Sortimentsseite die weitere Entwicklung von Großbuchhandlungen und Buchkaufhäusern, Filialketten und Kettenläden, »Medienkaufhäusern« und »Mega-Stores« sowie natürlich des Warenhausbuchhandels, wobei nicht nur die strukturelle Seite zu sehen ist, sondern wegen der sich wie bei den Verlagen selbst abbildenden Konzentration die größer werdende Nachfragemacht des Sortiments gegenüber Verlagen. Die Konzentration im Sortiment wird sich weiter ausbreiten, wenn im gemeinsamen Deutschland die Reprivatisierung der Buchhandlungen zur Bildung von Ketten führt und mit der Öffnung des gemeinsamen Binnenmarkts ausländische Ketten in den deutschen Markt eindringen können.

Auch die dritte Stufe im Buchhandelsgesamtsystem, der *Groß- oder Zwischenbuchhandel* ist vom Strukturwandel betroffen. Ohnehin auf nur ca. 60 Firmen begrenzt, wenn man alle Kommissionäre und Barsortimenter zusammenzählt, schrumpfen diese auf fünf bis sechs Oligopolisten, wovon wieder zwei (Koch, Neff & Oetinger, »KNOe«, und Lingenbrink, »Libri«) die Hauptkonkurrenten darstellen. Dabei hat »KNOe« zur Sicherung eines weiteren nationalen Oligopolisten (Presse- und Grossohaus Wegner) sowie seiner eigenen Existenz diesen noch 1988 mehrheitlich erworben und der aus Altersgründen ausscheidende Gründer Kurt Lingenbrink seine Firma zur Zukunftssicherung 1989 an die amerikanische Bain Holdings verkauft, welche, selbst buchhandelsunerfahren, für sich darin einen Eckpfeiler in bezug auf das Agieren im Gemeinsamen Markt der EG ab 1993 erblickt. Die Konzentration ist also auch hier zu verzeichnen. Experten befürchten:»Die beiden Marktführer haben sich einen so hohen Anteil an Distribution gesichert, daß sie Verlagen massiv in ihre Vertriebspolitik hineinregieren können.« [43] Genauso haben sie eine entsprechende Marktmacht auch gegenüber dem Sortiment. Verstärkt gegenüber beiden würde die jetzige Marktsituation noch, wenn etwa ein gleichfalls aus Altersgründen bedingter Verkauf von Koch Neff an Bain Holdings zu einem monopolartigen Markt (»KNOeLiB«) führen würde. Aber gewichtige Gründe gerade auch der Konzentration bei Sortiment und Verlag sprechen gegen solche Gedanken. Verlagskonzentration durch Fusion und Konzernmitgliedschaft einerseits, sowie Sortimentskonzentration durch Groß-, Filial- und Warenhausbuchhandel andererseits weichen die Marktmacht des Großhandels von zwei Seiten auf, während gleichzeitig die elektronischen Bestellsysteme und schneller gewordenen Bücherwagendienste den Vorsprung der Barsortimenter aufzehren. Gerade die Barsortimenter, Kommissionäre, Grossisten im mittelgroßen Bereich fürchten daher, der deutsche Zwischenbuchhandel würde zwischen starken strukturverwandelten Verlagen und Sortimentern zerrieben. Das Zerfallen dieses weltweit bewunderten Distributionssystems (auf das man in Frankreich und England wegen Fehlen eines entsprechenden Großbuchhandels solcher Schnelligkeit gern zurückgreifen würde und das für die EG nützlich wäre) würde bei uns allerdings zu einem grundsätzlichen Wandel der Struktur der Dreistufigkeit zur Zweistufigkeit führen.

4.2 Gemeinsames Deutschland

Das Szenario zukünftiger Verlagswirtschaft in Deutschland schien auf Anhieb leicht prognostizierbar. Der staatliche *Volksbuchhandel* der DDR wird nach dem heutigen bundesrepublikanischen oder dem aus der Tradition gewohnten Muster zu einer Fülle von Sortimentsbuchhandlungen reprivatisiert. Die *Verlage* organisieren sich von ihrer VEB-, VOB- o. ä. Grundlage zu gleichfalls privatwirtschaftlichen Rechtsformen um und werden ihre beschränkte Zahl ungemein steigern. Der in Leipzig monopolisierte *Zwischenbuchhandel* wird von der jetzt existierenden Konkurrenz zwar überflügelt, der alte »Platz« Leipzig aber wieder zentraler, obwohl die Gesamt-Distribution für Deutschland dezentral bleibt. Der Leipziger und Frankfurter *Börsenverein* werden wieder vereinigt, wobei Frankfurt aufgrund der größeren Marktmacht der westdeutschen Verlage den Vorrang erhält, während die unzerstörte, traditionelle *Na-*

46

tionalbibliothek eine Leitstelle in Leipzig bildet. Die *Weltmesse* des Buchs bleibt unverändert in Frankfurt, während die Leipziger wegfällt oder sich umstrukturiert. Soviel zu Szenario und Prognose im Großen. Doch wie sahen die Geschehnisse im Detail und konkret aus? Und wohin kann nach dem jetzigen Umbruch der gesamtdeutsche Buchhandel führen?

Zunächst zu der sich auflösenden DDR, aber zeitlich gestaffelt und wieder nach den drei Stufen. Die *Buchhändler* in der DDR zogen noch 1989 ihre Bestellungen, nachdem sie 40 Jahre lang um fast jede einzelne wegen Zuteilungskontigentierung hatten kämpfen müssen, massenhaft wieder zurück, weil durch die Präsenz der Westliteratur die östliche über Nacht wertlos war, und verursachten dadurch (1990) beim LKG bis zu 1000 Annullierungen täglich. Sie bekämpften ferner offen ihren Börsenverein, weil der Verein »der Buchhändler zu Leipzig« sich so wenig um eine Vertretung der Buchhändler bemüht habe, daß er von ihnen noch nicht einmal eine Adressenkartei besessen und sich nur als Interessenvertreter der Verlage mit dem ihnen ihrerseits vorgeschalteten Ministerium aufgeführt habe, und wollten sich ihr Sortiment nicht mehr vorschreiben lassen (schon zur Leipziger Buchmesse 1989 hatten fast alle Händler ihre Schaufenster an westdeutsche Verlage verpachtet). Weil mehr gekauft werden wird, aber auch wegen der höheren Preise der westdeutschen Bücher sowie der Rabatte werden die Sortimenter von dem Wandel in jedem Fall profitieren.

Sehr viel diffiziler ist die Situation der *Verlage,* von denen man im Westen prognostiziert, daß ohne Hilfsmaßnahmen 80 Prozent nicht überleben. Positiv ist die Neuerung, daß alle Verlage ihre Programme nun völlig alleine gestalten. Hieß es bei einem Vorstandsmitglied des Börsenvereins der »alten« DDR noch 1986: »... es gibt keine Alternative zum sozialistischen Verlagswesen«, so hieß die Verlautbarung des neuen Kulturministers schon im Frühjahr 1990: »Über Bord geworfen haben wir, daß das Ministerium für Kultur der Kulturzensor ist. Wir haben entschieden, daß über die Editionsprogramme ausschließlich die Verlagsleiter entscheiden.« Positiv ist auch die neue Gewerbefreiheit, die dazu führte, daß schon bis zum Februar 1990 zwischen 200 und 700 Anträge auf neue Verlage gestellt worden sein sollten. Diffizil ist hingegen die Umgestaltung der Rechts- und Gesellschaftsform der nach sozialistischem Recht organisierten Verlage, da ein bedeutender Teil, nämlich die »Traditionsverlage« (vgl. S. 34), im Buch- oder auch Pressebereich keine eigenen Gründungen darstellte. Der sozialistische Staat – das Gesetz der DDR – hatte ja das bürgerliche Recht außer Kraft gesetzt und die oft nachträglich »republikflüchtigen« Gründungsverleger enteignet: durch direkte Enteignung, durch Unterstellung unter treuhänderische Verwaltung, durch Umwandlung oder auch nur die verdeckte Enteignung mittels steuerlicher oder sogar privater Pressionen. Dadurch besaß beispielsweise die SED 16 Zeitungs- und zehn Zeitschriftensowie Buchverlage; diese waren zurückzugeben oder durch Entschädigung zunächst in »neues Volkseigentum« überzuführen (der November 1990 war der Termin für die Aufhebung der volkseigenen Betriebe und zum Aufbau einer GmbH mit einer Eröffnungsbilanz). Bis hier war jedoch nur von den Traditionsverlagen die Rede, die allein in der DDR und nicht auch in der BRD weitergeführt wurden. Nach einer neuen Zählung sind dies 33. Ohne die politische Wende wären die seit Jahrzehnten geführten Verhandlungen zwischen den Inhabern im Westen und den Betreibern im Osten perspektivlos geblieben. Im gemeinsamen Deutschland mit dem – wieder bürgerlichen – gemeinsamen Recht vollzogen sich die Annäherungen in vorher nicht prognostizierbarem Tempo. Allen 33 dieser Gruppe ist nun gemeinsam, daß sie durch Kooperation und Fusion mit ihren westdeutschen Namensvettern und deren Know-how ein Startkapital für die Zukunft erwerben. Sozusagen »nur« eine Restproblemgruppe stellen dann diejenigen Verlage dar, die nach dem Krieg durch Neugründung im Sozialismus entstanden. Natürlich nehmen auch sie an der neuen Programmfreiheit in einer frei zu wählenden Rechts- und Gesellschaftsform teil, aber anders als die beschriebene Gruppe leiden sie in der jetzigen Zeit des Übergangs unter strukturellen Eigentümlichkeiten des sozialistischen Verlagswesens, *ohne* daß sie durch einen quasi im neuen Firmenverbund schon vorhandenen und motivierten potenten westlichen Geschäftspartner ihre Defizits in der neuen Marktwirtschaft ausgleichen könnten. Im sozialistischen Verlagswesen gab es aufgrund der zentralen planwirtschaftlichen Leitung mit strenger Aufgabenverteilung – und das ist die Erklärung für die so geringe Zahl der Verlage – ja so gut wie gar keine Konkurrenz. Zwar vom Staate gegängelt, bot das System seinen Verlagen ja auch Schutz und geradezu Monopolstellungen. Im sozialistischen Verlag verband sich das Verfolgen der Ziele ferner mit einer vergleichsweise niedrigeren Erwartung der Rentabilität. Nur so ist z. B. der ungeheure editorische Aufwand zu erklären, der jeden bundesrepublikanischen Verlag binnen Kürze in den Bankrott geführt hätte. Um nur einige Belege zu geben, arbeiteten im Leipziger Klassikerverlag Reclam bis zu 15 Lektoren an pro Jahr je vier bis sechs Büchern; beim auf Gegenwartsliteratur spezialisierten Mitteldeutschen Verlag betreute eine Lektorin zwei bis drei Autoren – oder auch nur einen einzigen – pro Novität zwei bis drei Jahre; bei Aufbau mit seinen fremdsprachlichen Programmen gab es für jede Fremdsprache mindestens einen Lektor und war von fünf Arbeitstagen der fünfte ein purer »Lesetag«. In Werbung und Vertrieb sowie Marketing allgemein konnten die Verlage jedoch wieder sparen, da die Nachfrage stets übergroß war und die Distribution über den LKG zentral erfolgte.

Die relativ ausführlichen Bemerkungen zum Verlag führen zu den kürzeren zum *Zwischen- und Großbuchhandel* oder die Distribution allgemein. Die Verlage der DDR hatten und haben hier ihr im Marketing größtes Problem, da ihnen im Prinzip ab sofort der gesamte deutsche und deutschsprachige Raum zur Verfügung stünde, was aber nicht ohne ein entsprechendes Vertriebsnetz gelingt; so kooperieren im Prinzip alle von ihnen mit bundesrepublikanischen Distributionspartnern. Der LKG hätte auch in verwandelter Form diesen Mangel nicht ausgleichen können, da ihn schon in der Vergangenheit das normale Geschäft überforderte. Da er aufgrund seiner Kapazität auch nicht in der Lage gewesen wäre, den Buchstrom von West nach Ost zu bewältigen, hatte auch der Großbuchhandel der DDR im gesamtdeutschen Markt wenig Chancen. Dem VEB Buchexport, dem zuvor das Hauptgeschäft mit dem »deutschen Ausland« zukam, entfiel die Geschäftsgrundlage. Soviel zum Sortiment, den Verlagen und dem Großbuchhandel, also den Stufen. Der *Börsenverein* (»der Buchhändler zu Leipzig«) konnte aufgrund der realen Fakten (Zahl der Verlage, Zahl der Buchhandlungen, Produktion von Titeln, Umsatz) die Dominanz von Frankfurt überhaupt nie bestreiten. Für die *Buchmesse* als *Weltbuchmesse* sind die Verhältnisse und Zahlen noch eindeutiger. Die »Deutsche Bücherei« als traditionelle *Nationalbibliothek* muß, obwohl sie die Gründungsbibliothek darstellt, trotz ihrer Unversehrtheit im Krieg und praktisch nie unterbrochenen Tätigkeit bis 1990 aufgrund des langjährigen Vorsprungs in Bestandsführung und Bibliothekstechnologie der »Deutschen Bibliothek« hinter Frankfurt zurücktreten.

Wie sehen gegenüber Chancen und Niedergang in der *DDR* nach dem politischen Wandel die Chancen für Verlage und Buchhandel in der *BRD* aus? Für Nationalbibliothek, Weltmesse des Buchs und Dachorganisation wurde die Frage bereits beantwortet, auch das Börsenblatt erscheint nach der Fusion einheitlich mit dem Impressum Frankfurt und Leipzig aus der Main-Metropole. Geht es wieder um die Analyse der Stufen, so sind auch im Westen Untergänge auf gleich allen dreien zu finden. Der Roederberg Verlag (Frankfurt am Main), unter dessen Namen (und Covern) bisher die Leipziger Reclam Universalbibliothek im Westen erschien, mußte seinen Betrieb einstellen. Der Bund Verlag (Köln), der zentrale Kommissionär für die Distribution der DDR-Literatur in der BRD, mußte Konkurs anmelden. Die eigens zur Einfuhr und für den Verkauf von DDR-Literatur gegründete Akzenthandelsgesellschaft in Düsseldorf mit 27 Buchhandlungen in der BRD mußte Vergleich beantragen und gleichzeitig der Kölner Verlag Pahl Rugenstein, dem für seine Zeitschriften Aufträge aus der DDR für Anzeigen ausfielen. Doch alle Beispiele sprechen für sich, da der Untergang auf die Abhängigkeit von der DDR in ihrer alten politischen Prägung zurückgeht. Auf allen drei Stufen verzeichnet die westliche Seite durchgängig Erfolge. Für den *Buchgroßhandel* sind die Chancen positiv. Westdeutsche Kommissionäre und Barsortimenter werden den Großhandel an sich bringen, da nur sie über die finanziellen Möglichkeiten verfügen und das gewerbliche Know-how besitzen. Sie arbeiten dabei teilweise wieder an ihrem ursprünglichen Stammort. Für die *Sortimenter* ändert sich beim Geschäft in den alten Ländern der BRD gar nichts, doch scheinen in den neuen Ländern Paketverkäufe bei der Umgründung der bevorzugten ehemaligen etwa 700 Volksbuchhandlungen an wenige oder auch nur einen Käufer mit dem Kapital eines Westunternehmens zu neuen Ketten und Konzentrationen zu führen und damit allerdings den gesamtdeutschen Strukturwandel auf Sortimentsseite zu beschleunigen. Die eigentlichen Gewinner sind die *Verlage,* da sie die Probleme ihrer gesättigten Märkte alle durch den neudeutschen Markt lösen: Der »schönen« westdeutschen Literatur sind die Tore geöffnet, die »pillengeknickten« Schulbuchverlage florieren, die ganze sozialistische Wissenschaftsliteratur (keineswegs nur die wirtschaftliche) ist durch neue sofort zu ersetzen. Den Buchgemeinschaften erschließt sich ein praktisch buchgemeinschaftsloses Neuland. 1990 wurden die Weichen für den Markt bis nach 2 000 gestellt.

Der neue Markt, der sich auftut, ist für den Buchhandel und die Verlage Gesamtdeutschlands sicher weitaus umfassender als der Binnenmarkt, dabei aber weit unkritischer. Wenn er sich 1993 öffnet, wird (nach wie vor) deutsch außerhalb Deutschlands nur in Österreich und der Schweiz gesprochen – beide sind nicht Mitglieder der EG und fallen für eine Markterweiterung aus, während das Hinzukommen des jeweils anderen für die BRD und die alte DDR in jedem Fall eine solche Erweiterung darstellt. Wie erwähnt kletterte 1985 die BRD im weltweiten Vergleich der produzierten Titel pro Jahr von Platz drei der Liste auf Platz zwei – vor Japan, Großbritannien und den USA – in den 90ern kann sie auch noch die UdSSR überflügeln. Absatz und Umsatz der produzierten Titel dürften um ein erhebliches Maß steigen, was wieder weniger auf das Wachstum in der EG, sondern im deutschen Markt zurückzuführen sein wird. Der gesamtdeutsche Markt kann einen Umfang und eine Macht erreichen, wie die beiden unvereinten Wirtschaften sie auch niemals als Summe erbracht hätten. Zugleich wird er gewandelte Strukturen schaffen, die der EG angepaßt sind, und dies in Größen, mit denen die Verlagswirtschaft auch einer (atlantischen) Konkurrenz jenseits des Binnenmarkts standhält.

4.3 Europäischer Binnenmarkt

Wenn nach 1992 die Europäische Gemeinschaft den Binnenmarkt für den freien Waren-, Personen- und Dienstleistungsverkehr öffnet sowie die volle Niederlassungsfreiheit gewährt, wird dies den Buchhandel in Deutschland auf allen drei Stufen einschneidend verändern. Das Buch ist dann laut EG-Vertrag (Artikel 36 EWGW und bisherige Auslegung) nur noch »Ware«, da Bücher – wie andere Verlagsprodukte auch – nicht zu »nationalen Kulturgütern« zählen.

Aufgrund dieses Status entfallen zunächst für den Binnenmarkt wichtige rechtliche, steuerliche und andere Vorteile, die sich mit dem deutschen Recht für das Buch als »Wirtschafts- und Kulturgut« verbinden und zum Teil auf über 150 Jahre Verlags- und Buchhandelsusancen zurückgreifen. Der feste Ladenpreis oder die Preisbindung der zweiten Hand soll nicht mehr zulässig sein (da diese wie alle übrigen Ladenpreisbindungen in den Ländern Europas zwar für die jeweilige Nation akzeptiert wird, aber nicht für die EG – die in jedem einzelnen Land gerechtfertigte »Schutzmaßnahme« im Rahmen der kulturellen Verbreitung wird im Rahmen des EG-Wettbewerbsrechts als »protektionistisches Mittel« betrachtet). Die Vergünstigungen (Porto) beim Versand mit der Post entfallen (da kein bevorzugtes Kulturgut mehr vorliegt). Die staatlichen Mehrwertsteuern (ob voll für das Buch als Ware oder halb für das Buch als Kulturgut) führen wegen ihres uneinheitlichen europäischen Ansatzes (z. B. Großbritannien, Irland, Portugal »Nulltarif«, Dänemark 22 Prozent) zu Diskrepanzen. Beim Verlags- und Urheberrecht schließlich kollidiert ein eher autorenfreundliches bzw. urheberzentriertes Urheberrecht deutschen Modells mit einem mehr kommerziell warenorientierten britischen (und zugleich amerikanischen) Copyright. Titelschutz und Tendenzschutz sind in der Schwebe. Schon hier lassen sich die Bedenken auch durch die Vorschläge zur Harmonisierung nicht ausräumen. Neben die steuerlich-rechtlichen Bedenken treten solche, die den wirtschaftlichen Umfang des neuen Marktes und seine Chance betreffen. Zwar ist es wahr, daß der europäische Binnenmarkt mit 320 Millionen Einwohnern (80 Millionen mehr als die USA, dreimal soviel wie Japan) nach diesem Kriterium zum größten Wirtschaftsfeld der industrialisierten Welt werden wird, doch erwirtschaften deutsche Verlage mit ihren klassischerweise deutschsprachigen Produkten ihre Auslandsgewinne in deutschsprachigen Ländern – Österreich und die Schweiz sind aber Mitglieder der EFTA, nehmen an den Vorteilen gefallener Schranken also nicht teil und bleiben Exportländer –, während den deutschen Verlagen wie erwähnt durch die Öffnung des Binnenmarkts kein zusätzlicher Partner oder vergrößerter Absatzmarkt zuwächst: Der Handel mit Irland, Portugal, Griechenland, Belgien, Luxemburg, Spanien, Frankreich oder sogar Großbritannien war (mit höchstens der Ausnahme Hollands) ein für den Export vergleichsweise bescheidener Faktor. Viel eher wäre es möglich und ist es wahrscheinlich, daß etwa Großbritannien aufgrund der Internationalität seiner Sprache sowie des Backgrounds im Commonwealth, nun mit Blick auf die EG seine in großen Auflagen zu niedrigsten Ladenpreisen erzeugten Produkte massenhaft in den deutschen Büchermarkt einbringt (schon in der Vergangenheit hielt Großbritannien darin den Rekord in der Welt, indem es 50 Prozent seiner Produktion exportierte!), und daß der deutsche Markt in der Wissenschaft, in der Wirtschaft und insbesondere durch die jungen Leute und Generationen, die im Zuge des Aufbaus des Binnenmarkts die Beherrschung der Fremdsprachen immer intensiver gelernt haben, das Angebot aufnimmt. Die Marktgewinne englischer wissenschaftlicher, wirtschaftsbezogener und – bald im Original gelesener – belletristischer Literatur wie aber auch z. B. Bildbände und Kunst allgemein können zu einem Marktverlust deutschsprachiger Literatur auf diesem, aber auch anderen Verlagsmärkten führen.

51

Wandlungen wie die erwähnten betreffen die meisten der drei Stufen des Buchhandels gemeinsam, aber jede in einer spezifischen Weise. Die *Sortimenter* bekommen im Inland die Chance zu gewinnen, indem sie aus der europäischen Vielfalt ein lukratives Angebot auswählen. Daß sie selbst durch Gründung von Niederlassungen in die Länder des Binnenmarkts diversifizieren und dort Konkurrenz bilden, ist wenig wahrscheinlich, weil dazu ihre Größe nicht reicht und auch die vorhandenen Kettenläden wie Herder, Hugendubel, Montanus und Wittwer im Verhältnis zu den ansässigen Firmen zu klein sind; eher könnten Großbritannien und Frankreich mit den W. H. Smith-Läden sowie Waterstone (und sei es, um Krisen im eigenen Markt auszugleichen) oder der FNAC (Fédération Nationale d'Achats des Cadres), die beide nationale Ketten darstellen, in den deutschen Sortimentshandel eindringen. Die Zahl und Größe der bisherigen Großbuchhandlungen und Buchkaufhäuser wie Gemini, Hugendubel, Rombach, Thalia u.a. könnte durch den Übergang zu Europabuchhandlungen steigen. Im *Zwischenbuchhandel* ist die Stimmung verhalten. Wenn die Öffnung nach Osten für die westdeutschen Beteiligten ein echter Gewinn war, stehen sie nun vor ihren Kapazitätsgrenzen und ist ihnen der »Brocken Europa« zu groß. Immerhin brauchen sie aber die Konkurrenz britischer Wholesaler und französischer Diffuseurs aus einer Vielfalt von Gründen noch nicht zu befürchten. Die am meisten und intensivsten betroffene Stufe ist die der *Verlage*. Sie stoßen, wenn sie ins Ausland eindringen wollen, auf erheblich konzentriertere Märkte. Im – ohnehin zentralistischen – Frankreich zählen von den 1000 bis 25 000 Verlagen (je nach Statistik) »die großen Vier« (Presses de la Cité, Gallimard, Hachette, Larousse). In Italien gilt, nachdem Industriekonzerne immer mehr die Macht über die Buchverlage des Landes übernommen haben, der zuvor auf die Presse gemünzte Dialog mit der Frage »Haben Sie eine unabhängige Zeitung?« mit der Rückfrage »Unabhängig von wem?« nun auch für die Bücher. In Großbritannien repräsentiert seit den letzten Londoner Buchmessen ein kleiner Gemeinschaftsstand die »Indepedent Publishers«, während gleichzeitig eine so große Gruppe wie Octopus von der noch größeren Gruppe Reed International gekauft worden ist – für die Vorgänge in der Presse stehen die Namen von Maxwell und Murdoch. Die neue Dimension dieser bei uns noch nicht geläufigen Konstellationen wird durch den Begriff des »Mega-Konzerns« im Verlagswesen umschrieben, welcher – nur zeitversetzt – die Entwicklungen in Industrie und anderen Branchen der Wirtschaft nachholt.

Zur Verdeutlichung der allgemeinen Entwicklungen stehe ein einziges Beispiel, aus dem Art und Ausmaß von Konzentration und Verflechtung hervorgehen, ein vom Bereich der BRD ausgehender internationaler Realfall: der Verkauf des literarischen Verlags *Luchterhand* an den holländischen Verlagskonzern *Kluwer*. Er sorgte unmittelbar nach Bekanntwerden für beträchtliches öffentliches Aufsehen, weil Geschäftsführung und Inhaber den Verkauf dieses zu den renommiertesten deutschen Verlagen von Gegenwartsliteratur zählenden Verlags – unter Mißachtung eines vertraglichen Mitspracherechts der Autoren bzw. ihres Beirats im Fall eines Verkaufs – allein durchgeführt hatten. Kluwer hingegen hatte mit seinem Kaufangebot gar nicht den Erwerb des (ihm offensichtlich unbekannten) literarischen Verlags H. Luchterhand (Darmstadt), sondern den des juristischen Verlags H. Luchterhand (Neuwied) angezielt, um ihn neben die in Deutschland ihm schon gehörenden Verlage Kommentator, A. Metzner (beide Frankfurt) und H. Stam (Köln) zu stellen und damit seine – als Hollands größter juristischer Verlag – internationale Betätigung mit 14 EG-Verlagen in den Niederlanden, Belgien, England und Deutschland zu erweitern. Für Kluwer seinerseits war dabei kennzeichnend, daß er gerade zuvor mit der etwa gleichgroßen Verlagsgruppe Walters fusioniert hatte und mit diesem neuen Konzern *Walters Kluwer* zum zweitgrößten Verlagskonzern Hollands avanciert war – unmittelbar hinter dem Verlag *Elsevier,* der durch Zukäufe zu einem der größten Verlage der Welt wachsen wollte und – nachdem ihm die Medienfusion mit einer Gruppe von Zeitungs- und Zeitschriftenverlagen untersagt worden war – soeben die Annektion von Kluwer wie auch Walters jeweils einzeln versucht hatte. Elsevier wiederum war aber Gegenstand heftiger Übernahmeangebote in Form einer internationalen Fusion mit der englischen Gruppe von *Maxwell* gewesen, welche der Verlag abwehrte, indem er die von ihm im Prinzip angestrebte internationale Expansion statt durch annektierende Fusion mit Maxwell in Form einer Kooperation mit der britischen Gruppe *Reed International* realisierte – die aber ihrerseits einen amerikanischen Kauf abwehrte.

Das letzte und größte Modell für das, was sich für die einzelnen nationalen Verlagsmärkte oder für alle gesamtheitlich im Binnenmarkt als Szenario abzeichnet, sind konsequent solche Verhältnisse, wie sie in den USA schon heute bestehen. Die USA produzieren seit Anfang der 80er Jahre pro Jahr zwischen 45 000 (1980) und 55 000 (1985) Novitäten – gut 10 000 weniger, als die BRD bis dahin – bei einem Umsatz, der mit bis zu 12,5 Millarden Dollar (1987) in etwa das Doppelte des bundesrepublikanischen ausmacht. Eine integrierende Dachorganisation für alle beteiligten Stufen besteht nicht, sondern nur die die Interessen der Verleger wahrnehmende AAP (Association of American Publishers) und die ABA (American Bookseller Association); ein vergleichbarer Zwischenbuchhandel fehlt, ist in der existierenden Form sehr komplex und überhaupt nicht organisiert, so daß praktisch Zweistufigkeit herrscht. Die aktiven Verlage werden mit 22 500 beziffert, womit die USA das verlagsreichste Land der Welt wären, ihre Zahl reduziert sich aber auf 2 000, wenn man als Kriterium die Produktion von mindestens drei Titeln pro Jahr anlegt. Die Zahl der Buchhandlungen beläuft sich »im weiteren Sinn« auf 22 000 und erhöht sich auf astronomische 200 000, wenn man alle Anbieter von Büchern hinzunimmt, oder aber reduziert sich auf immer noch 6 000, wenn man nur die Mitglieder der ABA zählt.

Die Struktur des *Sortiments* beginnt sich dann dadurch zu erhellen, wenn man bedenkt, daß 14 000–15 000 der genannten 22 000 Läden »independent bookshops« darstellen, was umgekehrt heißt, daß jeder dritte Buchladen abhängig ist, nämlich indem er zu einer Kette gehört. Die »independents« können, zumal nur 6 000 Läden in der ABA organisiert sind, auch nicht den Hauptumsatz auf sich ziehen, diesen machen vielmehr die Ketten. In ihnen verdienen wieder nur zehn der Erwähnung, wovon drei die Marktführer darstellen: Dalton, Waldenbooks sowie Crown, mit jeweils 1 000, 1 300 oder »nur« 200 Filialen – Größenordnungen, die im Vergleich zu Montanus, Wittwer unvorstellbar erscheinen. Vom Umsatz her betrachtet, bekommt das Strukturbild noch größere Eindeutigkeit: Dalton, Waldenbooks und Crown, die drei ersten, konzentrieren auf sich einen Umsatz von beinahe 90 Prozent. Dies bleibt natürlich nicht ohne Auswirkung auf die Macht gegenüber Verlagen. Der Slogan des Kleinsten in dem Nachfrage-Oligopol ist typisch dafür: *»If you paid full price, you didn't buy it at Crown Books!«*

Eine analoge Zuspitzung charakterisiert die Struktur der *Verlage*. Geht man von ihrer auf 2 000 reduzierten Zahl aus, machen nur 0,5 Prozent von ihnen (umgerechnet die zehn Größten) 50 Prozent des amerikanischen Umsatzes. Im Vergleich mit den bundesrepublikanischen Zahlen (die elf Größten oder 0,6 Prozent erwirtschaften knapp 25 Prozent) ist Amerika heute doppelt so weit. Wie man von deutscher Seite aus aufzuholen versucht und wie sich die weltweite Zukunft gestaltet, sollen wieder zwei Einzelbeispiele zeigen. Zunächst das, welches von dem deutschen Verlag ausgeht. 1985 hatte Bertelsmann den »Beginn einer ganz neuen Expansionsphase« angekündigt, wofür man zur Konzernvergrößerung drei Milliarden Mark aufwenden wollte. 1986 machte Bertelsmann Schlagzeilen, als bekannt wurde, daß Bertelsmann die amerikanische Verlagsgruppe Doubleday – die zweitgrößte Verlagsgruppe der Vereinigten Staaten – erworben hatte; mit der Übernahme von Doubleday gewann Bertelsmann nicht nur renommierte amerikanische Buchverlage, sondern auch eine zusätzliche Taschenbuchschiene (Bell/Delacorte), nachdem man schon vorher Bantam-Books – den größten Taschenbuchverlag der Welt – eingekauft hatte, und erhielt zusätzlich noch Amerikas zweitgrößten Buchclub. Der Zukauf von Doubleday implizierte gleichzeitig Tochtergesellschaften in Kanada, Australien und Neuseeland. Mit dem sich anschließenden Erwerb von RCA/Ariola erhöhte sich der Konzernumsatz über Nacht auf über zehn Milliarden Mark – soviel (s. o.), wie in den Achtzigern die Buchverlage der BRD insgesamt machten –, wodurch Bertelsmann zum größten Medienkonzern der Welt wurde. Vorübergehend. Denn schon im Jahr darauf machte ein noch größeres Geschäft von sich reden (und dies ist das fortsetzende nicht-deutsche Beispiel): die Fusion von TIME und Warner Communications. TIME gehört zu den drei umsatzstärksten Zeitschriftenund Buchverlagen (weit vor Doubleday, Bantam u. a.), Warner besitzt ein Medienkonglomerat aus Film und TV. Durch die Fusion von TIME/Warner ist 1989 der weltgrößte Medienkonzern entstanden – aber nur aus einer Verteidigungshaltung. Der USA-Medienmarkt, so lautet der Hintergrund, war beherrscht von Übernahmekämpfen durch USA-fremde Konzerne, die durch aggressive Kaufangebote gegenüber Aktionären und Inhabern die Diversifikation in den USA-Markt versuchten, diplomatisch wie Bertelsmann oder drängend wie Murdoch. So ist dieser weltgrößte Konzern, wie interpretiert wird, aus einer »Abwehrreaktion gegenüber neuen Konzernschmieden« entstanden, zumal im Fall TIME das Übernahmeangebot von Murdoch bereits gedroht haben soll. Die fusionierenden Unternehmen meinten, daß sie »vereint groß genug seien, um einen ›Angreifer‹ abzuschrecken«. Gesamtumsatz 1990: über 15 Milliarden in Dollar.

Beim Brennpunkt Strukturwandel konnten wir, weil er schon seit Jahrzehnten in Gang ist, *berichten*. Beim gemeinsamen Deutschland, dessen Bildung wir zur Zeit gemeinsam erleben, befindet sich alles im *Umbruch*. Für den gemeinsamen Binnenmarkt sind alle Überlegungen – auch die hier nicht aufgeführten (mehr positiven) – *Prognosen*. Über die Fortschreibung dieses historischen Kapitels wird die Zukunft entscheiden.

TEIL B:
VERLAGS-FORMEN
UND
WIRTSCHAFTSPRINZIPIEN

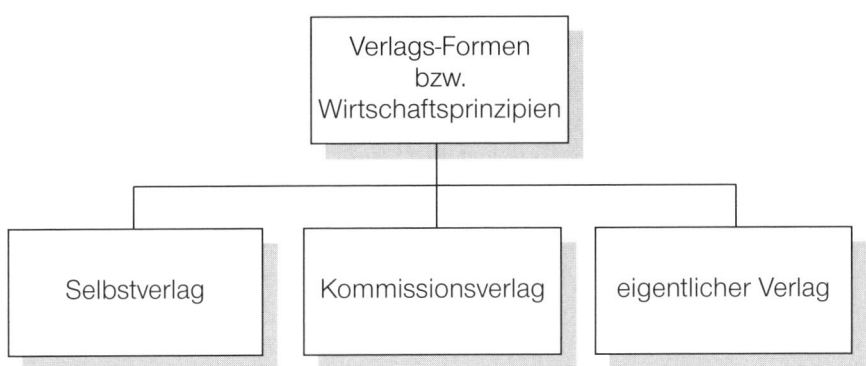

»Klassische« Dreiteilung der Buchverlage nach Wirtschaftsprinzipien

Die Verlage gliedert man hier klassischerweise in drei Arten: den Selbstverlag, das Verlegen in Kommission und den »eigentlichen« Verlag, meist als Firma, mit eigenem Risiko. [44] In dieser Dreiteilung kommen gleich eine Menge von Wirtschaftsformen und -prinzipien zusammen. So ist der Selbstverlag keine Firma, noch nicht einmal ein Handelsgewerbebetrieb, sondern nur ein Gewerbe, und dies braucht noch nicht einmal angemeldet zu werden. Unter den beiden Handelsbetriebsformen liegt beim Kommissionsverlag, weil er nur Dienste leistet, ein gewinnorientiertes Unternehmen ohne das typische verlegerische Risiko vor. Über das verlegerische Risiko ist der »eigentliche« Verlag wieder mit dem Selbstverlag verbunden, kann aber außer als »Profit«- auch als »Non-Profit«-Unternehmung geführt werden. Die alte Dreiteilung von Selbst-, Kommissions- und normalem Verlag findet ihre Ausformungen auch in der heutigen Verlagswirtschaft. Es ist jedoch zu beobachten, daß sich das Spektrum von z. B. dem die alten Traditionen wieder aufnehmenden Autorenverlag bis zum modernen »Producer«-Verleger um vielfältige Verlagsformen und damit auch Wirtschaftsprinzipien erweitert hat. Dies wird nicht in einem weiteren Schaubild verdeutlicht, sondern ist Gegenstand der folgenden Darstellung.

1. Einzelwirtschaftliche Formen

1.1 Selbst- oder Eigenverlag

Im Selbst- oder Eigenverlag ist der Autor zugleich der Verleger. Verlegen nach diesem Prinzip bedeutet zunächst, daß er (und nicht ein Dritter) die Beschaffung des Kapitals zu besorgen hat, genau wie ein entstehender Gewinn ihm zufließt oder er (und kein Dritter) den Verlust voll trägt. Über das Finanzierungsproblem hinaus macht diese Wirtschaftsform schwierig, daß Selbstverleger auch die übrigen Verleger- oder Verlagsfunktionen übernehmen müssen: Herstellung, Werbung, Vertrieb. In der Herstellung muß – auch bei Vergabe der technischen Arbeiten an Setzereien u. a. – der Selbstverleger in der Regel unbeholfen und inkompetent bleiben, aus Mangel an Kenntnis, Erfahrung und Ausbildung. Das wirkt sich auf die Gestaltung aus, von Typographie bis Papier, Bindung bis Einband, und entsprechend beim Verhandeln mit den einschlägigen Auftragsbetrieben, also letztlich den Kosten. Bei der Werbung haben nur echte Verlage die Möglichkeit, Buchhandelswerbung im Börsenblatt über ihre Mitgliedschaft im Börsenverein zum halben Preis zu lancieren, für Leserwerbung besitzen ohnehin fast nur solche Verlage die Mittel. Die Vertriebsfunktion ist die schwierigste, sei es der Vertrieb direkt an die Sortimente oder den Zwischenbuchhandel, weil es keine Vertreter-»Mannschaft« gibt, der Selbstverleger in der Regel nicht eingeführt ist und nur minimalen Umsatz anbietet. Die neue Technik des DTP (»Desktop-Publishing«) wird dem Selbstverlagswesen auf dem Gebiet der Produktion in Zukunft sicherlich wertvolle Hilfen geben, die übrigen Probleme machen einen wirtschaftlichen Erfolg weiterhin schwer. Dennoch darf man die Möglichkeiten im Selbstverlag nicht unterschätzen. Manche Bücher im Selbstverlag, wie etwa das Kochbuch von 1910 einer Hamburger Hausfrau – allerdings gestützt auf die Mitarbeit eines Typographen – über die hanseatische Küche, waren so hervorragend gestaltet, daß sie in der Gegenwart (1980) bibliophil faksimiliert wurden. Selbstverlegte Schriften in mehreren Auflagen lassen sich auch in der jüngsten Zeit und in der jungen Vergangenheit finden. Das herausragendste Beispiel ist wohl das famose Kochbuch von 1927 der Bayerin Julie Lutz, das in 28 Auflagen bis zum 265 000sten Stück neben dem Buchhandel verkauft wurde, bevor ein Verlag es in sein Programm nahm. Manche heutige Verlage, die zu den großen gehören, begannen als Selbstverlag, wie etwa die Oldenbourg-Gruppe und Langenscheidt. Nur dürfen diese Beispiele nicht darüber hinwegtäuschen, daß sie spektakuläre, aber untypische Ausnahmefälle darstellen, gerade wenn man nicht nur den punktuell erreichbaren Einzelerfolg anzielt, sondern einen permanenten Verlag. Denn der Start im Buchhandel wird dadurch erschwert, daß der Selbstverlag in der Regel ein singuläres Produkt anbietet, mithin kein Programm.

Wer trotzdem mit dieser Wirtschaftsform seinen Erfolg versucht, erhält aber vom Staat einige Vorteile. Er entrichtet nicht die sonst übliche Umsatz- oder Mehrwertsteuer, wenn der Verlag nicht angemeldet ist (was der Gesetzgeber duldet). Er zahlt – auch im Fall einer Gewerbeanmeldung – keine Gewerbesteuer, wenn der Gewinn, was wahrscheinlich ist, pro Jahr 24 000,– DM nicht überschreitet (weil soviel das Finanzamt als Freibetrag anrechnet). Erscheint ein Werk im Selbstverlag, so verlangt der Gesetzgeber allerdings einen entsprechenden Hinweis darauf im Impressum. Dieser signalisiert gleichzeitig den gegenüber dem normalen Verlag veränderten Rechtsbesitz der Verfasser: Die Rechte verbleiben beim Autor. Gerade der letzte Aspekt trägt mit dazu bei, daß die Wirtschaftsform Selbstverlag von vielen Autoren bis auf den heutigen Tag gesucht wird. Sogar auf den Frankfurter Buchmessen sind Selbstverlage mit eigenen Ständen vertreten, sei es im klassischen Sinn für sich selbst (»Verlag Für Eigene Literatur«), oder für viele (»selbst-verlag für jedermann«, »Autoren-Selbstverlag«, s. aber dagegen »Autorenverlag«). Hier wird, unter Einsatz z.T. moderner Marketingansätze, versucht, die Schwelle zum Buchhändler zu überbrücken, zum Publikum und zu potentiellen Autoren. Das systematische Verlegen mehrerer Autoren (statt nur eines, nur sich selbst) belegt zugleich den in der Gegenwart vollzogenen Übergang des Selbstverlags von unkoordinierten Einzelbemühungen zu systematisch betriebenen Verlagen in einer der üblichen Rechts- und Gesellschaftsformen unter einer für die Autoren günstigeren Rechtssituation. Eine günstige Rechtssituation hat ein Autor zwar auch, wenn ein literarischer Agent ihn vertritt. Dieser gewährt dem Verleger nur die Erlaubnis zur Herstellung und Verbreitung einer einzigen Ausgabe, und der Autor behält alle Rechte. Doch hat diese Praxis ihren Platz im harten literarischen Geschäft. Die diesbezüglichen Autoren sind aber anderer Art als die, welche zum Selbstverlag anstehen, und die kommerziell motivierten Agenten vertreten auch keine solchen Autoren, wiewohl ein Blick in die Historie dazu anhalten könnte.

Die Geschichte des Selbstverlegens ist wahrscheinlich so alt wie das Verlegen selbst. Der »Meistersinger« Hans Folz (1450–1515), der für seine Fastnachtspiele zum Selbstverleger wurde, ist nur ein frühes Beispiel dafür. Schiller war Selbstverleger der Erstausgabe seiner »Räuber«. Gleim, Klopstock, Leibniz, Lessing und Winckelmann waren Selbstverleger im 18. Jahrhundert. Goethe verlor Geld, als er den Selbstverlag seines »Götz« unternahm. Die einzige historische Unterbrechung erfolgte wahrscheinlich erstmals im Dritten Reich durch ein Verbot der damaligen Reichsschrifttumkammer, die damit »literarisch wertlose« und »für das Volkswohl [...] entbehrliche Literatur« unterbinden wollte. In der Gegenwart war der Selbst- oder Eigenverlag im deutschsprachigen Raum, aber aus anderen Gründen (s. Kapitel DDR, Zentralwirtschaft) nur in der ehemaligen DDR nicht erwünscht. Im Selbstverlag erscheinen noch heute so unterschiedliche Produkte wie die Jahrbücher der angesehenen, konservativen Gutenberg-Gesellschaft, »linke« Bücher wie das des Frankfurter Autors Henry Jaeger über »kapitalistische Bubenstreiche« (so Max von der Grün in seiner Besprechung des letzten Romans von Jaeger im »Spiegel«), der auf diese Weise schon über 20 teilweise verfilmte Bücher verlegte oder, gleichfalls 1989 und 1990, die neuen Bücher des aus der damaligen DDR abgewanderten Autors und Übersetzers Erich Loest, der sich trotz oder wegen vorliegender West-Angebote, die er als Formen der Ausbeutung durch die Verlage unter nicht genügendem Eingehen auf den Autor betrachtete, mit seinem Selbstverlag in der BRD (Linden Verlag in Künzelsau) gegen kapitalistische Tendenzen wendet. Dieser Verlag ist gleichzeitig ein Beispiel dafür, bis zu welchen Formen ein Selbstverlag kommen kann. Denn schon vom Ansatz her nicht aus der sonst üblichen Position der Schwäche (keinen Verleger zu finden) gegründet und von Anfang an in Form einer Firma (nämlich einer im Handelsregister eingetragenen GmbH), hat der Linden-Verlag (jetzt: Künzelsau und Leipzig, da Erich Loest aufgrund seiner alten Staatsbürgerschaft schon vor der Vereinigung auch in der DDR einen Verlag anmelden konnte), der bisher nur die Schriften des Autors selber verlegte (das letzte Bestimmungsstück eines »Selbstverlags«), im Prinzip die Chancen der Entwicklung auf dem literarischen Sektor, wie ihn seinerzeit z. B. die erwähnten im Selbstverlag startenden heutigen Traditionsverlage Langenscheidt oder Oldenbourg auf ihrem Gebiet hatten.

1.2 Selbstkosten-, Herstellkosten-, Druckkosten(zuschuß)-, »Privat«verlage

Dem Begriff des Selbstverlages nahe verwandt ist der Selbstkostenverlag, der jedoch eine ganz andere Wirtschaftsform darstellt. Er ist, nach einer eigenen Werbeanzeige, »Die Alternative zum Selbstverlag« [45], nach Analysen durch seine Kritiker handelt es sich hingegen um »Die Haie des Buchmarkts« [46]. Im Groben beruht sein Wirtschaftsprinzip darauf, daß ein Autor einem bestehenden Verlag als Voraussetzung für die Publikation einen Teil oder die gesamten Kosten der Herstellung erstattet (daher Herstellkostenverlag), oder sogar die darüber hinausgehenden, die auch die Gemeinkosten einschließen (Selbstkostenverlag). In neuester Zeit wird versucht, auch den Begriff des

»Privat«-Verlages dafür einzuführen. Wobei die vornehme Formulierung »privat« dafür steht, daß man für Geld publizieren läßt – statt durch das verlegte Buch Geld zu bekommen. Die Geschichte des Prinzips reicht in die Leipziger Zeit zurück und hat vor dem Ersten Weltkrieg einen Höhepunkt verzeichnet. In der Gegenwart »boomen« diese Verlage und müssen in eine seriöse und andererseits eher kritisierbare Gruppe geteilt werden.

Der seriöse Fall findet sich, heute wie in der Vergangenheit, in der wissenschaftlichen Literatur. Dissertationen, sogar Habilitationen und abgeschlossene Monographien können aufgrund ihres Spezialcharakters oft nicht kommerziell verlegt werden, weil ihre Zielgruppe minimal ist. Im Interesse der Erzielung eines vertretbaren Ladenpreises verlangen die Verlage dann einen teilweisen oder vollständigen Druckkostenzuschuß, dessen Rechtfertigung auch dadurch dokumentiert wird, daß er, statt von den Autoren, teilweise von staatlichen Instanzen oder Instituten aufgrund des wissenschaftlichen Werts dieser Arbeiten bezahlt wird. Wissenschaftsverlage der verschiedensten Arten verlegen auf diese Weise einen Teil ihrer Publikationen, einige haben einen separaten Publikationsbereich darauf gegründet, einige leben sogar davon, nur subventionierte Wissenschaft zu verlegen (s. Kapitel Kommissionsverlag und Subventionsprinzip). Alle diese gehören aber zu dem eher seriösen Lager, obwohl sie den Autoren teils schwer aufzubringende Beihilfen aufnötigen, und sind bis auf die beiden letzten Fälle (Kommission und Subvention) traditionelle Verlage mit sachbedingter teilweiser oder vollständiger Druckkostenzuschußforderung und nicht solche, die nach der eigentlichen Philosophie des Selbstkostenverlegens oder sogar der Ausbeutung verfahren.

Diese finden sich in dem zweiten Fall, in der Hauptsache auf dem Gebiet der Belletristik. Um gleich vorweg Klarheit zu schaffen: Es handelt sich nicht um die belletristischen Werke, die von den einschlägigen Verlagen verlegt werden und zum zeitgenössischen »Kanon« führen. Es geht vielmehr um die Produkte, die auf dem Gebiet von Lyrik, Prosa und anderen Gattungen entstehen, ohne daß sie die Chance hätten, je von den eingeführten Verlagen angenommen zu werden. Diese nicht akzeptierte Literatur zu verwerten, ist das Prinzip der belletristischen Herstell- oder Selbstkostenverlage. Sie erhalten deswegen die Manuskripte auch nicht unaufgefordert in den Verlag (zum Vergleich: in einem Verlag wie S. Fischer sollen pro Jahr bis zu tausend unverlangt eingesandte Manuskripte eintreffen), aus denen sie eine Auswahl treffen; sie agieren vielmehr, indem sie ihre apokryphen Autoren über Inserate in den überregionalen Tages- und Wochenzeitungen suchen: »Schreiben Sie? Wir sind Ihr Verlag!« »Sind Sie kreativ in Ihrer Freizeit und schreiben Sie Prosa oder Lyrik? Dann kann Ihr Wunschtraum vom eigenen Buch in Erfüllung gehen.« »Texte, Melodien können auch Anfänger einreichen.« So und ähnlich lauten die Kleinanzeigen in den Kulturteilen der ZEIT, der FAZ und der WELT seit Jahren, und nur ein anderer Teil offenbart, was auch hinter den ersten steht: »Buchverlag veröffentlicht Ihr Manuskript bei Kostenbeteiligung.« »Ihr eigenes Buch. Eingeführter Verlag veröffentlicht Ihr eigenes Buch bei Kostenbeteiligung.« »Schriftsteller/Autoren: Manuskripte [...] können gegen Kostenbeteiligung in unserem Verlagsprogramm veröffentlicht werden.« [47]

Wer auf diese Annoncen antwortet, erhält – zum Teil sogar gedruckte – Informationsbriefe und »Veröffentlichungsangebote« der verschiedensten Art, deren Seriosität nur ein Verlagsfachmann – und meistens nicht einmal dieser – prüfen kann. Die Leistungen, welche diese Dienstleister anbieten, umfassen nach ihrem eigenen Wortlaut das Spektrum der Bearbeitung durch ein Lektorat, die fachmännische Herstellung, Ausstattung des Titels mit einer ISBN (International Standard-Book-Number), CIP (Cataloguing-In-Publication), Eintrag und Meldung im buchhändlerischen Verzeichnis lieferbarer Bücher (VLB), Rezensionsstückversand, Werbung, eigene Vertreter und Auslieferung, Unterstützung von Lesungen, den Bezug von eigenen und anderen Titeln des Verlags zum Autorenrabatt sowie ein bis zu 25 Prozent reichendes Autorenhonorar. Die Leistung des Autors ist zunächst nur die erwähnte Übernahme der Kosten, dabei scheint sich das Maß der Forderungen gegenüber noch vor einigen Jahren gemindert zu haben. Gegenwärtige Zahlen (1985–1988) lauten z.B.: 930,– DM für ein »Briefbüchlein« von 32 Seiten (also zwei Druckbogen) bei 350 Exemplaren; 1400,– DM bei 48 Seiten (drei Druckbogen; 48 Seiten sind wie beschrieben die Scheide zwischen Broschüre und Buch) und 500 Stück Auflage; bei 64 Seiten zwischen 3500,– DM und 4000,– DM bei einer Auflage von 1000 Stück u.a. Diese Werte aus drei verschiedenen Verlagen sind der größeren Anschaulichkeit wegen in der nachfolgenden Tabelle zusammengefaßt und gleichzeitig um drei alternative Publikationsangebote eines vierten Verlages erweitert worden, so daß eine Übersicht entsteht. Zusätzlich wurde, auf der Grundlage der Verlagsangaben, errechnet, welche Rückflußmöglichkeiten dem Autor bei dem Kontrakt mit dem jeweiligen Verlag theoretisch und maximal zur Verfügung stehen. Gegenüber den gezahlten Zuschüssen entstehen dadurch sogar Gewinnmöglichkeiten, worauf die Verlage auch hinweisen, und zwar in Höhen von (umgerechnet) acht bis 45 Prozent. Hinzu kommt das zum Teil bis zu 25 Prozent reichende und getrennt laufende Autorenhonorar, so daß es aussieht, als läge in diesem Mix eine für den Autor faire und profitable Verlagswirtschaftsform vor.

Die Realität ist indessen für die Autoren nicht so lukrativ, wie die Theorie hoffen läßt. So expediert der Verlag (1) von der Auflage von 350 Stück dem Autor 300 (!) Exemplare, nur die restlichen, nach Abzug von »Pflichtstücken« und »Werbeexemplaren« sind für den Buchhandel bestimmt. Im Fall (2) erhält der Autor von den gedruckten 500 Stück 250 »als Vergütung«. Der Verlag (3), der gleichfalls kein Honorar zahlt, verlangt, daß der Autor die Hälfte der Auflage von 1000 zum Selbstverkauf übernimmt, wodurch »gewährleistet [ist], daß der Autor durch den Verkauf dieser Bücher bereits seine

Verlag	Seiten	Auflage	Laden-preis	Forderung (Auflage)	Forderung (pro Stück)	Rückfluß (theoretisch)	Gewinn	Honorar (maximal)
(1)	32	350	4,50	930,–	2,66	1.350,–	45 %	ohne
(2)	48	500	7,00	1.400,–	2,80	1.750,–	25 %	ohne
(3)	64	1000	8,80	3.500,–	3,50	4.400,–	25 %	ohne
(3)	64	1000	9,80	4.000,–	4,00	4.900,–	23 %	ohne
(4)	50	1500	19,80	5.500,–	3,67	5.940,–	8 %	20 %
(4)	100	2000	24,80	9.000,–	4,50	9.920,–	10 %	20 %
(4)	200	2500	36,00	14.800,–	5,92	18.000,–	22 %	20 %
(5)	100	300	offen	5.500,–	18,33	offen	offen	ohne

Publikationsangebote von Druck-, Herstell-, Selbstkostenverlagen im Vergleich

Druckkostenbeteiligung wieder erwirtschaftet«. Der Verlag (4) versichert seinen Autoren in einer Broschüre ausdrücklich, sich nicht am Verkauf der Bücher in Buchhandlungen, an Freunde etc. beteiligen zu müssen, verwirrt aber im gleichen Atemzug mit der Überraschung, daß er einerseits beim »Ausverkauf der ersten Auflage [...] dem Autoren Wirtschaftlichkeit gewährleisten« kann, während andererseits der Verlag an der Herausgabe der ersten Auflage Geld verliert. Auch kann man heute noch einem der »Haie« des Buchmarkts zum Opfer fallen: im Beispielfall (5) beträgt der Druckkosten»-Zuschuß« für die 300 Exemplare eines ladenpreismäßig noch nicht festgelegten nur 100seitigen Produkts umgelegt 18,33 DM pro Stück. Auf solche Angebote müssen auch die Verfasser von Dissertationen u.a. gefaßt sein.

Die genannten Fälle betreffen das Verlegen von bereits fertigen Manuskripten oder solchen, die aus dem eigenen Antrieb ihrer Produzenten bis kurz vor die Fertigstellung gelangt sind. Das verlagswirtschaftliche Prinzip ist aber so fruchtbar, daß die Verlage auch von sich aus zur Produktion von bei ihnen zu veröffentlichenden Sammelbänden jeglicher Art einladen. Das Stichwort hierzu ist die – neu zu verstehende – *Anthologie,* und die entsprechenden Kleinanzeigen in der Presse lauten dazu: »Lyrik – Novellen. Welcher Autor beteiligt sich an Anthologie?« »Autoreninformation. Wir laden ein zur Beteiligung an unserer Anthologie.« »Der X-Verlag startet zum Jahr Y eine Anthologie unter dem Titel Z«. Genauso formuliert sind die Inserate für den Bereich scheinbarer Wissenschaft oder dem Sachbuch, z.B. »Einladung zur Beteiligung an unserem Reader Biologie«. Die gesuchte Literatur ist ebensowenig ernstzunehmende Literatur wie wirkliche Wissenschaft. Die Wahrnehmer solcher Einladungen bezahlen den Verlagen Druckkostenzuschüsse pro Seite des Sammelbandes von mindestens 16,– DM (bei reproduktionsfähigen Typoskriptseiten, wobei der Verlag sämtliche maschinenschriftlichen Vorlagen mischt), sonst über einen Durchschnitt um 48,– DM (»Reader Biologie« oder »Lyrik-Anthologien«) sogar bis zu 72,– DM und 80,– DM, alles jeweils zuzüglich Mehrwertsteuer. Anhand der bereits erschienenen Anthologien, bei denen die Anzahl von Autoren und Seiten der Bände bekannt sind, kann man ermitteln, daß die Summe der Zuschüsse hier die bei den Einzelwerken geforderten nicht nur erreichen, sondern weit übersteigen. Deshalb auch das Engagement der Verlage, die mit der geringeren Forderung an die Einzelbeiträger ein um so größeres Gesamtgeschäft machen. Das Geschäft mit der Einladung zur Teilnahme an Werken kennt noch eine zusätzliche Variante. Sie operiert nicht über die Zahlung von Zuschüssen, sondern die (ja schon erprobte) Abnahme der Druckprodukte. Eingeladen wird etwa zu einer oder zu mehreren Seiten in einem Lyrik-Kalender oder einem Jahrbuch, oder wieder zu einer Anthologie. Als Entgelt erhält der Autor bei Aufnahme ein Exemplar frei als »Honorarausgleich« und Gegenleistung. Für seine Aufnahme hat er eine Festbestellung von mindestens fünf bis sieben weiteren Exemplaren zu einem nur um zehn Prozent Autorenrabatt verminderten Ladenpreis zu machen. Durch diese vom Verlag vertraglich geforderte, weil unvermeidliche »Mithilfe beim Verkauf« durch die Autoren entsteht etwa bei einem Jahrbuch (1988), für das ein aufgenommener Autor seine Mindestbestellmenge von fünf Exemplaren zu zehn Prozent Rabatt beim Ladenpreis von 22,- DM ordert im Fall der geplanten Aufnahme von 370 Beiträgen ein »Druckkostenzuschuß« in Höhe von (370 x 5 x 22,00 x 90/100 =) 36 630,– DM – ein Rekord, wenn man die Zuschüsse der obigen Tabelle für die dortigen Bände als Vergleichswerte heranzieht. Aber auch die übrigen nachkalkulierbaren Objekte enden bei Mithilfen in dieser Dimension und meist oberhalb der Summen, welche die Einzelverfasserschriften einbringen. Die oben selbst recherchierten Werte aus vielen zurückliegenden Jahren wurden durch die Entwicklungen der Gegenwart keineswegs anders. In der Zeitschrift »Impressum«, die sich an Kleinautoren und kleine Verleger richtet, wird zitiert:

72,– DM zuzüglich 7 % MwSt kostet die angefangene Buchseite in einer Anthologie der »edition haag«. Der Verlag »Frieling & Partner GmbH« möchte vom Autor einen Zuschuß von 9 000,– DM für ein Buch mit 100 Seiten, Auflage 2 000. Bei der »edition böhner« kosten 500 Exemplare à 80 Seiten 2 000,– DM. Der Verleger Dieter Mauß mit seiner »pp-Verlag GmbH« schreibt druckgeilen Autoren: »Bedenken Sie bitte, daß der Weg zu einem bekannten, also auch gut verkauften Autor lang und materiell wie ideell aufwendig ist. *Autoren, die neu bei uns anfangen, bieten in der Regel einen Druckkostenzuschuß an, der im Normalfall 8 000,– bis 15 000,– DM beträgt,* den Sie durch eine der verschiedenen Fördermaßnahmen des Landes oder des Bundes oder durch Literaturpreise zugebilligt bekommen. [48]

Zieht man zu den Herstell- und Selbstkostenverlagen sowie den neuen »Privatverlagen« in wenigen Worten verlagswirtschaftlich Bilanz, so sind diese Verlage, wenn auch wachsend, am Umsatz der Branche gemessen ein bescheidener Faktor. Es darf aber nicht übersehen werden, daß das zugrundeliegende Wirtschaftsprinzip – ob seriös oder unseriös betrieben – ein Bedürfnis und die Nachfrage von Autoren diversester Art stillt. Und daß es für Verlage wie die behandelten *reinen* Varianten (Herstellkosten-, Druckkosten-, Selbstkosten- u. a. Verlage) zur hundertprozentigen, sowie über deren relativ kleine Anzahl hinaus für die vielen wissenschaftlichen Verlage zur partiell ausgeübten normalen Geschäftspraxis gehört.

1.3 Autoren- und Autoren-Selbstverlage

Standen die Selbstkostenverlage begrifflich den Selbstverlagen nahe, so haben beide Gemeinsamkeiten zu den Autoren- und den Autoren-Selbstverlagen. Der reine Autorenverlag ist in Deutschland alt. Seine Idee beruht darauf, zu hohen Verlegergewinnen entgegenzuwirken zugunsten einer gerechteren Verteilung an den Autor. Bekannte Beispiele sind die »Societas subscriptiorum« von Leibniz (1716), entsprechende Pläne Lessings, Gleims, Bachmanns und Bodes, »Die deutsche Gelehrtenrepublik« Klopstocks (1774) oder im 20. Jahrhundert Wieland Herzfelde, Gründer des Malik Verlages (1917), mit seinem Aurora Verlag. Die Gegenwart verzeichnet nicht nur den klassischen Autorenverlag, sondern im ganzen deutschsprachigen Raum eine Reihe von Modellen nebeneinander mit unterschiedlichem Aufbau, Wirtschaftsprinzip sowie teils konträren Zielvorstellungen.

Als erstes sind – oder waren teils auch – Unternehmen zu nennen, die z. B. unter folgenden Namen firmieren: »Verlag der Autoren« (vgl. aber den »echten« Verlag der Autoren, unten), »Autoren-Edition« im XY-Verlag (vgl. aber die »Autorenedition«, unten) oder die »Autoren-Bibliothek« im VfA (»Verlag freier Autoren«). Gerade letzterer verweist mit seiner Namensgebung genau auf die Idee eines Autorenverlags; zumal er eine Tochter des ADA (»Arbeitsgemeinschaft Deutschsprachiger Autoren«) darstellt. Doch sind diese sämtlich den Selbstkostenverlagen zuzurechnen, die ihr Geschäft nach den gerade behandelten Bedingungen mehr oder weniger seriös kommerziell eher zum Nutzen des Verlags als der Autoren abwickeln.

Die zweite Gruppe bilden Verlage, die das ideelle Ziel offenbar über den kommerziellen Nutzen gestellt haben, etwa die »Autoren-Selbstverlag GmbH« oder der »Verlag Grundlagen und Praxis GmbH & Co. – Wissenschaftlicher Autorenverlag KG. –«. Sie versuchen, unter Verrechnung eines »Werklohns«, professionell zu produzieren und zu distribuieren.

Zur absolut uneigennützigen Gruppe gehört z. B. die »Autoren-Edition wider besseres Wissen« (Düsseldorf-Mettmann), ein Teamwork aus Autoren und Verlag mit Experimentalcharakter, oder auch die »Autoren-Initiative Köln« mit ihren Produkten (1983 ff.). Ihr Platz ist in der »Szene« zu suchen.

67

Die drei genannten Gruppierungen haben eine z. T. mehrjährige Verlagsgeschichte und durchaus Zukunftsaussicht, jedoch kaum Publizität. Die Publizität hat sich auf zwei besondere Typen von Autoren-Modellen konzentriert, den heutigen »Verlag der Autoren«, daneben die im Wechselbad der Besitzverhältnisse sich entwickelnde und jetzt zur Geschichte gewordene eigentliche »Autorenedition« sowie das »Syndikat«.

Bei dieser »eigentlichen« Autorenedition handelte es sich nicht um einen Verlag, auch ging es nicht um das Verlegen unbekannter »sogenannter« Autoren nach den Prinzipien des Selbstkostenverlags. Vielmehr erhielten bekannte wie auch anerkannte unpublizierte Autoren die Gelegenheit, nach der Auswahl durch *Autoren,* die als Herausgeber- oder Beiratsgremium fungieren, in literarisch wie (oder) wirtschaftlich fest etablierten Verlagen der Branche ediert zu werden. Es handelte sich also um eine Sammlung, in der die Autoren die Entscheidungen über die Inhalte, d. h. das Verlagsprogramm treffen, während der Verlag das wirtschaftliche Risiko trägt. Die Idee einer solchen Autorenedition entstand im Konzern Bertelsmann, der sie 1973 ins Leben rief, wohl um der Verlagsgruppe ein literarisches Flaggschiff zu schaffen. Die Edition hielt bis zum Jahre 1979, als mit dem Roman-Fragment »Die Herren des Morgengrauens« von Peter O. Chotjewitz, das Vorstellungen der Terroristenszene umsetzte, die Zurückweisung eines unter Vertrag befindlichen, bereits abgeschlossenen Projekts durch den Verlag erfolgte. Der Roman selbst erschien daraufhin spektakulär im damaligen Rotbuch Verlag von Klaus Wagenbach, die Autorenedition insgesamt ging »über Nacht« (so die Fachpresse) an den bis dahin in der zeitgenössischen Literatur überhaupt nicht engagierten, aber teils links stehenden wissenschaftlichen Athenäum Verlag, der sich dadurch ein literarisches Standbein erkaufte. Das wirtschaftliche Schicksal der Autorenedition blieb auch unter dem neuen Verlag kritisch, und das Ausbleiben des literarischen Durchbruchs unter der neuen gewährten Freiheit führte zu ihrem Ende.

Neben der seinerzeit (aufgrund des speziellen Anlasses) und noch heute (aufgrund seiner Ideen der Mitbestimmung) populären Konstruktion der Autoren»edition«, steht der eigentliche, der echte Autorenverlag. Auch hier existieren Formen mit geringer Publizität neben solchen, die enorme Ausstrahlung nach außen besitzen, und gleicherweise reicht das Spektrum von verlagswirtschaftlicher Nebenbedeutung im Verbund mit Idealismus bis zum großwirtschaftlichen Verlagsansatz extrem kommerziellen Kalküls. Für ein Beispiel zum ersten Fall sei stellvertretend der NAV (»Norddeutscher Autorenverlag«) genannt, der etwa Texte und Biographien Bremer Autoren in eigener Regie verlegt. Schriftsteller, Graphiker, Zeichner, Buchhändler, Verlagskaufleute und Laien konstituierten hier einen Verbund, in dem das Modell der Mitbestimmung praktiziert wird. Einem solchen Verlag ist allerdings, wie auch dem Münsteraner Autorenkreis MAKS, bis auf das beheimatete Gebiet, nur geringe Publizität sowie Distribution beschieden. Ein

Beispiel von größerer Publizität und bundesweiter Distribution ist das Modell des »Verlag [s] der Autoren«, eines der bekanntesten der BRD. In bezug auf die Mitbestimmung, Rechts- oder Gesellschaftsform lautet die Formel: »Der Verlag der Autoren gehört den Autoren des Verlags«. In Bezug auf das Programm (Schwerpunkt ist das Theater der Gegenwart) lautet das Motiv: »Dramatische Literatur ist ein Stiefkind der verlegerischen Arbeit. [...]. Entweder gibt es die aktuelle Gegenwartsliteratur nur in teuren Einzel- oder Sammelbänden oder [...] nur als unveröffentlichte Bühnenmanuskripte vervielfältigt«, was der Verbreitung gegenüber dem Publikum nicht angemessen sei. Die Klage ist berechtigt, wenn man in Rechnung stellt, daß es zur Praxis etablierter Verlage gehört, neben dem eigentlichen literarischen Verlag einen gesonderten Theaterverlag zu führen, der personell kaum ausgestattet sein muß und auch weniger nach den herkömmlichen Methoden gesetzte Bücher druckt und vertreibt, sondern fotomechanisch reproduzierte und vervielfältigte Typoskripte (juristischer Fachterminus: »gegenüber den Bühnen als Manuskript gedruckt«), um mit geringem Aufwand von der Vergabe der bei ihnen liegenden Aufführungsrechte zu leben. Der Verlag der Autoren füllt also mit seinen gedruckten Stücken eine Lücke, welche die kommerziell ambitionierten Verlage lassen. In bezug auf die Wirtschaftlichkeit gelingt das Unternehmen seit Jahren. Denn war der Anfang nur eine Theaterbibliothek, nämlich deutschsprachiges Gegenwartstheater für Erwachsene, so stehen heute daneben Kinder- und Jugendtheater, Klassiker-Ausgaben in neuen Übersetzungen, Essays, und es gibt sogar eine mit einem nicht unbedeutenden Preis operierende »Autorenstiftung des Verlags der Autoren« in der Theater- und Hörspieldramatik. Von Interesse ist ferner, daß der »Verlag der Autoren« im Bereich Buch erst ein junges (seit 1981 existierendes) Kind einer weit länger bestehenden Verlagsform ist, die Funk, Film und Fernsehen umfaßt (vgl. den »Filmverlag der Autoren« 1971, der aber nach seinem idealistischen genossenschaftlichen Start schon 1983 zu einem »knallharten Geschäft« wurde und nun unter der Inhaberschaft von Leo Kirch einen kommerziellen Medienkonzern aus Print- und Nonprint-Medien ansteuert (den Medienverbund). Das dritte Beispiel eines Autorenverlags – jetzt in der jüngeren Gegenwart – gilt dem größten und zugleich eklatantesten, der Gründung des »Syndikats« 1976 (das den Verlag zugleich mit einer umfangreichen Buchgemeinschaft desselben Namens verband), wenngleich ihm auch nur eine Lebenszeit von zehn Jahren beschieden war. Karl Markus Michel und Axel Rütters, beide Lektoren des Suhrkamp Verlages, gründeten nach einem Zerwürfnis mit Siegfried Unseld diese »Autoren- und Verlagsgesellschaft« in Form einer GmbH, bei der die Autoren ihre Gesellschafter-Anteile einzahlten und die beiden Lektoren als neue Geschäftsführer jährlich auf der Mitgliederversammlung Programm und Erfolg vor den Gesellschaftern verantworteten. Den Schlußstein in der Einflußnahme von Autoren auf ein Verlagsprogramm setzen zur Zeit die Verhältnisse, die durch den Verkauf des literarischen Teils des Verlags Luchterhand entstanden sind. Bei Luchterhand gab es zwar keinen Autoren-Verlag, jedoch ein Autoren-Statut; nach diesem waren besonders die Autoren zuvor zu befragen, wenn es um einen Verkauf des Verlags ging. Dies unterblieb. In dem neuen Verlag – »Die Arche«, Zürich – ist ein Statut wiederhergestellt; die Zukunft wird über das Schicksal entscheiden. Neben den wenigen Modellen aus der Bundesrepublik für Autorenverlage und Autorenstatuten steht im übrigen deutschen Sprachraum, z. B. in Österreich, eine ungeheure Vielfalt organisierter Klein- und Autorenverlage mit einer eigenen »IG Autoren«.

1.4 Kollektivverlage oder Verlage in Selbstverwaltung

Alle Varianten der Autorenverlage hatten eine Gemeinsamkeit: In einem freien Verbund, genossenschaftlich oder in einer nach rechtlich und steuerlichen Gesichtspunkten ausgeklügelten Konstruktion sollte eine optimale Lenkung des Verlags durch die Autoren garantiert sein. Im Kollektiv-Verlag findet der gleiche Gedanke sich wieder, nur daß die Lenkung des Verlags nicht bei Autoren oder einem Verleger liegt, sondern bei der Gesamtheit der *Mitarbeiter,* unabhängig von deren Qualifikation, Funktion und Position.

Der Gedanke zu einem Verlag solchen Typs ist nicht so alt wie der zum Autorenverlag. Vorläufer oder erste Anfänge dazu liegen wahrscheinlich im 18. Jahrhundert, in der sogenannten »Verlags-Compagnie«. Zu einer solchen schlossen sich Privatpersonen zusammen, um durch die Vorlage von Kapital die Finanzierung von ihnen gewollter Verlagswerke zu ermöglichen, doch entsprach die Compagnie eher einer Subskriptionsgemeinschaft. Virulent wurde der Gedanke erst wieder in den 60er und 70er Jahren der Bundesrepublik, in etwa zeitgleich mit der Gründung der Autorenverlage: der Heine Verlag (1968), März-Verlag (1969), Rotbuch Verlag (ab 1973, der Abspaltung vom Wagenbach-Verlag) – auch der »Verlag der Autoren«, bis 1976 noch reine Theateragentur ohne gedruckte Bücher, war kollektiv organisiert. Das kollektive Prinzip der »roten« Sechziger und Siebziger, mit dem Zytglogge Verlag in der Schweiz auch außerhalb der BRD etabliert, ist sicher heute und für die Zukunft nicht ohne Faszination: »Kollektiv«, so schreibt das Kollektiv des Rotbuch Verlags, »das hieß und heißt immer noch: kein individueller Besitz am Verlag, kein Anspruch auf Pfründe und, was wichtiger ist, keine Möglichkeit, daß bei Auseinandersetzungen die Besitzverhältnisse entscheiden.« [49]

Dem Kollektiv gehört der Verlag nur gemeinschaftlich. Gemeinschaftlich trägt das Kollektiv im Fall negativen Verlagserfolgs auch die Schulden. Zur monatlichen Honorierung gehört, daß ein Geschäftsführer (wie im zitierten

Buchverlag) in etwa das gleiche Entgelt erhält wie alle übrigen Mitarbeiter. Den Autoren zahlen die Kollektivverlage seit Jahrzehnten aus Überzeugung und List die (prozentual) höchsten Autorenhonorare. Neben erfolgreichen Buchverlagen stehen spektakuläre der Presse, wie etwa die »taz« aus Berlin, die 1989 ihr zehnjähriges Jubiläum feierte, oder der Frankfurter »Pflasterstrand« des ehemaligen »Roten« (jetzt »Grünen«) Daniel Cohn-Bendit mit fast 15jähriger ununterbrochener Verlagsgeschichte, wobei allerdings teilweise eine Umwandlung der Gesellschaftsform und die Hinzunahme marktwirtschaftlicher Partner erfolgte, um einerseits die sprichwörtliche Selbstausbeutung der Kollektivmitglieder im bisherigen Alternativbetrieb aufzuheben und andererseits in einer profihaft-kommerziellen Form des Verlags weiterzuarbeiten, die aber die kollektive Struktur auf der redaktionellen und inhaltlichen Ebene beibehielt. Die Veränderung des redaktionellen Konzepts und die neue Aufmachung als Hochglanz-Magazin – beides von der Intention her Maßnahmen zur Sanierung – führte aber so sehr in die Konkurrenz von Stadtillustrierten gleichartigen Stils, daß die Geschichte von »Pflasterstrand« 1990 auch endete (zusammen mit dem Journal »Auftritt« erscheint das Blatt nun als »Journal Frankfurt«).

1.5 Universitätsverlage

Beim *Selbst*verlag war jeweils ein einzelner Autor an die Stelle des Verlegers getreten, zur Realisierung mindestens, aber meistens auch nur eines Projekts; bei den *Autoren*verlagen war es eine Autorengemeinschaft, der es schon um das dauerhafte Betreiben eines Verlages ging; beim *Kollektiv*verlag ersetzten den Verleger Verlagsmitarbeiter – das Prinzip der Selbstbestimmung dessen, was verlegt werden sollte, war das Verbindende und Durchgängige. Der *Universitäts*verlag realisiert eine vierte Form dieses Prinzips. An die Stelle des Verlegers tritt die Universität selbst. Es handelt sich sozusagen um einen auf Dauer ausgerichteten Selbstverlag der Universität – nur im Firmengewande.

Der Gedanke dazu ist ebenso alt wie einleuchtend und von der handschriftlichen Zeit vor Gutenberg bis heute aktuell. Die Universität ist diejenige Instanz, die Wissen, insbesondere Forschungsergebnisse, mit System produziert; also gehört dazu auch die Verbreitung. Die Idee des Universitätsverlags beruht darauf, diese Verbreitung mit finanziellen Mitteln der Universität zu besorgen.

Der Verlag durch die Universität statt durch Verleger mit kaufmännisch geführten, d.h. dauerhaft auf Gewinn zielenden Verlagen hat auch eine ökonomische Wurzel. Der Verlag dieser Schriften beinhaltet zumeist höchst spezielle Themen, häufig erschwerten (»wissenschaftlichen«) Satz, oft mehrere neue wie auch alte Publikationssprachen und gestattet meistens entsprechend zu Thematik und Zielgruppe nur sehr kleine Auflagen. Es handelt sich damit um Projekte, welche die kommerziellen wissenschaftlichen Verlage nur oberhalb akzeptierter oder der Kaufkraft angepaßter Ladenpreise veröffentlichen könnten, sofern dies nicht nach Prinzipien des Kommissions- oder des Subventionsgeschäfts geschieht (s. S. 74 ff. Kommissionsverlag). Die Universitätsverlage verlegen solche Schriften zu noch als marktgerecht zu bezeichnenden Preisen. Im Einzelfall oder auch permanent erforderliche Zuschüsse werden aus den Fonds der Universität selbst oder – wie besonders in den USA – über ihre Sponsoren finanziert. Die Grundphilosophie besteht darin, daß Publikationswürdigkeit vor Wirtschaftswürdigkeit rangiert. Gewinne aus erfolgreichen Titeln müssen dazu dienen, Verluste aus defizitären auszugleichen, aber niemals darf ein kommerzieller Verlag entstehen. Der Universitätsverlag ist damit der erste Typ einer auf Dauer ausgelegten *Non-Profit*-Verlagsunternehmung, der einen gewissen Balance-Akt ausführen muß zwischen einerseits nicht zu großen Gewinnen (damit er nicht seine Förderung verliert) und nicht zu großen Verlusten andererseits (um nicht unterzugehen).

In Aufbau und Organisation ähnelt der Universitätsverlag dem normalen Verlag und grenzt sich von ihm wieder ab. Gesellschafter, also Inhaber, ist die Universität oder eine oder mehrere ihrer Einrichtungen. Die Verlagsleitung obliegt dem Rektor, dem Kanzler, der Bibliothek oder Gremien. Das Lektorat wird von Wissenschaftlern der einschlägigen Fachdisziplin übernommen; es wird von vielen als kritischer (gründlicher) angesehen als das in kommerziellen Verlagen. [50] Die Herstellung (Produktion) wird in Auftrag gegeben, doch verfügen viele Universitätsverlage über eine angeschlossene (Universitäts-) Druckerei. Die Werbung stellt einen problematischen Faktor dar, insbesondere, was den Buchhandel betrifft. Für den Vertrieb sorgt eine beauftragte Distributionsfirma, manchmal aber ist auch nur die Bibliothek zuständig. Autoren müssen sich – in Deutschland aufgrund der unten beschriebenen Verhältnisse weniger, aber z. B. in den angelsächsischen Ländern sehr oft – frei und zugleich unter Zugzwang entscheiden, wo sie publizieren wollen, wenn ihre Universität einen Verlag besitzt. Etablierte Autoren können unter einem gewissen moralischen Druck geraten, nicht »außerhalb« zu veröffentlichen. Nachwuchsautoren haben oft schlechtere Konditionen als bei kommerziellen Verlagen, da der Verlag in der Regel zwar einerseits subventioniert wird, aber andererseits an den Autorenhonoraren spart – was er auch muß, da der Vertrieb schwach, die Werbung begrenzt, die Thematik speziell, der Autor noch unbekannt und damit das ganze Geschäft eingeschränkt ist. Teilweise werden von den Autoren deswegen auch Druckkostenzuschüsse verlangt. Neben dem Verlag der Universität als ganzer stand und steht der einzelner Seminare, Institute und Fachbereiche. Zählt man diese mit, kommt man schon für die Bundesrepublik spielend auf hundert und mehr solcher »Verlage«.

Die Grenzen zwischen dem Non-Profit-Verlag und dem kommerziell-gewinnorientierten Handel erwiesen sich in der Geschichte der Universitätsverlage als fließend, je nach den verlegten Produkten und deren Marktfähigkeit. Es müssen ja nicht nur kleinauflagige, wenig spektakuläre Spezialtitel für einen eingeschränkten Kreis von Wissenschaftlern verbreitet werden, die USA bilden dafür ein Beispiel. So nahm beispielsweise in den 70er Jahren die damals revolutionäre Erneuerung der Sprachwissenschaft durch die generative Transformationsgrammatik von Noam Chomsky an der University Press des MIT (Massachusetts Institute of Technology) ihren Anfang. Auch braucht die Produktpalette nicht auf Bücher begrenzt zu sein. Das erfolgreichste Verlagsprodukt der Yale University Press war lange Jahre hindurch ein menschliches Skelett (für den Unterricht). Ein eindeutig kommerzieller Einschlag zeigte sich auch, als bestimmte amerikanische Universitätsverlage dazu übergingen, einschlägige Lehrbücher und wissenschaftliche Mass-Market-Paperbacks in ihr Programm aufzunehmen, was weder den Intentionen der privaten Sponsoren entsprach noch denen des Staates, der in den USA die Universitätsverlage aufgrund ihrer Gemeinnützigkeit von Steuern befreit. Eine ebensolche Tendenz verzeichnete bis in die jüngste Gegenwart der französische Verlagsmarkt, wo der Staat die »Presses Universitaires de France« (PUF) subventioniert. Aber auch in anderen Ländern und teils weit früher haben sich aus ehemaligen reinen Non-Profit-Verlagen kommerziell arbeitende Wissenschaftsverlage gebildet von teils erheblichem Ausmaß. Die weltweit bekanntesten und beeindruckendsten Beispiele bilden wohl die heutige Oxford University Press (mit ersten Anfängen um 1478) und Cambridge University Press (mit seit 1584 bestehender kontinuierlicher Druckproduktion der unter diesem Aspekt älteste Universitätsverlag der Welt), die heute international agierende Großverlage darstellen, wenngleich auch weiterhin als Einrichtung der Universität. Hierzu hat beigetragen, daß in England der Staat die University Presses zwar auch von Steuern befreit, aber ihnen, anders als in den USA, auch die Herausgabe von Lehrwerken gestattet.

Italien, Frankreich, Großbritannien und Skandinavien sind die klassischen Universitätsverlagsländer Europas. Überseeisch sind es klassischerweise die USA, Australien und in neuerer Zeit Japan. Im deutschsprachigen Bereich gibt es den Universitätsverlag weniger, zumindest vordergründig. Einer des alten Musters befindet sich beispielsweise in Würzburg. In Konstanz wurde zugleich mit der Gründungsuniversität der ihre Schriften veröffentlichende Universitätsverlag gegründet. Auch Marburg gehört in diesen Kreis. In Wien publiziert der »Verlag der Österreichischen Akademie der Wissenschaften«, im schweizerischen Freiburg/Fribourg existiert der entsprechende dreisprachige Universitätsverlag. Alle wirtschaften bis heute zum Teil oder völlig auf Non-Profit-Basis, nehmen aber auch durch Vertretung auf den nationalen Buchmessen sowie in Frankfurt an der internationalen Konkurrenz teil. Im bundesrepublikanischen Bereich sind die unter diesem Namen firmierenden

Universitätsverlage gemeinhin kommerziell ausgerichtete reine Wissenschafts-verlage, so etwa der Carl Winters Universitätsverlag in Heidelberg in privatem Besitz, der alte Bertelsmann Universitätsverlag Düsseldorf in der Verlags-gruppe Bertelsmann oder der Deutsche Universitätsverlag in Wiesbaden, der gleichfalls eine hundertprozentige Tochter von Bertelsmann ist. In der DDR bestehen, bzw. bestanden wegen der sozialistischen Organisation von For-schung und Lehre sowie der Ablösung der Markt- durch die Zentralwirtschaft weder ein Universitätsverlag klassischer, noch kapitalistischer Prägung.

1.6 Kommissionsverlag und Verlag subventionierter Literatur

Der Autor, dessen Manuskript ein Verleger nicht auf sein eigenes Risiko pu-bliziert, muß deswegen nicht zum Selbstverlag greifen. Autoren, die ein Pro-gramm selber bestimmen wollen, müssen dazu keinen Autorenverlag gründen. Universitäten oder Institute, Gesellschaften und Verbände, die ihre eigenen Publikationen anstreben, müssen dazu nicht selbst als Verleger auftreten. Statt zu verlegen, können sie alle auch verlegen *lassen*. Das Wirtschaftsprinzip die-ses Verlegens ist das Verlegen »in Kommission«.

Das Kommissionsprinzip ist im Buchhandel kein Sonderfall. Es existiert im Verlag selbst, im Groß- oder Zwischenbuchhandel und schließlich im Sorti-ment, durchzieht also gleich alle drei vorkommenden Handelsstufen. Für den Verlag stehen hier zwei Begriffspaare am Anfang: der Verlag*geber* – der etwas in Verlag gibt – und der Verlag*nehmer* – der etwas in Verlag nimmt – davon ist der Verlaggeber (gewöhnlich ein Autor) der »*Kommittent*« und der Verlagneh-mer (der Verlag selbst) der »*Kommissionär*«. Das Geschäft zwischen den bei-den ist auf das Handelsgesetzbuch und das Bürgerliche Gesetzbuch gestützt: Es ist – allgemein – »die geschäftliche Betätigung eines Kaufmanns im eige-nen Namen für fremde Rechnung« entsprechend den §§ 386 bis 406 des HGB, und rechtlich eine Geschäftsbesorgung im Sinne des § 675 des BGB. Daraus ergeben sich schon wichtige Charakteristika für den Kommissionsverlag. Er wird zwar die Bücher unter seinem Namen, dem Verlagsnamen, veröffentli-chen, aber die Auflage ist rechtlich das Eigentum des Verlaggebers, der auch das Copyright hält und über die Rechte verfügt. Ein Verleger kann Titel nur verschiedentlich in Kommission übernehmen, er kann aber auch sein gesam-tes Programm darauf abstellen. Für die heutige Zeit ist dieser Verlagstyp so be-deutend, daß sogar ein allgemeines Wirtschaftslexikon einen Eintrag für ihn bereithält. Ein »Kommissionsverlag« heißt danach »ein Verlagsunternehmen, das in eigenem Namen für Rechnung des Verfassers tätig wird, indem es entweder dessen Werke vervielfältigt und verbreitet oder nur verbreitet.« [51] Daraus kann man erkennen, daß die Dienstleistungspalette des Verlags weit mehr als nur das Prinzip des »committere« (etwas »mitschicken«, Vertrieb) umfaßt, nämlich auch das Angebot des verlegerischen Know-hows bei der Produktion, der Herstellung und Gestaltung von Büchern und Zeitschriften. Weit wichtiger ist jedoch prinzipiell, daß beim Verlegen in Kommission das ursprüngliche Wirtschaftsprinzip des Verlags, nämlich des Vorlegens beim Produzieren und der nachfolgenden Übernahme des Risikos für den Verkauf aufgehoben bzw. auf den Kopf gestellt wird. »Anders als beim Verlagsvertrag trägt der Verfasser (Autor) das Risiko für Gewinn und Verlust. Der Kommissionsverlag erhält als Kommissionär Ersatz für seine Auslagen und eine Vergütung für seine Tätigkeit.« [52] Zu ergänzen ist lediglich, wie schon erwähnt, daß an die Stelle des Autors auch eine Gesellschaft, Firma, Universität etc. treten kann oder beispielsweise auch ein zweiter Verlag. So übergibt eine Reihe von Verlagen die von ihnen produzierten Bücher anderen Verlagen in Kommission zum Vertrieb und könnte auch die Umsetzung der Manuskripte in die fertigen Auflagen an den Verlagskommissionär delegieren.

Das Verlegen in Kommission wirkte in der Geschichte natürlich nie so publikumswirksam nach außen wie der ›eigentliche‹ Verlag, es ist aber beinahe so alt wie die ersten Verlage – was schon das Zitat über die drei Arten verlegerischer Tätigkeit des Frühverlegers Froben (s. S. 20) aus dem Jahr 1513 zeigte. Der Wegfall des Verlagsrisikos war das Verlegermotiv, aber auch die Autoren haben im Kommissionsprinzip soviel Vorteile gesehen, daß sie dieses Verlegen durch die Jahrhunderte brachten. In einer der historischen Quellen heißt es, daß allein im Stuttgart des Jahres 1837 gut 15 Kommissionäre 306 Kommittenten verlegten, also 15 Verlage ein Jahresvolumen von im Schnitt 20 Kommissionstiteln hatten. Für das dem Wirtschaftslexikon entnommene Zitat zu den Kommissionsvereinbarungen der Gegenwartspraxis (Erstattung der Herstellkosten durch den Verfasser und eine absatzbezogene Gebühr für den Vertrieb) lassen sich historische Bräuche finden, welche belegen, wie natürlich das Kommissionsprinzip für die Autoren war, und es lassen sich sogar noch die alten Konditionen festhalten. Die Autoren bestellten nach dem »klassischen« Prinzip zunächst ihre Bücher beim Drucker. Anschließend übergaben sie sie zur Verbreitung (»committere«) dem Verlag. Dieser nahm 6 $^1/_3$ Prozent Kommissionsgebühr. 27 Prozent waren Buchhandelsrabatt. Autoren verlegten also zu ähnlichen Konditionen wie die *Verleger* in ihrer traditionellen »Drittelkalkulation« (s. S. 143 ff.). *Ein* Drittel (27 % + 6 $^1/_3$ %) der Gesamteinnahme entfiel auf die Kosten des Absatzes, ein *weiteres,* als statistisches Mittel, auf die Produktion, die Deckungsauflage betrug nach dem obigen Muster deshalb (weil der Rabatt und die Kommissionsgebühr für den Autor keine Kostenbelastung darstellen) genau 50 Prozent, und das *restliche* Drittel des Erlöses wurde bei vollständigem Verkauf der Auflage zu *Autorengewinn!*

Für gegenwärtige Verhältnisse sind derartige Einnahmeperspektiven utopisch. Der durchschnittliche Buchhandelsrabatt liegt oberhalb 35 Prozent. Die Geschäftskosten schon des nur mittleren Verlags verlangen auf den Ladenpreis bezogen meist mehr als 25 Prozent. Die Mehrwertsteuer wird fällig. Schon im normalen Verlag bleibt für ein Hardcover keine höhere Basis vom Ladenpreis für den Gewinn als die »klassischen« zehn Prozent, im Taschenbuch nur etwa die Hälfte. Auch das Verlegen in Kommission nach dem obigen Modell bietet Autoren daher nicht mehr die Chancen von früher. Andererseits ist zu bedenken, daß – realistischerweise – der prozentual hohe Gewinn auch damals nur in dem Ausnahmefall des Auflagenausverkaufs in barem Gelde wirklich entstand. Schon bei Erreichen von nur der Deckungsauflage war er für den Autor gleich Null, darunter entstand Verlust, während jedoch dem Verlag, der nichts vorschoß, vom ersten Stück des Absatzes an in jedem Fall die Kommissionsgebühr zufloß. Die Kalkulation war also in Wirklichkeit für den Verlag als Nehmer viel erfolgsversprechender als für den Geber, und in dieser Kalkulation lag und liegt das Motiv für den Verleger, auch in der Gegenwart, entweder von Zeit zu Zeit oder immer wieder Bücher in Kommission zu verlegen. Dies wird im folgenden anhand einer Gegenüberstellung einer »Normalkalkulation« eines Verlags zu heutigen Konditionen mit einer »Kommissionskalkulation« vorgeführt werden. Es wird ferner ersichtlich, warum es für den Verleger geratener sein kann, neben oder anstelle des traditionellen Kommissionsgeschäfts das moderne Subventionsgeschäft anzustreben.

In der Normalkalkulation finden sich die erwähnten Werte, wie sie sich heute für das Verlegen eines wissenschaftlichen Originaltitels durchschnittlich darstellen. Aufbau und Logik des Schemas interessieren hier noch nicht, sie sind aber an der einschlägigen Stelle nachzulesen (Verlagskalkulation S. 141–157). Festzuhalten bleiben lediglich die das Kommissionsgeschäft betreffenden Werte sowie das jeweilige Endergebnis. Die Normalkalkulation liefert einen Gewinn von hier 5,08 Prozent, was durchschnittlich und für einen realen Wirtschaftserfolg sogar gut wäre. In der Kommissionskalkulation ist aus einfach erkennbaren Gründen vom Verlag in der Regel kein Honorar zu veranschlagen. Desgleichen entfällt das vom Kommittenten finanzierte Herstellungsgeld von im Durchschnitt 20 Prozent. Das Ergebnis erhöht sich damit um 30 auf die angegebenen ca. 35 Prozent. Diese fließen natürlich keinesfalls dem Verlag alleine zu, sondern es kommt zu einer fairen Gewinnteilung zwischen Verlagnehmer und Verlaggeber, gewöhnlich im Verhältnis 50 : 50. Bei dem erreichten Gewinn muß es für den Verlag nicht bleiben. So ist beispielsweise keinesfalls anzunehmen, daß ein in Kommission verlegtes Buch die gleichen Gemeinkosten wie ein Originalwerk verursacht. Setzt man hier nur die Hälfte an (wegen des Wegfalls von Akquisitionskosten, Redaktionskosten, Spesen und zum Teil Werbung), und berücksichtigt man ferner, daß für die Buchhändler auch ein um zehn Prozent verminderter Rabatt angesetzt

Normal-Kalkulation		Kommissions-Kalkulation				
1. Brutto-Ladenpreis (Lp)	100 %	100 %	oder:	100 %		
2. ÷ Mehrwertsteuer 7 %	6,54 %	6,54 %		6,54 %		
3. = Netto-Ladenpreis	93,46 %	93,46 %		93,46 %		
4. ÷ Rabatt 35% vom Lp	35 %	35 %		25 %		
5. = Nettopreis (Np)	58,46 %	58,46 %		68,46 %		
6. ÷ Honorar 10% vom Lp	10 %	÷		÷		
7. ÷ Gemeinkosten 40 % vom Np	23,38 %	23,38 %		11,69 %		
8. ÷ Herstellkosten 20 % vom Lp	20 %	÷		÷		
9. = Verlagsanteil/Gewinn	5,08 %	35,08 %	bis	56,77 %		

bzw.

bei Teilung 50 : 50 zwischen den
Partnern:

17, 54 %   bis   28 39 %

Gewinnerwartung beim Verlegen im Kommissions- im Vergleich zum normalen Verlag (Schema-Rechnung)

werden kann (weil in Kommission verlegte Bücher in der Regel einen hohen Ladenpreis haben und auch ein prozentual verminderter Rabatt für den Händler einen absolut hohen Betrag abwirft), so entsteht ein aufzuteilender Betrag zwischen 35 und 55 Prozent. Auch bei einer hälftigen Teilung ergibt das erheblich mehr, als ein Verlag nach einer Normalkalkulation erwarten kann, nämlich das Drei- bis fast Sechsfache, und der Verlaggeber kann bei optimalem Erfolg über das vorgelegte Kapital hinaus sogar zu Gewinn kommen.

Auch wenn der Verlag damit eine prozentual überdurchschnittliche und real fast risikofreie Rendite erzielen kann, ist sein Geschäft als Kommissionär dennoch mit Nachteilen behaftet. Die absoluten Gewinne sind wegen der geringen Auflagen (in der Regel unter 1000) klein. Die Verkäuflichkeit der Auflage ist ein kritischer Faktor. Der Verlag ist nicht Eigentümer der Auflage, er ist nicht Inhaber des Copyright, er muß, falls Exemplare der Auflage etwa durch Mängel ausfallen, sie komplettieren, darf ferner im eigenen Verlag kein Werk herausgeben, das dem Kommissionswerk Konkurrenz macht, und sieht sich im schlimmsten Fall durch das Kündigungsrecht des Verlaggebers vor der Situation, vor einem eigenen befriedigenden Erfolg für seine Tätigkeit die Kommissionsstücke zurückgeben zu müssen. Aus diesen Aspekten heraus ist der Verlag dazu motiviert, das gleiche Geschäft unter für ihn günstigeren Bedingungen anzustreben. Zu diesem Zweck wird statt eines Kommissions- oder Dienstleistungsvertrags ein Verlagsvertrag abgeschlossen und anstelle der Erstattung der Herstellkosten sowie einer Kommissionsgebühr die Zahlung eines Zuschusses vereinbart. Das Kommissionsgeschäft wird damit durch die Variante des »Subventionsgeschäftes« erweitert. Damit, wie beim Kommissionsgeschäft, der Geber die Gelegenheit zur Zurückerstattung des von ihm zugeschossenen Kapitals erhält, vereinbart man – in einer ersten Variante des Subventionsgeschäftes – den Zuschuß als *rückzahlbar*.

Derjenige, der den Zuschuß gibt, kann wieder eine private Person sein, also der Autor, aber auch – wie beim Verlegen in Kommission – eine Gesellschaft, Firma, Behörde etc. In der Bundesrepublik ist es besonders die DFG (Deutsche Forschungsgemeinschaft), die wissenschaftliche Werke auf dem Gebiet der Naturwissenschaft und Technik, aber auch der Geisteswissenschaften, die unter normalen kommerziellen Bedingungen nicht verlegt werden könnten, bezuschußt. Vor der verlegerischen Produktion hat oft eine Bezuschussung während der Entstehung des Manuskriptes gestanden, nun geht es um eine Subventionierung der Herstellkosten. Die Höhe beträgt so gut wie in keinem Fall 100 Prozent, da der Verlag nicht voll entlastet werden, sondern einen Teil des Risikos selbst tragen soll. Voraussetzung für die Förderung ist wie oben erwähnt der zuvor mit dem Autor geschlossene Verlagsvertrag, mit dem der Verfasser den Antrag stellt; der Vertrag kann aber von der Gewährleistung eines angemessenen Druckhilfebeitrags ausgehen und dieser kann im Namen des Autors gleich vom Verlag auf einem dafür vorgesehenen und vorbereiteten Kalkulationsformular angefordert werden. Er wird gezahlt bei Erscheinen der Publikation, die Abrechnungspflicht für die Rückzahlung beginnt nach dem dritten Jahr und dauert maximal fünf; sie erlischt, sobald der Verlag den gewährleisteten Zuschuß in voller Höhe zurückgezahlt hat. Danach entstehende Erlöse bleiben als Gewinn beim Verlag.

Neben dem rückzahlbaren Zuschuß steht der *verlorene*. In der Regel werden die Verlage vor die Wahl gestellt, entweder einen relativ hohen Druckkostenzuschuß anzufordern, der aber zurückzahlbar ist, oder einen nicht rückzahlbaren, dafür aber geringeren. Da hier die Rückzahlpflicht vollends erlischt, bleiben alle Erlöse voll beim Verlag. Die Regelungen für den verlorenen Zuschuß sind unterschiedlich. Die DFG will ihn nur bei Werken mit geringerem Umfang und niedrigem Ladenpreis zahlen bzw. nur dann, wenn die Herstellkosten unter 10 000 DM liegen und der Ladenpreis unter 75,– DM. Er macht maximal 70 Prozent des zurückzuzahlenden aus. Der Schweizerische Nationalfonds gewährt ihn, wenn ein zu hoher Ladenpreis auf das Niveau reduziert werden muß, das der Markt noch verträgt, und gewährt für die übrigen Druckkosten noch einen rückzahlbaren Zuschuß. Der Autor erhält, egal ob der Zuschuß zurückzahlbar oder verloren ist, in der Regel zwischen fünf bis zehn Prozent Honorar.

Es erhebt sich die Frage, warum die DFG und andere Gesellschaften so stark dem Subventionsprinzip folgen, zumal sie im Fall des verlorenen Zuschusses noch nicht einmal die Chance zu Rückflüssen haben und, anders als beim Kommissionsprinzip, bei dem dies gegeben wäre, auch nicht in den Besitz der Bestände und Rechte gelangen. Dies hängt zum ersten damit zusammen, daß für die geförderten Projekte so gut wie ausschließlich keine kostendeckende oder sogar gewinnbringende Absatzerwartung besteht. Also zahlt man anstelle der vollen Kommissionskosten lieber den etwas geringeren Zuschuß und bietet neben dem rückzahlbaren den etwas geringeren verlorenen an – weil man dann entweder weniger verliert oder aus einem vorhandenen Etat mehr fördern kann. Zum zweiten wird bei dem Kommissionsverfahren, bei dem der Geber als Besteller auftritt und der Verlag als Dienstleister eine Besorgung durchführt, rechtlich ein Kauf getätigt und damit ein Mehrwertsteuerbetrag fällig, der auf die Herstellkosten bzw. die Herstellung und die Kommissionsgebühr aufzuschlagen ist. Geleistete Zuschüsse hingegen sind nach der Entscheidung der Rechnungshöfe des Europäischen Gerichtshofs von der Mehrwertsteuer befreit. Der Geber spart also, besonders wenn er, wie die obigen Gesellschaften, als regelmäßiger Förderer auftritt, erhebliche Beträge der Mehrwertsteuer.

Sowohl das Verlagskommissionsgeschäft als auch der Subventionsverlag sind in der Verlagswirtschaft der BRD nach Art und Umfang relativ unbekannte Faktoren, was beides plausibel ist, wenn man bedenkt, daß in beiden Fällen oft nur 50 (fünfzig!), manchmal 300, im Durchschnitt 800 und nur selten 1000 oder mehr Exemplare als Auflage produziert werden. Dabei ist aber besonders der Kommissionsmarkt aufgrund des Fehlens statistischen Materials eine Grauzone. In Kommission verlegte Bücher müssen hingegen nicht notwendig niedrigauflagig und für den Verlag mit niedrigen absoluten Gewinnen verbunden bleiben. So nahm z. B. ein internationaler Medizinverlag in Baden-Württemberg ein Krankenpflegebuch einer schweizerischen Ordensschwester zunächst nur versuchsweise in Kommission, hat aber bis heute (1990) über 400 000 Verkäufe gemacht. Derselbe Verlag betätigt sich z. B. auch als Kommissionär medizinischer Fachzeitschriften, die ihm nicht nur Deckungsbeiträge einspielen, sondern auch sein Programm abrunden und zudem einen exklusiven kostenlosen Werbeträger für die eigenen Anzeigen darstellen. Insgesamt reicht die Palette vom kleinen Verleger, der nur bei Gelegenheit einmal ein Buch in Kommission verlegt, über große Verlagsgruppen, die das Geschäft auf dem Buch- und Zeitschriftensektor systematisch in ihre eigenen Programme integrieren, bis zu dem ausschließlich auf solche Schriften spezialisierten reinen Kommissionsverlag, der zu 100 Prozent davon lebt. Nicht zuletzt erscheint eine Reihe von buch- und verlagsbezogener Literatur im soliden Kommissionsverlag des Börsenvereins. Wenig statistisches Material existiert auch über den Umfang der subventionierten Literatur. So wissen wir zwar, daß nur drei Prozent aller wissenschaftlichen Titel überhaupt (von der DFG) unterstützt werden und nur ein Prozent der gesamten Zuschüsse der DFG an Verlage für Druckkosten geht, aber zu bedenken ist neben anderen Förderquellen, daß die Großzahl der Subventionen privat aufgebracht wird. Auch hier gibt es Verlage, die nur gelegentlich Titel wegen ihrer Subvention mit ins Programm nehmen, größere Verlage, die daraus systematisch Produktlinien gebildet haben, und solche (wie etwa Dissertationenverlage), die ihr gesamtes Programm auf das Subventionsprinzip gründen. Art und Umfang des Kommissions- und Subventionsverlags sind daher zwar relativ unbekannt, aber nicht unbedeutend. Da es sich um eine auf Dauer angelegte verlegerische Tätigkeit handelt, wird man auch eine gegenüber den Partnern faire, kontrollierbare Geschäftsbasis unterstellen müssen. Verlage dieser Art sind also zu empfehlen, wenn es um eine Alternative zum Selbstverlag oder die sogenannten Selbstkostenverlage geht, zumal nur die professionellen Verlage auch eine verläßliche Werbung und Distribution garantieren.

1.7 Gesponsorte Literatur und scheinbar gesponsorte

Die obigen Kapitel hatten gezeigt, daß manche Publikationen nur dann entstehen, wenn man die Verlage von Kosten befreit oder zumindest bezuschußt, so beim Selbstkosten-, dem Kommissionsverlag und der subventionierten Literatur. Egal um welche Art es sich handelte, waren die Auflagen und damit die Zuwendungen relativ klein. Das analoge Phänomen findet sich noch einmal – mit entgegengesetzten Vorzeichen – nämlich bei Büchern, die von vorherein in Massen verlegt werden und mit entsprechend gesteigertem Aufwand: Es handelt sich um die Formen »gesponsorter« Literatur.

Formen des Sponsoring sind außerhalb von Literatur und Verlag in der Gegenwart ständig präsent. Fußballveranstaltungen und andere im Sport, aber auch im Kulturleben (»Kultursponsoring«) sollen ohne sie nicht mehr möglich sein. Ähnlich ist es mit der hier vorgestellten Literatur hinsichtlich des hinter ihr stehenden Wirtschaftsprinzips. Gemäß der ursprünglichen Bedeutung von Sponsor (die etwa »Taufzeuge« oder »Pate« entspricht) entstehen Verlagsprodukte, die – im Bilde gesprochen – nie aus der »Taufe« gehoben worden wären, wenn es den Sponsor nicht gäbe.

Es handelt sich um Objekte, für die, als Beispiel für »echte« gesponsorte Literatur, zunächst als Prototypen die »Lord Extra Freizeitkarten« und für die nur »gesponsort scheinende« der »HB-Bildatlas« stehen sollen. Wie man sieht, ist in beiden Fällen der bis dato eingehaltene Rahmen der Branche

Verlag gesprengt, indem ein Branchen-Outsider in die Buchbranche eindringt.

Liegt echte Sponsorschaft vor, ist das Verhältnis zwischen dem Verlag und dem Branchenfremden eine *Kooperation.* Der Sponsor bezuschußt das Verlagsobjekt in der Regel mit einem für den Verlag überdurchschnittlichen *Werbeetat,* der indirekt den Ladenpreis senkt. Dafür erhält er das Recht, daß sein Name auf dem Cover der Objekte erscheint, evtl. zu einem Bestandteil des Namens des gesponsorten Objektes wird und im Innern des Buchs – ggf. für ihn exklusiv – Werbung plaziert wird. Beispiele für Sponsoren, ihre Verlage und die gesponsorten Objekte finden sich in einer populären Auswahl in der nachfolgenden Tabelle.

Das Ziel des Sponsors ist dabei eindeutig: Er wirkt nicht als stiller Mäzen unerkannt aus dem Hintergrund. Anders als gemeinnützige Sponsoren wie etwa die DFG, die Hunderte von Titeln bezuschußt, aber sogar verbietet, daß ihr Name für Werbezwecke benutzt wird, geht es ihm gerade um die Werbung für sich: als Öffentlichkeitswerbung (PR) zur Erhöhung seines Bekanntheitsgrades, zur Aufwertung des Images allgemein und gegebenenfalls zur Produkte- oder Dienstleistungswerbung. Verlagsobjekte werden gewählt wegen der hohen Verbreitung der Auflagen und dem mit Verlagsartikeln verbundenen Imagewert, an den der Sponsor sich koppelt. Ist das Medium das Prestigeobjekt Buch, handelt es sich quasi um Parzellen einer Plakatwand aus Tausenden oder Hunderttausenden Einzelstücken, ganz analog zu den elf auftretenden Spielern einer hochkarätigen Fußballmannschaft bei einer Fernsehübertragung. Die Wahl von Verlagsobjekten als Medien ergibt sich dabei zu einem Teil auch aus dem zwangsweisen Wegfall direkter produktbezogener Werbung in klassischen Medien durch den Gesetzgeber, so für die Zigarettenhersteller seit dem Verbot, für Tabakprodukte im Funk und im Fernsehen zu werben, und dem Gebot, den obligatorischen Hinweis in der übrigen Werbung anzubringen einschließlich des von dem Ministerium für Gesundheit veranlaßten Aufdruck auf jeder Packung, daß Rauchen schädlich für die Gesundheit sein kann. Hier wird durch das Sponsorn versucht, sowohl den Ausfall zu kompensieren wie auch das positive Image der Produkte oder Objekte der Branche Verlag auf das eigene Produkt zu übertragen. Die Ziele der Verlage sind ebenso eindeutig, nämlich nicht ideell-kulturell, sondern rein kommerziell ausgerichtet. Ihnen geht es um die Erzielung einer gewinnbringenden, via Sponsorship weit über dem Verlagsdurchschnitt befindlichen Auflage zu einem für das Publikum überraschend niedrigen Preis, wobei die Voraussetzung für beides durch die Werbung des Sponsors gelegt wird. So sicher sich bei einzelnen Titeln hierzu verschiedentlich Ausnahmen finden oder bei Reihen für die Verbraucher ein Nutzen entsteht, sind die wahren Motive der Kooperation damit eindeutig getroffen.

Die Praxis der Kooperation wird von den beiden Partnern professionell durchdacht. Die Idee kann beim Sponsor liegen und von dessen Werbemotiv

Sponsor	Verlag	Produkt
Allianz Versicherungen	Mairs Geographischer Verlag	Baedekers Allianz Reiseführer
M. Brinkmann AG	Mairs Geographischer Verlag	Lord Extra Freizeitkarten
British Petrol (BP)	Goldmann	BP-Kursbuch BRD
Colonia Versicherungen AG / Deutscher Wald-besitzer e.V.	Kindler Verlag	Rettet den Wald
Continental Reifenwerke	IRO Kartographische Gesellschaft	Continental Autoatlas
Deutsche Lufthansa	Verlagsgruppe Langen-Müller	Rettet die Vögel
Deutsche Lufthansa	Fink-Kümmerly + Frey	Edition Lufthansa
Deutsche Shell AG	Mairs Geographischer Verlag	Deutsche Generalkarte (Shell)
Deutsche Shell AG	Mairs Geographischer Verlag	Shell Reisebuch Deutschland
Deutsche Shell AG	Mairs Geographischer Verlag	Der große Shell Atlas
Deutsche Shell AG	Mairs Geographischer Verlag	Shell Freizeit & Ferien Atlas
Deutsche Shell AG	Nomos Verlagsgesellschaft	Auto & Recht
Philip Morris	Heyne Verlag	Chroniken / Welten der Zukunft
Siemens AG	Heimeran Verlag	Mikrowellen Kochbuch
Touristik Union International	Robert Pfützner Verlag	TOUROPA Urlaubsberater
Varta	Nomos Verlagsgesellschaft	Varta Hotelführer

Beispiele gesponsorter Produkte, Verlage und der Sponsoren

ausgelöst sein – oder liegt beim Verlag. Ist der Suchende der Sponsor (Para-debeispiel der 80er Jahre: »In Zukunft Philip Morris« als Slogan der Rau-cherwerbung), investiert er viel Zeit in die Auswahl eines zu seinem eigenen Programm passenden Verlags (in dem damaligen Fall Heyne's Science-fic-tion) – entsprechend gezielt sucht ein Verlag, der eine Konzeption beispiels-weise für eine populäre Reihe hat, aber nicht über genügend Mittel zur eige-nen Realisierung verfügt. Handelt es sich tatsächlich um die Etablierung einer Serie im Verlag, stehen am Anfang auch Tests: Beispiele hierzu sind der 75 000,– DM teure empirische repräsentative Konzeptionstest vor dem Start der »Baedekers Allianz Reiseführer« (Pretest) oder als Markttest die Test-auflagen der beiden ersten Bände der Reihe »Lord Extra Freizeitführer« vor deren endgültiger Fortsetzung. Die Herstellung erfolgt beim Verlag, hier er-hält er nur verschiedentlich Hilfe. Die Werbung ist das Bedeutendste. Sie liegt so gut wie vollständig in den Händen des Sponsors, weil er die gesamte Publikumswerbung (auch die des Verlages) besorgt. Weil hier die gewohnten Dimensionen der Verlage gesprengt werden, seien die entsprechenden Zah-

Diversifikator	Verlag	Produkt
ARAL AG	Kartographischer Verlag Busche	Aral Autoatlas Deutschland/ Europa
ARAL AG	Kartographischer Verlag Busche	Aral Auto-Reisebuch BRD/ Frankreich/u. v. a.
ARAL AG	Kartographischer Verlag Busche	Aral Stadtführer
ARAL AG	Kartographischer Verlag Busche	Aral Schlemmer Atlas
ARAL AG	Kartographischer Verlag Busche	Aral Schlummer Atlas
BAT Cigaretten-Fabrik	HB-Verlags- und Vertriebsgesellschaft	HB-Bildatlas
BAT Cigaretten-Fabrik	HB-Verlags- und Vertriebsgesellschaft	HB-Kunstführer
BAT Cigaretten-Fabrik	HB-Verlags- und Vertriebsgesellschaft	HB-Naturmagazin »draußen«
BAT Cigaretten-Fabrik	HB-Verlags- und Vertriebsgesellschaft	HB-Bildatlas Spezial
Manufacture Francaise des Pneumatiques Michelin	Michelin Reifenwerke, Bereich Vertrieb	Grüne Reiseführer Rote Hotelführer Michelin Campingführer
R. A. Oetker KG	Ceres Verlag R. A. Oetker	Dr. Oetker Schulkochbuch u.v.a.

Beispiele gesponsort scheinender Produkte, Verlage und Diversifikatoren

len genannt. Bei den »Chroniken [später »Welten«] der Zukunft« von Philip Morris bei Heyne stand für die zwölf, in vier ›Omnibus‹-Bänden (je drei in einem vereint) zusammengefaßten Science-fiction Romane eines Jahres ein Etat von einer Million Mark zu Verfügung, rein rechnerisch 83 333,– DM pro Roman oder 250 000,– DM pro ›Omnibus‹-Titel. Vom gesponsorten Ladenpreis von 7,80 DM (!) ausgehend sowie vom üblichen Mehrwertsteuersatz, dem Durchschnittsrabatt für Sortiment und Barsortiment sowie einem durchschnittlichen Werbeansatz von acht Prozent des Nettopreises hätte pro Stück ein Betrag von ca. 0,30 DM als Werbeetat zur Verfügung gestanden – um den über den normalen Verkauf wieder einzuspielen, hätte es eines Absatzes von fast einer Million Exemplaren bedurft – rein rechnerisch (250 000 : 0,30 =) über 800 000 Exemplaren. Die Startauflage normaler Taschenbücher lag aber in den 80er Jahren bei 10 000 und liegt in der Gegenwart bei 8 000 bis 4 000 Stück (1990). Für die in Mairs Geographischem Verlag herausgegebenen »Baedekers Allianz Reiseführer« stand im Jahr der Einführung sogar ein Etat in Höhe von sechs Millionen Mark zur Verfügung. Man versteht diese Etats erst, wenn man bedenkt, daß sie nur nebensächlich dem Buch und in der Hauptsache dem Sponsor dienen. Ist der Vertrieb angesprochen, können die Funktionen geteilt sein. Oft ist nur eine Schiene der Buchhandel, die andere ist die des Sponsors. Im Fall der »Lord Extra Freizeitführer« erfolgt die Hälfte des Gesamtvertriebs und Verkaufs über den Tabakfachhandel. Ähnlich führt der Vertriebsweg für Reiseführer zu einem bedeutenden Teil über die Tankstellen. Die Auflagen sind überdurchschnittlich hoch, d. h. weder mit einer Durchschnittsauflage aus Wissenschaft, schöner Literatur, aber auch dem Taschenbuch zu vergleichen. Das hängt damit zusammen, daß in der Regel auch zwei verschiedene Käufer- oder Zielgruppen zusammengefaßt werden, so vergrößert sich bei den Lord-Extra- und Philip-Morris-Produkten der Gesamtmarkt, weil außer den Lesern des Verlags oder Buchhandelskunden auch die Raucher der Marken als Kunden angesprochen werden. Bei Lord Extra liegt die Durchschnittsauflage daher pro Karte bei 50 000 Exemplaren, vom Gesamtumsatz fallen auf beide Vertriebswege ziemlich genau 50 Prozent. Die Kalkulation für gesponsorte Titel schließlich sorgt nach der Werbung bzw. wegen dieser dafür, daß die einschlägigen Verlage darauf besonders interessiert reagieren. Da der Sponsor die ganze Werbung finanziell übernimmt, fällt sie im Prinzip aus der Verlagskalkulation heraus; durch die außerordentliche Werbeaktivität des Sponsors wird aber die erreichbare Auflage erhöht und kann das Buch dadurch abermals billiger gemacht werden, wodurch dann erneute Nachfrage entsteht. Um auch hier mit einem Beispiel eine konkrete Vorstellung zu schaffen: »Der große Shell Atlas« erreichte zu Anfang der 80er-Jahre mit dem Werbeeinsatz seines Sponsors eine Durchschnittsauflage von jährlich 120 000 Stück; ohne dessen Aufwand, bei nur den eigenen Mitteln, hätte der Verlag sich gerade 40 000, die Startauflage eines Bestsellers (!) zugetraut, was aber zu einer Erhöhung des Verkaufspreises von 36,– DM auf 68,– DM geführt hätte.

Literatur wie die beschriebene ist »echte« gesponsorte Literatur. Sie ist es deswegen, weil der Sponsor das gesamte Geld hingibt und nicht etwa über den Verkauf etwas zurückerhält: Er ist am Erlös nicht beteiligt. Dies unterscheidet sie grundsätzlich von der gesponsort »scheinenden« Literatur, für deren Typ mit dem »HB-Bildatlas« das wichtigste Beispiel bereits genannt wurde. Auch sie verwendet auf dem Cover oder in der Bezeichnung den Namen bzw. das Markenzeichen etc. eines Branchenfremdlings, und rein äußerlich ist es unmöglich, eine Unterscheidung zu treffen. Im Gegensatz zu den obigen Formen handelt es sich aber nicht um die *Kooperation* eines Verlages mit einem Branchenfremden, sondern um die *Diversifikation* eines Branchenfremden in den Buchmarkt, und zwar entweder generell (ohne Anbindung an das eigene Markenprogramm) oder nach dem Modell eines das angestammte Programm abrundenden und unterstützenden (vgl. S. 86 ff.) Regieverlags.

Eine Auswahl der Typen ist in der Fortsetzung der Tabelle dargestellt. »HB« (BAT) verkörpert darin das Modell der »generellen« Diversifikation. Gegründet als »HB Verlags- und Vertriebsgesellschaft«, danach als »HB Verlag«, war die Wirtschaftsform von Anfang an eine selbständige Firma, jedoch als Tochter, die gewinnorientiert arbeiten muß und ihre Gewinne an die Mutter BAT-Cigarettenfabrik abführt. Zur Rechteausstattung der Firma gehört die Verwendung des Markenemblems, von dem der Verlag mitteilt, daß nach Marktuntersuchungen die Verwendung des Zeichens »nicht unerheblich zum Erfolg der Produkte beiträgt«. War der Verlag also von der Idee her als Promotion für die Zigarettenmarke gedacht, macht deren Emblem auch Promotion für den Verlag. Ursprünglich nur mit dem Bildatlas präsent, dessen Bände aber ein ganzes Programm bilden, besteht die Palette heute zusätzlich aus dem Naturmagazin »draußen«, aus Kunst- und Reiseführern und Spezialbänden zu den Atlanten. Die deutschsprachigen Magazine sind inzwischen durch englische Editionen und Hardcover-Ausgaben ergänzt worden. Produktion und Absatzwege der Bände von HB entsprechen dem normalen Verlag. Der seit dem Anfang enorme Werbeaufwand, der dem gesponsorter Produkte gleicht (in der Einführungsphase u. a. ein vierfarbiger Einhefter im Magazin »stern«, danach halbseitige bunte Anzeigen in den überregionalen Tages- und Wochenzeitungen), ist inzwischen wohl selbstfinanziert, denn die Durchschnittsauflagen liegen zwischen 100 000 und 200 000 Stück. Die Diversifikation von BAT kann also als geglückt angesehen werden, obwohl es sich um einen tabakfernen Markt handelt. Das Motiv zu ihr kann, wie bei den tatsächlich sponsornden Zigarettenherstellern, in dem gemeinsamen Problem gesehen werden, daß der Tabakmarkt sich weltweit wegen steuerlicher Eingriffe und einschränkender Vorschriften der Gesundheitsministerien rückläufig entwickelt, und deswegen die Konzerne ihre immer noch immense Liquidität in tabakfernen Märkten anlegen – im beschriebenen Fall dürfte allerdings ein von wirtschaftlichem Umfang her eher bescheidenes Instrument der Promotion entstanden sein, das jedoch, statt Geld zu kosten, Gewinne einbringt. Die übrigen Diversifikationen erfolgen nicht in so fremde Märkte, sondern es besteht, wie die Beispiele zeigen, zwischen der Produktion der Muttergesellschaft und denen der Tochter ein Zusammenhang, so, wie es generell schon beim Vorgehen eines Sponsors zu sehen war. Da im Gegensatz zu jenen der Branchenfremde hier über einen eigenen Verlag verfügt, entweder als Firma oder auch nur als Abteilung – z. B. des Bereiches Vertrieb (wie bei Michelin) –, ist, besonders wenn kein Zwang zur Gewinnorientierung vorliegt, die Nähe zum privaten Regieverlag unverkennbar.

Bei der Kooperation wie bei der Diversifikation liegt das Agieren eines Branchenfremden auf dem Verlagsmarkt vor. Gemeinsam ist beiden die Verwendung eines Emblems oder für den Verlag fremden Markennamens auf den Verlagsprodukten. Gemeinsam ist ferner das Ziel, für die verlagsfernen Firmen damit Nutzen zu stiften. Für die Verlage sind solche Aktivitäten, auch wenn die Zahl dieser Verlage und die verlegten Objekte klein sind, ein nicht unwesentlicher Faktor. Sie führen zu überdurchschnittlichen Auflagen, Umsätzen und Gewinnen, die zudem nicht einmalig sind, sondern sich in zwei- bis (demnächst) dreistelligen Nachauflagen wiederholen, und dies zu einem für das Publikum attraktiven Preis. Das Publikum schließlich kauft nicht nur wegen eines betont niedrigen Preises, sondern auch – keine Marke könnte sich das Gegenteil leisten – wegen einer in der Regel hervorgehobenen Qualität des Produkts. Geht man von dem Wettbewerb der Markenartikel aus und der Konzentration in der gegenwärtigen Wirtschaftsentwicklung, so ist denkbar, daß in dem markenfernen Werbe- und PR-Markt Verlag in Zukunft weitere Kooperationen und Diversifikationen entstehen.

1.8   Verlage als »Regiebetriebe«

»Regie« verbindet der Laie mit Film. Sie ist aber auch ein Begriff aus der Wirtschaftslehre und bezeichnet dort ein Wirtschaftsprinzip. Der Ausgangspunkt ist der » Regiebetrieb « allgemein. Es handelt sich dabei um einen Betrieb der öffentlichen Hand, der zwar gewerblich orientiert sein soll, aber anderen wirtschaftlichen und sozialen Ausrichtungen folgt als private Betriebe – ein Beispiel aus dem öffentlichen Bereich sind die städtischen Verkehrsbetriebe. Neben den öffentlichen stehen aber auch private, also Eigenbetriebe. Und schon in den allgemeinen Wirtschaftslexika spricht man von Regie *»auch«,* wenn sich die Industrie- oder Handelsbetriebe »in dem Bestreben nach abgerundeten Wirtschaftseinheiten Handwerksbetriebe und dgl. angliedern; z. B. Großbrauereien stellen Reklameschilder in eigener Werkstatt her [...]; große Werke [...] haben eigene *Druckereien* und *Buchbindereien* usw. [...]«. [53] Die Abrundung mit einem eigenen *Verlag* steht dann nicht mehr fern, sondern liegt nah. Für die Verlage muß die Palette der Regiearten aber noch weiter gefaßt werden.

Diese »Abrundungen« sind nach ihrer Zahl, der Art ihrer Betreiber, ihrer Produkte und ihrem Wirtschaftsumfang erheblich größer, als Laien, aber auch den eigentlichen Verlegern bewußt ist. Die Produktpalette erstreckt sich auf Bücher, Zeitschriften, Zeitungen sowie andere Publikationen und ist damit umfassend. Verlegt wird entweder in dem der übergeordneten Einheit angegliederten eigenen Verlag oder als Herausgeber, der nur die Redaktion innehat und Agenturen, Producer, Book-Packager oder Druckereien beauftragt, oder in einem fremden Verlag, der aber, anders als beim Kommissionsverlag, auch im Namen des Regieführers (und nicht seinem eigenen) arbeitet: Initiator und Herkunft werden beispielsweise beim Buch in jedem Fall auf dem Schutzumschlag, dem Buchdeckel, im Impressum, auf der Titelseite sowie im Titel selbst als Marke mit Werbecharakter vermerkt. Die Arten des Regiebetriebs sind im Verlag zahlreicher als der zitierte Betrieb der öffentlichen Hand oder beim Eigenbetrieb; diese sind vielmehr nur zwei Varianten innerhalb eines Spektrums, das sich für die Verlage wie folgt gliedern läßt und mit den hier dokumentierten Beispielen nicht nur den Wirtschaftsumfang, sondern auch den Aufbau und die Eigentümlichkeiten von Regieverlagen verdeutlicht:

1. *Regieverlag in der Privatwirtschaft:* Ein erstes Muster ist ein Hersteller von physikalischen Geräten für den Schulunterricht. Er produziert nicht nur diese samt den fachmännischen Bedienungsanleitungen, sondern nutzt sein Know-how zur Produktion eines vollständigen Lehrbuchprogramms. Die Autoren sind die Physiker, die vorher als Konstrukteure fungierten (und schon die Betriebsanleitung verfaßten). Ein zweites Muster liefern die Elektrokonzerne. In ihnen entsteht praktisches Wissen und Forschungswissen, das sich in Ratgeber, Fachbücher und Forschungsliteratur umsetzen läßt. Allein das »AEG-Hilfsbuch« des ELITERA Verlags von AEG-Telefunken hatte einen Verkaufserfolg von über 500 000 Exemplaren. Die Autoren waren wieder die Werksangehörigen. Als drittes lassen sich wegen ihrer vermehrten Aktivitäten in der Gegenwart die Geldinstitute anführen. Fast jede Zentralbank führt ihren eigenen Verlag, der »Deutsche Sparkassenverlag« – als Zentralverlag aller Sparkassen neben Fachliteratur für alle Drucksachen zuständig – hat einen Umsatz von (1991) über 555 Millionen Mark bei heute über mehr als 600 Mitarbeitern. Auch hier bilden – wenn auch keinesfalls ausschließlich – Spezialisten des eigenen Unternehmens die Verfassermannschaft. Verschiedentlich hat man solchen Betrieben mit der Zeit den Mantel einer wirtschaftlichen selbständigen Verlags-GmbH gegeben, dies ändert jedoch nichts an dem Regiecharakter, da der Verlag im Kern nur als Dienstleister für den übergeordneten Partner auftritt, der meistens auch sein Inhaber ist. In allen Fällen wird durch die Zuschaltung einer abrundenden Wirtschaftseinheit »Verlag« vorhandenes Potential zum Nutzen dieser und zusätzlich der Hauptunternehmung eingesetzt. In Beispielen wie den genannten arbeitet der Regieverlag als Fachbuch- und als Fachzeitschriftenverlag. Daneben und weit öfter tritt er als Populärverlag für zwei verschiedene Arten von Öffentlichkeit auf. Er erstellt die diversen Zeitungen, Zeitschriften und Illustrierten für die interne Information der Mitarbeiter (House-Publicity), sowie die entsprechenden nach außen gerichteten Blätter (Public-Relations) für die Zielgruppe Publikum. Gerade auf letzterem Gebiet verlegen seit den gesamten 80er Jahren neben Sparkassen und Banken immer stärker Versicherungen, Krankenkassen, Kaufhäuser, Kaffeeröster, die Handelsketten im Lebensmittelbereich, Restaurant- und Fast-Food-Ketten, Fluggesellschaften und Automobilhersteller, Clubs und Kreditkartenanbieter – dies sind nur einige der wichtigsten Belege aus einer überströmenden und deswegen unüberschaubaren Flut, wenn die Tendenz weiter anhält. Da mit der Zunahme der Produkte eine Verbesserung in Ausstattung und Design einherging, halten viele Regieschriften heute dem Vergleich mit den Presseerzeugnissen mehr als nur stand. Sowohl der Quantitäts- wie Qualitätsanstieg haben ihre Ur-

sache in der Konzentration und damit in dem stärker gewordenen Konkur-
renzdruck in der Privatwirtschaft. In dem Maße, wie Regieschriften sich denen
der Presse angleichen, wird ihre wirtschaftliche Bedeutung sich steigern.

2. *Regieverlag von Verbänden, Parteien und Kirchen:* Auch nichtkaufmänni-
sche und daher nicht auf den kommerziellen Erfolg ausgerichtete Organisationen und Einrichtungen können in der Absicht der Abrundung ihrer Tätigkeit
und Sicherung des Erfolgs einen Regieverlag anstreben. Anstelle der Interes-
sensverfolgung der Anbieter und Arbeitgeber stehen hier z. B. durch Verbände
initiierte Arbeitnehmer-, Verbraucher- und Mieterschutzblätter, Sozial-, Be-
amten- und Gewerkschaftsverlage. Als Beispiel für die Abrundung parteipoli-
tischer Ziele stehe symbolisch der Hinweis auf den (1989 eingestellten) »Vor-
wärts« und den (noch bestehenden) »Bayernkurier«, im kirchlichen Bereich ist
das herausragendste Beispiel sicherlich der »Osservatore Romano«, bei dem
gleichsam der Papst selbst als Verleger auftritt. So wie vorher der kaufmännische wird hier der der jeweiligen weltanschaulichen Prägung entsprechende
Nutzen verfolgt.

3. *Regieverlag der Kommunen, der Länder, des Staates und internationaler
Regieverlag:* Da die privatwirtschaftliche Sphäre hier nun vollends verlassen
wird, fällt dieser Verlag am stärksten unter den traditionellen Regiebegriff.
Allgemein ist die Rede von der »verlegerischen Tätigkeit der öffentlichen
Hand«. Auf der untersten Stufe stehen z.B. die Amtsblätter der Gemeinden und
Städte (Kommunen), darüber die von den Ministerien der Länder veröffentlichten Schriften und über ihnen die Veröffentlichungen der Bundesminister.
Letztere u.a. erscheinen damit im von der Regierung betriebenen nationalen
Staatsverlag. In internationaler Regie publiziert die Europäische Gemeinschaft
mit einem eigenen Amt für das ausschließliche Verlegen und den Vertrieb dieser Schriften, in diesem Fall mit jährlich ca. 1000 Titeln in allen sieben Ar-
beitssprachen, gedruckt, als Mikrofiches und elektronisch gespeichert. Auch
die OECD, die UNESCO sowie eine Mehrzahl internationaler Großorganisa-
tionen produziert die von ihnen verbreiteten Schriften über eigene Regieverlage, die auch auf den internationalen Buchmessen weltweit präsent sind. Der
Gesamtumfang der diesem Bereich zuzuordnenden Publikationen wird abermals größer, wenn man bedenkt, daß neben der verlegerischen Betätigung der
öffentlichen Hände im engeren Sinn und den weiteren Beispielen in der Bundesrepublik unter anderem auch noch sämtliche Schriften der Deutschen Post,
Deutschen Bahn u.a. staatlicher, den Ländern und Städten gehörenden Betriebe
hinzukommen. In diesem Zusammenhang gehört dann auch abschließend das
wahrscheinlich unbekannte Kuriosum aus Bayern, in welchem die Regie in
Form der Symbiose aus Landes- und Staatsbetrieb vorkommt und den Bogen
geradezu vom Buch- bis zum Bierverlag spannt: So ist der »Bayerische *Schulbuchverlag*« (»bsv«) ein »Regiebetrieb des Bayerischen *Staates*« (Eigenzitat)

und das »Münchner *Hofbräuhaus*« der staatliche Regiebetrieb seiner ihm vorgeschalteten bayerischen *Bierfabrik*.

Regieverlage sind also vielfältige Unternehmen, die sich als Fach- oder PR-Verlage hinsichtlich ihrer Wirtschaftsprinzipien von den übrigen Verlagen abheben. Das Hauptziel ist, wiewohl Wirtschaftlichkeit wünschenswert ist (besonders als selbständige Firma), nicht ein direkter kommerzieller Erfolg für den Verlag, sondern der indirekte durch den Verlag gestiftete für die Hauptunternehmung. Für die Produkte – auch für das Buch – entfallen fast alle preispolitischen Überlegungen, da die Bücher oft – und die Zeitschriften generell – kostenlos abgegeben werden (Kalkulationen der übrigen Verlage, wie etwa die Errechnung der Deckungsauflage, werden nicht fällig, es entfällt ferner das sonst typische »Verlagsrisiko«). Die Werbung für die Verlagsprodukte entfällt oder ist anders, da sie ja selbst Werbemittel (für den Hauptbetrieb) darstellen, oder ist wie im Fall staatlicher Regie sogar fast völlig verboten. Die Distribution erfolgt für die Bücher nur zu einem Teil über den Buchhandel (dann natürlich zu Ladenpreisen, Sortimenterrabatten und Distributionsgebühren für Dienstleister) und für die Blätter generell nicht über den Pressegroßhandel (was die Kalkulationen von Sortimenter- und Grossorabatten entlastet), sondern im Eigenvertrieb. Die wirtschaftliche Bedeutung ist, wegen der fehlenden Ladenpreise, umsatzmäßig meist nur außerhalb des Buchhandels meßbar, erreicht aber dort beträchtliche Größen; Absätze bzw. Auflagen liegen beim Fachbuch (Untergrenze) wie beim normalen Verlag, in den werbenden PR-Blättern der privatwirtschaftlichen Unternehmen (Obergrenze) jedoch oberhalb der einer Ausgabe von »BILD«. Seit der Mitte der 80er Jahre ist wegen der anhaltenden Konjunktur die Tendenz für die Bildung und Verbreitung regieeigener Publikationen steigend. In der jüngsten Zeit konnten sich Firmen (Verlage) gründen, die nur von der Übernahme solcher Aufträge als Dienstleister leben.

2. Zwischenbetriebliche Kooperationen (»Strategische Allianzen«)

Alle bisher angesprochenen Verlags- und Wirtschaftsformen hatten eine Gemeinsamkeit: Es handelte sich um die Aktivitäten eines jeweils einzelnen Verlags, nie war eine wirtschaftliche Betätigung mit einem zweiten Verlag Thema. Solche Aktivitäten des Handelns der Verlage mit anderen Verlagen sollen sich hier aufbauend anschließen, vom Lizenzhandel und Imprintprinzip über Vertriebs- und Koproduktionsgemeinschaften bis zum Gemeinschaftsverlag und zur Buchgemeinschaft. Da immer mindestens zwei Verlage kooperieren, ist als Dachbegriff »zwischenbetriebliche Kooperationen« gewählt worden, dieser eher betriebswirtschaftliche Terminus wird heute geläufiger marketingorientiert durch die »strategische Allianz« ersetzt. Die Buchgemeinschaften fallen aus dieser Systematik im Grunde heraus, da sie keine Verlage darstellen. Sie sind aber dennoch aufgenommen, weil sie ohne die Kooperation mit den – zum Teil sogar in ihrem Konzern befindlichen – Verlagen keine Wirtschaftsgrundlage besäßen, und bilden das die Wirtschaftsformen abschließende Kapitel.

2.1 Lizenzhandel und Imprintgeschäft

Das *Lizenzgeschäft* ist vom Prinzip her das einfachere. Ein Verlag, der die Originalrechte besitzt, vergibt diese an einen Taschenbuchverlag oder eine Buchgemeinschaft und teilt seinerseits die Lizenzeinnahme mit dem Autor. Die Lizenzvergabe kann schon in Form der »Hauslizenz« erfolgen, wenn der Originalverlag einen Taschenbuchverlag besitzt oder eine Buchgemeinschaft im Konzernhintergrund hat. Geht die Lizenz ins Ausland, sind sowohl die Hardcover- wie auch die Taschenbuchrechte zu verhandeln (die weiteren Nebenrechtsverwertungen seien hier in allen Fällen außer Acht gelassen). Die Geschäftsgrundlage ist im Durchschnitt eine Lizenzgebühr von fünf bis sieben, aber auch bis zu zwölf Prozent vom Ladenpreis in bezug auf den erwarteten Absatz. Üblich sind auch Pauschalen für erwartete Mindestabsätze und Staffelgebühren nach Überschreiten dieser. Im Inlandsgeschäft kooperieren die Verlage direkt miteinander, im Auslandsgeschäft ist mindestens ein Agent, oft aber auch eine Agentur auf der deutschsprachigen sowie der ausländischen Seite dazwischengeschaltet.

Das *Imprintgeschäft* ist gegenüber dem klassischen Lizenzhandel neu und komplizierter. Es kann auch gar nicht von dem Imprint»verlag« alleine gesprochen werden, sondern nur, *übergreifend,* von einem Imprintprinzip, das einzelne Titel, Titelgruppen und Reihen, und schließlich ganze Programme umfaßt. »Imprint« heißt dabei, um die Anschaulichkeit herzustellen, übersetzt nach dem Eintrag in den Lexika zunächst nur »Aufdruck« und entspricht damit unserem Pflichteindruck und Impressum. Gemeint sind aber beispielsweise die alten »SPIEGEL-BÜCHER« bei Rowohlt oder die von »Klett-Cotta im dtv« in der Gegenwart, bei denen der Imprintgeber auf dem Cover des Buches des Imprintnehmers erscheint. Andere, vielleicht weniger spektakuläre Beispiele sind etwa der »Damnitz Verlag im Verlag Plambeck & Co«, der »Poller Verlag im Verlag Bonn aktuell« oder der »Lexika Verlag im Max Hueber Verlag«, die belegen, daß das Imprintprinzip auch bei kleinen Verlagen, beim Hardcoververlag und bis ins Lexikonwesen hinein praktiziert wird.

Da das Imprint im Taschenbuch das bekannteste und das wirtschaftlich bedeutendste ist, wird es hier an den Anfang gestellt. Die Benutzung des Verlagsnamens und, sofern dies einen hohen Bekanntheitsgrad aufweist, auch seines Verlagssignets, sind das Prägende und neben den Inhalten die Wurzel des Wirtschaftsprinzips für den (Imprint-)Nehmer. Er schließt keinen normalen Lizenzvertrag, bei dem der Name des Gebers ins Impressum verschwände, der Name des Gebers wird vielmehr im Sinn einer Marke, nämlich auf dem Umschlag, herausgehoben. Der Imprintnehmer verspricht sich dadurch einen größeren Absatzeffekt, als er bei einer reinen Lizenznahme erhielte. Für den gebenden Originalverlag sind die Motive auf diesem Sektor dieselben, zusätzlich spekuliert er auf den rückwirkenden Werbeeffekt, der vom bedruckten Taschenbuchcover auf den Verlag der Originale zurückweist. Originalverlage mit taschenbuchfähigen Hardcovern verzichten deswegen oft auch auf die Etablierung einer eigenen Taschenbuchproduktion und eines Taschenbuchvertriebs, nicht nur wegen des Mangels an Know-how und an Manpower, sondern auch, weil ihr Image durch die Kooperation mit einem populären Taschenbuchpartner gewinnt. Verlage, die von Haus aus zwar die Erfahrung für die Erstellung von Texten besitzen, aber keine auf dem Gebiet von Produktion und Absatz auf dem Buchsektor – wie etwa die Presseverlage (s. o. und Tabelle S. 92) –, sind vollends auf Kooperationsformen angewiesen. Die Partner erstreben also ein Zusammengehen, nur in Ausnahmefällen auf einzelne Titel beschränkt, vielmehr in der Regel auf Dauer geplant, und regeln die Aufgabenverteilung in einem Kooperationsvertrag. Die Aufgaben und Pflichten orientieren sich an den Wünschen und Fähigkeiten von Geber und Nehmer. Im Fall der zitierten »SPIEGEL-BÜCHER« bei Rowohlt etwa liegen Auswahl und Redaktion bei dem Presseverlag, Herstellung, Werbung und Vertrieb hingegen beim Taschenbuch. Hier hat der Nehmer das Recht, bei der Titelauswahl eine prinzipielle Negativoption auszuüben (d. h. der Nehmer kann einen Vorschlag des Gebers von sich aus zurückweisen). Im Modell »Klett-Cotta im dtv« müssen nicht Texte erst zu einem Buch zusammengestellt werden, sondern eine bereits vorliegende Originalausgabe wird vom Taschenbuchverlag redigiert, produziert, beworben und abgesetzt. Hier hat der Geber das Recht, durch Negativoption Titel erst nach einer bestimmten Laufzeit für das Taschenbuch freizugeben. In einem dritten Fall kooperieren Taschenbuchverlage z. B. mit Fernsehanstalten. Dann obliegt dem Sender nur die Überlassung des Text- und des Bildmaterials, der Rest liegt beim Taschenbuch. In allen Fällen ist das Gemeinsame: Verwendung des Gebernamens und seines Markenemblems (wie bei der gesponsorten Literatur, jedoch ohne Sponsorenzuwendungen oder Diversifikationsversuche), Besorgung von Werbung, Distribution und in der Regel auch Produktion durch den Nehmer (wie vom Verlagnehmer im Kommissionsgeschäft, aber hier nicht als Dienstleistung), kein normaler Lizenzhandel (also der reine Verkauf der Rechte für die Vervielfältigung und die Verbreitung unter dem Namen des Nehmers) und schließlich keine Singularität eines Einzeltitels, sondern die Vielzahl, auf Dauer gerichtete, Gebern wie Nehmern nützende Dauerkooperation. Wieder zum besseren Verständnis sind ausgewählte wichtige Formen des Imprintgeschäfts zwischen Gebern und Nehmer sowie deren Aufgabenteilung in der nachfolgenden Tabelle zusammengestellt.

Imprint-Geber	Imprint-Nehmer	Imprint-Produkt
Taschenbuch:		
Klett-Cotta Verlag	deutscher taschenbuch verlag	Klett-Cotta im dtv
SPIEGEL-Verlag	Rowohlt Taschenbuch Verlag	SPIEGEL BUCH im Rowohlt Verlag
stern magazin	Goldmann Taschenbuch Verlag	stern-Bücher bei Goldmann
Zweites Deutsches Fernsehen	Goldmann Taschenbuch Verlag	ZDF-Materialien bei Goldmann
Hardcover:		
Erdmann Verlag	Thienemann Verlag	Edition Erdmann im Thienemann Verlag
Lexika Verlag	Max Hueber Verlag	Lexika Verlag im Max Hueber Verlag
Damnitz Verlag	Plambeck Verlag	Damnitz Verlag im Verlag Plambeck und Co.
Poller Verlag	Verlag Bonn aktuell	Poller Verlag im Verlag Bonn aktuell

Beispiele für Imprintgeschäfte bei Reihen- und Einzeltiteln

Da jedes Imprint auf der Verwendung eines erfolgreichen Namens fußt, müßte das Prinzip seiner Anwendung im Hardcover das gleiche sein. Es ergeben sich im Gegensatz zum Taschenbuch hier dennoch Unterschiede. Was bleiben kann, ist die erfolgreiche Verwendung des Namens, die sogar dann beibehalten wird, wenn einem Originalverlag einmal eine eigene Weiterführung nicht möglich ist. Zu diesem Zweck ist das Beispiel des Erdmann Verlags dienlich, dessen Bände nach seiner Auflösung als Thienemann-Imprint weitergeführt werden, hier, weil der alte Verlag nicht mehr besteht. In Fällen wie denen des »Damnitz Verlag im Verlag Plambeck & Co.« oder »Poller Verlag im Verlag Bonn aktuell« liegen Aktivitäten vor, wo die Verleger sozusagen »Spielwiesen« mit vermindertem Risiko suchen. Ein »Verlag im Verlag«, der nicht unter Gewinnzwang steht, muß im Verlustfall auch keinen Konkurs anmelden. Da, genau wie im Fall des zitierten Lexikonverlags, die Inhaber von Verlag und Imprintverlag miteinander identisch sind, liegt auch keine Kooperationsform mehr vor, sondern es geht nur um Namensverwertung oder wirtschaftliche Absicherung. Die Formen des Imprints im Hardcover sind vielfältig und zunehmend und bedürfen noch einer Dokumentation und Analyse, die weiter führt als die obigen Beispiele.

2.2 Arbeitsgemeinschaften

Ein frühes, heute klassisches Beispiel sind die inzwischen historischen »Bücher der 19«, eine auf Dauer angelegte Kooperation der wohl 19 bedeutendsten Belletristik- und Sachbuchverlage der BRD oder des deutschsprachigen Raumes. Rein äußerlich spiegelte sich bei diesen Publikationen eine Marketingidee ab: Ausgewählte Verlagstitel wurden, mit der entsprechenden Banderole umlegt, in gebundener Form, aber als Sonderausgabe, zum Sonderpreis an den Buchhandel geliefert, wobei die Bezeichnung »Bücher der 19« gleichzeitig als Marken- und Garantiesignal für die Qualität fungierte. Das Verfahren hatte natürlich nicht nur den Zweck, die Verwertung bereits erfolgreich verlegter Titel erneut anzukurbeln. Das tiefere Interesse bestand vielmehr darin, den von den Buchgesellschaften unter Lizenz genommenen und massenhaft zu Billigpreisen verlegten Ausgaben im Club Vergleichbares im Verlags- und Sortimentsmarkt entgegenzuhalten. Die damalige Arbeitsgemeinschaft erfolgte also aus Not und mit unverkennbaren PR-Absichten für Verlage und Buchhandel, die Kooperation hingegen beschränkte sich auf die Programmauswahl und den Werbebereich, denn jedes der »Bücher der 19«, die immerhin mehr als 200 Titel erreichten, trug als deutliches, aber einziges Kennzeichen die umgelegte Banderole und war hinsichtlich Satz, Druck und Einband das unveränderte Originalprodukt.

Arbeitsgemeinschaften bestehen auch heute, wieder und noch, und nicht nur im Bereich von Belletristik und Sachbuch. Beispielhaft steht hier »UTB«, die »Universitätstaschenbücher«. Von UTB wird oft, auch in der Buchhandelspresse, als einem »Verlag« gesprochen, es ist jedoch keiner. UTB belegt vielmehr eine zweite Kooperationsform in der Verlagswirtschaft, den als Arbeitsgemeinschaft deklarierten Zusammenschluß von Verlagen in Form der Vertriebsgemeinschaft.

Wissenschaftsverlage haben selten – aber andererseits auch immer wieder – Originaltitel in ihrem Programm, die von Thema und Auflage her als taschenbuchfähig gelten. Sie können deswegen allerdings noch keinen eigenen Taschenbuchverlag gründen, und einer Lizenzvergabe an die bestehenden Taschenbuchverlage widerspräche, daß – falls sie dort aufgenommen würden – der notwendige Kontext fehlte. Dies Problem existiert lediglich für die wissenschaftlichen Großverlage mit ihren eigenen Taschenbuchreihen nicht, daher also doch für die mittelständische Mehrheit. Zu seiner Lösung gründeten 1970 zunächst elf Verlage die seitdem erfolgreiche »Uni-Taschenbücher GmbH«, durch die der Typ des wissenschaftlichen Taschenbuchs heute eine in Deutschland zuvor nie erreichte Verbreitung findet.

Das Wirtschaftsprinzip dieser Vertriebsgemeinschaft ist wie folgt aufgebaut. Die wissenschaftlichen Originalverlage sind die Geber. Sie wählen nach eigenem Urteil aus, welches Hardcover ins Taschenbuch soll. Dieser Titel erscheint, in einer Auflage zwischen 4 000 und 10 000 Stück, unter dem einheitlichen roten Cover, das außer den Namen von UTB auch den des Gebers enthält, während die inneren Titelseiten auf die übrigen Partner der Arbeitsgemeinschaft verweisen. Der Erfolg oder Mißerfolg des Titels wird nicht von der Arbeitsgemeinschaft getragen, sondern dem jeweiligen Originalverlag. Die Arbeitsgemeinschaft berechnet die Kosten des Vertriebs und zusätzlich einen Regieaufschlag und steht somit dem Kommissionsgeschäft eines Verlegers nahe. Ein wirtschaftliches Risiko ist daher für sie kaum gegeben, während die beteiligten Verlage über die gemeinsame Vertriebsschiene (Corporate Design) sowie die Anzahl der Titel über eine überdurchschnittliche Buchhandelspräsenz, ein einheitliches Erscheinungsbild sowie kumulierten Programmumfang verfügen.

Die Vertriebsarbeitsgemeinschaft, aus der Not geboren und die Kleinen vereint stark machend, ist so beständig, daß sie inzwischen ihr zwanzigjähriges Bestehen feierte. Ihr Umsatz von einer halben Million Mark im Gründungsjahr erreichte nach zehn Jahren genau das Zehnfache, das Programm ist mit jährlich 100 Titeln neu und 50 Nachdrucken die im deutschsprachigen Raum wohl größte wissenschaftliche Taschenbuchbibliothek. Die Kooperationspartner sind ihrer Gründungsphilosophie treu geblieben: »Mitglied konnten nur Verlage werden, die keinem Großverlag angegliedert waren. Mitgliedsverlage, die später an einen Konzern verkauft wurden, mußten aus der Uni-Taschenbücher

GmbH ausscheiden.« Erfolg, Bestand und die speziellen Eigentümlichkeiten der Kooperation (fast alle Verlage der Bundesrepublik Deutschland sind mittelständisch) rechtfertigen für sie Modellcharakter, der auch über wieder untergegangene Vorläufer wie die eingangs erwähnten »Bücher der 19« hinausweist.

2.3 Koproduktionsgemeinschaft und Joint Ventures

Kooperationen unter den Verlagen brauchen sich nicht auf den Bereich Werbung und Vertrieb zu beschränken. Neben ihm und ihm übergeordnet steht die Koproduktion, weil sie erheblich größere Investitionsmittel verlangt und, nachdem diese geleistet sind, die Kooperation auf dem Gebiet der Werbung und Vertrieb allgemein nach sich zieht.

Bei den Kooperationen auf dem Produktionssektor wird in der diesbezüglichen Fachliteratur allgemein zwischen der einmaligen, begrenzten – weil auf ein Projekt bezogenen Koproduktion einerseits – und der langfristigen – auf die Produktion vieler Projekte bezogenen – Kooperation, dem Joint Venture, unterschieden, die Verlagspraxis zeigt hingegen, daß Koproduktionen langfristig und wiederholt und daß Joint Ventures zeitlich befristet und auf ein Projekt beschränkt sein können.

Koproduktionen erscheinen zunächst als die einfacheren. Joint Ventures heben sich gegenüber ihnen spektakulär ab. Handelt es sich um ein Joint Venture im klassischen Sinn, liegt in der Regel ein Großprojekt vor, das ein Verlag aus eigener Kraft nicht finanzieren kann. Hinzu kommt, daß der eigene nationale Markt nicht ausreichend ist, so daß fremde hinzukommen müssen; mithin Verlage des Auslands. Zum dritten ist das entstehende Produkt so gestaltet, daß es z. B. zu 80 Prozent seiner Substanz nicht national, sondern international verbreitbar ist. Beispiele sind etwa internationale Atlanten. Entsteht ein neuer Typ eines Atlas, können durchaus Vorkosten von 50 000 DM pro Seite vor (!) dem technischen Produktionsbeginn liegen, die ein einzelner Verlag weder aufbringen noch umlegen könnte. Die internationale Koproduktion, bei der alle farbigen Druckvorlagen gemeinsam benutzt werden (und man lediglich die Schwarzplatte für die nationale Produktion auswechselt), macht solche Produktionen erst möglich. Atlanten können dies sein, aber auch die neuen aufwendigen »Katalogbücher« internationaler Ausstellungen aus Kultur, Kunst und Wirtschaft, Bildbände und international verbreitbare Faksimiles. In diesen Fällen wird die Kooperation auf dem Gebiet der Koproduktion geschlossen, wobei dann bestimmte Partner aufgrund ihres besonderen »Know-how«, z. B. auf dem Gebiet der Kartographie oder Reprographie für die Faksimilierung mittelalterlicher Handschriften, eine gewisse Priorität besitzen, die Kooperation ist jedoch hinsichtlich ihres Umfangs und ihrer Zeit auf die Realisierung des Koproduktionsprojekts beschränkt, und keiner der beteiligten Partner verliert seine rechtliche oder wirtschaftliche Selbständigkeit.

Ganz anders als das Joint Venture verstehen die Verlage hingegen das meist inländisch beschränkte Koproduktionsgeschäft. Mindestens zwei Verlage kooperieren hier, nicht um einmalige Großprojekte erheblichen Aufwands unter Beteiligung internationaler Partner auf den entsprechenden Märkten unterzubringen, sondern kleinere, in Serien fortsetzbare auf dem deutschen Markt. Die Beispiele dazu sind dann z.B. Taschenbuchserien wie »dtv/Thieme« oder »Goldmann/Schott«, wobei rein äußerlich ein ähnlicher Effekt wie im Imprintverlag entsteht.

Bei den erwähnten Verlagsbeispielen bleibt bzw. blieb es sowohl im Hardcover als auch im Taschenbuch bei der unternehmerischen, wirtschaftlichen und rechtlichen Selbständigkeit der Kooperationsverlage, doch es gilt nachzutragen: Verlage und auch die verlagsbezogenen Fachschriften benutzen den Begriff der Koproduktion und des Joint Venture falsch, wenn sie die Koproduktion als die andauernde und das Joint Venture als die nur vorübergehende Kooperation ansehen. Joint Ventures sind Neugründungen als Gemeinschaftsunternehmen, die in der Rechtsform der Firma die Dauer anstreben (vgl. Gemeinschaftsverlag). Koproduktionen zielen auf die Gemeinschaftsherstellung eines oder mehrerer Projekte, aber sind mit ihrer Realisierung erfüllt. Wenn es dennoch zu der Verwechslung der beiden Kooperationsformen kommt, dann nur teilweise wegen des Fehlens exakten Wissens, sondern wegen der Mischformen, die für den Verlag typisch sind. Koproduktionen kann man, wie Taschenbuchbeispiele zeigen, zeitlich unbegrenzt planen. Joint Ventures bedürfen nicht, wie Joint-Venture-Zusammenschlüsse zwischen Buch- und Presseverlagen in der Bundesrepublik zeigen, ausländischer Partner und Märkte. Gemeinsam ist wieder das jeweils dahinterstehende Wirtschaftsmotiv. Kein Partner alleine hätte die finanzielle Potenz, oder die technische, oder bei der Neuschöpfung von Produkten das geistige, und schließlich das vertriebsmäßige Potential, um die verkaufbaren Produkte ohne die Mithilfe von Partnern zu schaffen. Deswegen die als Joint Venture oder Koproduktion geartete zwischen- oder überbetriebliche Kooperation, begrenzt oder dauerhaft, national oder international: als horizontale, wenn ein Verlag mit einem oder mehreren anderen Verlagen kooperiert, als vertikale bei der Kooperation mit einer der vor- oder nachgeschalteten Produktions- oder Handelsstufen, als wettbewerbsneutrale oder branchenunabhängige, wenn Verlage mit branchenfremden Unternehmen kooperieren (wie etwa Buchverlage mit »Tchibo«), oder als konglomerate, wenn die Partner wie im Fall der zitierten »Katalogbücher« Bibliotheken, Galerien, Museen oder, entsprechend zu den Engagements in der elektronischen Kommunikation, »Neue Medien« sind.

2.4 Gemeinschaftsverlage

Ein Gemeinschaftsverlag, nach der Definition eines Standardwerks der Verlagsliteratur, liegt dann vor, »wenn sich mehrere Verlage für die Herausgabe eines – meist umfangreichen – Werkes zusammengeschlossen haben«. [54] Daß dies nicht korrekt ist, sondern einer Koproduktion entspricht, ist in dem zurückliegenden Kapitel deutlich geworden. Es wäre zudem auch kaum einsichtig, daß die Herausgabe eines einzigen, selbst kostspieligen Werkes die Gründung eines Verlags verlangt; und die in der Tat bestehenden echten Gemeinschaftsverlage in der Bundesrepublik Deutschland konzentrieren sich auf die Herstellung und Verbreitung relativ preiswerter Produkte, nämlich Taschenbücher; diese jedoch in Serie. Die Dauerhaftigkeit und die Tatsache einer Firmengründung legen hingegen eher eine enge Verbindung mit dem Joint Venture nahe. Tatsächlich sind bei ihm die Existenz eines ausländischen Partners und die Herstellung und der Vertrieb einer fremdsprachigen Ausgabe ja nicht notwendig erforderlich, somit können die Gemeinschaftsverlage als Spezialfall der Joint Ventures gelten.

Die Gemeinschaftsverlage in der Bundesrepublik unterscheiden sich u. a. nach Gründungsmotiv, Größe und Ziel, und verschiedene geben sich nach außen auch gar nicht als Gemeinschaftsverlag zu erkennen. Die folgenden Beispiele liefern aber Modelle, wie die Kooperierenden auf den verschiedenen Stufen vorgehen. In dem ersten denkbaren Fall ist es so, daß ein einzelner Verlag wissenschaftlicher oder belletristischer Originale mit einem einzelnen Taschenbuchverlag kooperiert, der klassischerweise ein Lizenznehmer ist. Die Gemeinschaftsgründung hat zum Motiv, daß der Originalverlag über einen hervorragenden Autorenstamm und taschenbuchfähige Titel verfügt, nicht aber über die Möglichkeiten der Werbung und des Vertriebs, um dieses Potential auszuschöpfen: Dies ist das Problem des Hardcoververlags. Beim Taschenbuchverlag hingegen bestehen Stärken auf dem Gebiet des Vertriebs und der Werbung, aber Schwächen auf dem Gebiet der Akquisition, weil er aufgrund der für ihn notwendigen Breite des Programms und des dominierenden Lizenznahmeprinzips kein wissenschaftliches oder belletristisches Lektorat unterhalten, das entsprechende Programm aufbauen und die Originalautoren binden kann (allerdings haben sich hier in der Gegenwart Veränderungen abgezeichnet). Im Gemeinschaftsverlag versucht man durch die Kombination der jeweiligen Stärken unter Eliminierung der Schwächen einen Verlagstyp zu konstituieren, der beiden Verlagen neu ist und beiden nutzt. Natürlich wird das im Prinzip mögliche Verfahren normaler Lizenz vermieden. Auch wird nicht nach dem Prinzip des Imprint als »Verlag im Verlag« firmiert. Es wird vielmehr zur Hervorhebung der doppelten Kompetenz die Namenskombination der beiden selbständigen Verlage benutzt. Das konkrete Vorgehen und organisatorische Muster geschieht nach dem folgendem Ablauf. Beide Partner zah-

len ihre Anteile in die zukünftige gemeinsame Firma ein. Die Programmab-
stimmung erfolgt einvernehmlich. Das Lektorat liegt beim Originalverlag,
Werbung und Vertrieb bei dem Taschenbuchpartner; die Herstellung orientiert
sich an dem Schwierigkeitsgrad der zukünftigen Projekte. Einmal im Jahr wird
abgerechnet, und die Mutterverlage erhalten eine ihren Einlagen entsprechende Gewinn- oder Verlustzuweisung. Beispiele aus der Vergangenheit sind
auf dem wissenschaftlichen Sektor etwa die Gemeinschaftsverlage zwischen
»Fischer-Athenäum« und »rororo-vieweg«. Sie blieben, Größe und Umfang
ihrer Thematik entsprechend, wirtschaftlich eher bescheiden, etablierten vom
Ziel und Erfolg her gesehen aber den Typ des heutigen wissenschaftlichen Taschenbuchs mit. Ein zweiter Modellfall ist »dtv«, der größte im deutschsprachigen Gebiet existierende echte Gemeinschaftsverlag. Er ist eine Gründung
der 60er Jahre. Das Gründungsmotiv enthält mehrere Wurzeln. Einerseits das
schon allgemein bekannte, daß Originalverlage in der Regel kaum in der Lage
sind, für ihre taschenbuchgeeigneten Originale auch eine eigene Taschenbuchschiene zu schaffen. Andererseits fürchten sie, durch die Lizenzvergabe an die Taschenbuchverlage in eine allmähliche Abhängigkeit der Sekun-
därrechtsverwerter zu fallen. Deswegen erfolgte 1960 die neue Konstruktion
des Deutschen Taschenbuch Verlags »dtv«, in dem zunächst elf führende deutsche Verlage aus allen Gebieten (und Heinz Friedrich) als Gesellschafter
zeichneten. Anders als in den Gemeinschaftsverlagen mit nur wenigen Partnern ergaben sich jedoch von vornherein aus der andersgearteten Konstruktion
herrührende Unterschiede: als erstes keine Verwendung der Namen der Partner in der Verlagsbezeichnung zwecks Hervorhebung der kooperativen Leistung des Gemeinschaftsverlags, keine gemeinsame Programmarbeit unter
den Partnern, auch wurden Lizenzen anderer Verlage und Originale gestattet,
sowie schließlich keine offene Dokumentation des Typs Gemeinschaftsverlag
nach außen (auch im Impressum) so daß der erste Schritt zum »verdeckten«
Gemeinschaftsverlag (statt durch die Verwendung der Namen wie oben »offenen« Gemeinschaftsverlags) vorliegt.

Die wirtschaftliche Organisation des Gemeinschaftsverlages ist so, daß er in
allen Situationen, sei es die Wahrnehmung von Gesellschafterlizenzen, der anderer Verlage, bei den erwähnten Imprints bzw. Koproduktionen und Originalen, autonom handelt, entsprechend zu seiner Konstruktion als rechtlich und
wirtschaftlich selbständige Firma. Das Risiko für Gewinn oder Verlust, das
noch nach dem Modell der Vertriebskooperation für Taschenbücher z. B. bei
»UTB« voll bei den Gebern lag, liegt hier voll bei den Nehmern. Auch die Ge-
sellschafterverlage tragen ein Produktions- oder Vertriebsrisiko also niemals
direkt. Sie sind lediglich von der jährlichen Abrechnung des Gemeinschaftsverlags gegenüber seinen Betreibern zu dem jeweiligen Schlüssel betroffen.
Die Größe des Verlags (bei »dtv«: 1990 ca. elf Gesellschafter plus Heinz Friedrich selbst plus dtv als Komplementär) bzw. sein wirtschaftlicher Umfang
übertrifft natürlich schon wegen der umfassenden Thematik das erste Modell

(in obigen Beispielen: jeweils zwei Gesellschafter), hinsichtlich der Zielsetzung hat er, wenn der Verbrauchernutzen gemeint ist, dem »demokratischen Buchtypus« (Samuel Fischer) Formen und Verbreitung gebracht, die ein einzelner oder einzelne Taschenbuchverlage kaum schaffen könnten. Der Wirtschaftserfolg kann so groß sein, daß die Branche flüstert, wie schon ein geringer Anteil am »dtv« Originalverlage saniert habe und zur Existenzsicherung beitrage.

Das dritte – folgende – Modell dokumentiert eine eher rein kommerzielle Gemeinschaftsverlagsform. Es geht um die Taschenbuchverwertung von Originalen zwischen einer Originalverlags- und Taschenbuchverlagsgruppe. Ein Konzern wie Axel Cäsar Springer, der auch Buchverlage besitzt (so im Hardcover den Propyläen- und im Taschenbuch den Ullstein Verlag), benötigt sichere Lizenzen im Bereich der Beschaffung, und eine Verlagsgruppe wie die Herbert Fleissners (Langen Müller / Herbig / Limes u. a.) im Bereich für den Absatz. In Form einer Kooperation ließ sich hier eine Dachgesellschaft gründen, die mit einer paritätischen Anteilsverteilung von 50 : 50 Prozent einen echten, aber gegenüber der Öffentlichkeit auch völlig »verdeckten« Gemeinschaftsverlag darstellt mit einer Größe, die vom Umsatzvolumen der beiden Beteiligten ca. 70 Millionen Mark jährlich umfaßt. Das ist von der Dimension etwa das, was alle Bertelsmann-Buchverlage zusammen erwirtschaften, so daß mit der Dachgesellschaft ein neuer Verlagsriese entstand. Eine gemeinsame Programmentwicklung ist hier nicht so erkenntlich, auch weniger ein wissenschaftliches oder kulturförderndes Engagement, das Dominierende ist die kommerzorientierte Sicherung der Potentiale in Beschaffung und Absatz. Aber auch vollkommen entgegengesetzte Modelle sind für den Gemeinschaftsverlag denkbar.

Für vollkommen entgegengesetzte Modelle liefert die unmittelbare Gegenwart ein Beispiel, das mit Sicherheit bis in alle Zukunft hineinweisen wird. Im britischen Verlag Viking veröffentlichte im Jahr 1988 der Pakistaner Salman Rushdie sein Buch »The Satanic Verses«. In ihm wurden Allah und sein Prophet in einer Weise dargestellt, die den Vorstellungen der strenggläubigen Moslems nicht entsprach, etwa ein Besuch des Propheten Mohammed in einem Freudenhaus. Aus dem iranischen Lager des Islam verkündete deswegen der Ayatollah Khomeini, daß der Autor von jedwedem Muslim ermordet, »hingerichtet« werden dürfe und müsse: Nach der »fatura« des Islam wurde sein »Todesurteil« verkündet. Der Autor tauchte daraufhin unter und lebte lange im Untergrund. Der Penguin Verlag, der sich die Rechte für eine Ausgabe im Taschenbuch gesichert hatte, mußte unter Polizeischutz gestellt werden und hat schließlich auf eine Veröffentlichung verzichtet. Die große englische Buchladenkette W. H. Smith stoppte aus Furcht vor Anschlägen – die auch stattfanden – einen offenen Verkauf in all ihren Filialen, der Vertrieb erfolgte – wenn überhaupt – »unter der Ladentheke«. Im deutschsprachigen Raum verzichtete der Verlag Kiepenheuer & Witsch in einem bis dahin einzigartigen Akt auf die exklusive Ausnutzung seiner Rechte an den »Satanischen Versen« und überschrieb sie, völlig unkommerziell, aber politisch völlig durchdacht, dem neu gegründeten Verlag »UN-Charta Artikel 19«, in dem über fünfzig Verlage aus Deutschland, aus Österreich und der Schweiz sowie Organisationen, Buchhandlungen, Autoren und Privatpersonen zusammengefaßt waren. Der einzige Zweck des Verlags »UN-Charta Artikel 19« (nach dem Artikel der Charta über die Freiheit der Meinung und des Wortes so benannt) war die Publikation dieses Werkes, die 1989 erfolgte. Zu erwartende Gewinne wird der Verlag (der im Impressum keinerlei Ortsangabe nennt) an die gemeinnützige Organisation »Writers in Prison« überweisen.

3. Die Buchgemeinschaften

Vieles, was Menschen heute ohne Überlegung als selbstverständlich benutzen, war ursprünglich nicht existent und mußte erst eigens »erfunden« werden, auch um Probleme sozialer und kultureller Natur zu lösen – die Buchgemeinschaften sind hierfür ein Paradebeispiel. Alle Gründungsideen, alle Vorläuferformen und ersten Gründungen selbst datieren aus der Zeit, als gedruckte Bücher knapp, ihr Erwerb teuer und ihre Verfügbarkeit als Leseprodukt sowie erst recht als Besitz ein Privileg der Vermögenden waren. Diesem Mangel versuchten erst »Lesegesellschaften« und dann »Clubs« Abhilfe zu schaffen, indem sie entweder Werke zur leihweisen Lektüre oder für den eigenen Erwerb zum verbilligten Preis zur Verfügung stellten. Bezeichnend ist, daß weltanschauliche Motive dabei den Ausgangspunkt bildeten und sich teils bis in das ausgehende zwanzigste Jahrhundert hineinziehen. So ist einer der frühesten Ansätze der 1829 gegründete »Verein zur Verbreitung guter katholischer Bücher«, der heute einen ideellen Nachfolger in der 1952 (wieder-)gegründeten katholischen »Herder-Buchgemeinde« (nicht: Buch*gemeinschaft)* besitzt oder, als moderne Variante auf protestantischem Sektor, in der seit 1959 (neu) bestehenden »Evangelischen Buchgemeinde«. Ein Beispiel aus dem – einstmals ständischen, heute gewerkschaftlichen – Bereich ist die »Büchergilde Gutenberg«, durch die früher die Setzer und Drucker in den Genuß ihres »Endprodukts« kommen sollten und deren Gründung nach den Aussagen der Mitarbeiter direkt im Gefolge der russischen Revolution zu sehen ist. Sie stehe hier zugleich exemplarisch für weitere frühere Ansätze des Arbeiterbildungsgedankens. Ein dritter Fall ist die »Wissenschaftliche Buchgesellschaft« in Darmstadt, die gleichfalls eine homogene »Gemeinde«, nämlich im Bereich der Wissenschaft, anvisiert. Allgemeine Interessensverfolgungen ergaben sich in allen Clubs erst allmählich, obwohl der Volksbildungsgedanke auch von den Anfängen an zur festen Idee der Buchgemeinschaft gehört. Der bis heute überzeugendste Plan war der wohl engagierteste, die »Emporlesebibliothek« von Hugo Storm (alias Heinrich Conrad) 1908/1912, mit der Arbeiter bzw. das »Volk« von billigen Spannungsschriften über anspruchsvolle Literatur bis hin zu Dichtung und Wissenschaft geführt werden sollten. Diese Idee scheiterte. Schon von der Programmidee her »populär« orientierte Buchgemeinschaften entstanden erst spät. Heute planen, mit Ausnahme der Wissenschaft, unter Zurücknahme der ursprünglichen Intentionen fast alle in diese Richtung.

Die Geschichte der *heute* bestehenden Buchgemeinschaften ist meist jung, es handelt sich um Neugründungen direkt im Gefolge der Nachkriegszeit oder der 50er Jahre. Genau wie die ersten Verlage hatten sie sich die Lizenz (für die Firma) von den alliierten Besatzern zu holen. Anders als die Verlage begannen sie ihre Tätigkeit erst bzw. sobald die Verlage genügend Substanz für sekundäre bzw. tertiäre Verwerter aufgebaut hatten. Gemeinsam war zum Teil das Motiv des Wiederangebots der im Dritten Reich verbotenen Literatur, was wirtschaftlich gesehen eine Marktlücke darstellte, zum zweiten ging es von vorneherein um den anderen, wesentlich größeren Markt: »... auch dem minderbemittelten Leser die Welt der Bücher erschließen ...«. [55] Buchgemeinschaften finanzieren, produzieren und verbreiten Bücher, ›genau‹ wie Verlage, sind aber keine, obwohl sie selber vielfach als Verlage und Verlagsgemeinschaften firmieren oder Verlage besitzen. Von den Verlagen unterschieden sind sie durch ihr grundsätzlich anderes Wirtschaftsprinzip. Sie entwickeln weder Nachwuchsautoren, noch neue literarische oder wissenschaftliche Programme. Sie veranstalten keine eigenen Übersetzungen, wenn es um die Einführung neuer oder klassischer Literatur des Auslandes in das Deutsche geht. Sie tragen nicht das den Verlagen typische Verlagsrisiko, sondern leben von dem bei den Verlagen Erfolgreichen, Erprobten. Das kulturschöpferische Element der Verlage, die Innovation, tritt hinter der kommerziellen Lizenzverwertung zurück. Ausnahmen bestätigen diese sehr harte Regel. Es sind hier besonders die Namen der wissenschaftlichen, konfessionellen oder bibliophil engagierten Gemeinschaften zu nennen, die jedoch im Gegensatz zu den populären nach Mitgliedern und Umsatz die kleinsten darstellen. Die Summe aus Kleinen und Großen führt aber dazu, daß man auch heute von Deutschland bzw. der BRD (vor dem gesamtdeutschen Markt) als dem klassischen Land der Buchgemeinschaften spricht, doch ist die Zahl der Buchgemeinschaften in Wirklichkeit und im Vergleich äußerst gering. Den über 10 000 Verlagen im deutschsprachigen Raum bzw. den ca. 2 000 Mitgliedsverlagen des Börsenvereins steht nur ein rundes Dutzend Unternehmen gegenüber, deren Zahl sich nach oben oder unten verändert, je nach dem, ob man sie als selbständige Einheit oder Segment eines Gemeinschaftskonzerns auffaßt. Selbständig sind heute zwei (die »Wissenschaftliche Buchgesellschaft« und die »Herdersche Buchgemeinde«, die »Büchergilde Gutenberg« ist im Verlauf des Jahres 1989 in den Besitz von Verlagen übergegangen, scheint aber, 1991, wieder in den Besitz der Gewerkschaften zurückzukehren), alle übrigen sind Tochtergesellschaften des Konzerns Georg von Holtzbrinck mit drei (vgl. aber unten den Verkauf an Leo Kirch) und vor allem der AG Bertelsmann mit sieben Gesellschaften in der Bundesrepublik, die 70 Prozent des Marktes beherrscht. Somit stehen sich im wesentlichen nur zwei Konzerne gegenüber, die sich aufgrund ihrer wirtschaftlichen Potenz beide auch einen Teil der bedeutendsten Verlage erworben haben. Während die Zahl der Buchgemeinschaften klein ist, ist die Zahl ihrer Mit-

Buchgemeinschaft	Mitglieder	Konzern	
Herder Buchgemeinde	100.000	unabhängig bzw. Verlags-gruppe Herder	
Wissenschaftliche Buchgesell-schaft	150.000	unabhängig	
Büchergilde Gutenberg	200.000	unabhängig; Gewerkschaft	
Deutscher Bücherbund zusammen mit: Evang. Buch-gemeinde, Fackel-Buch-clubs, »Hör zu«- und »Otto«-Freizeit-Club	1.500.000	Georg von Holtzbrinck 100 %, (ab 1990: Leo Kirch)	
Deutsche Buch-Gemeinschaft	600.000	Verlagsgruppe Bertelsmann	50 %
Europäische Bildungsgemein-schaft	1.400.000	Verlagsgruppe Bertelsmann	100 %
Bertelsmann-Lesering (Clubs)	2.700.000	Verlagsgruppe Bertelsmann	100 %

Zur Struktur der Buchgemeinschaften der BRD 1985–1990

glieder immens, was besonders der historische Vergleich zeigt. Im Groß-deutschen Reich 1940 lag sie bei 1,7 Millionen, im Nachkriegsdeutschland der BRD 1950 (zwei Jahre nach Gründung der überhaupt ersten neuen Gemeinschaft) bei 600 000, die 50er Jahre verzeichneten einen Aufschwung zu 4,3 Millionen 1960, in der Mitte der 70er waren mehr als 5,5 Millionen erreicht. Seitdem beginnen die Zuwächse zu stagnieren und hätten sich ohne die Wiedervereinigung in der BRD auf maximal 7 Millionen Mitglieder als Sättigungsgrenze eingependelt – weil dann fast jeder dritte Haushalt der BRD Mitglied gewesen wäre und mehr sich nach Marktforschungsdaten wohl nicht mehr hätte erzielen lassen. [56] Um diese Mitgliederzahlen zu erreichen, haben die populären Gemeinschaften schon früh ihr Sortiment um buchnahe und buchferne Produkte erweitert (Buchmöbel, Schallplatten, elektronische Geräte) und auf die inzwischen seit Jahrzehnten absehbare Tendenz zur Vergrößerung der Massenfreizeit mit Mitgliedsangeboten für die Freizeit geantwortet (u. a. Ferienwohnungen, Fernreisen, Kreuzfahrten). Um das Potential voll auszuschöpfen bzw. neue Zielgruppen zu erschließen, wurde auch mit den großen Versandhäusern kooperiert (Otto-Freizeit-Club im Otto-Versand, Schwab-Freizeit-Club im Schwab-Versand), so bei der Konzerngruppe von

Holtzbrinck. Daneben ist nach der Sättigung auf dem (»alt-«) deutschen Markt die Ausweitung auf ausländische Gemeinschaften, zunächst in Europa (erst Holland, dann Spanien), aber auch in den Vereinigten Staaten getreten. In der jüngsten Zeit hat die politische Öffnung des Ostens den Buchclubs neue Märkte beschert oder wird sie noch schaffen. Bertelsmann verzeichnete 1989 in der DDR mit einer nur einwöchigen »Probe-Filiale« in Dresden einen Umsatz von Millionen in Westmark, dort und im Osten allgemein bestehen wesentliche Zukunftsmärkte.

Um auf das gedruckte Buch zurückzukommen und die Arbeit einer Buchgemeinschaft konkreter zu zeigen, ist von der erwähnten Lizenz auszugehen. Handelt es sich um eine der ›populären‹ Gemeinschaften, so besteht hier (aber auch in den meisten kleineren) für die Auswahl der Titel ein den Verlagen durchaus entsprechendes Lektorat. Die Auswahl selbst orientiert sich an Bestsellerlisten (Novitäten), Berichten der Fachpresse (Börsenblatt, Buch-Markt, Buchreport) sowie der allgemeinen Presse, an »stillen« Erfolgen (Karl May, Kochbücher) als Steadysellern und schließlich der Bildung eines Anteils von Imagetiteln. Die Ausstattung ist klassischerweise das Hardcover (aber in einer anderen Gestaltung als das Original des Verlags) und gegenüber der Originalausgabe, um dem Verlag einen ausreichenden Verkauf zu ermöglichen, klassischerweise (aber heute nicht mehr) zeitlich um ein- bis zweienhalb Jahre versetzt; für beides gibt es heute Wandlungen (Zeitkontraktion bis zur Parallel-, d. h. Simultanpublikation). Um das Programm attraktiv zu halten, agiert man nach dem Prinzip der Programmrotation, d. h. ein bestimmter Prozentsatz kommt als Novität ins Programm, während ein entsprechender alter Anteil ausscheidet. Die Novitäten lagen bei zehn, sie liegen heute bei 15 Prozent, die Auflagen sind so kalkuliert, daß sie in der Regel nach einem Quartal wieder ausverkauft sind. Vorbereitet werden kann dieser Erfolg mit Testkatalogen, die in Auflagen von mehreren 10 000 Stück an eine repräsentative Auswahl von Mitgliedern versandt wird; die Information über das endgültige Programm erfolgt dann später über die Mitgliederillustrierte. Die Feststellungen dieser Art zur Produktpolitik werden unten noch einmal fortgeführt und vor allem durch eine Kalkulation zur Buchgemeinschaft erweitert. Das Wichtigste gegenüber dem Wirtschaftsprinzip eines Verlags ist aber der Vertrieb. Er erfolgt nach dem Grundgedanken der Buchgemeinschaft nicht über den Buchhandel. Nach dem klassischen Muster unterhält sie unter seiner Ausschaltung die direkte sowie einzige Beziehung zu ihren Mitgliedern, daher auch die oft zitierte Bezeichnung »Tod des Sortiments«. Diese Art ist eine *einstufige* Vertriebsform. Neben ihr steht heute als moderne die *zweistufige,* die den Buchhandel von vornherein einbezieht. Ihre zeitliche Wende liegt direkt in der Nachkriegszeit, als Bertelsmann anbot, daß »niemand beim Verlag [bzw. der Buchgemeinschaft], aber jeder bei der Buchhandlung Mitglied im Bertelsmann Lesering werden« [57] konnte. Der Buchhändler trat hier zugleich als Betreuer wie auch als Akquisiteur auf und war an dem Erfolg der Gemeinschaft beteiligt. Die Konzeption entwickelte sich zu ›shop in the shops‹ und Gemeinschaftsläden sowie anderseits eigenen Club-Centern oder Vertriebsläden, von denen von Holtzbrinck über 100 und Bertelsmann über 280 besitzt. Diese hohe Präsenz im Ladenverkehr ist erforderlich, weil die Kaufhäuser mit einem ähnlichen Billig- und Breitangebot die gleiche Zielgruppe wie die Gemeinschaften ansprechen – der Kaufhausbuchhandel erreicht in etwa denselben Umsatz wie alle Gemeinschaften zusammen – und einen entsprechenden Umsatzanteil an sich zögen. Der Direktversand ist natürlich erhalten geblieben. Die Werbung der Buchgemeinschaften ist gegenüber der der Verlage grundsätzlich einseitig, weil sie sich in keinem Fall an das Sortiment (Buchhandelswerbung) richtet, sondern nur an die Leser. Dafür erfolgt sie aber gleich auf vier Ebenen: der in den Vertriebsstellen vor Ort, die aber nur einen geringen Anteil ausmacht; der Freundschaftswerbung neuer durch alte Mitglieder; einer Vertreterwerbung z. B. für den werbenden und reisenden Buchhandel; sowie einer vom Verlag bzw. der Gemeinschaft direkt ausgeübten schriftlichen Zeitungs- und Zeitschriftenwerbung und Mailings – die genannte Mitgliederillustrierte war nur ein Teil. Das nach wie vor zur Buchgemeinschaft oft hinführende Motiv für Mitglieder ist zu einem sehr großen Teil der gegenüber den Originalen niedrigere Mitgliedspreis. Er gestattet auch heute im Durchschnitt eine Ersparnis zwischen 30 und 40 Prozent. Die Bezugsbedingungen haben sich seit der Konstituierung der ersten Gemeinschaften erheblich zugunsten der Abnehmer verändert. Stand am Anfang noch ein Abonnement von einzelnen Pflichtbänden, so liberalisierte sich dies über das Angebot aus einer vorgeschlagenen Auswahl bis zum heutigen sogenannten Abnahmesoll von nur einem Produkt pro Quartal als Buch oder als Musiktitel unabhängig vom Preis. Das eigentliche Geheimnis des Wirtschaftserfolges der Gemeinschaften besteht aber nicht in dem günstigen Mitgliedspreis, sondern in der gegenüber den Verlagen anderen Buchkalkulation und der durch die Mitglieder möglichen Auflagenhöhen. Beides soll in der folgenden Vergleichskalkulation dargestellt werden.

Im ersten Schema steht die mit dem bereits bekannten Beispiel (S. 77) bekannte *Standardkalkulation der Buchverlage,* die, wenn hier von einem Ladenpreis von 38,– DM für einen Roman ausgegangen wird, zu einem Gewinn für den Verlag von cirka fünf Prozent (1,93 DM) führt. Im zweiten ist der »klassische« Fall der *einstufigen* Buchgemeinschaft erfaßt. Ihr Abgabepreis zu 24,70 DM wurde so gewählt, weil er (mit 35 Prozent Vergünstigung gegenüber 38,– DM) sehr genau dem Durchschnittsrabatt »des« bundesrepublikanischen Buches entspricht. Die Mehrwertsteuer wäre eliminierbar, weil sie zum gleichen Prozentsatz anfällt und buchhalterisch einen durchlaufenden Posten darstellt, aber sie ist für den Verbraucher aufgrund des niedrigeren Ausgangspreises in ihrer absoluten Höhe hier deutlich geringer. Der Buchhandelsrabatt entfällt! Die Lizenzgebühr mit vier Prozent vom Buchgemeinschaftspreis ist außerordentlich niedrig, wird aber akzeptiert, weil die Buch-

Verlagskalkulation

1. Brutto-Ladenpreis (Lp)	100	%	oder:	38,– DM
2. Mehrwertsteuer 7%	6,54	%		2,49 DM
3. Netto-Ladenpreis/Warenwert	93,46	%		35,51 DM
4. Rabatt 35 % vom Lp	35	%		13,30 DM
5. Nettopreis (Np)	58,46	%		22,21 DM
6. Honorar 10% vom Lp	10	%		3,80 DM
7. Gemeinkosten 40% vom Np	23,38	%		8,88 DM
8. Herstellkosten Ø 20 % vom Lp	20	%		7,60 DM
9. Verlagsanteil (Gewinn pro Stück)	5,08	%		1,93 DM
oder				
10. Verlagsanteil (Gewinn für Auflage 5.000)				9.650,– DM

*Kalkulationsschemata der Typen von Buchgemeinschaften
im Vergleich zum Schema der Verlagskalkulation*

gemeinschaften auf dieser Basis oft auch Paketeinkäufe mit weniger lukrativen Titeln abschließen. Die Gemeinkostenveranschlagung zu 40 Prozent vom Nettopreis ist nach den eingesehenen Quellen authentisch. Die Herstellkosten zu (im Beispiel) 7,60 DM hingegen sind eine rein fiktive Übernahme aus der Verlagskalkulation, weil die Auflage in Buchgemeinschaften viel höher ist, und stehen deshalb in der prozentualen Spalte und für ihren absoluten Wert eigens in Anführungszeichen. Ist die Buchgemeinschaft einstufig, sind hier vom Verlagsanteil bzw. Anteil der Gemeinschaft noch einmal Abschreibungskosten zum Ersatz ausscheidender Mitglieder einzusetzen, nach der Statistik zu zehn Prozent im Mittel. Der danach verbleibende Gewinn ist bereits prozentual und, trotz des geringeren Buchgemeinschaftspreises, auch

		Einstufige Buchgemeinschaft				zweistufige	
1.	Brutto-BG-Preis	100 %	oder: 24,70 DM		100 %	oder 24,70 DM	
2.	Mehrwertsteuer	6,54 %	1,62 DM		6,54 %	1,62 DM	
3.	Netto-BG-Preis	93,46 %	23,08 DM		93,46 %	23,08 DM	
4.	Rabatt	÷ %	÷ DM		30 %	7,41 DM	
	einstufig: 0 %						
	zweistufig: 30 %						
5.	Nettopreis	93,46 %	23,08 DM		63,46 %	15,67 DM	
6.	Lizenz	4 %	0,99 DM		4 %	0,99 DM	
7.	Gemeinkosten	37,38 %	9,23 DM		15,87 %	3,92 DM	
	einstufig: 40 % von 5.						
	zweistufig: 25 % von 5.						
8.	»Herstellkosten«	»30,77 %«	»7,60 DM«		»30,77 %«	»7,60 DM«	
9.	BG-Anteil vor 10.	21,31 %	5,26 DM		12,82 %	3,16 DM	
10.	Mitgliedswerbung	10 %	2,47 DM		÷	÷	
	einstufig: 10 %						
	zweistufig: 0 %						
11.	Gewinn pro Stück	11,31 %	2,79 DM		12,82 %	3,16 DM	
	bei halbem Anteil von 8.:						
12.	Gewinn pro Stück	26,70 %	6,59 DM		28,21 %	6,96 DM	
13.	Gewinn bei 50.000	"	329.500,– DM		"	348.000,– DM	
14.	Gewinn bei 100.000	"	659.000,– DM		"	696.000,– DM	
15.	Gewinn bei 500.000	"	3.295.000,– DM		"	3.480.000,– DM	

absolut höher. Reduziert man, was realistisch ist, die Herstellstückkosten bei der Buchgemeinschaftsauflagen auf die Hälfte, liegen die prozentualen Gewinne beim Fünffachen, der absolute Gewinn pro Stück ist mehr als dreifach.

Beim *zweistufigen* »modernen« Modell entfällt der Rabatt im Gegensatz zum einstufigen nicht, weil es den Buchhandel einbezieht, und ist in der Kalkulation deswegen als Durchschnittswert von 30 Prozent für Sortimenter oder Vertriebsfirmen eingesetzt, dafür liegen hier die Gemeinkosten aber deutlich niedriger, und es entfällt der Posten für die Mitgliederwerbung vollständig, weil Verwaltungs- und Werbeaufgaben an den Vertriebspartner delegiert sind. Die ausgewiesenen Gewinne liegen prozentual und absolut abermals in der Höhe des einstufigen Modells. Beide Kalkulationsweisen der Buchgemeinschaft liefern jedoch mehr als das Fünffache im prozentualen Ergebnis und den trotz des Ausgehens von einem niedrigeren Abgabepreis um ein Mehrfaches höheren Absolutgewinn. Der Unterschied wird noch wesentlich deutlicher, wenn man nicht den Stockgewinn, sondern die Auflagen betrachtet. Nimmt man als Durchschnitt für »das« Buch »des« Verlags in der Bundesrepublik 5 000 Stück, kann der Verlag bei vollständigem Verkauf (der durchschnittlich nicht stattfindet) 9 650,– DM verdienen. Geht man vom Hauptvorschlagsband einer populären Buchgemeinschaft aus, beträgt die Auflage [58] bis zu 500 000 (in Einzelfällen mehr) und entsteht der (im Prinzip gesicherte) kalkulierte Gewinn. Das Beispiel des Hauptvorschlagsbandes ist natürlich nicht repräsentativ für alle Buchgemeinschaftsprojekte. Es ist jedoch davon auszugehen, daß im Fall populärer Gemeinschaften die Durchschnittsauflagen im Gesamtprogramm bei nahezu 100 000 Stück liegen [59], und das Beispiel belegt neben den Gewinnmöglichkeiten die finanzielle Absicherung und Potenz einer Buchgemeinschaft für Aktivitäten im Geschäft mit Verlagen, die aus einem einzigen Projekt hervorgehen können (vgl. die Schlußwerte).

Buchgemeinschaften haben, mit Ausnahme der kleinen, seit ihrer Gründung teils deswegen auch immer wieder im Licht von Kritik gestanden, die von der Verlagsseite, dem Sortiment aus und unter dem ideell-kulturellen Aspekt allgemein geführt wurde. Eine eindeutige Bewertung läßt sich aber schlecht abgeben. In dem letzten Fall ist der kritische Einwand relativ unstrittig, da das kommerzielle Motiv, gegenüber den eher ideell-kulturellen Motiven der Gründer dominierend, ja das einzig ausschlaggebende geworden sein dürfte. Doch kauft andererseits zumindest jedes Mitglied einer Gemeinschaft in Mittel 9,3 (statt 2,7 für die Gesamtbevölkerung) Bücher pro Jahr und besitzt 150 (statt 75 Bücher) pro Haushalt, was immerhin eine kulturelle Anreicherung bedeutet. Für das Sortiment sind Gemeinschaften gerade nicht die Todbringer, da sich einerseits die Theorie des Zwei-Märkte-Prinzips erhärtet hat, wonach sich Gemeinschaftskäufer (Bertelsmann: »... auch dem minderbemittelten Leser die Welt der Bücher erschließen«) von denen des Sortiments unterscheiden und ihm also keine Käufer abziehen, und andererseits die von den populären Buchgemeinschaften beauftragte Marktforschung gezeigt hat, daß die ehemaligen Gemeinschaftsmitglieder nach ihrem Ausscheiden den Weg in die Buchhandlungen finden – wo sie überdurchschnittlich kaufen. Für die Verlage ist schließlich zu sehen, daß sie von jedem Geschäft mit der Buchgemeinschaft eine risikofreie Einnahme erhalten, welche die verlegerische Tätigkeit absichern und manche Projekte überhaupt erst ermöglichen. Dies gilt nicht nur für Massentitel, sondern zum Beispiel auch für bibliophile Ausgaben, bei denen eine kleine Gemeinschaft und ein Verlag koproduzieren. Schließlich ist sogar zu bedenken, daß Buchgemeinschaften mit eigenen Verlagen diese zu bestimmten Projekten erst anregen, was einen so konservativen Verleger wie Witsch in einer Rede einmal zu der Formulierung brachte, daß die Gemeinschaften »Schneisen in das Dickicht der Apathie« schlügen. Allerdings darf man diese Bedeutung nicht überschätzen. Denn gesamtwirtschaftlich macht der Buchgemeinschaftsabsatz mit 500 Millionen Mark oder fünf Prozent des Buchhandelsgesamtumsatzes einen eher bescheidenen Posten aus, von dem, wenn man sich an den gemeinhin gezahlten vier Prozent Lizenzgebühr orientiert, den Verlagen insgesamt nur 20 Millionen Mark zufließen. Wirtschaftlich interessant ist vielmehr, wie diese Mittel an einzelne Verlage gehen, und an welche. Bei Bertelsmann etwa stammten 1960–1970 gut 15 Prozent aller Lizenztitel aus konzerneigenen Verlagen und 1970–1980 sogar 25 Prozent. Bei von Holtzbrinck führte »die notwendige Absicherung des Lizenzgeschäftes für die Buchgemeinschaften zum Erwerb von und der Beteiligung an bedeutenden Verlagen«. [60] Dieser Mittelfluß kann die Konzern-Hardcoververlage, die in der Regel auch Mutter eines Taschenbuchverlags oder von mehreren sind, nur stärken und die Konzentration in der Verlagslandschaft fördern. Es wird langfristige Auswirkungen geben.

TEIL C:
AUFBAU UND ORGANISATION IM BUCHVERLAG

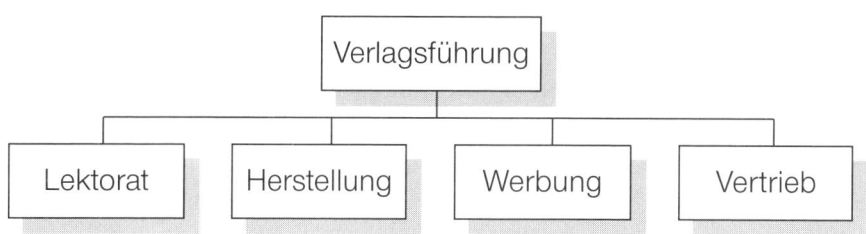

*Idealtypisches Aufbauschema nach den verlagsspezifischen Abteilungen
für einen mittelständischen Buchverlag*

Entwicklung, Aufbau und Organisation der frühen Verlage wurden bereits in dem *historischen* Kapitel beschrieben. All diesen frühen Formen ist jedoch gemeinsam, daß es sich nicht um Modelle heutiger Verlage mit den für sie typischen differenzierten Abteilungen handelte. Das Kapitel über die *Wirtschaftsprinzipien* enthielt mit seinen Bemerkungen zu Programm, Produktion, Kalkulation, Werbung und Vertrieb bereits wichtige Charakteristika, die zu Aufbau und Organisation gegenwärtiger Verlage gehören. Das Ziel war jedoch die Herausarbeitung von Wirtschaftsweisen, wobei die Darstellung des Spektrums samt seiner Sonderformen wohl schon ein Hinweis darauf gewesen sein dürfte, daß Verlage auch unterschiedlich aufgebaut und organisiert sein müssen. Im folgenden Kapitel wird es um Aufbau und Organisation eines normalen, des »eigentlichen« Verlags gehen. Doch »die« Aufbauorganisation »des« Verlages zu beschreiben, ist unmöglich; dies ergibt sich allein aus der Vielfalt der heutigen Verlagsunternehmen auch im »normalen« Verlag. Der Wissenschaftsverlag ist anders aufgebaut und organisiert als schon der (ihm nur scheinbar verwandte) für Schulbücher, dieser unterscheidet sich grundsätzlich von dem für das Kinderbuch, von allen verschieden ist ein Belletristikverlag. Will man dennoch ein idealtypisches Bild der allgemeinen Struktur »des« Verlages, so läßt sich relativ verbindlich festhalten: Der Aufbau konstituiert sich aus: erstens der Führung, zweitens dem Lektorat, drittens der Herstellung, viertens der Werbung und fünftens dem Vertrieb. Angeschlossen sein können als eigene Abteilungen oder integriert in eine der fünf genannten: der Bereich Presse, Lizenzen und Rechte, Kalkulation, Verkaufsförderung u.a. Weitere Abteilungen wie Rechnungswesen, Personalwesen und noch weitere kommen entsprechend zur Betriebsgröße natürlich hinzu, sind aber hier, weil nicht verlagsspezifisch, nicht aufgenommen. Damit hätte der durchschnittliche mittelständische Verlag graphisch die in der Abbildung oben dargestellte Organisationsform, die gleichzeitig darauf hinweist, daß im normalen Fall nur eine einzige hierarchische Beziehung vorkommt (die von der Führung zu den Abteilungen – Lektorat, Herstellung, Werbung und Vertrieb sind also gleichgeordnet) und das Schema hinsichtlich der personellen Besetzbarkeit und der für die Abteilungen typischen Aufgaben und Ziele sowie möglichst im Vergleich verschiedener Verlagstypen zu konkretisieren sein wird. Nach diesem Muster mit der Beschreibung von *Aufgaben, Anforderungen* und *Aufbau* der Abteilungen sind die folgenden Einzeldarstellungen einer jeden Abteilung gegliedert.

1. Führungsebene

>Die Buchhändler [= Verleger] sind alle des Teufels,
für sie muß es eine eigene Hölle geben.«
Johann Wolfgang von Goethe

>Kein Autor wird Dich im Wesen richtig erkennen.
Entweder bist Du für ihn ein pfiffiger Kaufmann oder
ein freundlicher Mäzen: Du bist aber keins von beiden.
Du hast den blödesten Beruf der Welt ergriffen.«
Ernst Rowohlt

>Mein Beruf – dieser schöne Verlegerberuf.«
Peter Suhrkamp

Die wichtigste – weil grundsätzlichste – Unterscheidung ist hier, ob es sich
bei einem Verlag um einen Inhaber- oder Managementverlag handelt *(alle
Verlage sind entweder Inhaber- oder Managementverlage)*. Bei einem *Inhaberverlag* ist der Verleger noch als natürliche Person existent und übt seine
Tätigkeit bei Programmgestaltung und kaufmännischer Geschäftsführung
aktiv aus. Beim *Managementverlag* hat er diese Aufgabe aus Kapazitäts-
oder Altersgründen teilweise oder vollständig an leitende Angestellte – Manager – für die Geschäfts- oder/und die Verlagsleitung delegiert oder ist als
natürliche Person gar nicht vorhanden, weil die Inhaber des Verlags ihrerseits
Gesellschaften sind.

Beim Inhaberverlag steht also an der Spitze der *Verleger,* der den Verlag
nicht selten gegründet hat, ihn besitzt, entweder als Alleininhaber oder zusammen mit Teilhabern oder Mitgründern. Inhaberverlage sind keineswegs selten.
Wenn man bedenkt, daß der Börsenverein ca. allein 2000 freiwillige Mitgliedsverlage verzeichnet und diese überwiegend mittelständisch strukturiert
sind, so daß »der Alte« die Führung persönlich ausübt, muß dies ein erheblicher Anteil sein. Wenn man bedenkt, daß das VLB (»Verzeichnis Lieferbarer
Bücher«) über 8 900 Verlage nennt und das »Adreßbuch für den deutschsprachigen Buchhandel« über 12 000 Verlage, kommen aus dem Bereich Biblio-
philie, Firmenschriften, Minipresse und »Szene« Tausende von Inhaberverla-
gen hinzu. Inhaberverlage sind aber keineswegs auf die kleine Größenordnung
beschränkt. Beispiele bilden etwa die Stuttgarter Klett-Verlage, die zugleich
ein Paradigma für die Inhaberschaft durch eine Familie darstellen, oder die
Frankfurter Fischer-Verlage, die alle auf den Inhaber des ursprünglichen

Gründers Samuel Fischer zurückgehen und heute von Monika Schoeller als Eignerin geführt werden, einer Tochter von Georg von Holtzbrinck, die mit ihrem Bruder Dieter von Holtzbrinck, der für die Buchgemeinschaften und die Presseverlage verantwortlich ist, die Inhaberfamilie des Georg von Holtzbrinck-Konzerns repräsentiert. Reinhard Mohn ist prominentester Inhaber bei Bertelsmann. Unabhängig davon, ob sich der Inhaberverlag in der kleinen oder großen Dimension darstellt, hat er ein Typikum: Egal, wie die Meinungsbildungen in Lektorat, Werbung, Vertrieb und anderen Abteilungen lauten, es existiert am Ende ein *Letzt*entscheider, von dem schon das *erste* Sagen ausgeht. Die Entscheidung über die Aufnahme oder Ablehnung eines Titels, die Tendenz eines Programms, die Auflagen, Ladenpreise, der Einsatz und die Höhe von Werbung, aggressive oder zurückhaltende Marktpolitik, Verlagsstrategien, alles verlegerisch Substantielle befindet sich im Zweifelsfall, letztendlich oder ausschließlich in der Hand des Inhaberverlegers, dem der Gesetzgeber aufgrund der Inhaberschaft die beiden grundsätzlichen verlegerischen Freiheiten auf dem Gebiet der Leitung einräumt: die publizistische und die kaufmännische Führung.

Verleger haben aufgrund dieser Freiheiten schon immer die Möglichkeit besessen, Verlage nach ihrem Willen zu prägen. Wo dies publizistisch zu einem Programm führte, das derart von der Person des Verlegers geprägt war, daß Name und Programm eine unlösbare Einheit bilden, spricht man deswegen vom »Individualverlag«. Um die Programmfreiheit zu schützen, hat der heutige Gesetzgeber Verleger und Verlag von Buch, Zeitschriften und Zeitungen, sowie seit 1989 auch die Buchgemeinschaften, mit in die Reihe solcher Betriebe integriert, für die er »Tendenzschutz« gewährt. Verlage und ihre Spielarten sind also Tendenzbetriebe. Unter »Tendenzbetrieben« versteht der Staat solche, die geistig-ideelle Zielsetzungen verfolgen, d.h.

»unmittelbar und überwiegend:
1. politischen, koalitionspolitischen, konfessionellen, karitativen, erzieherischen, wissenschaftlichen oder künstlerischen Bestimmungen

dienen (zu mehreren davon gehören die Buchverlage) oder

2. Zwecken der Berichterstattung oder Meinungsäußerung«

(dazu gehören Presseverlage), beides gegründet auf den Artikel 5 über Meinungsfreiheit im Grundgesetz. Ausgeschlossen sind lediglich absolut tendenzlose Betriebe wie Formular- und Adreßbuchverlage. Der Schutz, den der Staat zur Wahrung der Tendenz gewährt, besteht in der Aufhebung wesentlicher Paragraphen, die er sonst in allen übrigen Betrieben der freien Marktwirtschaft vorsieht. Der Paragraph 118 des BVG (Betriebsverfassungsgesetzes) bestimmt, daß für den Verlag die Paragraphen 106–110 (Wirtschaftsangelegenheiten, z.B. Konkurs) vollständig und die Paragraphen 111–113 (Betriebsveränderungen, z.B. Verkauf) teilweise außer Kraft gesetzt sind, die sämtlich

116

die Mitbestimmung durch die Arbeitnehmer betreffen. Demnach ist eine Einschränkung der Mitwirkung und Mitbestimmung in personellen, sozialen und wirtschaftlichen Angelegenheiten gegeben. Zu den Einschränkungen im wirtschaftlichen Sektor gehören so wichtige wie

- die Bildung und Tätigkeit eines Wirtschaftsausschusses
- die Unterrichtung des Betriebsrates über die Lage und Entwicklung des Unternehmens
- das Mitbestimmungsrecht des Betriebsrates in wirtschaftlichen Angelegenheiten sowie
- die Beteiligung der Arbeitnehmer im Aufsichtsrat des Unternehmens;

zu denen im personellen Bereich das sonst voll gewährte

- Mitbestimmungsrecht bei der Einstellung und Entlassung von Mitarbeitern im Fall von z. B.
  Lektoren und Redakteuren, da sie Tendenzträger darstellen, sowie allgemein bei
- sämtlichen tendenzbezogenen Maßnahmen gegenüber Tendenzträgern;

im sozialen Feld entfällt das

- Recht auf Ausgleich oder Sozialplan.

Für jedes der Beispiele lassen sich bereits aus der Sicht des Laiens konkrete Probleme ausdenken. Die Tendenzparagraphen, die das grundgesetzmäßige Recht des Verlegers schützen, lesen sich aus der Sicht des Arbeitnehmers wesentlich feindlicher.

Sobald der Verleger in den Hintergrund tritt oder sich vollends zurückzieht, verwandelt sich der Inhaberverlag in den Managementverlag. Kapitalbesitz und Leitung sind dann nicht mehr vereint, sondern getrennt. Nicht einer, sondern zwei Typen von Managern sind für die Wahrnehmungsfunktionen die Regel: für die geschäftliche Leitung der kaufmännische Geschäftsführer, für die publizistische oder das Programm der Verlagsleiter. Geschäftsführer vertreten die Verlage gesetzlich nach außen. Sie sind deswegen mit größeren Handlungsvollmachten und Kompetenzen ausgestattet als die Verlagsleiter, etwa der Einzelprokura (die eigene Unterschrift unter einem Verlagsvertrag reicht, um ihn rechtskräftig zu machen) anstelle der Gesamtprokura (erst die Unterschrift eines Zweiten macht den Vertrag rechtskräftig). Obwohl der Geschäftsführer vom kaufmännischen Bereich herkommt und häufig nicht aus der Verlagsbranche stammt, wird dennoch die Identifikationsmöglichkeit mit dem Verlagsprogramm verlangt (so fordern religiöse Verlage als Voraussetzung für die Bewerbung als Geschäftsführer gegebenenfalls aktives praktizierendes Katholikentum). Für die Verlagsleiter ist diese Identifikation selbstverständlich. Von ihrer Laufbahn her kommen sie in der Regel vom Lektorat über das Cheflektorat. Ihre Arbeit erschöpft sich aber nicht im Inhaltsbereich, sondern umfaßt auch die Kontrolle der Titelkalkulation, Produktion, der Werbung und des Absatzes, nur das Rechnungswesen und die jährliche Abrechnung liegen wieder bei der Geschäftsleitung. Beiden Managertypen ist gemeinsam, daß der Unternehmer die Verantwortung für das Kapitalrisiko trägt und sie die Verantwortung für die Führungsentscheidungen. Fehlentscheidungen führen – während die Inhaber bleiben – für beide Managertypen zu gleichartigen Konsequenzen.

Für die Führung von Verlagen gibt es deswegen in der Hauptsache drei Arten von Leitenden. Am Anfang steht der Inhaberverlag, in dem der Verleger noch alle substantiellen Funktionen selbst übernimmt; dies dürfte bei den meisten kleineren Verlagen der Fall sein. Daneben steht der Verlag, bei dem neben dem Inhaber Geschäftsführer oder/und Verlagsleiter als Manager angestellt sind. Teilweise können sie dabei in wirkliche Verlegerfunktionen eintreten, indem sie wie etwa durch den Erwerb von Firmenanteilen zu Gesellschafter-Geschäftsführern werden. Am Ende steht der Verlag, der keinen Verleger mehr hat, sondern nur noch von Managern geführt wird.

Wohin die Entwicklung geht, ist uneindeutig. Einerseits können sogar Konzerne noch persönliche Inhaber und somit Verleger aufweisen (wofür hier stellvertretend Reinhard Mohn von Bertelsmann stehe). Andererseits fehlen bei Traditionsverlagen aller Richtungen aus Presse und Buch für die ursprünglichen Gründer oder Inhaber persönliche Erben, oder diese sind nicht bereit, die verlegerische Nachfolge anzutreten (Axel Caesar Springer, Gerd Bucerius bei der Presse, Rowohlt und Droemer beim Buchverlag). Viele Inhaber-Verleger, die in diesem Jahrzehnt ja aus Altersgründen zwangsläufig auf die Grenze für die Ausübung ihrer Tätigkeit stoßen, versuchen daher, die Zukunft der von ihnen nach dem Krieg (oft wieder-) gegründeten Verlage zu sichern, indem sie diese an Großverlage und Konzerne verkaufen, die diese dort aber, auch wenn persönliche Inhaberschaften dann bestehen (bei Springer die Familie Burda, bei Rowohlt von Holtzbrinck, bei Bertelsmann Mohn) nur als Managementverlage fortführen können. Persönliches Altern, das Ausbleiben von Erben, die wachsenden Betriebsgrößen und die gegenwärtige Tendenz zur Konzentration führen also dazu, daß die Zeit der klassischen Individualverleger vorbeigeht. Die Geschichte des Rowohlt Verlages zeigt dieses gleichsam exemplarisch und mit Symbolcharakter: 1887 die Geburt von Ernst Rowohlt, 1987 das hundertjährige Geburtstagsjubiläum des Verlags für den Gründer – 1988 Verkauf der letzten Anteile des Verlags an den Verlagskonzern Georg von Holtzbrinck. Im Gegensatz dazu dürfte aber die erfolgreiche Gründungswelle der letzten Jahrzehnte zu einer Renaissance des Individualverlags durch Jungverleger geführt haben, es gibt neue Persönlichkeiten darunter.

2. Das Lektorat

»An den Lektoren werdet ihr den
Verlag erkennen.«

»Zeige mir deine Lektoren,
und ich sage dir,
wes Geistes Kind du bist!«
Der Verleger Siegfried Unseld

»Lektor« kommt, wie allgemein bekannt, von »legere« – eine der beruflichen
Haupttätigkeiten des Lektors ist also das Lesen. Er soll aufgrund einer überdurchschnittlichen Belesenheit den Verleger über Annahme oder Ablehnung
eines Manuskriptes beraten und gleich in zweierlei Hinsicht: einmal durch
sein Urteil über die Qualität, zum zweiten durch sein Wissen über eventuelle
Werke der Konkurrenz. Genauso zentral ist die Bedeutung des Lektors auch
für den Autor, für den der Lektor den ersten Leser – seinen Testleser – darstellt, der korrigierend ins Manuskript eingreift, bevor es an die allgemeinen
Leser – »ad lectores« – gelangt. Diese Funktion ist bis heute erhalten geblieben, doch hat sich kein Beruf im Verlag so wie der des Lektors geändert.
Neben die inhaltlichen Ansprüche sind kommerzielle getreten, was sich darin
dokumentiert, daß sogar konfessionelle Verlage bei ihren Stellenausschrei-
bungen für Lektorate die Beherrschung betriebswirtschaftlicher Faktoren
und unbedingte Marktorientierung fordern. Hieran orientieren sich die Aufgaben und Anforderungen an moderne Lektorate auch, wenn man nicht die
heute schon wieder bezweifelte Entwicklung des Lektorats zu einer Art Pro-
jektmanagement teilt.

Die alten und neuen *Aufgaben* des Lektorats kann man zum Zweck eines
Überblicks chronologisch in drei Hauptphasen ordnen. Die erste beginnt mit
der Findung von neuen Ideen (Originaltitel), übersetzbaren Büchern des Auslandes (Lizenzen) oder der Gewinnung von Autoren von bereits begonnenen
Büchern oder für erst zu planende Projekte; hier fungiert der Lektor als Akquisiteur. Die zweite Phase setzt nach dem Eintreffen der Manuskripte ein und
betrifft deren Bearbeitung; hier wird er zum Redakteur. Die letzte zielt auf den
zukünftigen Absatz des über Fahne und Umbruch zum Buch werdenden Manuskripts; hier ist er mindestens in Ansätzen Produktmanager, wobei markt-
orientierte Gedanken schon die Planungsphasen durchziehen und eine kommerzielle Idee fast in der Regel am Anfang steht. Eine Detailbeschreibung des
Lektorats ist, wie auch die Veranstalter der im Auftrag des Börsenvereins

durchgeführten Lektorenseminaren zu Recht bemerken, nicht ratsam, weil die Funktion des Lektors zu stark vom jeweiligen Verlag und seinem Programm geprägt wird, zudem besteht kein einheitliches bzw. überhaupt kein »Berufsbild« des Lektors. Dennoch lassen sich nach dem obigen Rahmen einige durchgängige Charakteristika anführen.

Die Idee zu einem neuen Projekt entsteht gemeinhin nicht durch systematische Suchansätze mittels moderner Kreativtechniken wie etwa dem Brainstorming (vgl. dazu aber die Kreativitätstechniken im Kapitel Verlagsmarketing), sondern in Sitzungen (Lektoratskonferenzen) oder im privaten Gedankenaustausch (auch mit Autoren), sogar in der Freizeit allein und eher intuitiv. Diese Idee ist anschließend darauf zu prüfen, ob sie für den Verlag gewinnbringend sein kann (wie dies vorkalkulatorisch geschieht, wird in dem Kapitel Verlagskalkulation erläutert). Führt die Idee zu einem im Prinzip gewinnverheißenden Projekt, ist dafür der Autor zu suchen. Ist der neue Titel eine Übersetzung aus der ausländischen Literatur, sind die Agenturen anzusprechen, weil das Copyright bei den angloamerikanischen und romanischen Autoren selten beim Verlag, sondern meistens beim Autor liegt, der sich vertreten läßt; bei östlichen Lizenzen war bisher der Weg über die Staatsagentur unumgänglich (nun beginnen sich auch dort private Agenturen zu bilden). Im ökonomischen Aufgabenbereich der Lektorate besteht dann auch die Aufgabe der Überprüfung, ob die kostenmäßige Produktion einer marktgerechten Auflage zu einem marktgerechten Preis die Deckung der Lizenzen plus zusätzlich der Übersetzung zuläßt – und zusätzlich einen Spielraum für die Gewinnerzielung. Für die »Gewinnung« von lukrativen Autoren mit geplanten, begonnenen und vor dem Abschluß stehenden Projekten sind auch Kongreßbesuche, Autorenreisen, auf intensiver Beobachtung beruhende telefonische und briefliche Kontakte erforderlich (jeweils jenseits von »legere«). Alle diese Bemerkungen betreffen nur den Bereich der Akquisition. Nach abgeschlossener Akquisition von Autor oder Herausgeber beginnt im Fall wirklich neuer Projekte oft eine Zeit von durchaus zwei bis zu zehn Jahren der Arbeit des Autors am Manuskript, in vielen Fällen eine Kooperation zwischen Autor und Lektor im Sinn einer Entwicklungsförderung. Die Autorenbetreuung ist gerade bis zum Abschluß des Manuskripts ein wichtiger Faktor. Ist der neue Titel keine Monographie, sondern ein Sammelband (»Reader«) und verfügt der Verlag über keine eigene Lizenzabteilung, kann das Lektorat für das Einholen der Rechte ausländischer Texte bis zum Eintreffen der letzten Lizenz durchaus ein halbes Jahr oder mehr ansetzen. Danach beginnen die redaktionellen Arbeiten. Das nach einer Idee unter Vertrag genommene, gemeinsam entwickelte Konzept für ein Buch muß noch nicht zu einem Manuskript führen, das »endgültig« ist, noch weniger ist dies bei Übersetzungen der Fall. Es sind eine inhaltliche, die sprachliche und formale Redaktion erforderlich, die sich gegebenenfalls gleichfalls über Monate hinzieht. Während dieser sind bereits die absatzbezogenen Maßnahmen vorzubereiten: Kurz- und Langtext für die Vertreterinformation und später den

Buchhandel, Klappentext für das Buch, Bestimmung von Auswahl und Umfang der Belegung in Werbeträgern, Ermittlung und Ansprache von Rezensenten u. a. Der Lektor übernimmt also Verlegeraufgaben, indem er Ideen entwickelt, Autoren akquiriert, fördert und bindet, ist Einkäufer gegenüber Agenturen und lizenzgebenden Verlagen, Mittler zwischen Autor und Herstellung (Gestaltungsfragen) sowie zwischen Autor und Führung (Honorarkonditionen) und schließlich Verkäufer seines Produkts, zunächst gegenüber den Verlagsvertretern in der Abteilung Vertrieb, durch Steuerung von Maßnahmen der Werbung und Übernahme von Aufgaben der Pressearbeit. All dies steht neben der ursprünglichen Hauptaufgabe als »Leser«. All dies sind aber nur Beispiele. Sie sind einigermaßen repräsentativ für Ausschnitte im wissenschaftlichen, belletristischen und Sachbuchverlag und sind für andere Verlage zu differenzieren.

Entsprechend zu obigen Aufgaben sind die Anforderungen an ein modernes Lektorat zu verstehen. Ein Hochschulstudium mit überdurchschnittlichem Abschluß dürfte in der Regel Voraussetzung sein, schon damit der Lektor vom wissenschaftlichen oder belletristischen Autor als adäquater Gesprächspartner akzeptiert wird, erst recht als Programmgestalter. Rhetorische Begabung und ein nicht nach innen gerichtetes Temperament sind für die Akquisition mindestens hilfreich. Die Fähigkeit, Manuskripte zu beurteilen, darf sich nicht auf das eigene Fach beschränken, sondern muß auch die angrenzenden Gebiete umfassen, wobei generell das Erkennen von Trends eine Hauptfähigkeit sein muß. Neben die an den Universitäten erworbenen oder aus der Persönlichkeitsstruktur stammenden Qualifikationen, die man in die Verlagstätigkeit einbringt, treten die im Verlag zu erwerbenden Grundvoraussetzungen. Redaktionskenntnisse, um ein Manuskript entweder nach Duden oder nach Maßgabe von Autorenvorschriften für die Herstellung satzreif zu machen. Herstellungskenntnisse, um in der Lage zu sein, Autoren auch vor Ort über adäquate oder die technisch möglichen Publikationsformen zu beraten. Kalkulationskenntnisse, damit schon ein Lektor einem Autor überschlägig Ladenpreise entwickeln kann oder begründen, warum ein Hardcoverhonorar anders als das für ein Taschenbuch aussieht (und für den Autor manchmal trotzdem mehr Geld abwirft) oder bei beiden die Kalkulation nur bestimmte (aber vorrechenbare) Honorarsätze gestattet. Marktkenntnis wird gleich in zweierlei Hinsicht verlangt, als Buchmarktkenntnis, um auch inhaltlich hochgeschätzten Manuskripten eine realistische Auflage zuzuweisen und als Autorenmarktkenntnis, um durch Absprache und Akquisition einen Stamm von Autoren zu schaffen, der Verlagssubstanz wird. Jede der Fähigkeiten für sich wäre aber wenig erfolgreich, wenn immer nur erfolgreiche Einzeltitel entstünden. Die wichtigste Anforderung an ein Lektorat ist daher die Befähigung zur Planung: Aus der Vielfalt der Titel müssen erkennbare Programme entstehen.

Wie die Verlagsarten und ihre Programme, so ist auch der *Aufbau* der Lektorate verschieden, zumal er von der Betriebsgröße abhängt. In kleinen Verlagen nimmt der Verleger die Aufgabe selbst wahr und ist oft auch nach der Gründungszeit sein bester und einziger Lektor. Im mittleren Verlag kann es Lektoren geben, darüber – programmverantwortlich – den Cheflektor, darunter – nicht mit sprachlichen, inhaltlichen oder strukturellen Eingriffen in die Texte beschäftigt, sondern deren formaler, orthographischer und satztechnischer Auszeichnung – als Bindeglied zwischen Lektorat und Herstellung, den Buchredakteur. In Großverlagen treffen alle Formen zusammen, wobei die Grenze zwischen Verlagsleitung und Cheflektorat oft fließt und je nach Bedürfnis neue Formen (vielleicht Lektoratsassistenz) hinzutreten. Eine Besonderheit liegt vor in Taschenbuch-, Lexikon-, Schulbuchverlagen und den Verlagen von Kinderbüchern. Der klassische Taschenbuchverlag besitzt oder besaß eigentlich kein Lektorat, weil er von seinem Gründungsgedanken her nur Sekundärverwerter ursprünglicher Originalausgaben war und somit einen Autor und sein Werk erst entwickelndes Lektorat nicht benötigte. Heute hingegen hat sich die Situation verändert, da der ungeheure Titelbedarf der Taschenbuchverlage ein Wirtschaften nur mit Lizenzen gar nicht mehr zuläßt; sie gehen zwangsläufig immer häufiger auf das risikoreichere Verlegen von Originalen über und damit vom Redakteur auf den Lektor. Im Lexikonverlag ist der Redakteur typisch, weil er die Lexikonbeiträge nicht nur managt, sondern – anders als der Lektor – die zu veröffentlichenden Texte teils selber schreibt, er ist also Autor; Lexikonredaktionen treten deswegen z. B. im Impressum als verantwortliche Urheber auf. Im Schulbuchverlag arbeiten Redakteure mit Autoren an Formulierung und Layout zusammen. Auch der Kinder- und Jugendbuchredakteur ist an Konzeption, Text und Gestaltung wie ein Miturheber beteiligt. Die textschaffenden und graphischen Funktionen machen diese kreativen Redaktionsarten so attraktiv wie die Arbeit des Lektors. Lektoren in Deutschland sind selten. Ihre Gesamtzahl wird für die Buchverlage auf höchstens 3 000 geschätzt. Ein Berufsbild ist, wie schon bemerkt, nicht vorhanden. Der Weg führte bisher meist von den Universitäten direkt in den Verlag, ohne vorweggegangene Verlagsausbildung. Eine Ausnahme bestand mindestens früher in der DDR, wo nach dem akademischen Studium ein verlagsbezogenes mit abschließender Prüfung auf den Verlag vorbereitete; eine teilweise ähnliche Ausbildungsmöglichkeit heute in der BRD besteht in dem nach einem akademischen Abschluß zusätzlich wählbaren Aufbaustudium »Buchwissenschaft«, das die Universität München anbietet und je nach den politischen Entwicklungen auch am Institut für Verlags- und Buchhandelswesen der Universität Leipzig in dessen Nachfolge entsteht. Und in den »alten« Bundesländern entwickeln immer mehr Universitäten und Hochschulen (Bamberg, Berlin, Hamburg, Köln, München, Mainz, Stuttgart und Wuppertal) ein Vorlesungs- oder Lehrveranstaltungsangebot, das auf die Ausbildung für Presse- und Buchverlag zielt.

3. Die Herstellung

»Der Hersteller ist der natürliche Feind
des Lektors.«

»Wenn die Lektoren soviel Rosinen
im Programm hätten wie im Kopf,
würde es den Verlagen besser gehen.«

*Anonyme Bonmots
aus der Hersteller-Szene*

Lektorat und Herstellung werden in Organigrammen für die Verlagsstruktur oft – anders als anfangs dargestellt – auch zusammengefaßt, weil sie beide der *Produktion* dienen – beim Lektorat eben der geistigen, bei der Herstellung der technischen. Aus Manuskripten Bücher zu machen ist die alte und auch heutige Aufgabe der Herstellung, doch hat sie ihre Veränderungen weniger unter marktmäßigen Aspekten (wie das Lektorat) erfahren, sondern wandelt sich extrem auf dem technischen sowie technologischen Sektor.

Es gäbe keinen Sinn, in einem Buch wie dem vorliegenden sämtliche Techniken der Herstellung explizit darstellen zu wollen; dafür bestehen seit einiger Zeit einschlägige moderne Fachbücher. [61] Dennoch sind einige Konstanten festzuhalten, wie andererseits Neuerungen zu nennen, die für das Verständnis des Produzierens von Büchern durch Verlage heute wesentlich sind. Gleich eingangs ist deswegen hervorzuheben, daß der klassische Buchverlag nicht selbst produziert: Er ist Auftraggeber und arbeitet mit Dienstleistern (Satz-, Druck- und z. B. Bindebetrieben) zusammen. Die Herstellung erhält das vom Lektorat bzw. von Lektorat und Redaktion vorbereitete Manuskript, das sie nach der Bearbeitung ihrerseits mit der Satz-, Druck- und Bindeanweisung dem Satz-, Druck- oder Weiterverarbeitungsbetrieb zuführt. Ihre Aufgabe umfaßt damit alle Entscheidungen, die dem geistigen Informationsträger Manuskript seinen Buchkörper und damit seine gestaltete Form geben. Auch das vorliegende Buch könnte in einem anderen (z. B. Längs-)Format, mit einem entsprechenden (»queren«) Satzspiegel, mit z. B. zwei Kolumnen (statt einer), engerer oder weiterer Zeilenbreite, mehr oder weniger Abstand zwischen den Zeilen, in einer anderen Schriftgröße oder aus einer anderen Schriftart gesetzt sein. Kopf-, Fuß-, Bund- und Außenstege (normaldeutsch: die »Ränder«) könnten splendider oder knapper aussehen. Die Pagina oder der tote Kolumnentitel (die bloße Seitenziffer) könnten über dem Satzspiegel, darunter, dort außen, auf Mitte oder theoretisch sogar innen stehen, lebende Kolumnentitel (über der jeweiligen Seite) aus Komfort oder Funktionsgründen gemacht oder aus ökonomischen weggelassen werden. Als Papier könnten Dünndruck, ein auftragendes, größeren Umfang vortäuschendes voluminöses, normales Werkdruckpapier oder vornehmes Bütten gewählt werden, die Bindung könnte geleimt (z. B. gelumbeckt), fadengeheftet, der Einband fest oder flexibel, etwa als kartonierte Broschur (aber damit anfällig gegen Verschmutzung) oder abwaschbar sein. Diese hier stellvertretenden Beispiele sollen nur sinnlich veranschaulichen, wie wichtig und unterschiedlich die Entscheidungen sind, die aus dem »Geist« Manuskript einen »Körper« Buch machen, und stellen aus dem Gesamtaufgabengebiet des Herstellers nur ein Segment dar, hier des Gestalterischen – der technische und kaufmännische Part kommen hinzu. Insgesamt ist der Hersteller Partner (nicht Feind) des Lektors, des Autors (insbesondere bei schwierigen Manuskripten mit hohem Bildanteil und Layout-Ansprüchen), er beauftragt, wo dies erforderlich wird, auch Grafiker und Designer, ist der Kopf für die Verhandlungen mit den Satz-, Druck- und Bindebetrieben sowie im Fall der Bebilderung auch Reproduktionsanstalten, dazu schon bei mittleren Verlagen oft auch der Papiereinkäufer und in technisch-innovatorischer Sicht Spezialist bei der Einführung elektronischer Verlagssysteme für die Text- und seit einiger Zeit Bildverarbeitung.

Die *Anforderungen* an eine solche Stelle korrespondieren – wieder – mit den obigen Aufgaben. Als erstes braucht ein Hersteller Gestaltungstalent. Er muß in der Lage sein, dem »Inneren« eines Buches ein zu ihm passendes »Äußeres« zu verleihen – und dazu bedarf es der Bereitschaft und Fähigkeit, sich mit dem Inhalt des Manuskriptes auseinanderzusetzen. Man braucht nicht die Forderung eines der bedeutendsten Umsetzers von Manuskripten in Bücher voll zu stützen: »Der Hersteller sollte über künstlerisches Einfühlvermögen verfügen« [62] – denn in ihr steckt sowohl ein Understatement als auch eine Überforderung –, doch ein Hersteller, der über keine Vorstellung vom Inhalt des Buches verfügt oder sie nicht beachtet, ist genauso wertlos wie ein Lektor, der keine Vorstellung von seiner Gestaltung besitzt. Zum zweiten braucht der Hersteller das Talent eines technischen Kaufmanns. Zu den Anforderungen bei den Techniken bzw. jetzt auch den Technologien gehört die Beherrschung des Wissens über die praktische Einsetzbarkeit der Verfahren von der Erfassung des Textes bis zur Buchweiterverarbeitung, weil nur so für die Dienstleister ein kompetenter Auftraggeber bereitsteht, mit dem sie für den Verlag Produkte herstellen können, die sich in bezug auf die Gestaltung, Fertigung und schließlich den Preis vorzeigen lassen. Die kaufmännischen Anforderungen reichen von der Kalkulation jedes Titels, die bis zu seinen Herstellkosten, aber auch zu seinem Ladenpreis reichen kann (siehe wieder das Kapitel Verlagskalkulation) über die Ermittlung des Gesamtherstelletats bis zur Rechnungsprüfung. Als drittes ist der Hersteller Koordinator. Es bedeutet dies sachlich natürlich die Steuerung, Abstimmung und Kontrolle der auf die breite Palette verteilten Funktionen, doch hat dieser Beruf seit seinen ersten Darstellungen in den inzwischen klassischen Verlagslehrbüchern [63] bis zu den jüngsten und in Zeitungsartikeln [64] eine Besonderheit, welche die gemischte Autorenschaft aus Wissenschaftlern, Verfassern, Verlegern und Herstellern wie von selbst unisono hervorhebt und in ein besonderes Licht stellt: Der Hersteller wird in bezug auf die Anforderungen an ihn, seine Tätigkeit und seine Arbeitsergebnisse mit dem Dirigenten eines Orchesters verglichen! [65]

Der Beruf des Herstellers ist erlernbar, hat aber wie der des Lektors kein eigenes Berufsbild. Wie beim Lektorat übernimmt der Verleger im Kleinverlag während der Gründungszeit oft Herstellungsfunktionen, früher z. B. den Satz auf Composer mit oder ohne Randausgleich oder – heute – z. B. die gesamte Texterfassung bis zu umbrochenen Seiten auf einem DTP-System, bevor die nur von der Technik erbringbaren Leistungen (Satz, Druck, Weiterverarbeitung) beginnen. Innovationen wie »Desktop-Publishing« (DTP) mit seinen WYSIWYG (»What you see is what you get«)-Techniken befördern dabei alle Aktivitäten vor dem Druck, sofern sich nicht auch die Idee des POD (»Publishing on Demand«) durchsetzt. In mittelgroßen Verlagen ist nur ein Hersteller, sind mehrere, sind Herstellungsassistenten, Zeichner – und ein oder mehrere Leiter möglich. Von seiner Provenienz her stammt der frühere Hersteller zumeist aus den Satz- und Druckbetrieben, war also Setzer und Drucker. Auch gelernte Buchhändler und Verlagskaufleute üben diesen Beruf aus. Dies verändert sich gegenwärtig zugunsten der Absolventen von druck- bzw. sogar verlagsbezogen ausbildenden Fachhochschulen, durch die spezifisch geschulte Wirtschaftsingenieure in Herstellungsabteilungen arbeiten oder sie leiten; daß deren technisches und betriebswirtschaftliches Fundament den Bedürfnissen der Branche entspricht, zeigt auch eine im Augenblick noch als Pilotprojekt laufende Initiative des Börsenvereins, die (am Anfang auf Hessen begrenzt) durch außerbetriebliche Weiterbildung des Herstellers im Abendstudium zum Verlagsfachwirt führt. In den großen Verlagen, Konzernen und Verlags-Gruppen erweitern sich die Funktionen nach oben bis zur Leitung der Herstellung Buch oder Presse oder Gesamtproduktionsleitung in Form eines Verlagsdirektors, nach unten bis zur Wahrnehmung einer (statt vertikalen, d. h. vom Manuskript bis zum fertigen Buch führenden Betreuung) horizontalen Funktion (die den Hersteller im schlimmsten Fall auf die ausschließliche Gestaltung von Titeleien festlegt). Unabhängig von der Betriebsgröße ist die Tätigkeit in der Herstellung wie beim Lektorat je nach der Verlagsart sehr unterschiedlich; der eher seriellen Produktion eines Taschenbuchs stehen sehr differenzierte im wissenschaftlichen Verlag und beim Kinder- und Kunstbuch sogar künstlerische Anforderungen gegenüber. An diese Anforderung knüpft heute tendenzmäßig eine größere Zahl moderner auch nichtkünstlerischer, wissenschaftlicher und anderer Verlagsarten an: Machten früher die Hersteller über die von ihnen gestalteten Bücher zugleich oft die beste Werbung für ihren Verlag (das hervorragendste Beispiel hierfür sind die Bände der Insel-Bücherei aus der Leipziger Zeit, deren Rechte fast sämtlich gemeinfrei waren und ihren legendären Erfolg über ihre Gestaltung erreichten), so steht heute, je mehr die Gestaltungskomponente in den Vordergrund tritt, daneben der externe, künstlerisch ambitionierte Spezialist für das Book-Design.

4. Die Werbung

»Ich weiß zwar, daß 50 Prozent der Werbung
zum Fenster hinausgeworfen sind –
wenn ich nur wüßte, welche 50 Prozent.«

Bonmot aus der Werbe-Literatur,
deren Quelle die Werber verheimlichen!

So wie das Lektorat mit der Herstellung (weil beide eine produzierende Funktion ausüben), wird die Werbung in Organigrammen für die Struktur eines Verlags oft mit dem Vertrieb kombiniert: weil beide sich mit dem *Absatz* beschäftigen. Die Werbung hat dabei die Funktion der Absatz*anbahnung,* während dem Vertrieb die Absatz*durchführung* obliegt. Verlagswerbung folgt, allgemein, der »AIDA«-Formel der Werbe*psychologie:* »A« für Erweckung der Aufmerksamkeit, *attention* (die Werbung muß auffallen), »I« für Verdichtung zu echtem Interesse, *interest* (aufgefallene Werbung darf nicht wieder versinken), »D« für *desire* (sie muß den Wunsch wachsen lassen) und »A« für *action* (den Kauf) – für spezielle Zwecke im Verlagsmarketing (s. hier S. 219f.) kann sie manchmal erweitert werden. Verlagswerbung ist von der *Zielgruppe* her in zwei Arten gegliedert: in die Leser- und Händlerwerbung; beide Zielgruppen haben derart unterschiedliche Interessen (der Leser will lesen, der Händler verkaufen), daß oft Überlegungen geäußert werden, in Verlagen statt einer zwei Abteilungen für Werbung zu führen – die für den Leser (gesteuert vom Lektorat) und die für den Buchhändler (die vom Vertrieb aus gemacht wird). Verlagswerbung besteht, von der *Aktualität* aus betrachtet, aus Novitäten- und Backlistwerbung; die Novitätenwerbung ist notwendige Einführungswerbung (der wichtige Anfang), die für die Backlist die wichtige Erhaltungs- oder Reaktivierungswerbung (weil ein Verlag selten nur aus seinen Novitäten lebt). Verlagswerbung reicht, von der *Produktzahl* gesehen, von der Einzeltitel- über die Reihen- und Themenwerbung bis zur umfassenden, ganzheitlichen Verlagswerbung: Weil die Relevanz bestimmter Titel Individualwerbung verlangt, andere vom finanzierbaren Etat oder Inhalt her den Kontext der Gruppe erfordern, oder der Verlag zum Zweck der Öffentlichkeitsarbeit Gesamtprogrammwerbung treiben muß. Verlagswerbung ist vom *Etat* her fast immer begrenzt: Sie findet deswegen ihren billigsten und zugleich zielgenauesten Träger in guten Füllanzeigen in den eigenen Büchern (wo keine Schaltkosten anfallen), betreibt Tauschwerbung mit anderen Verlagen und verrechnet akquirierte

Fremdwerbung gegen die Kosten der selbstfinanzierten. Auch diesmal sind die gewählten Beispiele nur ein Segment, hier für Werbung im Anzeigenbereich. Daneben bzw. eher überwiegend steht die Gestaltung und Produktion der vom Verlag oder einer beauftragten Agentur entworfenen Werbe*mittel*. Sie reichen von einfachen, einfarbigen, einseitigen Prospekten z. B. als Beileger im Briefformat über die Reihen-, Halbjahres- und Jahresprospekte sowie den Gesamtkatalog bis zu Buttons, Postern, Displays zur Verkaufsförderung im Laden des Buchhändlers oder auf den Messen, die Grenze wird nur vom Etat gesetzt. Für die Bestimmung des *Etats* von Verlagswerbung konkurrieren zwei grundsätzliche Prinzipien. Das erste ist das umsatzproportionale Prinzip. Nach ihm werden geläufigerweise sieben Prozent (als Durchschnitt) vom erwarteten Nettoumsatz der Titel für Werbung veranschlagt. Das zweite geht nicht von dem Umsatz, sondern dem Werbeziel aus, es ist deswegen das eher und eigentlich marketingorientierte. Ein nach dem Umsatzprinzip ermittelter Werbeetat wird oft nachträglich aufgestockt, wenn die Ziele mit ihm nicht erreichbar waren – der Verlag praktiziert dann die »kombinierte Methode«. Für die Werbe*wirkung* und Werbe*erfolgskontrolle* bestehen zwar allgemeine Wissenschaftsansätze, für ihre praktische Nutzbarkeit oder Garantie muß man jedoch auf das zitierte Motto verweisen. Die Aufgaben der Werbung bestehen damit im Entwurf der Gestaltung und Produktion der obengenannten werbenden Mittel, dem Entwurf und der Schaltung der vorher bis zum Film selbst produzierten Anzeigen sowie der Herstellung der Verkaufsförderungsmittel intern oder extern durch Agenturbeauftragung, inklusive aller Messe- und außergewöhnlichen Aktivitäten im nach betriebswirtschaftlichen Marketingzielen gesetzten Finanzrahmen, so daß eine Kombination aus Herstellungs- und Marketingwissen für (Be-)Werber und Verlag eine erfolgreiche Basis schaffen. Dies ist besonders dann zu spüren, wenn in mittelständischen Verlagen auch die Öffentlichkeitsarbeit aus der Abteilung Werbung erfolgt und die Werbung zugleich Aufgaben der der Abteilung Vertrieb zugeordneten Verkaufsförderung übernimmt (ausführlich: Kapitel Verlagsmarketing).

Auch für die Werbung besteht im Verlag kein einheitliches Anforderungsprofil und kein Berufsbild, Verlagswerber brauchen aber weniger eine die Buch-Branche betreffende Vorbildung als die Lektoren und Hersteller. So stammen sie oft aus »Werbe«-Agenturen oder verlagsfremden Firmen, bringen jedoch aufgrund ihres Fach- oder Fachhochschulstudiums wichtige Kenntnisse aus Design und Marketing mit, die sie den speziellen Erfordernissen des Verlags anpassen. Kreativität war eine Anforderung schon an das Lektorat und die Herstellung, in der Werbung ist sie besonders gefordert: Verwechselbare Werbung kann man vergessen. Diese nicht lernbare Fähigkeit durchzieht alle Funktionen. Sie beginnt bei der Anregung werbewirksamer Formulierungen für die bis dahin nur unter Arbeitstiteln vereinbarten Bücher (in größeren Verlagen: bei »Titelsitzungen«), betrifft die im Hause gestalteten oder an Grafiker vergebenen Umschlagentwürfe (in größeren Verlagen: auf der »Umschlagkonferenz«) und endet letztlich – bei allen erfolgreichen Großverlagen ist dies bereits geleistet, aber auch die mittleren und kleinen brauchen es – bei der Schaffung eines Corporate Design des Verlags in der Werbung.

Der Aufbau von Werbeabteilungen ist natürlich abermals ganz nach Größe und Art des Verlags verschieden. Während ein Verleger jedoch über lange Zeit sein einziger und bester Lektor sein kann und auch Engpässe auf dem Gebiet der Herstellung selbst überbrückt, hat er selten die Intuition und das Know-how für die Entwicklung einer den Verlag von Anfang an prägenden Werbung. Er sollte sich, sofern sein Verlag nicht ein Nebenerwerbsbetrieb bleiben, sondern ein Vollerwerbsbetrieb mit Gesicht und Profil werden soll, schon für die Startwerbung nach Partnern umsehen, die auf der Grundlage eines wirklichen Verständnisses des Programms ein quasi »industrielles«, d.h. künstlerisches Design liefern. In mittleren Verlagen ist neben dem Werbeleiter der Werbeassistent eingesetzt, in größeren arbeiten der Grafiker, Texter, Designer, der Werbemittelhersteller, der ein Bindeglied zwischen Werbung und Herstellung darstellt (Produktioner) und schließlich der Art-Direktor u. a.

5. Der Vertrieb

»... die Zerstreuung eines Buchs durch die Welt ist
fast ein ebenso schwieriges und wichtiges Werk
als die Verfertigung desselben.«

Friedrich von Schiller

Als Friedrich von Schiller im Jahre 1794 in einem Brief an seinen Verleger
Cotta die obige untertreibende Feststellung machte, ahnte er schon etwas von
damaligen Problemen – heute ist diese »Zerstreuung« die heikelste Aufgabe –
und für manche Verleger so dominant, daß sie den Verlag »vom Vertrieb her«
führen.

Die Problematik entsteht heute dadurch, daß Bücher nicht mehr knappe
und teure, sondern massenhafte und überproduzierte Güter darstellen (um es
anschaulich zu machen: bei den zwischen 50 000–60 000 jährlichen Novitäten der 80er Jahre erschienen 140–165 Titel pro Wochentag neu – pro Arbeitstag waren dies über 200!), und weil sie, gemessen an anderen Preisen
und Dienstleistungen, zu wenig kosten. Die Dominanz der Abteilung Vertrieb über andere, die man in vielen Verlagen verzeichnet, ergibt sich aus
einer Konzentration auf das Absatz- und Marketingdenken, das von solchen
Sättigungen des Marktes ausgeht, sie aber in der Maxime verdichtet, daß nur
produziert werden darf, was verkauft werden kann – wobei das entscheidende
Kriterium über Verkäufliches oder Verkaufbarkeit beim Vertrieb liegen soll.
Der Vertrieb dominiert auch außerhalb des Programmsektors gern tendenziell im Verlag. So werden in manchen Verlagen Vertrieb und Werbung, da
sie beide dem Absatz dienen, nicht nur auf den Organigrammen zusammengefaßt, sondern ist die Werbung ein Teil des Vertriebs und ihm untergeord-
net. Für die Darstellung des Vertriebs im Verlag kommen aber auch gemeinhin gegenüber den Abteilungen, die zuvor dargestellt wurden, zwei neue
Dimensionen ins Spiel. Denn er hat neben den *im* Verlag beschäftigten Mitarbeitern einen *Außen*dienst zur Auftragseinholung und besorgt, falls dafür
nicht ein fremdes Unternehmen beauftragt wird, die firmeneigene *Auslieferung*. Die Beschreibung der jeweiligen Aufgaben, der jeweiligen Anforderungen an die Stelle und des jeweiligen Aufbaus der eigentlich *drei* Abteilungen (Innendienst, Auslieferung, Außendienst) macht die Darstellung des
Vertriebs hier also komplexer.

Zunächst kann es für den Vertrieb keine so einfache bzw. einheitliche typische Tätigkeitsbeschreibung geben wie etwa für den »Hersteller« und »Lektor«, denn bereits im Innendienst arbeiten Mitarbeiter in ganz diversen Funktionen unter einem Organisator (oft Manager) als Leiter. Dieser selbst wird dann schon sehr unterschiedlich als Vertriebschef, Verkaufschef, Leiter des Absatzes u.ä. bezeichnet, wobei die Tätigkeiten identisch sein können, der Vertrieb manchmal auf Auslieferung beschränkt ist (neben einer zusätzlichen Abteilung für Verkauf oder Marketing) oder zusätzlich die Werbung umfaßt. Weder besteht ein einheitlicher Gebrauch bei den Verlagen, noch – wie schon bei den vorherigen Verlags»berufen« auch – ein einheitliches bzw. überhaupt ein von der Branche entwickeltes Berufsbild, und ebenso different sind die Auffassungen in der vorliegenden neueren Fachliteratur. [66] Dann verteilen sich die Aufgaben auf die drei genannten Aufgabenbereiche, die sich ja nicht nur voneinander stark abgrenzen, sondern auch in ihnen selbst den Einsatz eines Spektrums von Fachkräften verschiedenster Ausbildung verlangen, im Innendienst von der allgemeinen Fakturkraft (Sachbearbeiter) bis zum Spezialisten für den Marketingplan. Eine ähnliche Situation besteht für den Außendienst, in dem z.B. Vertreter und Reisende arbeiten (s.u. und besonders: Verlagsmarketing). Für die Anschaulichkeit lassen sich die beteiligten Gruppen vielleicht unter der sehr unorthodoxen, aber memorablen Klammer eines »Rein-Raus«-Prinzips integrieren: Der Außendienst, d.h. die Vertreter und Reisenden, holen Aufträge (Bestellungen) immer nur »rein« (im Marketingdeutsch: Auftrags- »Akquisition«, z.B. »Hineinverkauf«, allgemein: »akquisitorische Distribution«), die Auslieferung, für den physischen Transport verantwortlich, bringt Bücher immer nur »raus« (»Logistik« der Waren oder »physische Distribution«), der übrige Innendienst, vom Bestelleingang bis zur Order des Lagers, übernimmt eine papierene und EDV-gestützte »Rein-und-Raus«-Aufgabe (administrative Verwaltung) und mit der Vertriebsmarketingleitung die koordinierende Funktion. Die Bildlichkeit dieser Vorstellungsdynamik mit ihrem gegenläufigen Bewegungscharakter veranschaulicht jedenfalls sehr plastisch und knapp die beiden Stoßprinzipien, durch die prinzipiell jeder Vertrieb sein Leben erhält. Jedoch nun im einzelnen die Einzelaufgaben:

5.1 Die Innenaufgaben

Noch heute ordern die Buchhändler zwei Drittel ihrer Bestellungen direkt beim Verlag; was auf diesem Weg beim Verlag eingeht, ist also ein Hauptgeschäft, die umgehende Bearbeitung zwar eine Routine oder Alltagsarbeit, aber von entscheidender Wichtigkeit.

Um seine Bestellungen auf einfache Weise schnell und ökonomisch an den Verlag zu bringen, verwendete der Buchhandel klassischerweise den gemeinsam für Verlag und Sortiment seit den 20er Jahren bestehenden traditionellen »Bücherzettel«, eine standardisierte Postkarte zum vom Staat verbilligten Posttarif mit dem Eindruck der Firma des jeweiligen Sortimenters, der auf ihr seine Wünsche für Versandweg und Konditionen ankreuzen kann, und die der Vertrieb im Fall der Notwendigkeit einer direkten Antwort (z. B. Lieferhemmnis) gleichfalls nach Ankreuzen (z. B. vergriffen, noch nicht erschienen, vorgemerkt) direkt zurücksenden kann. Dieser Bücherzettel wird heute durch »elektronische Bücherzettel« ergänzt. Buchhändler, deren Läden mit den entsprechenden Terminals ausgerüstet sind, können über die Rechner des Zwischenbuchhandels (Barsortimente) oder des »Informationsverbunds Buchhandel« der BAG (siehe Börsenverein) mit den ihrerseits ausgerüsteten Verlagen direkt kommunizieren und dadurch Postzeiten kürzen. Besitzt der Verlag eine EDV, können die Bestellungen noch am gleichen Tag fakturiert oder vorfakturiert sein. Die Faktur (Rechnungsschreibung) erfolgte besonders ganz früher handschriftlich auf individuellen Rechnungsformularen und ist auch heute noch so maschinenschriftlich auf den Rechnungen der Pressen und Kleinstverlage zu finden; normal ist heute die Übernahme einer in Analogie zum Bücherzettel vom Börsenverein entwickelten »Standard-Faktur«, die ein einheitliches systematisches Raster für alle generellen Elemente einer Verlagsrechnung vorgibt und deren Muster die Verlage nur noch geringfügig gemäß ihren eigenen Zwecken modifizieren. Sind die Verlage groß oder verfügen sie über eine branchenspezifische EDV, entsteht die Faktur im Anschluß an die Erfassung der Bestellungen gleich automatisch und liegt am Abend (als »Stapelfakturierung«) vollständig vor, während eine Kopie dieses Datenträgers, z. B. ein Magnetband, an die Auslieferung geht oder dorthin überspielt wird, wo es am Morgen elektronisch die Lagerentnahmen, also die physische Distribution, steuert. Die beschriebenen Arbeiten sind eine relativ repräsentative Auswahl der Aufgaben des Innendienstes. Sie wurden als Anfangsbeispiele nur deswegen gewählt, weil die Eingangsverarbeitung mit der Faktur, welche zur physischen Auslieferung führt, die typischen Funktionen des oben erwähnten Hineinnehmens und Herausschickens näher beschreiben. Obwohl sie alltägliche Verwaltungsaufgaben darstellen, belegen sie dennoch bereits deren Relevanz für das Marketing. Neben ihnen stehen verwaltungstechnische und oft maketingrelevante Strukturen. Zu den verwaltungstechnischen gehört eine so selbstverständliche wie die Teilnahme am BAG-Einzugsverfahren (vgl. S. 29, 42), weil der Großteil der mit traditionellen Bücherzetteln ordernden Kunden selbst BAG-Teilnehmer ist und die Teilnehmerschaften auch auf den Masken der »elektronischen Zettel« vermerkt sind: Die Verwaltung wird durch den BAG-Bündelungseffekt rationeller, der Zahlungsrückfluß sicherer, und Zahlungsfeststellung sowie ein Mahnzwang entfallen. Zu den marketingrelevanten Strukturen gehört z. B. die Hinzunahme von ergänzenden Distributionspartnern. In der BRD wird zwar die erste Bestelladresse der Verlag selbst bleiben (auch wenn er nicht selber, sondern durch einen Kommissionär ausliefert), Berlin jedoch als ein eigener Wirtschaftsraum verlangte in der Regel einen dort ansässigen Auslieferer (und Verwalter), für das deutschsprachige Ausland schließlich sind österreichische oder schweizerische Kommissionäre erforderlich, bei Kunden in weiteren europäischen Ländern und Übersee Import- und Exportbuchhandelsfirmen: Ein einziger z. B. Taschenbuchverlag benötigt daher bis zu fünf Bestelladressen und Lieferinstanzen. Zu den rein marketingorientierten Aufgaben des Innendienstes die sogar aktiv auf den Verkauf ausgerichtet sein können, gehört das sich seit Jahren verstärkende Telefonmarketing. Zu den Aufgaben eher verwaltungstechnischer Art zählt die Vergabe der ISBN (der »International Standard Book Number«), durch deren Angabe jeder Buchhändler weltweit sogar ohne Kenntnis des Autors und Titels die Bücher jedes Verlags bestellen kann und ohne die kein produziertes Buch die Auslieferung verläßt. Vor den weiteren Innenaufgaben, insbesondere der Führung des Außendienstes und der Mitverantwortung bei der Programmgestaltung (Führung des Verlags »vom Vertrieb her«), soll deswegen die Behandlung der Auslieferung stehen.

5.2 Die Auslieferung

Anders als bei den Vertretern und Reisenden, die den echten Außendienst des Verlags ausmachen, gehören die Mitarbeiter der Auslieferung dem Innendienst an, und sofern der Verlag eine *Eigen*auslieferung hat, ist sie eine Abteilung des Verlags im Bereich Vertrieb. Daneben stehen aber als Auslieferungsformen die *Mit*auslieferung (durch einen anderen Verlag, der dafür als Kommissionär auftritt), die *Gemeinschafts*auslieferung (mehrere Verlage betreiben zusammen eine gemeinsame Auslieferungsfirma), die wirkliche *Fremd*auslieferung (ein selbständiger Zwischenbuchhändler tritt als dienstleistender Kommissionär für den Verlag auf) und der Fall, daß die ausliefernde Firma eine selbständige *Tochter* des Verlages ist und ihm gegenüber zu berechnende Eigendienstleistungen sowie fremden Verlagen gegenüber Fremddienstleistungen erbringt – deswegen die von Innenaufgabe wie auch von Außendienst abgegrenzte eigenständige Position. Wegen der Vielfalt der beschriebenen Auslieferungssysteme ist es am sinnvollsten, die Aufgaben einer Auslieferung an einem umfassenden größeren Modell – im folgenden am Muster einer verlagseigenen Tochterfirma für eigene und fremde Auslieferungsleistungen – zu beschreiben.

Eine solche (größere) Firma übernimmt nicht nur die physische Auslieferfunktion, den körperlichen Versand, sondern zuvor die gesamte Lagerhaltung und zusätzlich die vollständige administrative Betreuung: Sie bietet den »Full-Service« an. Ob Full-Service eines Dienstleisters oder Selbstdurchführung der Tätigkeit, die hier zu nennenden Prozesse des Einlagerns, der Auslieferung und des EDV-Service sind so komplex, daß sie einer detaillierten Darstellung bedürfen.

Die *Einlagerung* beginnt im Prinzip mit folgenden Abläufen. Gemäß Abruf der Verlage liefern die Lastwagen die auf Euro-Paletten gestapelten lagerfertig verpackten Bindequoten oder ganzen Auflagen auf einer Eingangsrampe an. Nach Wareneingangskontrolle der Anlieferung und Größenkontrolle der Paletten durch Lichtschrankenmessung gelangen sie per Rollband an eine Steuerzentrale, wo ein Einlagerungscomputer mit speziellem Programm selbständig (off-line) die Positionierung im Lager vornimmt. Sofern die Umschlaghäufigkeit der Titel bereits bekannt ist (bei Neuauflagen durch die Vorbestellquote, bei Nachauflagen durch die Durchschnittsabsätze) ermittelt er den optimalen Lagerplatz im Hochregallager, wobei ein und dieselbe Auflage auf verschiedene Plätze verteilt werden kann (Prinzip der »Auflagenstreuung«), um später die Hol-Wege zu minimieren (Prinzip des »Doppelspiels«); unerprobte Titel werden ohne Ansehen ihrer Art willkürlich im je nach Verfügbarkeit möglichen Raum abgelegt. Nach diesem Verfahren richtet beispielsweise die verlagseigene Tochterfirma ihr eigenes umfangreiches Hauptlager ein. Das zugrundegelegte Prinzip, bei dem nur der Computer zum Lagerort findet, ist die »chaotische« Ordnung; sie wird bei allen Großlagern bevorzugt, weil sie die dichteste Raumnutzung mit den geringsten Transportwegen koppelt. Neben dem chaotischen, über zehn Meter hohen Hochlager für die eigenen Verlagsprodukte steht für das Dienstleistungsgeschäft besonders bei der Arbeit für eine Vielzahl von Auftraggebern ein »konventionelles« zur Aufnahme der fremdauszuliefernden Titel; hier lagert man nach Verlagen geordnet und für deren Produktion alphabetisch oder den Verlagsnummern der Titel. Bis zu einem gewissen Umfang der Dienstleistungstätigkeit bleibt dieses Lager ein Nebenlager. Für die Eigen- und Fremdproduktion wird ferner ein Sonderlager gehalten, das Überformate und Mini-Bücher aufnimmt, die wegen ihrer Abmessung nicht palettiert werden können oder sich aus Gründen des Absatzes nicht für eine Aufnahme in die aktiven Lager eignen. Aus allen drei Lagern (Hauptlager, Nebenlager, Sonderlager), die Dauerlager darstellen, wird mit einem Anteil des Gängigsten noch das Kommissions- oder Handlager gebildet für den jeweiligen unmittelbaren Tagesbedarf.

Sind damit die Prinzipien des Einlagerns umrissen, gilt folgende Skizze dem *Auslieferungsprozeß*. Hier ist das auslösende Element z. B. das vom Vertrieb im Verlag erstellte Magnetband, das nun ausgedruckt wird und für die späteren Sendungen bereits die Rechnungen, Lieferscheine bzw. jeweiligen Versandpapiere vollständig mit Adressierung liefert, sowie die vom Computer der Auslieferung errechneten für die Zusammenstellung der Sendungen im Lager erforderlichen Arbeitspapiere. Die Arbeitspapiere erhalten die

»Aussetzer (Innen)«, welche die gängigen Titel ihrem Kommissions- oder Handlager direkt entnehmen, oder das fahrende Personal, das für die in den großen Lagern befindlichen Titel einen Aussetzzettel mit Angabe der Lagerorte und vom Lagercomputer errechneten kürzesten Holwege erhält. Die ausgesetzten Bücher einer Bestellung gelangen in Sammelbehältern über Rollbänder dann an die sogenannten Kommissioniertische, wo die Kontrolle und Verpackung erfolgt – die Kontrolle wird dabei nicht mehr »Titel-für-Titel«, sondern über das vom Computer errechnete Gesamtgewicht vorgenommen; die Verpackung geschieht durch sich auf die Größe der Versandstücke selbst einstellende Automaten. Für den Versand selbst hat der Rechner bereits die für die Bestellung günstigste Versandart bestimmt (z. B. Päckchen oder Paket, Post oder Bahn) oder übernimmt die angemeldeten Buchhändlerwünsche (z. B. kein Paket über 20 Kilogramm, Zustellung per Bahnexpress u. a.). Das fertige Auslieferungsgut gelangt schließlich sortiert über Rollbahnen an die Ausgangsrampe, von der aus es den Fahrzeugen der Post, der Bahn, eigenen Lastkraftwagen bzw. den beauftragten Spediteuren und den Bücherwagen des Zwischenbuchhandels zugeführt wird. Der physische Durchlauf des Auslieferns inklusive der vorweggehenden Eingangsbearbeitung wird in einem Modell wie dem beschriebenen in bereits 16 Stunden bewältigt, über das Eintreffen beim Buchhändler entscheidet dann nur noch der gewählte Bezugsweg.

Als drittes sind die Leistungen zu nennen, die ein Verlag erhält, wenn er nicht nur lagern und ausliefern läßt, sondern sich einer Vertriebsfirma mit *Full*-Service und ihrer *EDV-Leistungen* bedient.

Beim *Full-Service* übernimmt die Firma nicht nur wie oben Datenträger des Verlags, auf denen die Order bereits vorerfaßt sind, zur Weiterbehandlung, sondern erledigt auch selber die Annahme von Buchhandelsbestellungen schriftlicher und telefonischer Art sowie die per Telex, DATEX, Mailbox u. a. elektronischen Einrichtungen übermittelten Aufträge und bearbeitet sie nach Maßgabe mindestens der Kriterien, die zuvor der Verlag benutzt hat. Die Firma übernimmt also die vollständige Auftragsbearbeitung und erstellt anschließend analog die Faktur. Die Einlagerung und Auslieferung geschehen wie soeben beschrieben; hinzu kommen jetzt aber so wichtige Datenzusammenfassungen wie die aussagefähigen *Statistiken* über die Lagerbewegung, die sonst vom Vertrieb gemacht werden und die Grundlage für das Marketing der einzelnen Titel und den Verlag als Ganzen bedeuten. An den folgenden Stichworten in Auswahl kann man sich die Leistungen solcher Aufstellungen verdeutlichen. *Titel-Absatzliste:* Bei Einführung einer Novität wird z. B. sofort das Ausbleiben von Frühkäufen ersichtlich (Reaktion: Meldung »schleppenden Absatzes«), so daß, falls dieser Titel als erfolgversprechend angesehen wurde, mit Werbung gegengesteuert werden kann; ist ein Titel der Backlist erfolgreich, muß die Statistik nach den Durchschnittsabsätzen ermitteln, wie lange der Vorrat noch reicht (»Knappmeldung«), damit der Verlag nicht mit

einem erfolgreichen Titel in eine Lieferpause gerät. *Titel-Umsatzliste:* Titel
mit guten Absätzen müssen nicht die mit den besten Umsätzen sein – biedere,
normal abgesetzte teure Monographien können mehr Umsatz erbringen als
spektakuläre Taschenbuch»renner«; Verlage bekommen also Hinweise für die
Bildung von Profit-Centern oder entdecken ggf. Defizit-Zonen. *Lager-Gesamt-
entwicklung:* Schwillt das Lager zur Halde, während gleichzeitig die jährliche
Titelanzahl der Novitäten konstant bleibt, waren die Auflagen nicht realistisch;
der Verlag hat einen Indikator für seine Auflagenpolitik. Weitere wichtige
Zusammenstellungen für den Vertrieb gehören zum Grundangebot des Full-
Service oder können individuell gegen Gebühr bestellt werden: Absatz und
Umsatz nach Themen, nach Kundengruppen (Einzelhändler, Kaufhäuser,
Privatbestellungen), nach Vertretern, Preisgruppen, Rabattgruppen u. a., die
alle in das Marketing einmünden; eine vollständige Check-Liste über die
Abdeckung aller Leistungen eines Full-Service-Paketes würde durchaus
hundert Positionen umfassen. Die verlagswirtschaftlich wichtigste Dienstleistung entsteht, wenn die Auslieferungsfirma zugleich das *Delkredere* trägt,
d. h. die Vollhaftung gegenüber dem Verlag für die Forderungen an die be-
stellenden Buchhändler. Der Verlag hat dann nicht nur einen seinen sämtlichen Bestellungen entsprechenden zum vertraglich vereinbarten Termin ein-
treffenden Zahlungseingang – was ihm nie im direkten Verkehr mit dem
Buchhandel gelänge –, sondern kann zusätzlich sogar auf das Mahnwesen
und die Kundenbuchhaltung verzichten. Deshalb haben die Leistungen eines
Full-Service-Pakets an einen Verlag zwar ihren Preis, verbessern ggf. aber
seine Liquidität, entlasten in jedem Fall durch überlegene Abwicklungs- und
EDV-Techniken (nur Großverlage dürften gleichwertige oder bessere Möglichkeiten erreichen) und setzen dadurch die Kapazitäten des Vertriebs für
die eigentlichen Marketingaufgaben frei. Mit der Entscheidung für das Aus-
lieferungssystem werden dadurch die Weichen für einen Mehr- oder Min-
dererfolg des Verlags gestellt.

5.3 Der Außendienst

Dem Außendienst sind alle die Mitarbeiter zuzuordnen, die den Verlag im regelmäßigen Turnus beim Sortiments- oder Einzelbuchhändler, aber auch dem
Groß- oder Zwischenbuchhandel, wie letztlich privaten und sonstigen Kunden
vertreten. Im Gegensatz zu den Lektoren, Herstellern, Werbern und übrigen
Angestellten auch aus der Abteilung Vertrieb (Innendienst) gibt es für sie daher
im Verlag keinen fest eingerichteten »Arbeitsplatz« – sie sind im Verlag nur zu
ausgewählten Terminen präsent. Es hat sich eingebürgert, bei ihnen allgemein
von »Vertretern« zu reden; dies ist jedoch falsch, weil im Außendienst eines

Verlages mindestens drei Arten von Außendienstmitarbeitern vorkommen können und vorkommen. Nur der erste ist Vertreter im eigentlichen Sinn, nämlich Handelsvertreter, und zwar der »große« (früher der »reine« Provisionsvertreter). Dieser ist selbständig, vertritt mehrere Verlage, die aber nicht miteinander in Konkurrenz stehen dürfen, und wird auf Provisionsbasis (von bis zu zehn Prozent seines Umsatzes netto) entlohnt. Neben ihm steht der »kleine« Handelsvertreter, der nicht für mehrere Verlage, sondern exklusiv für einen einzigen reist (früher der »Vollvertreter«). Er erhält ebenfalls eine Provision, allerdings eine geringere (im Durchschnitt 7,5 Prozent), dafür aber zusätzlich ein Fixum für jeden Reisetag und eine monatliche Garantie. Erst der dritte Außendienstmitarbeiter ist der Reisende. Dieser ist beim Verlag fest angestellt, erhält als Fixum ein monatliches Gehalt und als Anreiz für seinen Verkaufseinsatz gleichfalls eine Erfolgsprovision, die wegen seines gesicherten Einkommens aber minimal ist. Alle Vertreter und Reisende genießen untereinander Gebietsschutz, d.h. einer ist beispielsweise für den Bereich Nord eingeteilt, ein zweiter für Süd, West, Mitte oder (ehemals:) Berlin usw. Handelt es sich um einen Taschenbuchverlag, kann es einen eigenen Kaufhausvertreter für das gesamte Bundesgebiet geben. Handelt es sich um große Handelsvertreter, die dem Verlag aufgrund ihrer Beziehungen neue Kunden zuführen, kann neben den Gebietsschutz der Kundenschutz treten.

Für alle Tätigkeiten der Vertreter und Reisenden gilt ein Halbjahreszyklus. Zweimal im Jahr gibt es ein zentrales Zusammenkommen für alle, die Vertreterkonferenz (Ausnahmeriten individueller Verlegerpersönlichkeiten von Frankfurt bis Stuttgart oder ehemals Nördlingen werden hier nicht behandelt). Sie tagt im Frühjahr zur Vorstellung des Herbstprogramms und im Herbst zur Präsentation des neuen Programms für das Frühjahr und ist die halbjährlich für Anbahnung und Durchführung des Absatzes wichtigste Konferenz des Verlags. An ihr nehmen nicht nur Lektorat und Vertrieb, sondern auch Herstellung, Werbung, Geschäftsführung, also alle Abteilungen teil. Die Aufgabe des Lektorates ist es, die neuen Titel zu präsentieren, d.h. nach Inhalt und Autor den Vertretern verständlich zu machen, dazu gibt es mindestens vorab zugesandte oder vor der Sitzung verteilte Informationsblätter der jeweiligen Lektoren sowie Kurzvorträge mit anschließender Diskussion. Auch die meist aufwendig gestaltete Programmvorschau liegt zu dieser Zeit bereits vor. Die Herstellung hilft mit Kopien von Fahnenabzügen, Umbruch, Reinzeichnungen oder Andrucken von Umschlägen. Die Werbung unterrichtet über geplante Anzeigen in den Händler- und Publikumszeitschriften, sowie die speziellen Werbeaktionen. Insgesamt entsteht hier ein »Briefing« durch alle im Verlag an der geistigen und technischen Produktion sowie der Vorbereitung des Absatzes Beteiligten, das den für die Durchführung des Absatzes Verantwortlichen die Grundlagen für ein optimales Anbieten während der Reise schafft (schaffen soll). Einen Höhepunkt bilden kann die Präsentation eines Buches durch einen eingeladenen Autor, dies wird bisweilen für ausgewählte Schwerpunkttitel versucht. Besonders wenn eine Präsentation durch den Autor gelingt, hat sie eine unmittelbare Auswirkung auf die Motivation und damit die Effizienz der Vertreter bei ihrer Buchhandelsreise. Die Präsentation des neuen Programms ist nicht der einzige Teil einer Vertretertagung, obwohl sich die Präsentation allein über Tage erstrecken kann. Die Gesamttagung gliedert sich vielmehr in drei logisch, psychologisch und chronologisch gestaffelte Phasen. In der ersten, meist am ersten Tag oder Abend, treffen sich nur Außendienst und Vertriebsleitung. Hier bekommen Vertreter und Reisende die Gelegenheit, Erfahrungen der zurückliegenden Saison auszutauschen und Ärgernisse sowohl mit dem Buchhandel wie auch mit dem Verlag anzusprechen und auszudiskutieren; neben Sachklärungen dient dieses Treffen also der atmosphärischen Bereinigung. Die zentrale Präsentation darf erst nach dieser Vorklärung erfolgen, denn nichts wäre schlimmer, als ein neues Programm vorzustellen, wenn alte Divergenzen noch nachwirken und zu Unwillen, Ablehnung, Blockierung, Verweigerung führen, vielmehr muß offene Aufnahmebereitschaft erreicht werden. Die dritte Phase ist wiederum ohne das Lektorat vorgesehen. Vertriebsleitung, Außendienst und der kaufmännische Stab bewerten das neue Programm nach ihrer eigenen Einschätzung, formulieren die ihnen realistisch erscheinenden Verkaufserwartungen und setzen die Absatz- und Umsatzziele. Die Wochen nach der Verlagstagung dienen dem Außendienst zur Vorbereitung der Reise. Vom Verlag wird ihnen zusätzlich zu dem bereits auf der Sitzung gelieferten Material neues ergänzendes zugesandt, so daß aus z. B. kopierten Originalmanuskripten bis zu fertigen Buchumschlägen eine Ansichts-, Demonstrations- und Mustermappe (die »Reisemappe«) entsteht, die dem Vertreter hilft, indem sie durch Veranschaulichung dem Buchhändler seine Entscheidung erleichtert. Terminlich beginnt die Frühjahrsreise generell genau zu Jahresbeginn und endet nach Ostern, die Herbstreise beginnt im Juni mit Schluß im September bis Oktober direkt vor der Buchmesse. Tourenmäßig ist sie in dem jeweiligen Vertretergebiet teils durch die Besuche und Routine der Vorsaison festgelegt, muß aber andererseits auch neue Kunden erschließen. Ein Vertreter oder Reisender schafft pro Tag im Schnitt zwischen fünf und sieben, maximal zehn Besuche von Buchhandlungen und pro Saison in seinem Verkaufsgebiet zwischen 250 bis 500. Große Verlage sind stolz darauf, wenn sie zu 1 800 und mehr Buchhandlungen und Grossisten aktive Kontakte besitzen. Wegen der Vielzahl der Besuche veranstalten manche »große« Vertreter mit begehrten Programmen in größeren Städten Vertreter»börsen«; dann empfängt der Vertreter in einem gemieteten Raum (oder am Tisch) eines Hotels die Buchhändler der Stadt zu deren Beratung. Ein anderer Teil großer Vertreter tätigt, statt zu reisen, seine Geschäfte sogar zu einem gewissen Umfang nur telefonisch (was nicht legitim ist). Das Normale jedoch ist der Weg in den Laden des Händlers und der Empfang durch diesen oder den stellvertretenden Einkäufer. Die auf der Reise gemachten Vorbestellungen gehen in mindestens wöchentlichem Turnus an die Vertriebsleitung und ermöglichen im Verlag eine marktgerechte Veranschlagung oder Korrektur für die Auflagen der Novitäten. Manche Verlage veranschlagen hierfür mit ihrem Außendienst eigene Zwischen- oder Nachkonferenzen.

Welche und wieviel Außendienstmitarbeiter ein Verlag einsetzen will, ist von seiner Größe und seinen Zielen abhängig. Kleine und kleinste Verlage können sich den fest angestellten Reisenden nicht leisten, weil ein nicht unlukratives Monatsgehalt und zusätzlich die Spesen finanziert werden müßten; sie sind angewiesen auf den Handelsvertreter. Mittlere und große Verlage können sich Reisende leisten, doch ist für den Verlag bis zu einem gewissen Pro-Kopf-Umsatz der Handelsvertreter aufgrund seiner nur erfolgsabhängigen Provision kostenmäßig günstiger. Oberhalb dieser Umsatzgrenze wird der Reisende billiger, so daß große Verlage mit entsprechenden Umsätzen als Außendienstmitarbeiterschaft ein Team von Reisenden anstreben müßten, zumal diese aufgrund der Weisungsbefugnis des Verlags für (nicht direkt verkaufbezogene) Marketingaktivitäten viel stärker einsetzbar sind als die selbständigen (von der Provision lebenden) Handelsvertreter. Die Kombination einer optimalen Außendienstmannschaft ist deswegen kritisch; sie wird, auch mit Zahlen, im Kapitel Verlagsmarketing (S. 163–181) ausführlich behandelt. Die Anzahl der im Außendienst Beschäftigten pro Verlag und insgesamt ist relativ klein. Ein kleiner bis mittlerer Fachverlag operiert durchaus mit nur ein oder zwei Vertretern oder Reisenden für das gesamte Bundesgebiet oder den deutschen Sprachraum, ein Stab von zehn wäre bereits für einen größeren Taschenbuchverlag typisch, 40 oder mehr Mitarbeiter sind Ausnahmen für Sonderformen wie beispielsweise den Reisebuchhandel. Interessant ist das Entgelt im Außendienst. Der Reisende erhält für seine Tätigkeit zwischen 4 500 DM und 5 000 DM oder etwa 60 000 DM jährlich, das entspricht dem Gehalt eines Studienrates. Der Handelsvertreter – der »große« – hat ein Jahreseinkommen von 120 000 DM bis 150 000 DM, das er allerdings auch benötigt, denn ca. 50 000 DM davon entfallen auf Kosten. Er kann daher nicht exklusiv nur für einen Verlag arbeiten, da sich die Provisionen aus dem Umsatz mit nur einem Verlag so gut wie niemals erreichen lassen, sondern er braucht fünf bis sieben Verlage mit einem Provisionsaufkommen von durchschnittlich je 25 000 DM. Die ungefähr 600–700 Vertreter der (alten) BRD sind im Börsenverein organisiert. Die zwischen den Reisenden und den großen Handelsvertretern bestehenden »kleinen« liegen auch verdienstlich zwischen den großen Vertretern und Verlagsangestellten, wie die letzten ist ihre Gesamtzahl weder empirisch erhoben noch anderweitig ermittelt, jedenfalls gibt es keine leicht zugängliche Quelle. Berufsbilder und Ausbildungsgänge existieren auch für den Reisenden, großen oder kleinen Handelsvertreter nicht. Alle sind von ihrer Provenienz her in der Hauptsache ehemalige Buchhändler und Verlagskaufleute. Dabei besteht bei vielen Verlagen dennoch ein merkwürdiges Defizit. Denn während beim Lektorat oft die Gefahr der *Über*schätzung des neuen Programmes besteht, besteht beim Außendienst und im Vertrieb oft die noch gravierendere Gefahr einer *Unter*schätzung. Zwar ist einem Erfahrungssatz wie dem eines ehemaligen Verlagslektors und jetzigen Verlegers auf den von ihm gehaltenen Marketing-Seminaren für Lektoren prinzipiell zuzustimmen: »Verlagsvertreter sind markterfahrene Mitarbeiter des Verlags, die oft eine bessere Kenntnis des Buchhandels besitzen als die Programmleute im Verlag« [67]. Dennoch zeigt auch die Erfahrung, daß Inhaltswürdigung und Einschätzung der Verkaufbarkeit durch die Mannschaft fehlgehen können. Die Ursache liegt nicht selten in einem Mangel an Verständnis und Aufnahmebereitschaft. Fatalerweise resultieren daraus eine Demotivation für die neue Reise beim Außendienst, eine nicht adäquate Präsentation während dieser im Buchhandel, unterprognostizierte Vorbestellungen beim Vertrieb, eine sich anbahnende Konfrontation im Verlag zwischen Vertrieb und Lektorat mit der sich aufbauenden Forderung der Steuerung des nächsten Programms (siehe Kapitelanfang) »durch den Vertrieb«. Eine Weiterführung des geäußerten Gedankens wie etwa die in dem Statement: »Ein kluger Programmlektor wird stets das Gespräch mit dem Verkaufsleiter suchen, bevor er neue Programminitiativen offiziell startet« [68], ist mittel- und langfristig eher kritisch zu werten, wenn nicht Programm-Harakiri. Die Optimierung des Außendienstes ist daher die Voraussetzung zur Entfaltung des Potentials eines guten Programms. Sie kann durch die Einstellung von vornherein guter Verkäufer erreicht werden (denn es *gibt* hervorragende Vertreter und Reisende), durch ein intensiviertes und vor allem gutes Briefing seitens des Lektorats, durch Verkäuferschulung (vgl. das Kapitel Verlagsmarketing) oder, um einen neuen Weg vorzuschlagen, durch die Einführung von akademisch einschlägig vorgebildeten Hochschulabsolventen in die Distribution, was angesichts der Verdienstchancen im Außendienst einerseits, sowie andererseits angesichts der Hochschul- und Absolventensituation Perspektiven böte.

TEIL D:
DIE KALKULATION
VON BÜCHERN

1. Die Kalkulationsmodelle

1.1 Die »Historische Drittelkalkulation«

Für die Entwicklung der Verlagskalkulation in Deutschland wurden die wichtigsten Grundlagen bereits geliefert. Es wurde ja schon gezeigt (»Das Ende des Tauschs«, S. 24 f.), daß der Beginn des Buchhandels im heutigen Sinn im Übergang vom Tauschhandel zum Konditionensystem lag. In ihm traten die Verleger als »Nettohändler« auf, die den Sortimentern als »Kondition« das prinzipielle Rückgaberecht einräumten sowie einen gegenüber dem »Ordinärpreis« für das Publikum 33 1/3 Prozent hohen Rabatt. Dies war die Entwicklung zu der *ersten* systematischen Phase der Verlagskalkulation, der historischen oder klassischen sogenannten *»Drittelkalkulation«*.

In der Drittelkalkulation geht demnach das erste Drittel auf die Handelsfunktion (Verkauf, Sortiment), das zweite ist für die Produktion bestimmt (Satz, Druck, weitere Kosten der technischen Produktion), das verbleibende

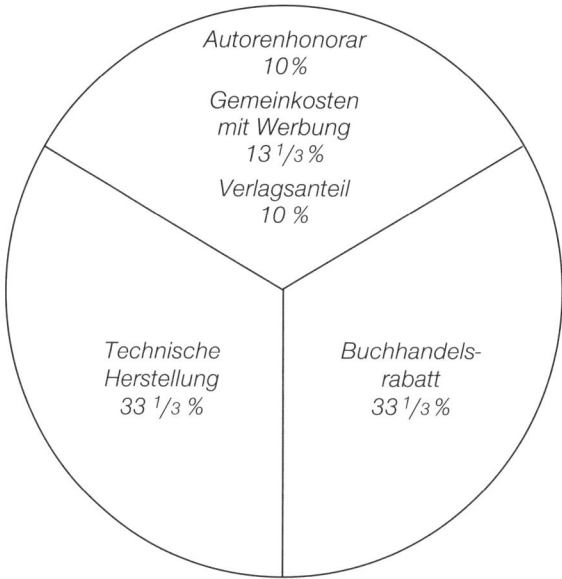

Schema der klassischen Drittelkalkulation

143

letzte sieht die Deckung der Verlagskosten (aus Gemeinkosten mit Werbung), des Autorenhonorars und eines Verlagsgewinns vor. Die Drittelkalkulation hatte damit in einer sehr übersichtlichen Kalkulationsmathematik die ehemals zusammengefaßten und dann wieder getrennten Funktionen *Sortiment, Druck* und *Verlag* wieder »vereinigt«. Sie gestattete den Verlegern vor allem ein sehr einfaches Verfahren zur Berechnung des Ladenpreises. Da alle Funktionen mit genau einem Drittel beanteilt waren, ergab sich der Ladenpreis eines jeden Titels aus der Multiplikation des Herstellstückpreises eines Buches mit *drei*. Würde man dies mathematisch verdeutlichen wollen, ergäbe sich für den Ursprung der systematischen Verlagskalkulation in Deutschland die sehr einfache, aber vollständige Schreibweise:

$$\text{Ladenpreis} = \text{Herstellstückkosten} \times 3$$

1.2 Die »Multiplikator-Methode«

Die Drittelkalkulation herrschte vom Anfang des Konditionensystems bis nach dem Ende des Ersten Weltkriegs. Ihre Langlebigkeit war neben dem »Rechnen mit drei« darin begründet, daß in ihr Autor und Verlag in einem fairen »fifty-fifty«-Verhältnis beanteilt waren (aus den 33 $^1/_3$ Prozent des letzten Drittels zehn Prozent für den Autor, zehn Prozent für den Verlag). Wenn heute noch das »klassische« Autorenhonorar von zehn Prozent gezahlt wird, geht das auf diese Teilung zurück. Während aber das Honorar konstant blieb, kletterte der Buchhandelsrabatt im ganzen nach oben, verlangten die verschiedenen Buchtypen individuelle Rabattsätze und stiegen die Gemeinkosten, weil die Verlage sich zu Firmen mit gegliederten Abteilungen und einer entsprechenden Anzahl von angestellten Mitarbeitern entwickelten, fast auf das Doppelte. Die Kalkulation war dadurch komplexer geworden und mußte vor allem für jeden Titel individuell durchgeführt werden. Auch ließ sich die gesamte Kalkulation zur Ermittlung des Ladenpreises (Lp) nicht mehr durch die Multiplikation des Herstellpreises (th) mit dem einheitlichen »Faktor drei« kontrahieren, sondern nur noch mit größerem Multiplikator (m), beispielsweise fünf, wenn der Autor ein höheres Honorar durchsetzte, sogar bis zehn – aber auch nicht-ganzzahligen Werten, je nach Individualität der Konditionen des jeweiligen Titels. Die Entwicklung dieses Systems bis zur Perfektion (die »vollständige Multiplikator-Methode«) und der vollständige Aufbau der Kalkulation nach der Staffelschreibweise (sie wird unten ausführlich dargestellt) wird nach dem Ort ihrer Herkunft als *»Leipziger Schule«* bezeichnet. Die Kalkulation nach der Leipziger Schule ist die *zweite* systematische Phase in der Entwicklung der Verlagskalkulation und bis heute das Muster aller sogenannten *»traditionellen«* Verlagskalkulationen. Die mathematische Kurzformel (Lp = m x th) verallgemeinert *und* differenziert also das alte Rechnen zu:

> Ladenpreis = Multiplikator x Herstellungskosten

1.3 Die traditionellen Staffel-Kalkulationen

Der Kalkulationsaufbau nach der Staffel-Methode folgt streng der Logik der Kosten. Am Anfang stehen die Produktions- oder Herstellkosten, weil sie zeitlich am frühesten und in der Form von Rechnungen anfallen. Wurde mit dem Autor ein Pauschalhonorar vereinbart (wie in der frühen Zeit üblich), wurde es als nächstes veranschlagt, weil es für den Verleger gleichfalls eine unmittelbare Auslage bedeutete. Herstellkosten und Autorenpauschale ergeben zusammen die Einstandskosten. Als nächstes wurden die Kosten aufgeschlagen, die nicht mehr unmittelbar mit der Produktion des Werkes zusammenhängen, sondern durch das Betreiben des Verlags das Jahr hindurch entstehen: der umzulegende Gemeinkostenanteil. Da die Gemeinkosten die letzten echten anfallenden Kosten darstellen, werden durch ihre Addition mit den Einstandskosten die »Selbst«kosten erreicht. Von hier ab folgen nur noch Kalkulationselemente, die keine Kosten mehr sind: zunächst der vom Verlag selbst bestimmte Gewinnanteil. Diesen auf die Selbstkosten addiert führt zum Nettopreis oder dem »Abgabepreis« gegenüber dem Buchhändler. Der Aufschlag des Buchhandelsrabatts führte früher zum Ladenpreis, heute – nach der Einführung der Mehrwehrtsteuer – erst zum Nettoladenpreis, auf welchen der Staat die neue Mehrwertsteuer schlägt, so daß mit der Ermittlung des »Bruttoladenpreises« die Kalkulation vollständig wird. Im Schema (umseitig) ist dieser Rechengang dargestellt.

Eine Kalkulation solcher Art heißt in der Fachliteratur *Zuschlagkalkulation*. Böse Zungen im Verlag führen den Namen darauf zurück, daß der Verlag in dieser Kalkulation über seinen Plangewinn selber bestimmt, wie stark er »zuschlagen« will. Neutral hat sie ihren Namen vom permanenten Aufschlagen und heißt, wegen des dauernden Fortschreitens bzw. Höhenrechnens von Glied zu Glied, auch *»progressiv«*. Die progressive Kalkulation errechnet also den Preis, den ein Buch rechnerisch haben müßte, wenn alle Kosten gedeckt sein sollen, und zusätzlich für den Verlag einen Plangewinn.

Liegt der errechnete Preis höher, als ihn der Markt akzeptiert, und will man ein Projekt andererseits dennoch realisieren, ist die progressive Methode zur Ladenpreisfestlegung natürlich ungeeignet. In einem solchen Fall wird vom Markt ausgegangen, d. h. der Preis wird als Datum des Marktes gesetzt, die Rechenmethodik aber nicht als Ganzes verworfen, sondern »umgekehrt« angewandt: Der Weg führt vom gesetzten Marktpreis zu einem errechneten Herstellstückpreis. Ihn muß der Hersteller erreichen, wenn der Marktpreis ohne Einbußen bei den übrigen Kalkulationselementen auskömmlich sein soll.

Diese Methode, die mit Subtraktionsschritten arbeitet, heißt »*retrograd*«. Die retrograde Kalkulation ist aber nicht einfach nur die Umkehrung der progressiven. Denn während jene als Endergebnis immer nur zum Ladenpreis führt, egal, in welcher Reihenfolge man die einzelnen Kalkulationselemente addiert, führt die retrograde Kalkulation zu unterschiedlichen Endelementen als Rechenziel, nämlich je nach dem, in welcher Reihenfolge man welche Kalkulationselemente abzieht. Wenn ein Plangewinn subtrahiert wird (wie im Schema geschehen), ist das Endergebnis ein *Herstellstückwert* (s. dort). Wird anstelle des Plangewinns ein durchschnittlicher bzw. der echte Herstellwert abgezogen, erhält man als Endergebnis einen *Verlagsgewinn*. Verrechnet man in der Subtraktion einen Durchschnittsgewinn und durchschnittliche Herstellungskosten, kann man auf ein *maximal mögliches Honorar* für den Autor oder den *möglichen Rabatt* für den Buchhändler als Ergebnis zurückrechnen. Die retrograde Methode ist vom Ergebnis her gegenüber der progressiven also nicht »mono«-, sondern »poly«valent. Da die meisten Verlage an einer Gewinnvoraussage für ihre Projekte interessiert sind, ist die retrograde Kalkulation vom gegebenen Ladenpreis zurück auf den verbleibenden Gewinn die gebräuchlichste. Da Verlage typische Vorkalkulationsbetriebe darstellen, wenden sie diese Kalkulation sogar zweimal an. Einmal in der Vorkalkulation selbst zur Entscheidungsfindung und später im Fall einer positiven Entscheidung auch hauptkalkulatorisch, d. h. wenn die endgültigen Kosten der Drucklegung absehbar sind. Um den bisher abstrakten Prozeß auch konkret darzustellen, folgt nach dem Schema ein Zahlenbeispiel (S. 148 f.), dessen Werte der ehemals bei Greno veröffentlichten Taschenbuchreihe » 10/20« (nach den Ladenpreisen zu 10,– oder 20,– DM) entsprechen, aber in ähnlicher Form auf jedes durchschnittliche heutige Taschenbuch zutreffen. Die Variante von genau 10,– DM wurde gewählt, um das Beispiel möglichst anschaulich zu machen.

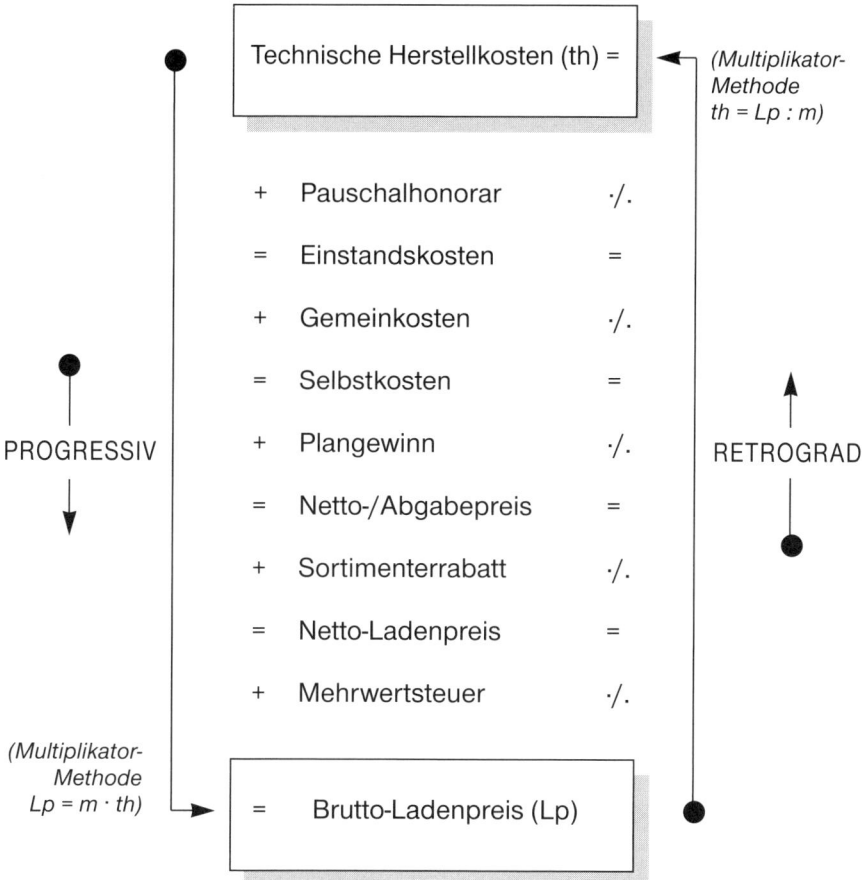

Rechenschema der Staffel-Kalkulation

„Traditionelle"
Projekt: Taschenbuch

Stück-Kalkulation

1.	Brutto-Ladenpreis	10,– DM
2.	·/. Mehrwertsteuer 7 % von 3.	0,65 DM
	oder 6,54 % von 1.	
3.	= Netto-Ladenpreis/Warenwert	9,35 DM
4.	·/. Durchschnittsrabatt 45 % von 3.	4,20 DM
5.	= Nettopreis	5,15 DM
6.	·/. Honorar/Lizenz 5 % von 3.	0,47 DM
7.	·/. Gemeinkosten 46 % von 5.	2,37 DM
	davon Vertreterprovision 8 % von 5.	0,41 DM
	davon Auslieferung 12 % von 5.	0,62 DM
8.	·/. Herstellkosten	2,– DM
9.	= Verlagsanteil	0,31 DM
	(= theoretischer Gewinn pro Stück)	

Zahlenbeispiel für die traditionelle oder klassische Staffelkalkulation gemäß der »Leipziger Schule«

Neben der Einzeltitel-Stückkalkulation (Teil 1) steht die Auflagenkalkulation (Teil 2), die nötig ist, weil man nur an ihr sehen kann, welche finanziellen Bewegungen sich insgesamt abspielen, z.B. 20 000,– DM Herstellungskosten plus 23 700,– DM auf dem Gemeinkostensektor, was für ein einzelnes Buch eine nicht unerhebliche Investition bedeutet. Auch der Gewinn beim Verkauf der gesamten Auflage ist ablesbar, wobei man allerdings sieht, daß er, gemessen am Ladenpreis, deutlich geringer als die »klassischen« zehn Prozent ausfällt (im Beispiel 3,1 Prozent, und dieses vor Steuern). Bei der Auflagen- wie bei der Stückkalkulation ist der ausgewiesene Wert allerdings rein theoretischer Natur, da er nur entstehen kann, wenn die gesamte Auflage verkauft wird. Da nicht immer mit dem vollen Verkauf einer Auflage zu rechnen ist (in der BRD erreichen drei von vier Titeln *keine* Nachauflage), steht neben der

148

Buchkalkulation

Taschenbuch-Erstauflage: 10.000 Stück

Auflagen-Kalkulation	

1.	Brutto-Umsatz	100.000,– DM
2.	·/. Mehrwertsteuer	6.500,– DM
3. =	Warenwert-Umsatz	93.500,– DM
4.	·/. Rabatt	42.000,– DM
5. =	Netto-Umsatz	51.500,– DM
6.	·/. Honorar/Lizenz	4.700,– DM
7.	·/. Gemeinkosten	23.700,– DM
	davon Vertreterprovision	4.100,– DM
	davon Auslieferung	6.200,– DM
8.	·/. Herstellkosten	20.000,– DM
9. =	Verlagsanteil	3.100,– DM
	(= bei Ausverkauf der ganzen Auflage)	

Es werden stets auch die Gemeinkosten
veranschlagt, das Rechenziel ist
die Ermittlung des Verlagsgewinns

Prüfung, ob ein Objekt überhaupt Gewinn abwerfen kann und wieviel, die Frage, wann seine Kosten gedeckt sind und ob sich diese Deckungspunkte erreichen lassen.

1.4 Die Berechnung von Deckungsauflagen

Eine Verlagskalkulation wird daher erst vollständig durch die Deckungsauflagenberechnung. Von Deckungs»auflagen« zu sprechen, ist zwar im Prinzip falsch, da eine »Auflage« immer die in einem Druckvorgang hergestellte

Gesamtzahl der Exemplare bedeutet, doch wird diese falsche Terminologie von der Branche traditionellerweise für die hier interessierenden Teilmengen verwendet. Der erste, für viele Verleger wichtigste Punkt ist der, an dem die Herstellkosten gedeckt sind. Er errechnet sich gemäß der Frage:»Wie oft muß ein Verlag ein Exemplar zum Nettopreis absetzen, bis durch die Einnahmen pro Stück die Summe der Herstellkosten erreicht wird?« – mathematisch also ausgedrückt durch die Gleichung für D_1:

$$\text{Deckungsauflage (1)} = \frac{\text{Herstellungskosten der Auflage}}{\text{Nettopreis}}$$

$$= \frac{20.000{,}-}{5{,}15}$$

$$= 3.883{,}5 \text{ Exemplare}$$

d. h. vom 3884. Exemplar an sind Satz, Druck, Bindung etc. bezahlt. Wird auch noch der Autor berücksichtigt und erhält er ein Absatzhonorar pro Stück, so ist es vom Nettopreis abzuziehen, erhielte er ein Pauschalhonorar für die gesamte Auflage im voraus, so wäre dies den Herstellkosten zuzuschlagen, also entweder

$$\text{Deckungsauflage (2)} = \frac{\text{Herstellungskosten der Auflage}}{\text{Nettopreis} \cdot\text{/. Stückhonorar}}$$

$$= \frac{20.000{,}-}{5{,}15 \cdot\text{/. } 0{,}47}$$

$$= 4.273{,}5 \text{ Exemplare}$$

oder

$$\text{Deckungsauflage (3)} = \frac{\text{Herstellung} + \text{Pauschalhonorar}}{\text{Nettopreis}}$$

$$= \frac{20.000{,}- + 4.700}{5{,}15}$$

$$= 4.796 \text{ Exemplare.}$$

Wie man sieht, liegen die Deckungspunkte jetzt höher, und zwar bei dem Pauschalhonorar höher als bei dem absatzbezogenen, weil das Honorar dann auf die ganze Auflage bezogen wurde.

Die drei bisherigen Gleichungen haben die Eigenschaft, noch keine Gemeinkosten zu berücksichtigen, d.h. sie errechnen jeweils eine *Teilkostendeckung*. Das Teilkostendenken ist aber die eine unternehmerische Denkart (»Philosophie«), in der *Vollkostenrechnung* wird auch noch das Betreiben des Verlages veranschlagt. Für das Kalkulieren nach Vollkosten lassen sich starke Argumente ins Feld führen, wenn man bedenkt, daß die Gemeinkosten die Herstellkosten nicht nur erreichen, sondern, wie in dem obigen Beispiel ersichtlich, sogar übersteigen. Nach der Philosophie der vollen Verrechnung der Kosten wären also nur folgende Gleichungen möglich. Entweder gilt:

$$\text{Deckungsauflage (4)} = \boxed{\frac{\text{Herstellkosten der Auflage (TH)}}{\text{Nettopreis} \cdot/. \text{Honorar} \cdot/. \text{Stückgemeinkosten}}}$$

$$= \frac{20.000,-}{5,15 \cdot/. 0,47 \cdot/. 2,37}$$

$$= 8.658 \text{ Exemplare}$$

oder

$$\text{Deckungsauflage (5)} = \boxed{\frac{\text{TH} + \text{Gemeinkosten der Auflage}}{\text{Nettopreis} \cdot/. \text{Honorar}}}$$

$$= \frac{20.000,- + 23.700,-}{5,15 \cdot/. 0,47}$$

$$= 9.338 \text{ Exemplare,}$$

je nachdem, ob die Gemeinkosten nur bis zu dem errechneten Punkt (Ergebnis von 4) oder auch danach bis zum Verkauf der gesamten Auflage (Ergebnis von 5) berücksichtigt sein sollen. Man kann diese Gleichungen nun fast beliebig weiterentwickeln: z. B. die (möglichen) Deckungsauflagen (6) und (7) für Vollkostendeckung bei Gewährung eines Pauschalhonorars usw. Daß diese Rechnungen zumindest in sich stimmig sind, zeigt die folgende Kalkulation zur Probe (8): Setzt man in der Vollkostengleichung im Zähler auch noch den Gewinn für den Verkauf der gesamten Auflage ein, ergibt sich als Absatzmenge genau 10 000!

$$\text{Deckungsauflage (8)} = \boxed{\frac{\text{TH} + \text{Gemeinkosten} + \text{Gewinn der Auflage}}{\text{Nettopreis} \cdot/. \text{Stückhonorar}}}$$

$$= \frac{20.000,- + 23.700,- + 3.100,-}{5,15 \cdot/. 0,47}$$

$$= 10.000 \text{ Exemplare}$$

1.5 Das Problem der Gemeinkosten

Nach dem Prinzip der von den Leipzigern entwickelten progressiven oder retrograden Einzelstück- oder Auflagenkalkulation sowie der Teilkosten- und Vollkostenrechnung für Deckungsmengen und teilweise sogar nach der Multiplikatorenmethode arbeitet bis heute die *traditionelle* Verlagskalkulation. Sie hat jedoch einen gravierenden Nachteil, der gerade in dem Kalkulationselement steckt, das noch soeben als so »bedeutend« herausgestellt wurde, dem Gemeinkostenanteil. Die Gemeinkosten betrugen, um in dem angefangenen Beispiel zu bleiben, pro Stück 2,37 DM. Dieser Wert ergab sich dadurch, daß die Gemeinkosten zu 46 Prozent vom Nettopreis angesetzt waren (diesen Zahlenwert erhält man, indem man den betrieblichen Gemeinkostensatz auf die Einzeltitelkalkulation überträgt). Der Nettopreis seinerseits ist wieder vom Ladenpreis abhängig. Wäre der Ladenpreis höher als 10,– DM gewählt worden, wäre ein höherer Wert als 2,37 DM entstanden. Würde das Buch unter 10,– DM verkauft, würde die Kalkulation geringere Gemeinkosten ausweisen. Und das alles, obwohl solche Kosten wie Mieten, Gehälter, Post u. a., aus denen die Gemeinkosten sich wesentlich bilden, gleichbleiben und weder ihre Erhöhung noch ihre Verminderung im Kalkulationsansatz rechtfertigen. Genauso ist die Situation bei der Gesamtkalkulation. Würde die Auflage des Werkes erhöht, würde die Summe der Gemeinkosten steigen. Je mehr man mit der Auflage herunterginge, desto mehr würde sie schrumpfen. Bei beiden Kalkulationen kann ausgesagt werden: Es wird zwar ein bestimmter Wert ausgewiesen, aber bestimmt nicht der wirkliche. In beiden Fällen ist die Ursache die Art der Errechnung des Gemeinkostenbetrags. Es handelt sich um die prozentuale Schlüsselung, nach der die Gemeinkosten als Prozentsatz des Nettopreises ermittelt werden, und dann absolut je nach Wahl von Ladenpreis und Auflage nach oben und unten schwanken. Aus der Sicht der Wahrscheinlichkeitstheorie formuliert, ist für jeden Einzeltitel von allen möglichen Werten der in der Kalkulation verwendete nur bei Eintritt eines kaum denkbaren Zufalls der wahre: Die Hoffnung auf die Wahrheit liegt im statistischen Ausgleich. Diese Einsicht, die Gemeinkosten eines Einzeltitels nur fiktiv angeben zu können, hat fatale Auswirkungen gerade auf die als wesentlich erachteten Aussagen der traditionellen Verlagskalkulation. Die Deckungsauflagenberechnung nach der Vollkostengleichung ist hinfällig, da in ihr die Gemeinkosten nach der obigen Schlüsselung berechnet werden. Die retrograde Kalkulation vom Ladenpreis zum Gewinn kann keine verbindliche Aussage machen, da der Gewinn vom veranschlagten (zuvor subtrahierten) Gemeinkostenbetrag abhängt. Genauso ist – was hier aber nicht weiter erläutert wird – bei der progressiven Zuschlagsmethode ein errechneter kalkulatorischer Ladenpreis fiktiv. Das heißt zusammenfassend: Überall, wo die traditionelle Verlagskalkulation Gemeinkosten verrechnet, kommt sie zu Fehlern, die auch nicht korrigiert werden können, weil sie sich aus der Art der gewählten Methode ergeben.

1.6 Der »Ausweg« oder die moderne Deckungsbeitragsrechnung

Der Ausweg aus diesem Dilemma führt zur *dritten* systematischen Phase der Buchkalkulation, dem Übergang zur modernen *Deckungsbeitragsrechnung*. Die Deckungsbeitragsrechnung vermeidet das Rechnen mit Gemeinkosten bzw. geht anders mit ihnen um. In der retrograden Staffelkalkulation (S. 148/149) war in dem Block der Gemeinkosten (46 Prozent) ja schon ein bestimmter Anteil für Vertreterprovisionen und Auslieferung vermerkt worden (acht bzw. zwölf Prozent). *Diese* Kosten sind *nicht* – wie die Mieten, Gehälter, Post etc. – von der Erhöhung oder Verminderung des Ladenpreises und der Auflage *un*abhängig, sondern wachsen und sinken mit ihm. Es existieren also innerhalb der Gemeinkosten Kosten, die als direkte Einzelkosten identifizierbar und über ihren prozentualen Ansatz auch exakt zu berechnen sind. Die Deckungsbeitragsrechnung geht nun so vor, daß sie sämtliche *unechten Gemeinkosten* als *direkte Einzelkosten* in die Kalkulation aufnimmt, während die echten Gemeinkosten, über die keine reelle Aussage gemacht werden kann, bewußt eliminiert werden. Die Kalkulation des bereits traditionell kalkulierten Titels könnte dann nach Gesichtspunkten der Deckungsbeitragsrechnung jetzt z. B. wie in dem Schema S. 154/155 dargestellt aussehen.

Wenn man das Schema der Deckungsbeitragsrechnung mit dem der traditionellen Kalkulation (S. 148/149) vergleicht, erkennt man, daß sie am Anfang, bis zum Nettopreis oder Nettoumsatz (Zeilen 5), identisch sind. Danach werden, in der hier vorgestellten Variante, die Vertreterprovisionen und Auslieferungskosten als direkte Einzelkosten subtrahiert. Sie sind hier zusammengefaßt worden, weil sie Kosten des Absatzes (und nicht z. B. der Produktion) darstellen, oder auch Eigenkosten, wenn der Verlag einen eigenen Außendienst hat und selbst ausliefert. Der verbleibende »Deckungsbeitrag I« ist dasjenige Geld, das verbleibt oder übrigbleibt, um die restlichen Kosten zu decken. Die Herstellkosten und das Honorar wurden zusammengefaßt, weil sie Kosten der Produktion oder produktionsbedingte Kosten (falls das Honorar nach Abgabe des Manuskriptes als Pauschale fällig wurde) darstellen oder Fremdkosten (Auftragsbetriebe und Autor sind nicht dem Verlag zugehörig). Auf diese Weise entsteht der »Deckungsbeitrag II«. Völlig neu gegenüber der alten Kalkulation ist der direkte Ansatz eines Werbeetats, der in der alten nicht erschien, weil er aus den Gemein-

»Moderne«
Projekt: obiges Taschenbuch

Stück-Kalkulation

1.	Brutto-Ladenpreis	10,– DM
2. ·/.	Mehrwertsteuer 7 % von 3. oder 6,54 % von 1.	0,65 DM
3. =	Netto-Ladenpreis/Warenwert	9,35 DM
4. ·/.	Durchschnittsrabatt 45% von 3.	4,20 DM
5. =	Nettopreis	5,15 DM
6. ·/.	Vertreterprovision 8 % von 5.	0,41 DM
7. ·/.	Auslieferung 12 % von 5.	0,62 DM
8. =	Deckungsbeitrag I	4,12 DM
9. ·/.	Honorar/Lizenz 5 % von 3.	0,47 DM
10. ·/.	Herstellkosten	2,00 DM
11. =	Deckungsbeitrag II	1,65 DM
12. ·/.	Werbung 10 % von 5.	0,52 DM
13. ·/.	Deckungsbeitrag III	1,13 DM

(= »eigentlicher« Deckungsbeitrag pro Stück)

Vergleichskalkulation für dasselbe Projekt gemäß moderner »Deckungsbeitragsrechnung« (auf Teilkostenbasis). Echte Gemeinkosten werden eliminiert,

kosten bezahlt wurde; die hier angesetzten zehn Prozent entsprechen z. B. der Taschenbuchwerbung. Man könnte die Subtraktion auch in jeder beliebigen anderen Reihenfolge vornehmen, auch mit mehr Zwischenstufen. Das Ergebnis wäre jedoch immer ein Schlußwert wie hier der »Deckungsbeitrag III« oder der »eigentliche« Deckungsbeitrag, das Geld also, das ein Titel nach Berücksichtigung aller direkten Kosten einspielt. Die Deckungsbei-

Buchkalkulation
Auflage: obige Erstauflage

> Auflagen-Kalkulation

1. Brutto-Umsatz	100.000,– DM
2. Mehrwertsteuer	6.500,– DM
3. Warenwert-Umsatz	93.500,– DM
4. Rabatt	42.000,– DM
5. Netto-Umsatz	51.500,– DM
6. Vertreterprovision	4.100,– DM
7. Auslieferung	6.200,– DM
8. Deckungsbeitrag I	41.200,– DM
9. Honorar/Lizenz	4.700,– DM
10. Herstellkosten	20.000,– DM
11. Deckungsbeitrag II	16.500,– DM
12. Werbung	5.150,– DM
13. Deckungsbeitrag III	11.350,– DM

(= »eigentlicher« Deckungsbeitrag der Auflage)

unechte werden als Einzelkosten verbucht,
das Rechenziel ist die Ermittlung
des »eigentlichen« Deckungsbeitrages

tragsrechnung ist an dieser Stelle abgeschlossen, da alle direkt erfaßbaren Kosten des Titels berücksichtigt sind. Gemeinkosten werden *nicht* erfaßt – da nicht wirklich ermittelbar –, und genauso fehlt die Gewinnaussage – die nur *fiktiv* sein könnte –, dagegen erkennt der Verlag mit dem Deckungsbeitrag seine *tatsächliche* Einnahme zur Kompensation der echten Gemeinkosten bzw. den Beitrag des Titels zum Betriebsergebnis.

1.7 Die modernen Deckungsauflagen

Da nur die Direktkosten gelten, ändert sich auch die Kalkulation des Verlages bei der Deckungsauflagenberechnung. Deckung nach »Voll«kosten (mit Gemeinkosten) fällt aus, dagegen sind alle »unechten« als direkte identifizierbare Einzelkosten zu veranschlagen. Es ergibt sich also im Fall des hier behandelten Buchtyps für die Berechnung der Deckungsmenge:

$$\text{Deckungsauflage} = \frac{\text{Herstellung und Werbekosten der Auflage}}{\text{Nettopreis} \cdot /. \text{ Provision} \cdot /. \text{ Auslieferung} \cdot /. \text{ Honorar}}$$

$$= \frac{20.000{,}- + 5.150{,}-}{5{,}15 \cdot /. \ 0{,}41 \cdot /. \ 0{,}62 \cdot /. \ 0{,}47}$$

$$= 6.891 \text{ Exemplare}$$

Kämen weitere Kosten für die Auflage hinzu (oder weitere Stückkosten beim Absatz), würden sie in den Zähler (sonst Nenner) noch aufgenommen. Eine Deckungsmenge nach einer Gleichung wie dieser kann man auch als *»die«* Deckungsauflage bezeichnen, da nach ca. 6 900 Stück oder etwa 70 Prozent der Auflage tatsächlich alle direkten Kosten gedeckt sind und der verbleibende Absatz entweder reine Deckungs- oder (je nach der Situation des Betriebes bereits:) Gewinnbeiträge liefert.

2. Bilanz zur Verlagskalkulation

Zieht man aus allem Bilanz, stehen die Verlage bei der Kalkulation eines Einzeltitels also vor folgender Situation. *Entweder* sie kalkulieren den Titel traditionell, dann ist eine Kalkulation auf Vollkosten möglich und wird ein Gewinn errechenbar. Beide Werte (Gemeinkosten, Gewinn) können aber nicht richtig sein, genau wie bei der Errechnung der Vollkostendeckungsauflage. *Oder* die Verlage folgen der Deckungsbeitragsrechnung. Dann weist die Kalkulation den nach Deckung aller direkten Kosten tatsächlich verbleibenden Deckungsbeitrag auf und ist auch die errechnete Deckungsauflage korrekt, es wird aber keine Gewinnaussage gemacht. Da beide Verfahren allein nicht vollständig befriedigend sein können, werden sie in der Praxis oft miteinander *kombiniert* angewandt. Und zwar wird die traditionelle Kalkulation – aber als Zuschlagskalkulation – als *erste* verwendet, um nach dem Prinzip der Addition aller Kosten einen »kalkulatorischen« oder »Kostenpreis« zu ermitteln – der sich meistens über dem »Markt«preis befindet. Der auf diese Weise ermittelte Preis ist nur ein Anhaltspunkt und darf auch nicht mehr sein, weil auch bei der Zuschlagkalkulation Gemeinkosten nach irgendeiner Schlüsselung (von prozentualen zu absoluten Werten, oder absoluten geschätzten und damit willkürlichen Werten) eingesetzt werden. Der *zweite* Schritt besteht in der Hinzunahme der Deckungsbeitragsrechnung, wobei man diesmal vom Marktpreis ausgeht. Ist der errechnete Deckungsbeitrag positiv, kann das Buch im Prinzip realisiert werden. Die absolute Höhe des Deckungsbeitrages pro Stück und für die Auflage ist das Maß für den wirtschaftlichen Erfolg des Titels. Anhand der Deckungsauflage ist vor der Entscheidung noch zu prüfen, ob man sich mindestens diesen Absatz zutraut. Je höher der vermutete mindest erreichbare Absatz über der Deckungsauflage liegt, desto mehr trägt er zu einem positiven wirtschaftlichen Gesamtergebnis des Verlags bei.

Dies ist im groben das Kalkulationsgerüst der Verlage (auch als Soll). Es zeigt die Möglichkeiten und Mängel, d. h. die Wichtigkeit der Kalkulation und zugleich ihre beschnittene Kompetenz. Im Marketing sind Kalkulationen Orientierungshilfen, das Marketing (der Einsatz des Verlages) und der Markt (sein oft nicht prognostizierbares Verhalten) sprechen die Wahrheit. »Richtig kalkulierte« Bücher können genauso zu Flops werden wie »unkalkulierbare« zu Sellern: Über die Mathematik haben die Verbraucher die Marktfrage gestellt.

TEIL E:
MARKETING FÜR BUCHVERLAGE

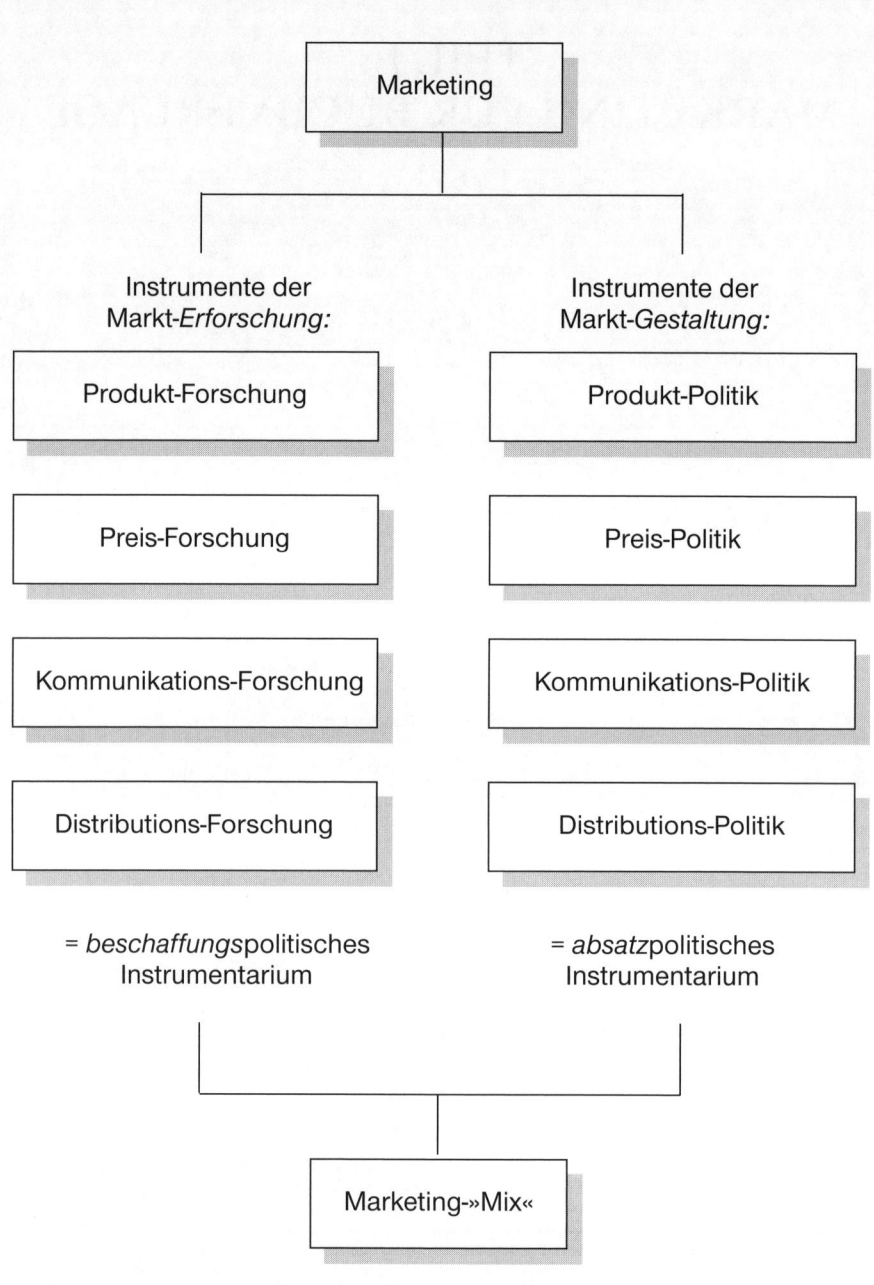

Gliederung des nach Beschaffung und Absatz organisierten Marketings mit Einmündung in ein Marketing-»Mix«

Unter Marketing wird bei den Praktikern gefährlich oft die Gesamtzahl aller Aktivitäten verstanden, die ein Unternehmen zur Durchführung und Förderung seines *Absatzes* trifft, und darum das Zentrum des Marketing in der Abteilung Vertrieb gesehen. Diese Ansicht ist aber, wiewohl sie einen Aspekt von hervorragender Bedeutung ins Licht rückt, falsch, weil sie nur *eine* Komponente im Marketingprozeß berücksichtigt – die als Absatzmarketing zu bezeichnende. Daneben steht das gerade für Verlage wichtige *Beschaffungs*marketing – man denke nur an die Autoren – oder den Erwerb von Lizenzen (nicht nur den Verkauf), der durch das Lektorat oder sonst die Abteilung Rechte geschieht. Auch die allgemeine Marketinglehre konzentriert sich nicht auf den Vertrieb. Dieser bildet vielmehr, nach der Logik des chronologischen Ablaufs, unter dem Etikett »Distributionspolitik« zeitlich (davor stehen aber die Kommunikationspolitik, die Preis- und Produktpolitik, s. das nebenstehende Schema) das abschließende, also letzte Glied im absatzbezogenen Marketinghandeln, und neben all diese *absatz*bezogenen Instrumente gehört noch die vorweggehende Markt*forschung*. Denn nach der durchgehenden Philosophie aller verbreiteten Marketinglehren bedeutet Marketing die Führung des Unternehmens »vom Markt her« und »vom Standpunkt des Verbrauchers aus«. Das heißt, im Gegensatz zum alten (heute: »frühen«) Marketing oder der früheren klassischen »Absatzlehre« steht heute nicht mehr das Produkt am Anfang der Aktivitäten: Nicht das (bereits vorhandene) Produkt ist der Unternehmenskern, nicht von dem Produkt geht alles aus – für das dann »nur noch« (und am Ende) der Absatz zu machen ist –, sondern die Produkte werden vom Markt her entwickelt – als Voraussetzung für den Absatz.

Am Anfang des modernen Marketing stehen daher Beschaffungsmaßnahmen (im Buchverlag die Akquisition von Autoren und die Findung geeigneter Ideen und Themen) im Rahmen einer vom Unternehmen (Verlag) gewählten Produktpolitik, an die sich die angeführten preis-, kommunikations- und distributionspolitischen Maßnahmen anschließen und »das« sogenannte Marketing-»Mix« bilden, in dem alle Aktivitäten aufeinander abgestimmt sein sollen. In der vorgeschalteten Skizze sind die Instrumente des Marketing schematisch zu sehen. In der nachfolgenden Darstellung wird die Abfolge gegenüber dem Modell allerdings rückläufig, sozusagen »von hinten« begonnen, zum einen, um an die Darstellung der Abteilung Vertrieb gleich mit deren Marketingaktivitäten anzuknüpfen und um andererseits mit dem Autorenmarketing als Abschluß auch eine Gewichtung zu setzen: Dieses Buch schließt mit dem, womit alles anfängt. Der Beginn mit dem Vertrieb entspricht aber auch dem pragmatischen Alltag, weil alle im Verlag am Marketing Beteiligten, d. h. Lektoren, Werber, Vertriebsleute u. a., zu oft nur den Absatz von Titeln besorgen, für deren Beschaffung nicht sie, sondern andere (z. B. Vorgänger) verantwortlich waren.

I. DAS ABSATZPOLITISCHE INSTRUMENTARIUM

1. Distributionspolitik

Historie:

Nicht immer haben Verlage eine Abteilung Vertrieb besessen – aber schon die frühesten Verleger brauchten ein Vertriebssystem! Auch so spektakuläre Verlagsprodukte wie die »Gantze Heilige Schrift« Martin Luthers – gedruckt zu Wittenberg – konnte nicht allein in Wittenberg abgesetzt werden. Der Verleger mußte also von Beginn an Fernhändler werden und, sofern er diese Funktion nicht selbst wahrnehmen konnte, andere beauftragen. Schon Fust und Schöffer, die Gutenberg um seinen Erfolg gebracht hatten, erreichten den ihren nur durch das Ausschicken eines reisenden »Buchführers«, der auf den Handelsstraßen zu den Meßzeiten den Fernhandel besorgte. Konrad Henliff war somit der erste Verlagsvertreter oder fest angestellte Verlagsreisende heutigen Sinnes in Deutschland. Schon kurze Zeit später erreichte die Angebotspraxis der reisenden Buchführer Formen, welche die modernen Verlagshistoriker unverblümt als Hausierhandel bezeichnen. [69] Wenn das zutrifft, hat der Verlagsvertrieb bereits in der Frühdruckzeit den »Türdrücker« gekannt.

Gegenwart:

Heute unterscheidet die Marketinglehre zunächst zwischen der »physischen« und der »akquisitorischen« Distribution. Für Laien wie Fachleute bedürfen beide Arten der Distribution der Erläuterung.

Begriff und Theorie der *physischen Distribution* kommen eigentlich von der Logistik her, also der ursprünglich in der Wehrwirtschaft notwendigen Lehre von der militärischen Güterverteilung. Allgemein versteht man darunter für die Marktwirtschaft »die Gesamtheit aller Vorkehrungen, die zu treffen sind, damit die jeweiligen Absatzleistungen im richtigen Zustand, zur richtigen Zeit, und am gewünschten Ort in der jeweiligen Menge zur Verfügung stehen« (Behrens). Für die Verlage ist damit die Auslieferung gemeint. Bei der *akquisitorischen Distribution* geht es um das Einholen oder

Erreichen von Vorbestellungen oder Verkäufen durch bestimmte Organe auf verschiedenen Kanälen. Die »Organe« sind dabei z. B. fest angestellte oder selbständig arbeitende Personen: »Die Gesamtheit der Personen, die mit der Beschaffung von Aufträgen für eine Unternehmung betraut ist, wird als Vertriebsorganisation definiert« (70). Konkret wird damit der Bogen vom einfachen Außendienstmitarbeiter bis zum verkaufenden Geschäftsführer gespannt. Die fest Angestellten oder Reisenden sowie die Selbständigen oder Vertreter werden allgemeiner auch als Absatzhelfer oder als Absatzmittler bezeichnet. Als Helfer oder Mittler können aber nicht nur Personen fungieren: z. B. ist eine verlagseigene Auslieferungsfirma ein Helfer oder ein (fremder) Sortimentsbuchladen ein Mittler. Die »Kanäle« bezeichnen die Wege, auf denen die von den Organen beschafften Aufträge in Form von Waren an den Besteller und Letztkäufer fließen, beim Buch etwa den Großbuchhandel, die Sortimente oder den Warenhausbuchhandel. Wird über den Zwischenbuchhandel bezogen, heißt die Distribution »zweistufig«, wird an den Einzelhandel geliefert, spricht man von »Einstufigkeit«; beide Formen des Absatzes sind indirekt. Mit »indirekt« wird zum Ausdruck gebracht, daß der Handel in den Verkaufsprozeß einbezogen ist und der Verlag beispielsweise nicht unter Umgehung des Handels per Mail-Order direkt an den Leser liefert. Wiewohl die Kanäle die Wege des physischen Absatzes darstellen, gehören sie dennoch zur akquisitorischen Distribution, da die Vorbestellungen bzw. Aufträge zuvor beim Großhandel, den Sortimenten, dem Warenhausbuchhandel usw. akquiriert worden sind. Im Verlagsmarketing haben die Verlage die Aufgabe, zu überprüfen, wie sie unter Markt-, aber auch unter Kostengesichtspunkten die physische Distribution einerseits und die akquisitorische Distribution andererseits optimieren können. Bei der physischen Distribution lautet die Frage, ob die Eigen- oder eine Fremdauslieferung sinnvoller ist. Bei der akquisitorischen Distribution geht es darum, ob Reisende oder Vertreter dem Marketing der Verlage mehr nützen (Organe), und schließlich darum, die Vielfalt der vorhandenen Vertriebswege (Kanäle) und darüber hinaus gegebenenfalls neue, die noch zu eruieren sind, in dem sogenannten Distributions-Mix zu kombinieren.

1.1 »Eigen- oder Fremdauslieferung?«

Bei den kleinsten Verlagen steht das Problem im Grunde nicht zur Debatte, da sie aufgrund der erreichbaren Umsätze von den Fremdauslieferern nur zu Konditionen bedient werden, die ihnen zu teuer sind, so daß sie ohnehin bei der Selbstauslieferung bleiben. Für die größten ist das Problem durch die Praxis geklärt, da fast alle Großen, die fremd ausliefern ließen, eigene Auslieferungen gegründet haben oder dazu übergehen. Die Entscheidungsfrage entsteht also hauptsächlich für den (durchschnittlichen, typischen) mittelständischen

Verlag, der noch eine eigene Auslieferung hat und sie vielleicht auslagern möchte oder ausgliedern könnte.

Das Hauptargument für den eigenen Vertrieb ist die größere Marktnähe. Abgesehen von den Besuchen des Außendienstes hat hier der Verlag den einzigen direkten Kontakt zum Sortiment. Insbesondere wo der Kontakt auch telefonisch geführt wird, erhält der Verlag ständig Marktinformationen außerhalb der Besuchsreisen. Die Sortimente können nach einer individuellen flexiblen (statt generell statischen) Konditionenpolitik bedient, Sonderwünsche etwa beim Bezug ohne Umwege über den Großhändler behandelt oder Remissionsfragen sofort endgültig geklärt und entschieden werden. Insgesamt werden die Beziehungen zum Buchhandel gefördert. Hat ein Verlag auch private Kunden (das können im Schulbuch durchaus 70 Prozent sein), entstünde mit Kommissionären sehr oft das Problem, daß sie nur an Buchhandlungen liefern oder bei der Lieferung an die privaten Bezieher vom Verlag eine höhere Kommissionsgebühr fordern.

Andererseits stehen neben den unübersehbaren Vorteilen gravierende Nachteile. Der schwerwiegendste ist die Langsamkeit des Systems. Die Kundenbelieferung erfolgt ja über die Post oder die Bahn, und die Lastwagen des Büchersammelverkehrs, welche alle Kommissionsfirmen täglich anfahren, nehmen Beischlüsse von *Verlagen* nur im halbwöchentlichen Turnus oder einmal pro Woche auf. Verschlimmert wird die Situation zusätzlich in Spitzenzeiten, d. h. für die Schulbuchverlage vor Schuljahresbeginn, für die Wissenschaftsverlage vor Semesterbeginn oder für Verlage allgemeiner Art beim Weihnachtsgeschäft, weil dann die vorhandene Kapazität der Selbstauslieferung nicht ausreicht, während Kommissionäre ihre Verlage so auswählen, daß das Jahr hindurch eine gleichmäßige Auslastung entsteht und sie in verbleibenden Spitzen »Springer« (zusätzliches Personal) einsetzen. Neben der für den Buchhandel unliebsamen längeren Lieferzeitdauer (im Laden führt sie nicht selten dazu, daß interessierte Leser wegen der Wartezeit von der Bestellung absehen) stehen aber für den Verlag die seit Jahren kontinuierlich wachsenden Kosten, welche inklusive einer installierten EDV 1975 noch acht Prozent, 1985 aber bereits 10–14 Prozent vom Nettopreis eines Titels ausmachten. So gibt es gewichtige Gründe, die eigene Auslieferung zugunsten des externen Dienstleisters aufzugeben. Theoretisch und kostenmäßig müßten die Fremdauslieferer alle mittleren Verlage wirtschaftlicher ausliefern können. Marketingmäßig würde die kritische Lieferzeit überbrückt, der Vertrieb von administrativen Tätigkeiten entlastet, könnte sich mehr seinen (eigentlichen) Marketingaufgaben zuwenden und dies gegebenenfalls unter Ausnutzung der meist sehr viel größeren EDV des dienstleistenden Partners. Dagegen stehen freilich der Verzicht auf den permanenten Direktkontakt mit dem Kundenstamm, der Verzicht auf den individuellen flexiblen Kundenumgang und – unternehmenspolitisch betrachtet –, da von den ca. 35 überhaupt vorhandenen Auslieferern nur drei das Hauptgeschäft auf sich ziehen, eine nicht zu unterschätzende Marktkonzentration. So sind denn für kleine und mittlere Verlage auch die noch zusätzlich anzusprechenden Mit- und Gemeinschaftsauslieferungen alternative Modelle, auch, weil sie dort mehr Mitsprache- und Mitbestimmungsrecht haben.

1.2 »Reisende oder Verlagsvertreter?«

Daß in der Abteilung Vertrieb drei verschiedene Arten von Außendienstmitarbeitern eingesetzt werden können, nämlich der große, der kleine Handelsvertreter und der Reisende, ist aus dem Kapitel Vertrieb noch in Erinnerung. Desgleichen fanden sich bereits dort Hinweise darauf, daß sie aus Kosten- und Marketinggründen nicht gleichartig einsetzbar sind. Dem soll nun hier aus der Kosten- und Leistungsperspektive nachgegangen werden.

Die Einsetzbarkeit

1. Kosten: Die Einsetzbarkeit in bezug auf die Kosten läßt sich sehr anschaulich verdeutlichen, wenn man von dem »kleinen« Handelsvertreter absieht und den »großen« Handelsvertreter dem Reisenden direkt gegenüberstellt. Die folgende Vergleichsrechnung geht von Zahlen der Praxis aus, wie sie teils in der Fachliteratur veröffentlicht sind, und hat diese, wo dies erforderlich schien, nach betriebswirtschaftlichen Gesichtspunkten ergänzt. [71] Danach erhält ein Vertreter sehr oft eine zehnprozentige Vertreterprovision des Nettoumsatzes aus seinen Verkäufen plus zusätzlich zur Abgeltung von Nebenkosten eine Monatspauschale von 500,– DM, der Reisende bekommt als Angestellter sein Grundgehalt von hier 3 000,– DM sowie eine Pauschale von 2 500,– DM zur Abgeltung der Spesen plus zusätzlich eine anderthalbprozentige Anreizprovision zur Verkaufsstimulierung. Bei ihm ist aus der Sicht des Verlags dann noch zu ergänzen, daß wegen seiner festen Anstellung bis zu 80 Prozent (als Lohn»Neben«-Kosten) auf das Grundgehalt aufzuschlagen sind. Tut man dies, dann läßt sich errechnen, bei welchem Umsatz den Verlag die Vertreter oder der Reisende dasselbe kosten, in dem Schaubild (S. 167) ist die Rechnung gleich in das Grafische übertragen.

Nur im kritischen Umsatzpunkt sind die Kosten also gleich, darunter sind Handelsvertreter billiger, darüber die Reisenden. Der kritische Umsatz von rechnerisch genau hier 87 058,52 DM hat einen überschlägigen Wert als betriebliche Kennziffer.

Ginge es nur um Kostengesichtspunkte, müßte der Verlag in jedem Fall mit Handelsvertretern starten. Das gilt übrigens nicht nur für Gründungs- und Kleinstverlage, weil der durchschnittliche Pro-Kopf-Umsatz pro Monat für einen Außendienstmitarbeiter auch z. B. für einen eingeführten mittleren

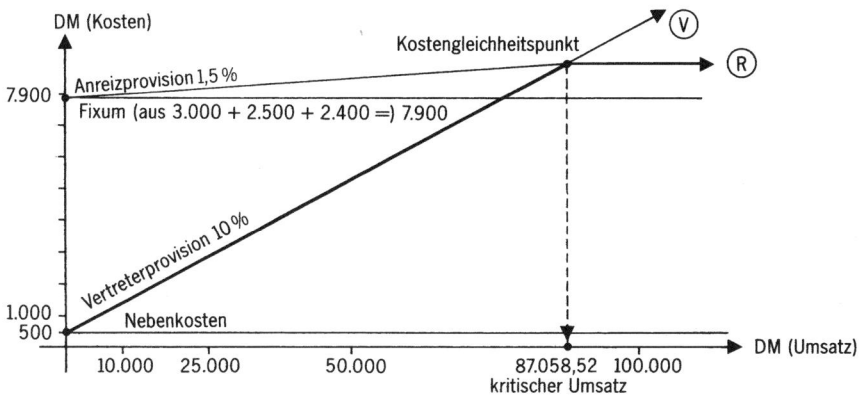

DM (Kosten)

Kostengleichheitspunkt

7.900 — Anreizprovision 1,5 %
Fixum (aus 3.000 + 2.500 + 2.400 =) 7.900

Vertreterprovision 10 %

1.000 —
500 — Nebenkosten

DM (Umsatz)

10.000 25.000   50.000   87.058,52 100.000
kritischer Umsatz

Kosten von Handelsvertretern (V) und Reisenden (R) in Abhängigkeit ihres Umsatzes

Wissenschaftsverlag nur bei 25 000,– bis 30 000,– DM liegt. Oberhalb des kritischen Umsatzes müßte der Verlag theoretisch seine Handelsvertreter kündigen, was jedoch rechtlich nicht einfach und gemeinhin mit hohen Entschädigungskosten verbunden wäre. So wird man, sobald diese Grenze erreicht ist, Reisende bei der Neueinstellung hinzuziehen, falls man aufgrund der mit ihnen erzielbaren Marketingleistungen (nicht direkt umsatzbezogener Art, s. u.) ihre höheren Kosten nicht schon vorher in Kauf nimmt.

2. Leistung: Entgegen den Kostengesichtspunkten die Leistungen von Reisenden in Anspruch zu nehmen, kann für die Verlage nämlich tatsächlich notwendig sein, wenn sie bestimmte *Marketingziele* erreichen wollen. *Vertreter* leben von ihrer Provision, d. h. dem Verkauf – also suchen sie bestimmte (kleine) Sortimente gar nicht erst auf. Schon in den Nachkriegsjahren hieß es, daß unter einem Umsatz von 500,– DM in einer Buchhandlung der Besuch sich für beide Seiten nicht lohne, heute ist es das Vielfache. Vertreter sind heute, nach Erfahrungsberichten, teilweise noch nicht einmal bereit, auf von Verlagen gelieferten Displays einen alten Ladenpreis (gegenüber einem angehobenen Neupreis, von dem Vertreter über ihre Provision profitieren) mit einem Etikett zu überkleben. Sie können ihren Umsatz auf die bestgehenden Titel des Verlags konzentrieren (und den »Rest« des Programmes vernachlässigen), sie können, sobald sie mit dem Programm des betreffenden Verlags einen für sie befriedigenden Umsatz erzielt haben, den Besuch weiterer Buchhandlungen einschränken (und damit das vorhandene Marktpotential unausgeschöpft lassen). Da sie »freie« Vertreter sind, kann der Verlag ihnen kaum Weisungen geben: So entsteht für den Verlag unter Umständen sogar das Problem der Steuerbarkeit seiner eigenen Vertriebsorganisation.

167

Aus Gründen wie diesen ist nicht nur eine Ergänzung der Vertretermannschaft von einer kritischen Umsatzgröße ab richtig, sondern die aus Kostengründen nicht allein rechtfertigbare Hereinnahme von Reisenden geradezu notwendig. *Reisende* sind anweisbar. Sie müssen, wenn der Verlag es will, sich ausreichende Zeit für Service und Beratung des Buchhändlers nehmen (was sie auch können, weil sie aufgrund ihres Gehalts über ein sicheres Einkommen verfügen und nicht unter Verkaufszwang stehen), sie nützen damit dem Kunden. Sie können durch Ermittlung der Reaktion der Händler auf das neue und alte Programm, zu Werbekampagnen des Verlags (oder von Konkurrenten) verlagseigene Marktforschung leisten und damit Verlagszielen nützen. Der Verlag schließlich verfügt durch die Einflußnahme auf die Tourenpläne und die Besuchsfrequenzen über Steuerbarkeit, und durch die Tages- und Wochenberichte über Kontrollmöglichkeit. Auch die Erschließung zusätzlicher Buchhandlungen kann man bei Reisenden per Auftrag anzielen. Reisende schließen also mit Dienstleistungen, die der Verlag von ihnen verlangen kann, Lücken, die die Vertreter meist hinterlassen.

Vertriebsleiter sind deswegen gehalten, schon bei kleineren Außendienststäben Vertreter und Reisende nach einem sinnvollen Konzept zu *kombinieren*. Dies kann z. B. geschehen, indem die Reisenden die für die Vertreter nicht lukrativen kleineren und entlegeneren Sortimente alleine besuchen und in den größeren durch Zweitbesuche die Marketingarbeit der Vertreter ergänzen, deren eigentliche Aufgabe in der Präsentation der Novitäten besteht. In den sehr großen Literatur- und Wissenschaftsverlagen speziell für den Besuch der großen Buchhandlungen ist dies eine konfliktfreie Lösung, weil ein Handelsvertreter neben den Novitäten nicht auch noch z. B. 2 000 bis 4 000 Titel der Backlist betreuen kann; die mittleren Verlage müssen versuchen, die etwa auftretenden Konflikte intern zu lösen.

Die Steigerung der Vertreter- und Reisendenleistung

Um die Arbeit des Außendiensts effizient zu gestalten, bedarf es einer Reihe von Impulsen und Aktivitäten, die vom Verlag ausgehen. Da die Vertreter und Reisenden später bei ihren Besuchen im Laden auf sich alleine gestellt sein werden, können sie ihre Verhandlungen um so erfolgreicher führen, je mehr sie durch ein *Briefing* des Verlags sowie durch *Schulung und Training* dazu fähig gemacht wurden. Damit nicht mehr nur die Vertreter, sondern auch die Reisenden ein Maximum von Verkaufsabschlüssen anstreben, muß der Verlag durch ein *Anreizsystem* dazu die Motivationen schaffen. Schließlich bedarf ein Außendienst in weit stärkerem Maße als andere rein interne Abteilungen wie Werbung oder Herstellung der *Führung,* die bei der *Zielsetzung* anfängt und eine *Kontrolle* am Ende erfordert. Hinter den theoretischen Postulaten befinden sich konkrete Anwendungsmöglichkeiten.

1. Führung und Zielsetzung: Die *Ziele* bestehen im Erreichen oder Erhalten, meist der Erhöhung bestimmter Absätze und Umsätze. Sie beziehen sich nach den gängigen Kriterien als erstes auf die gesamte Buchproduktion allgemein (i.d.R. mit Backlist), danach speziell auf Programmteile (Belletristik, Ratgeber), auf Buchtypen (Hardcover, Taschenbuch), Regionen (Großstädte, Land), Kundentypen (Warenhaus, Sortiment) und Auftragsgrößen (durchschnittlicher Mindestab- oder -umsatz pro Buchhandlung) oder auch Besuchshäufigkeiten u.a.; es geht also im ersten Schritt um die Definition der Gesamtleistung, die gefordert wird, und im zweiten um die Art und Weise, in der sie erbracht werden soll. Vorstellungen darüber haben Vertriebsleitung und Verlagsführung schon vor jeder Halbjahreskonferenz des Außendienstes entwickelt, es wäre jedoch falsch, die Planungsvorgaben als Geschäftsleitungsbeschluß einfach »durchzusetzen«. Erfahrungen belegen immer wieder, daß sich Planungsvorstellungen nur dann ungestört durchsetzen und auch erfüllen lassen, wenn die Verkäufer sie akzeptieren. Es ist sogar sinnvoll, sie an der Bildung der Zielsetzungen zu beteiligen, weil dadurch Konsens entsteht (die Ziele werden dann für vernünftig und erreichbar gehalten) und durch die Mitwirkung des Außenstabes durchaus eine realistische Marktkomponente ins Spiel kommt (Planungen auf der höheren Ebene allein sind oft Sandkastenspiele).

2. Briefing und Training: Für das *Briefing* (vgl. S. 137f.) wäre es falsch, wenn die Festlegung der Verkaufsziele ihm vorweggehen würde, denn erst das Briefing ermöglicht die Einschätzung des neuen Programms und stünde unter schlechten Voraussetzungen, falls es bei der Zielsetzung zu Unstimmigkeiten käme. Richtig ist es, den Vortag, wie erwähnt, zur Bereinigung von Diskrepanzen der zurückliegenden Reise zu nutzen, damit diese sich nicht auf die neue Saison übertragen und einen Mißerfolg durch unwillige Teilnahme an der Präsentation oder gegebenenfalls durch die Zerstörung ihres Klimas präjudizieren. Der Vertrieb hat für das Briefing selbst somit drei Hauptaufgaben. Die *erste* obliegt dem Leiter. Er hat dafür Sorge zu tragen, daß es nicht von Beginn an mit Relikten aus der Vergangenheit überschattet wird, sondern daß im Vertriebsteam innere Aufnahmebereitschaft besteht. Die *zweite* liegt bei den Außendienstmitarbeitern. Sie müssen das Präsentierte auch wirklich wahrnehmen. Es darf nicht, wie oft berichtet, der Eindruck entstehen, daß der Außendienst nicht begreift, was er verkauft. Die *dritte* und vielleicht wichtigste Forderung wendet sich an das Lektorat. Es reicht nicht aus, einen Titel nur durch das Verlesen eines vorgefertigten vervielfältigten Texts vorzustellen (auch Referate erhöhen eher die Distanz zwischen Lektorat und Vertrieb). Es kommt vielmehr darauf an, eine direkte, lebendige Ansprache zu finden, die die Bedeutung des Autors, des Themas und den Inhalt verdeutlicht und dadurch gleichzeitig einen Eindruck von der Kompetenz des Lektorates vermittelt. Beides ist wichtig, nicht nur um eine

Würdigung des neuen Programms zu erreichen, sondern auch, um eine Motivation herzustellen. Die Beiträge aus Herstellung und Werbung etc. zum Briefing werden hier nicht wieder behandelt (dazu vgl. S. 137), dafür aber die für die Verlage möglichen zusätzlichen Aktivitäten, die das Briefing und auch den Verkauf verbessern, nämlich die *Schulungen.* Schulbar sind zunächst die *Lektoren.* Wenn es stimmt, daß Lektorate immer wieder hervorragende Programme bilden, beim Außendienst aber eine andere Meinung entsteht, verweist dies auf Defizite in der lektoratsmäßigen Präsentationstechnik. Verlage müßten sich also überlegen, ob sie nicht durch rhetorische Seminare ihre Lektoren in das Know-how einer optimalen Präsentation versetzen, denn die Lektoren sind die ersten Verkäufer eines jeden Programms. Schulbar sind als zweites die echten *Verkäufer,* die Vertreter und Reisenden. Während eine Schulung von Lektoraten noch in den Kinderschuhen steckt und viel innovative Arbeit verlangt, kann man hier auf den Fundus an Literatur zur Verkäuferschulung und zum Verkaufstraining zurückgreifen, den beispielsweise Lexikonverlage längst adaptiert und umgesetzt haben. Zu unterscheiden ist hier zwischen der aktiven und passiven Methode. Während bei der *passiven* neben der Lektüre auch Vorträge, die Dia-Schau, die Tonbild-Schau und Filme zur Anwendung kommen, die aber alle nur der Verbesserung der Kenntnisse und des Wissens dienen, führt die *aktive* Methode zur Verbesserung und Optimierung der Fähigkeiten. Die verlagsbezogenen Anwendungen sind z.B. das Rollenspiel, das betreute Verkaufsgespräch, das Gruppenverkaufsgespräch und Videotraining. Verlage, denen diese Methoden noch nicht bekannt sind, haben hier ein Potential zur Verbesserung ihrer Außendienstleistung.

3. Motivation und Anreizsystem: So, wie der Außendienst nicht demotiviert sein darf, wenn er ins Briefing hineingeht, muß *Motivation* bestehen, wenn er die Verkaufsreise antritt: Wenig motivierte Verkäufer bleiben mit ihren Leistungen hinter dem Erreichbaren zurück – im schlimmsten Fall lancieren sie ein Programm in den Abgrund.

Motivation kann immer auf zwei Weisen erzeugt werden, durch ideelle oder materielle Anreize. Zur *ideellen* Motivation kann das besagte Briefing beitragen, wenn nämlich ein Buch oder ein gutes Programm nach einem guten Briefing als verkaufs»würdig« dasteht. Ein solcher Effekt kann auch entstehen, wenn nicht das Lektorat, sondern der Autor ein Briefing bzw. die Präsentation vornimmt. Wird das Programm außer für verkaufswürdig auch noch für verkaufs»fähig« gehalten, traut sich der Außendienst nicht selten gegenüber der Erwartung »das Doppelte« zu. Auch die Schulung trägt zur Motivation bei; in der Regel ist eine Motivationssteigerung direkt nach dem Abschluß von Schulungen zu finden. Die Motivation ist hier in der Hauptsache bereits materiell gerichtet, denn der Verkäufer erwartet eine Steigerung seiner Leistung. Die reine *materielle* Motivation wird durch ein monetäres

Anreizsystem geschaffen, d. h. durch Entgeltsysteme, die sowohl den Reisenden wie den Vertretern zu einer für den Verlag optimalen Ausübung seiner Tätigkeit motivieren. Zunächst haben beide eine *Grund*-Motivation, nämlich dadurch, daß man dem einen ein sicheres Monatsgehalt gibt und der andere über die Provision die Höhe seines monatlichen Einkommens praktisch selber bestimmt. Daneben werden Motivationen auf der *Sub*-Ebene gesetzt. Da der Reisende in keinem Fall so verkaufmotiviert wie der Vertreter sein kann (er darf eine besuchte Buchhandlung ohne eine einzige Bestellung schadlos verlassen, ein optimaler Verkäufer würde bei einem reinen Gehalt sein Einkommen nicht steigern), erhält er eine – wenn auch vergleichsweise geringe – Anreizprovision, als Zusatz wie in dem Schaubild Seite 167 bereits verdeutlicht. Da der Provisionsvertreter von seiner eigenen Motivation her (er lebt vom Verkauf) sich auf die Titel mit hohem Umsatz pro Stück oder bzw. und hoher Umschlaghäufigkeit konzentriert (sogenannte »Brocken«- und »Schnelldreher«-Motivation), sowie aber andererseits ab einem für ihn befriedigenden Umsatz mit dem Programm gegebenenfalls keine zusätzlichen Aktivitäten entwickelt, muß der Verlag versuchen, ihn mit einer gezielten Provisionspolitik zum Handeln im Sinn des Verlags zu bewegen. Als Beispiel dazu seien das Mittel der »flexiblen Grundprovision« genannt (z. B. Grundprovision zehn Prozent vom Nettopreis, umsatzstarke Programmsparten bis drei Prozent darunter, umsatzschwache bis drei Prozent darüber), die »bezugsformenabhängige Provision« (RR-bestellte Titel werden geringer provisioniert als fest bestellte, für Festbestellung liegt die Provision höher), die »bestellzahlabhängige Provisionsstaffelreihe« (z. B. ab 50 Verkäufe fest oder RR im Gebiet sieben Prozent, ab 100 Verkäufe elf Prozent, bei Einzelstückprovision fünf Prozent). Ein Mittel, das auch für die Reisenden geeignet ist, sind die Prämien, etwa für den Gewinn zusätzlicher Kunden. Ein weiteres Mittel für beide besteht in einer direkten Beteiligung beider an dem Verlagsgewinn, indem eine zusätzliche Jahresausschüttung aus dem erzielten Gewinn gezahlt wird, wobei man beispielsweise die Tantieme an den durchschnittlichen Provisionssatz aus allen Programmarten bindet. Natürlich lassen sich nicht alle Beispiele in allen Verlagsformen verwirklichen, die in ihnen möglichen würden aber weitere Paradigmata setzen. Das materielle Anreizsystem ist das wichtigste Instrument zu der sonst sehr schwer realisierbaren Vertreterlenkung.

4. Kontrolle und Analyse: Die Planung und Zielsetzung für die Außendienstreisen wären sinnlos, wenn abschließend keine Kontrolle erfolgte. Kontrolle heißt in dieser Phase *Auftragskontrolle,* was über die an den Verlag gesandten Bestellformulare mit den Aufträgen leicht möglich ist. Sowohl für den einzelnen Titel wie für Programmsparten kann man verfolgen, ob die Vorbestellungen die prognostizierten Erwartungen treffen, darüberliegen oder dahinter zurückbleiben. Besonders wenn sich ein schlechterer Erfolg als erwartet einstellt, ist nach der Ursache zu fragen. Die erste Möglichkeit ist die Verkäuferbefragung. Als zweites erfolgt die Händlerbefragung, denn wenn die Verkäufer zu wenig Abschlüsse erreichen, besteht die Gefahr, daß sie sich durch andere Gründe als die wirklichen entlasten. Zum dritten muß eine zweite, erneute Konkurrenzanalyse erfolgen, denn es kann sein, daß an sich gute und verkaufbare Titel durch nicht vorhergesehene bessere Publikationen, Novitäten der Konkurrenz abgedrängt wurden. Schließlich können bei gesamtheitlichen Einbußen über das gesamte Programm Branchen- und Wirtschaftstrends die Ursache sein. Wichtiger als die Kontrolle ist also die *Analyse,* welche die Abweichungen erklärt, dies auch aus dem Grund, weil sonst die Orientierungswerte für die nächste Saison falsch liegen werden und man einem Außendienstmitarbeiter nicht klarmachen kann, daß ein gegenüber dem Ziel geringeres Ergebnis schon ein Optimum darstellte oder ein gutes noch verbesserbar war. Mit diesem Bogen von Zielsetzung bis Kontrolle wäre die akquisitorische Distribution im Groben für den Außendienst oder die »Organe« beschrieben, und wir können uns den »Kanälen« zuwenden.

1.3 Die Wahl der Vertriebskanäle

Ermittlung und Wahl der Kanäle bilden den zweiten Teilbereich der akquisitorischen Distribution. Zwar sind die Kanäle die Wege, auf denen die Ware zum Kunden ab- oder hinfließt, aber diese – ob Barsortiment oder Einzelbuchhandel oder Warenhaus – sind gleichzeitig die, auf denen vorher die Vorbestellungen akquiriert wurden, die anschließend zu Nachbestellungen führen und schließlich zur laufenden Beziehung. Insofern besteht die Zuweisung zur »akquisitorischen« Distribution zu Recht, zumal über die gewählten Kanäle (Sortimentsbuchhandel, Warenhaus) auch andere und neue Käufergruppen erreicht werden (vgl. im Englischen deswegen: channel-*policy*).

Viele und gerade die »gestandenen« Verlagspraktiker denken viel zu oft, daß der Vertrieb hier den geringsten Spielraum habe, da im Grunde nur die klassischen Vertriebsschienen Sortiment und Barsortiment blieben. Dabei gab es und gibt es immer wieder Beispiele erfolgreicher unkonventioneller Vertriebsformen, ist das Spektrum der konventionellen Formen in Wirklichkeit groß und entstehen innovative Vertriebsformen z. B. durch die Einbeziehung buchnaher oder die Adaption branchenfremder Vertriebsformen des Inlands und Auslands. Ein unkonventionelles Erfolgsbeispiel aus sogar dem Selbstverlag ist etwa das »Kochbuch für jeden Haushalt« der Julie Lutz aus unseren 20er und 30er Jahren, das sie selber vertrieb, indem sie (und ihr Sohn) mit den Büchern auf dem Gepäckträger ihres Fahrrads die Haushalte aufsuchten, je ein Exemplar vier Wochen gratis zur Probe zurückließen und ihr Kochbuch dadurch bis zur 26. und 27. Auflage mit dem 264. und 265. Tausend brachten, bevor es in den 80ern für die 28. Auflage vom 265 000sten bis 285 000sten Stück erstmals in einen »normalen« Verlag ging. Ähnlich erfolgreich war ein walisischer Wirt, der sein Buch nicht »ambulant«, sondern »stationär« über den Tresen seiner Kneipe verkaufte. Unkonventionell waren auch die Verkaufsautomaten des Reclam Verlags in seiner Leipziger Zeit, der die Bände seiner »Universal-Bibliothek« auch als »Reclams Automaten-Bücher« mittels über 2 000 Automaten vom zweiten Jahrzehnt des 20. Jahrhundert bis nach dem Ende des Zweiten Weltkriegs mit jährlich 1,5 Millionen Stück (zusätzlich!) verkaufte. Innovativ ist oder war auch die Erschließung des buchnahen Presse-Grosso als uns heute geläufigen Kanals für den Vertrieb von zunächst Taschenbüchern, dann aber auch Hardcovern. Innovativ ist ferner die Kooperation der beiden großen deutschen Buchgemeinschaften von Holtzbrinck (jetzt: Kirch) und Bertelsmann mit den branchenfremden Versandhäusern Otto und Quelle, wodurch in dem für den konventionellen Vertrieb gesättigten Nationalmarkt ein neues Potential entstand und entsteht. Die Innovationen des Auslandes sind, nach Schlagwörtern aufgelistet, das Rack-Jobbing, Merchandising, das Franchising, Mail-Ordering, Tele-Ordering, Telefonmarketing etc., die in bestimmten Verlagssparten bereits adaptiert worden sind: Beispiele wie diese belegen die Fülle an alternativen und neuen Vetriebsideen, die bedacht werden können. Daneben müssen viele Verlage noch prüfen, ob sie bereits alles getan haben, um die scheinbaren »Nebenmärkte« zu öffnen.

Die Wahl der Kanäle ist also keineswegs eng (und wird auch nicht auf den Vertrieb über die »Kaffeeröstereien« hinauslaufen, wiewohl die Beispiele Eduscho und Tchibo zeigen, daß die Wahl eines Vertriebswegs den Erfolg eines Buchs machen kann). Der Verlag muß in der Regel so vorgehen, daß er zunächst für sich analysiert, ob er stark oder wenig *buchhandelsabhängig* ist. Im Fall eines potenten Taschenbuchverlags etwa wäre die Buchhandelsabhängigkeit groß; er müßte in jedem Fall über das Barsortiment distribuieren und im Sortiment sogar einen maximalen Distributionsgrad anstreben. Im Fall eines kleinen spezialisierten Verlags etwa von höchstpreisigen Vollfaksimile-Editionen (mit Preisen von 3 000 DM, 10 000 DM und 30 000 DM) hingegen schiede ein Vertrieb über das Barsortiment von vornherein aus, würde schon ein Dutzend ausgewählter Buchhandlungen ausreichen und das Geschäft zu 90 Prozent neben dem Buchhandel direkt abgewickelt, denn für solche Produkte besteht eine extreme *Buchhandelsunabhängigkeit*. Die Wahl ist also derart zu treffen, daß durch die Kombination sowohl der notwendigen als auch der möglichen Kanäle das optimale »Distributionsmix« entsteht. Da man die Kanäle, wie bereits erläutert, nach den Kriterien *direkt* oder *indirekt* sowie *einstufig* oder *mehrstufig* ordnet (S. 164), stehen im Prinzip folgende Kanäle zur Verfügung und können versuchsweise in der nachstehenden Reihenfolge im Sinn einer Check-Liste geprüft werden:

Direkte Distribution

1. Mail-Ordering: Hier beliefert der Verlag den Endabnehmer selbst, nachdem er zuvor durch beispielsweise Werbeanzeigen Bestellungen erhalten hat. Das eigentliche Mail-Ordering, das auch Angebote gezielt versendet (Mail-Order-Package), benötigt allerdings eine aktive Adressen-Datei. Der Pool kann selbst aufgebaut werden (behaltenswert ist das Beispiel eines mineralogischen Verlages, der in einer überregionalen Wochenzeitung und in Fachmagazinen die Gratiszusendung von mineralogischen Postern – aus Überdruckbogen seiner Bücher – anbot ...) und hat dann den Vorteil der kostenlosen ständigen Wiederbenutzung, oder er wird durch Kauf erworben, etwa von der Buchhändler-Vereinigung GmbH (»WAS« – Werbeanschriften-Service), von der Post oder den Adressenverlagen. Der Verlag profitiert beim Mail-Order-Vertrieb dadurch, daß er den sonst dem Buchhandel zufließenden Sortimentsrabatt (plus eventuell einen Zwischenhandelsrabatt) einbehält und in der Hauptsache nur die Kosten für Versand und Verpackung trägt, so daß das Mail-Ordering bei fast allen höherpreisigen Büchern Profit bringt; der Verlag muß aber die Reaktion des Buchhandels bedenken. Mail-Ordering ist fallweise für einmalige Projekte denkbar, kann für eine turnusmäßige Wiederholung (z. B. bei Lexika) richtig sein oder zum ausschließlichen Mail-Order-Verlag fahren (Time-Life), der zusätzlich in den Buchhandel distribuiert (ADAC). Anteilsmäßig erzielte das Mail-Ordering nach geschätzten Werten 1976 ca. 500 Millionen Mark Umsatz oder sechs Prozent des Umsatzes der Branchen Buch auf allen Vertriebswegen, 1986 ca. zwölf Prozent oder ca. 1,2 Milliarden, was etwa dem doppelten Umsatz aller Buchgemeinschaften zusammen entspricht und liegt damit im aufsteigenden Trend aller Aktivitäten des Direktmarketing. Die heutigen Zahlen (1990) verstärken den Trend.

2. Telefonmarketing, Telefonverkauf: Auch hier kontaktet der Verlag den Endabnehmer, doch ist der Name Telefon»verkauf« irreführend, denn gegenüber Privatpersonen gestattet der Gesetzgeber in Deutschland weder telefonische Verkäufe noch Angebote. Das Marketing beginnt vielmehr mit einem Ankündigungsbrief, der einem Werbeangebot beigefügt ist und den Hinweis enthält, daß in den nächsten Tagen dazu ein Anruf erfolgt. Der Anruf ist dann nach einem Gesprächsleitfaden sorgfältig vorbereitet und soll dazu führen, durch unterstützende Argumentation und Animation das brieflich gemachte Angebot (unverbindliche Ansichtssendung, Probe-Abonnement) wahrzunehmen, wodurch eine höhere Erfolgsrate als bei der nur schriftlichen Aussendung erreicht wird – der eigentliche Verkaufsabschluß vollzieht sich schriftlich wie beim Mail-Ordering. Telefonmarketing im Verlag verlangt mindestens einen dafür freigestellten Innenverkäufer, sonst ein Team, für größere Aktionen ist die Beauftragung einer externen Agentur geraten. Wegen des Aufwands kann sich

174

das Telefonmarketing nicht auf gewöhnliche Bücher beziehen, aber z. B. auf Lexika, Enzyklopädien, Fortsetzungsreihen, Werkausgaben und Abonnements von Zeitschriften sowie allgemein auf Titelgruppen im Rahmen von Verkaufsförderungsaktionen. Die Motivation der Verlage besteht in der gegenüber dem Direct-Mailing größeren Effizienz, die durch den personellen Kontakt erreicht wird, und zum anderen in den gegenüber den alternativen persönlichen Besuchen durch die Handelsvertreter oder Reisenden möglichen Kontaktnahme geringeren Kosten (ein Kundenbesuch durch einen Verkäufer kostet allgemein bis zu 250 DM), der reduzierten Zeit und erheblich größeren möglichen Zahl von Kontakten. Das Telefonmarketing entwickelt sich deswegen immer mehr zu einer »Alternative zum Außendienst«, nicht nur gegenüber dem Endabnehmer, sondern genauso dem Buchhandel, wobei der Gesetzgeber hier wegen des Vorliegens von Gewerbebetrieben auch telefonische Verkäufe gestattet.

3. Reisenden- und Vertreterverkauf: Hier übernehmen die Außenverkäufer die Funktion, die beim Telefonmarketing der Innenverkäufer oder die Agentur wahrnimmt. Der Einsatz erfolgt für die gleiche Produktpalette und ist wegen der gegenüber dem Telefonmarketing größeren Kosten besonders bei hochpreisigen Objekten geraten sowie bei denen, die stärker beratungsintensiv oder präsentationsbedürftig sind. Wenn ein Verlag nicht sehr oft solche Objekte in seinem Programm konzentriert, ist der alternative Vertriebsweg besser der (externe) Reisebuchhandel (S. 177), der solche Angebote verschiedener Verlage bündelt.

Außendienst und Reisebuchhandel haben in der Regel das Publikum, d. h. den Klein- oder Privatkunden zum Ziel und damit die Vielzahl der Einzelaufträge. Deswegen ist der logische Weg zur Ausschöpfung des Marktpotentials der

4. Verkauf durch die Geschäftsführung: Ziel ist nun die Herbeiführung von Großaufträgen (»Bulks«, das sind Großmengen) mit Sonderkunden (wie Industrie, Behörden, Gewerkschaften, Parteien etc.) zu Sonderkonditionen neben dem eigentlichen Markt. Ein weiterer sehr effizienter Kanal für den Direktverkauf ist die eigens zu diesem Zweck gegründete

5. verlagseigene Versandbuchhandlung: Sie operiert nach dem gleichen postalischen Prinzip wie das Mail-Ordering, aber jetzt »von der Sortimentsseite aus«, wodurch (und dies ist das eigentliche Motiv von Verlagen für die Etablierung verlagseigener Verlagsversandbuchhandlungen ...) die Kritik des Buchhandels wegfällt (wegfallen muß ...) und lanciert sowie distribuiert nicht nur die vollständige eigene Produktion, sondern steigert gegebenenfalls durch die Hinzunahme passender gängiger Titel anderer Verlage noch ihre Wirtschaftlichkeit.

175

Auf die bisher genannten direkten Vertriebsformen *(1.)* bis *(5.)* und die hier nicht aufgeführten weiteren direkten entfallen mindestens 15 und bald vielleicht 20 Prozent des buchhändlerischen Gesamtumsatzes.

Einstufige indirekte Distribution

6. Sortiment: Die »klassische Schiene Sortiment« wird dies auch weiterhin bleiben, da ziemlich genau zwei Drittel des Branchenumsatzes durch das Sortiment stattfinden.

7. Kaufhaus- und Warenhausbuchhandel, Buchkaufhäuser: Soll der Kauf- und Warenhausmarkt erschlossen werden, so sind die entsprechenden Zentraleinkäufer der vier Konzerne mit Filialen bzw. Ketten und Anschlußbuchhandlungen anzusprechen (d. h. Hertie, Horten, Karstadt und Kaufhof). Der Absatzkanal hat an Gewichtung gewonnen, weil er sich nicht mehr, wie früher, nur für Taschenbücher eignet, sondern auch Hardcover und heute von der Präsentation von Novitäten bis zum Verkauf von Restauflagen zu Sonderpreisen des Modernen Antiquariats den gesamten Lebenszyklus umfaßt, in Sortimentsbreite und -tiefe an echte Sortimentsbuchhandlungen heranreicht, mit »kaufhausfähigen« Titeln einen schnelleren Umschlag als das Sortiment erreicht und für den Verlag gegenüber dem Sortiment neue, zusätzliche Käuferschichten erschließt. Für das Kaufhaus geeignet sind prinzipiell alle Verlagstitel populärer Natur; je mehr die Abteilungen wie echte Sortimente aufgebaut sind, auch vom Niveau höhere. Der Umsatz auf dem Absatzweg ist geringer als der durch das Sortiment, aber beträchtlich, mit zwischen fünf und sechs Prozent für die BRD entspricht er dem aller Buchgemeinschaften. Da er sich in der Hauptsache auf (siehe oben: knapp vier) Konzerne konzentriert, entsteht hier für die Verlage (anders als beim Absatz über das Sortiment) eine nicht zu unterschätzende Marktmacht, welche sie zügeln müssen (schon zu Anfang der 80er Jahre erhielt die Karstadt AG wegen Mißbrauchs der Nachfragemacht von einem Verlag beim Bundeskartellamt eine Anzeige). Die Buchhandelsketten (Montanus), die Buch- und Medienkaufhäuser (Hugendubel, Gemini, »Megashops«), besonders wenn letztere sich filialisieren, sind oder werden bei weitergehender Konzentration im Buchhandel zu einem dem Waren- und Kaufhausbuchhandel entsprechenden Vertriebsfaktor ähnlicher Struktur, wenn auch vergleichsweise (mit zur Zeit noch einem Zehntel des Umsatzes) noch geringerem Potential des Umsatzes.

8. Bahnhofsbuchhandel: Die Bedeutung dieses Absatzkanals wird daraus ersichtlich, daß der Bahnhofsbuchhandel zwei Drittel des Umsatzes des Warenhausbuchhandels erreicht! Die Akquisition der Bestellungen wie auch die spätere Belieferung erfolgen über den Verlag direkt, der mit den ca. 200 Firmen ca. 1 000 Verkaufsstellen erreicht; es ist aber aufgrund der Kostensituation durch die verlängerten Öffnungszeiten ein Rabatt wie an Buchgroßhändler einzuräumen.

9. Versandbuchhandlungen: Neben der eigenen Versandbuchhandlung (vgl. 5.) kann die fremde eingesetzt werden. Es bestehen zur Zeit hauptsächlich sechs Anbieter (von einer weitaus größeren Anzahl), die mit enormem Werbeaufwand in den überregionalen Tages- und Wochenzeitungen regelmäßig ein breites Programm anbieten (z. B. »Bücher Büchner«, »Bücher Kompaß«, »Mail-Order Kaiser«, »Taubert« und »Wohlthat«). Das Durchgängige ist zum ersten die Preiswürdigkeit; es handelt sich dabei um Bücher mit aufgehobenen Ladenpreisen und Sonderausgaben. Daneben ist der Versand aber für den Verkauf hochpreisiger und vielbändiger z. B. enzyklopädischer Werke geeignet und für verlagsneue Einzeltitel, die dem Versender geeignet scheinen. Durch die Breite des Programms wird in der Regel ein größeres Publikum angesprochen als durch die eigene Versandbuchhandlung. Die per Post kaufenden Kunden sind meistens sortimentsfern, so daß zum Sortimentsmarkt keine Konkurrenz entsteht, und da ein Verlag den Kreis der Versenderkunden, die auch mit Direct-Mailings bearbeitet werden, ohne größeren eigenen Aufwand niemals erreicht, besteht für ihn eine Markterweiterung. Für eine Geschäftsanbahnung sind die Versender anzusprechen, welche die Titel teils fest, teils bedingt, teils in Kommission übernehmen, teils treten sie aber auch von sich aus an die Verlage heran. Die obigen populären Versender wenden sich mit ihrem gemischten Programm an ein breites, undifferenziertes Publikum. Über die wissenschaftlichen Versandbuchhandlungen, die Versandbuchhandlungen für Fachliteratur, welche zum jeweiligen Gebiet die Titel aus allen Verlagen bündeln, lassen sich für diese auch Zielgruppen erreichen. Das Gemeinsame ist, daß die Verlage bei der Wahl dieses Absatzweges für ihr Marketing von den Werbemaßnahmen der Handlungen profitieren. Sie haben sich dann der ersten, nämlich »statio-nären« Form des sogenannten Werbenden Buchhandels bedient, die durch den »ambulanten« Reisebuchhandel ergänzt wird.

10. *Reisebuchhandel:* Knapp 100 Firmen, die sich – wie die Versender – aus den Angeboten der Verlage ihr eigenes Verkaufsprogramm zusammenstellen oder als Dienstleistung den (s. 3.) Reisenden- und Vertreterverkauf der Verlage übernehmen (besonders für hochpreisige, durch Ratenzahlung zu finanzierende Projekte) oder auch für die Buchgemeinschaften, Reise- und Versandbuchhandel, liegen mit einem Umsatz von größenordnungsmäßig zusammen ca. 550 Millionen Mark bzw. knapp sechs Prozent nur geringfügig unter den Buchgemeinschaften und ein Stück über dem Waren- und Kaufhausbuchhandel. Die Formen *(6.)* bis *(10.)* sind die wichtigsten Absatzwege des indirekten einstufigen Vertriebs.

Zweistufige indirekte Distribution

11. Barsortiment und Grossobuchhandel: Die Barsortimente sind der erste der beiden Kanäle, auf denen die Bücher indirekt und zweistufig, nämlich durch die Zwischenschaltung des den Einzelhandel beliefernden Großhandels an den Letztkäufer kommen. Ein Barsortiment ist eine Großhandelsfirma, die in eigenem Namen, auf eigene Rechnung und auf eigenes Risiko Bücher von den Verlagen erwirbt, bereithält und weiterverkauft. Die größten von ihnen führen ein ständiges Angebot von 70000–120000 Titeln, die durchweg von dem einen Tag auf den anderen lieferbar sind. Der Sortimenter profitiert neben der enormen Lieferschnelligkeit, wie schon erwähnt, entscheidend davon, daß er die Titel aus vielen Verlagen bei einer Adresse zentral bezieht. Zwischen 25 und 30 Prozent aller Bestellungen fließen deswegen über diesen Kanal. Grossobuchhandlungen sind Barsortimente kleineren Umfangs.

Für die Verlage ist der Kanal Barsortiment sehr differenziert zu betrachten. Verlage müssen nicht den Weg über das Barsortiment nehmen, da sie das Sortiment ohnehin erreichen. Den Barsortimenten kommt auch keine Funktion einer Markterweiterung zu, da sie meist nicht, wie die Grossisten (wie unten gezeigt), auch an die sogenannten Nebenverkaufsstellen liefern, sondern nur an die Vollbuchhandlungen und vergleichbare (wie oben das Warenhaus). Ihre Einbeziehung bedeutet außerdem eine Einbuße in der Verlagseinnahme pro Stück von zehn bis 15 Prozent, die als Zwischenhandelsspanne gewährt wird. Die Verlage sind deswegen aus kalkulatorischen Gründen bemüht, den Absatz über das Barsortiment zu minimieren. Aus Marktgründen ist andererseits der Weg wegen der schnellen Lieferzeit wieder wichtig, weil bei einem Bezug direkt vom Verlag (Wartezeit bis zu zwei Wochen) die Sortimenter viele Bestellungen verlören. Außerdem bestellt das Barsortiment meist in größeren Mengen und dies vom Prinzip her fest. So kommt es je nach Verlagsart und Verlagsgröße zu ganz unterschiedlichen Entscheidungen, ob man den Barsortimentskanal erschließen, ausbauen oder ihn reduzieren soll. Für Kleinstverlage und kleine ist die Aufnahme in den Barsortimentskatalog oft die Voraussetzung für die Verkaufbarkeit ihres Angebots über den Buchhandel, da dieser nur dann auch Entlegenes am nächsten Tag zur Verfügung hat; doch werden die Barsortimente aufgrund des geringen Umsatzes mit solchen Titeln meist nicht auf die Aufnahme und Lagerhaltung eingehen. Mittlere Verlage mit z.B. einem nicht hochspezialisierten Fachbuchprogramm, das der Buchhandel schwach vorbestellt und durch den Barsortimentsbezug zu einem für den Verlag erhöhten Durchschnittsrabatt und der daraus resultierenden verminderten Ertragslage führt, müssen den zweistufigen Absatz durch die Erhöhung ihrer eigenen Lieferschnelligkeit (Selbstauslieferung oder der schnellere Kommissionär, vgl. S. 164 f.) reduzieren. Taschenbuchverlage dagegen sind, was schon gesagt wurde, barsortimentsbedürftig und -abhängig, da man vom Taschenbuch eine praktisch hundertprozentige Distribution und Greifbarkeit erwartet (was sich in der Verlagskalkulation mit 50 Prozent Durchschnittsrabatt niederschlägt). Hochspezialisierte Kleinverlage, aber auch internationale Wissenschaftsverlage sind wieder extrem unabhängig.

12. Grossisten: Die Grossisten bilden den zweiten Weg, um Verbraucher indirekt zweistufig zu erreichen. Der Grossist liefert dazu an diejenigen Firmen des Einzelbuchhandels, die das Barsortiment außer acht läßt. Neben den Vollbuchhandlungen werden diese oft als »Neben-« oder »sonstige« Verkaufsstellen bezeichnet, haben aber vom Umsatz mit fast zehn Prozent einen Markt, der größer ist als der des Warenhausbuchhandels oder der Buchgemeinschaften. Bei den Grossisten ist zu unterscheiden zwischen den Buchgrossisten, den Buch- und Pressegrossisten sowie den Pressegrossisten, aber alle sind für den Vertrieb von Büchern benützbar. Gegenüber den Barsortimenten besteht für die Verlage hier die Chance der bereits angedeuteten Markterschließung und Markterweiterung. Da beispielsweise ein Pressegrossist durchschnittlich 1 000 Verkaufsstellen beliefert, bedeutet die Auswahl der richtigen (»nur«) sechs Gebietsgrossisten in einem Bundesland de facto einen Zuwachs von 6 000 Verkaufsstellen für Taschenbücher (inzwischen werden auch Hardcover geliefert). Da das Kaufpublikum gemeinhin nicht Kundschaft des Sortimentsbuchhandels ist, kann man die Käufe mit Recht gemeinhin als Zusatzkäufe betrachten. Über die Grossisten werden u. a. ferner folgende Einzelhandelsfirmen erschlossen, die auch Bücher verkaufen:

– *»PBS«-Läden (12a):* Einzelhandelsgeschäfte mit »Papier-, Büro- und Schreibwarensortiment«, die auch Bücher verkaufen, erstrecken sich bis in die Orte, die noch nicht einmal ein Provinzialsortiment erreichen.

– *»Food«-Kettenläden (12b):* Die großen Betreiber wie Co-op, Kaiser, Nanz, Schade & Füllgrabe, Tengelmann u. a. halten in den Stadtzentren ein Sortiment nicht nur von Presse und Taschenbüchern, sondern auch Hardcovern.

– *Verbrauchermärkte, Supermärkte, Cash & Carry-Läden (12c):* Die meist vor den Toren der Städte liegenden eigentlichen Großmärkte für Verbraucher (wie Asko, Massa, Migros, Plaza, Wertkauf), die – im Marketing-Deutsch – »grüne Wiese«, verkauft in eigenen Abteilungen Taschenbücher und Hardcover und erweitert ihr Sortiment. Massa experimentierte mit dem Pilotprojekt einer eigenen Buchhandlung. In den neuen Märkten sind die Abteilungen vergrößert.

– *Kioske (12d):* An die Kioske (und Food-Ketten) ließ sich sogar eine 36-bändige (vollständige) Taschenbuchausgabe der Werke Karl Mays lancieren, auch die gebundene »Chronik« (»… der Deutschen«, »… der Menschheit«) mit

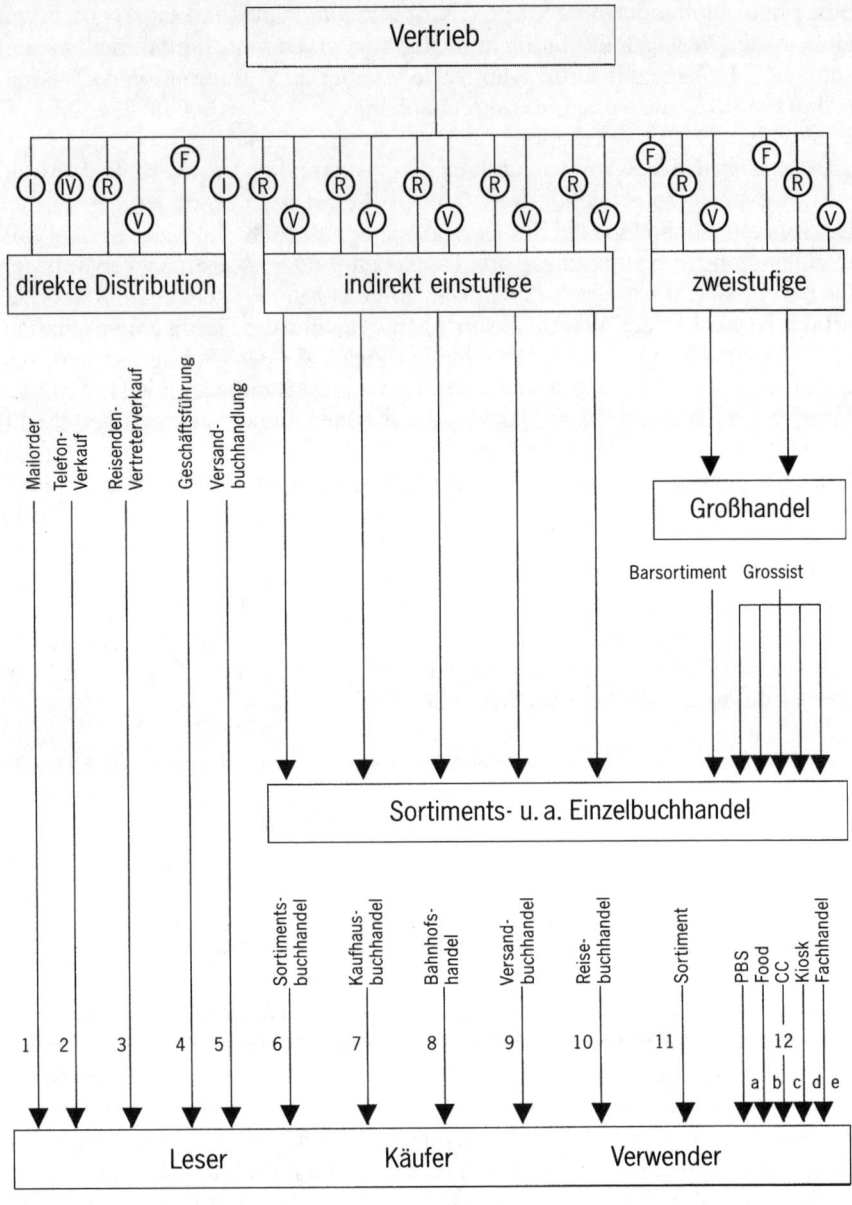

Auswahl ansteuerbarer Vertriebsmöglichkeiten zur Bildung eines Distributionsmix für die Vertriebskanäle (Schema). Organe in Kreisen: I = Innendienstmitarbeiter, IV = Innenverkäufer, R = Reisender, V = Handels-vertreter, F = Geschäftsführer oder Vertriebsleiter

ca. 100,– DM Verkaufspreis. Die Grossisten, die Kioske beliefern, beliefern auch Flughäfen, Hotels, Tagungsstätten und Messen.

– *Buchfremder Facheinzelhandel (12e):* Delikatessenläden, Zoohandel, Sportgeschäfte (etc. etc.) werden, falls nicht über das Verlagsgrosso, über deren Branchengroßhandel erreichbar.

Wenn diese Beispiele auch noch Lücken aufweisen (so wurde der Exportbuchhandel ausgelassen, sowohl für die Wissenschaftsliteratur, aber auch für die deutsche Belletristik oder sogar den Vertrieb von freizeitgeeigneter Lektüre in die deutschen Ferienmarktschwerpunkte des Auslands), wird doch die Palette der Möglichkeiten sichtbar, die den Verlagen bei der Auswahl der Kanäle zur Bildung eines Distributionsmix zur Verfügung stehen. In dem Schaubild S. 180 wird versucht, das Spektrum potentieller Vertriebskanäle durch Helfer und Mittler auf dem direkten oder indirekten, einstufigen oder mehrstufigen Wegen der stationären oder ambulanten Formen des Einzel- und Großbuchhandels in ein Schema zu bringen.

2. Kommunikationspolitik

Historie:

Werbung für Bücher ist schon aus der Zeit vor den ersten gedruckten Büchern bekannt. Bereits der bei den Handschriften-Verlegern erwähnte Diebold Lauber (S. 17) verfertigte für die Produkte aus seiner Abschreibwerkstatt handschriftliche Anzeigen. Die Frühdrucker direkt im Gefolge Gutenbergs warben sofort mit gedruckten Werbezetteln in lateinischer Sprache, die ihre Buchführer als Zettelanschläge an Bäumen und Türen der Wirtshäuser annagelten: *»Venditor librorum residuit est in hospicio ›Zum Wilden Mann‹«* [Der Verkäufer der Bücher ist in der Herberge ›Zum Wilden Mann‹ anzutreffen]. [72] Eine nächste Station, nach der allmählichen Herausbildung des Buchhandels, sind die von Sortimentern herausgegebenen »Famosschriften«, Kataloge der nach ihrem religiösen und politischen Geschmack zusammengestellten bei ihnen erhältlichen Bücher. Im 19. Jahrhundert lag die Entwicklung der Verlagswerbung so weit vor der von anderen Branchen, daß die Verlage Werbefachwörter wie etwa »Reklame« kreierten, die später auch in andere Sprachen übergingen: »reclames« beispielsweise waren ursprünglich von den Verlagen bezahlte Buchbesprechungen, welche sich im unmittelbaren Anschluß an den redaktionellen Teil in den Tageszeitungen befanden.

Gegenwart:

Heute gliedert die Marketinglehre die Kommunikationspolitik sehr einheitlich in die eigentliche (»klassische«) Werbung, die Öffentlichkeitsarbeit (»Public Relations«) und Verkaufsförderung (»Sales Promotion«). Im Kommunikationsmix sind also erheblich mehr Elemente enthalten als nur die Werbung. Größere Verlage haben deswegen neben der Abteilung Werbung eine eigene Abteilung Öffentlichkeitsarbeit oder Presse sowie Verkauf. Eine Gesamtabteilung müßte eigentlich den Namen »Markt- oder Marketingkommunikation« führen, weil die Ziele der Werbe- und Kommunikationspolitik heute längst nicht mehr nur den Absatz betreffen.

Die Verlage müssen, bevor sie sich für den Einsatz der Kommunikationsinstrumente entscheiden, also ihre absatz- oder umsatz- oder allgemein: ökonomischen sowie – dies kommt bei diesem Marketinginstrument neu hinzu – ihre außerökonomischen Ziele festlegen. Zu den außerökonomischen gehören beispielsweise die Erzielung eines Bekanntheitsgrades und die Etablierung eines Verlags-Images, zu den ökonomischen die Zielgruppenerweiterung, Erhöhung der Kauffrequenz, Anreiz zu aufwendigeren Käufen usw. Diese jeweiligen

Teilziele werden mit verschiedenen Mitteln erreicht. Die Public Relations verfolgen in erster Linie die außerökonomischen Ziele, sie dienen dem Erscheinungsbild des Verlags als Ganzen in der Öffentlichkeit (zur PR gehört aber auch eine *Product* Publicity für das Buch sowie entsprechende Maßnahmen für Autoren). Die Werbung verfolgt primär den ökonomischen Erfolg des Produkts, indem sie beim Händler und Publikum zum Kauf hinlenkt (wobei Produktwerbung für ein ganzes Programm schon wieder *PR* darstellt). Die Verkaufsförderung als per Definition rein ökonomisches Instrument erzielt außerökonomische Kommunikationswirkungen höchstens als Nebeneffekt. Je nach der Zielsetzung des Verlags sind die einzelnen Instrumente zu kombinieren zu einem Kommunikationsmix, das dem Gesamtziel entspricht.

2.1 Die »klassische Werbung«

Für die ökonomisch orientierte Produktwerbung sind durch die Darstellung der Abteilung Werbung im Buchverlag schon wesentliche Marketinggrundlagen vertraut, etwa die Unterscheidungen Händler- und Leserwerbung, Werbung für den Backstock oder die Frontlist, Einzeltitel- bis Gesamtprogrammwerbung, umsatz- und werbezielorientierter Etat usw. (S. 127–129). Nach einer in der Werbetheorie geläufigen Systematik kann man sie in eine Art Listing übertragen, das zur Prüfung der Aufnahme in das Werbemix nützlich ist. Die Werbekommunikation orientiert sich – nachdem die Zielsetzung vorweggegangen ist – demzufolge an den Werbesubjekten, den Werbeobjekten, den Werbemitteln und ihrer Gestaltung, den Werbeträgern und ihrer Auswahl, während die Werbekostenermittlung, die Werbeetatermittlung und die Werbeerfolgskontrolle sich als ökonomische Komponenten anschließen, welche die Kommunikationsplanung gegebenenfalls steuern. Zunächst zu den Gegenständen eines solchen Listing, die für den Kommunikationsprozeß interessieren, hier gleich verlagsbezogen.

1. Werbesubjekte: Unter den Werbe»subjekten« werden die verlagsbezogenen Zielgruppen verstanden, mithin Zwischenhändler, Einzelhändler, Letztkäufer und Leser. Wir können also, wie im Distributionsmix, von einer Händler- und Verwenderansprache ausgehen und unterscheiden bei den Subjekten zwischen der Händler- und Publikumswerbung; gegenüber dem Publikum ist auch noch die Direktwerbung möglich.

Daß *Händlerwerbung* völlig anders als *Publikumswerbung* konzipiert sein muß, wurde bereits hervorgehoben. Es wäre z. B. falsch, ein und dieselbe Anzeige in der »ZEIT« und im »Börsenblatt« zu plazieren. Der Händler sucht seinen Händlernutzen, das ist (fast stets) sein Verkaufsnutzen. Der Verbraucher sucht einen Verwendernutzen, etwa als Schenk- oder Lesenutzen. Leser oder

Verwender kaufen zudem nach dem Inhalt, also fast nur dem Produkt, und weniger nach dem Verlag, Händler hingegen kaufen zwar auch nach dem Inhalt der Einzeltitel, vor allem der Verkäuflichkeit von Programmen ein, mithin nach Verlagen. Publikumswerbung muß daher buchdominant, Händlerwerbung verlagsdominant sein. Mit *Direktwerbung* ist nicht die Publikums-, Verwender- oder Leserwerbung z. B. per Anzeige gemeint, sondern die postalische Werbung direkt in den Briefkasten. Das Verfahren ist bereits aus dem Mail-Ordering (S. 174) als distributionspolitische Maßnahme bekannt, kann aber auch ausschließlich als Direktwerbung eingesetzt werden, wenn der Verlag kein Mail-Ordering (Lieferversand) betreiben will, um nicht neben dem Buchhandel zu distribuieren (Bestellung beim Sortimenter, Verlag und Buchhandel teilen sich in die Kosten).

2. *Werbeobjekte:* Die Werbe»objekte« sind alle zum gegenwärtigen oder einem zukünftigen Zeitpunkt verkaufbaren Verlagsprodukte. Von dieser umfassenden Sicht aus ergibt sich zunächst das bereits bekannte Gegensatzpaar Novitäten- und Backlistwerbung, dann die von der Einzeltitel- bis zur Gesamtprogrammwerbung reichende Reihe, schließlich die Kollektivwerbung eines Verlags mit anderen Verlagen sowie mit dem Versandbuchhandel und Sortiment. *Novitätenwerbung* (auch Frontlistwerbung) ist Einführungswerbung, sie orientiert sich am stärksten an der AIDA-Formel (vgl. S. 127). Da der Einführungsaufwand für jeden Titel am größten ist, wird hier am meisten Werbegeld pro Saison ausgegeben. Von den Novitäten allein kann kaum ein Verlag leben, sein Potential ist die sehr viel größere Backlist, *Backlistwerbung* dient deren Reaktivierung. Ihr Kostenanteil für einen Titel ist pro Saison zwar geringer, wobei die permanente Aktivierung der Liste für Dauerseller sich doch beträchtlich summieren kann oder sogar dominiert, wenn der Verlag aus strategischen Gründen verstärkt Backstockwerbung betreibt. Praktisch werden Backlist- und Frontlistwerbung kombiniert angewandt, indem man in die Werbung der Novitäten die passenden Titel des Backstocks mit einbezieht, wodurch sich dann auch das Finanzierungsproblem löst (s. unten die Themenanzeigen). *Einzeltitelwerbung* ist dann geraten, wenn sich ein Titel durch Autor und/oder Thema so sehr von anderen abhebt, daß er eine Alleinstellung gegenüber den anderen Novitäten oder innerhalb des Gesamtprogrammes verlangt. Reihentitel- oder Serientitelwerbung sowie Themenwerbung sind *Titelgruppenwerbung*. Themenanzeigen z. B. sind geraten, wenn ein Einzeltitel weniger durch seine Individualität, sondern durch einen schon vorhandenen Programmkontext lebt, dasselbe gilt für den neu erscheinenden Band einer Reihe. Im Prinzip wird so vorgegangen, daß man die Novität in den Anzeigen einzeltitelartig stark in den Vordergrund rückt, während man mit Kontext- oder Reihentiteln des Backstockes auffüllt. Dabei entsteht ein positiver Werbeeffekt für beide, weil die Backlist dem »Neuen« einen Hintergrund schafft (der das Neuprodukt stützt und lanciert), während der »Neue« die

Backlist programmatisch erweitert (und sie stützt durch Reaktivierung). Die *Gesamtprogrammwerbung* betrifft entweder die Neuproduktion oder alles Produzierte, was lieferbar ist; die Kommunikation auf diesem Bereich trägt eindeutig auch Image- und Public-Relations-Züge. Sie erfolgt wie die auch der übrigen Werbeobjekte über die verschiedensten Werbemittel und Werbeträger (Medien). Wenn bei der Gesamtwerbung die Werbetheorie und die vorhandenen Verlagslehrbücher mit ihren Darstellungen der Bewerbemöglichkeiten der Werbeobjekte aufhören – sicher, weil mit dem Erreichen der Unternehmensebene (Verlagsgesamtprogramm) ein logischer Abschluß erreicht ist –, ergeben sich für das praktische Verlagsmarketing noch übergreifende, offenbar zukunftsorientierte Perspektiven mit teils bereits erfolgreicher Gegenwartspraxis. *Kooperation von Verlagen mit Verlagen:* Hier läßt jeder Verlag den Versuch der Nur-Eigenprofilierung hinter sich und erstrebt in der Werbekooperation mit seinen sonstigen Konkurrenten einen maximalen Verkaufs-und Beeindruckungserfolg. Beispiele aus der jüngsten Vergangenheit sind etwa die ganzseitigen und doppelseitigen Anzeigen der »fünf Großen« unter den Taschenbuchverlagen in den überregionalen deutschen Tages- und Wochenzeitungen bzw. Magazinen wie FAZ, DIE ZEIT bzw. Stern (ähnliche Werbekooperationen betreibt auch das Sortiment). Kooperation bedeutet hier nicht Imageverlust, sondern das Profil aller gewinnt an Stärke: Gemeinsam erreicht jeder mehr für alle als jeder für sich allein. *Kooperation von Verlagen mit Sortiments- und Versandbuchhandel:* Hier bleiben die Verlage nicht unter sich, sondern kooperieren werbe- und finanzierungsmäßig mit ausgewählten Partnern der nachfolgenden Absatzstufe, wobei insbesondere mit den Versandbuchhandlungen Werbeauftritte wie von den Taschenbuch-Oligopolisten erreicht wurden. In dem sich abzeichnenden Strukturwandel des Buchmarkts mit seinen Konzentrationen dürften solche Kooperationsformen sich weiterentwickeln.

3. Werbemittel: Die Werbe»mittel« (als Sonderform der Kommunikationsmittel) sollen – in der Sprache der Kommunikationstheorie – die Werbesubjekte (z. B. Leser) über die Werbeobjekte (z. B. Bücher) mittels einer Werbebotschaft (z. B. Inhaltsbeschreibung) informieren, deren materielles Medium sie darstellen. Hiervon haben gerade die Verlage eine ganz besondere Vielfalt. Die einfachste Form ist der *Prospekt.* Er kann für (s. o.) Einzeltitel, Reihen, Themen oder sogar/und natürlich für ein Gesamtprogramm gemacht werden, und wird an (s. o.) das Publikum oder die Händler gebracht. Die nächst aufwendigere Form sind die *Kataloge,* z. B. der Frühjahrs-, der Herbst-, der Jahreskatalog und der jährlich zu erneuernde für das Gesamtprogramm, als rein bibliographischer Katalog, als kommentierter Katalog oder sogar bebilderter Katalog. Das nächste wichtige Werbemittel ist die *Anzeige,* wieder für Einzeltitel, Reihen und Themen, Programme, wieder für Händler- oder Publikumswerbung, wieder nur bibliographisch oder mit Kommentar, oder als layoutete Anzeige aus Text- und Bildanteil. Sie zusammen konstituieren die konventionelle oder klassische Grundausstattung. Neben sie treten im Print-Bereich moderne: der Sticker, der Button, das Poster, das Plakat, das Display, die alle im Laden des Händlers verwendet werden können, im Nonprint-Bereich Audio-, Film- und Videospots für Radio, Kino, TV und Telekommunikation, die außerhalb der Buchhandlungen oder im Privathaushalt wirken, auf der Straße die eigens für die Außenwerbung entworfenen Affiches an den Plakatwänden und Litfaßsäulen, sowie endlich die auf der Buchmesse verteilten originellen Werbemitbringsel. Kritik an der skizzierten Vielfalt (die noch lange nicht vollzählig ist) ist sorgfältig zu überprüfen. Denn im Print-Bereich hilft der Einwand der Kritik nicht, daß von diesen »untypischen« Werbemaßnahmen (wie TV) noch nicht einmal ein Prozent aller Buchverlage Gebrauch macht, wenn sie für bestimmte Verlage höchst wirksam sind. Die attraktive Außenwerbung der Presseverlage ist (war) für Buchverlage nur deswegen außergewöhnlich, weil man sie für nicht finanzierbar hielt. Konventionalität darf die Kreativität nicht vorschnell blockieren. Die »konventionell klassische Grundausstattung« war, ist und wird auch noch das wichtigste Werbemix der Zukunft sein, doch verändert sie sich im Bereich Print bereits sehr kreativ (was man sehr auffällig am Stil der gegenwärtigen Anzeigen bemerkt), und es könnte sich mit dem Fortschritt der elektronischen Medien eine Revolutionierung im Nonprint-Sektor verbinden.

4. *Werbeträgerauswahl:* Wichtiger als die Werbemittel sind die Werbe»träger«. Denn eine Anzeige z. B. könnte hervorragend formuliert und gestaltet sein, würde aber dennoch versagen, wenn nicht der richtige Träger (Medium, Kanal, Streuorgan) gewählt wurde, während eine noch nicht einmal durchschnittliche bei Wahl des oder der richtigen Träger Erfolg hat. Das gilt schon für das Medium Buch, wenn mit einer Anzeige in einer passenden (oder nicht passenden) Zeitschrift geworben wird. Für ein Buch kann aber auch die Werbung in anderen Büchern richtig sein und in Zeitungen, in den elektronischen Medien, in der Außenwerbung inklusive Verkehrsmittelwerbung. Dabei ergeben sich von vornherein Kriterien für ihre Einsetzbarkeit. In der Zeitung ist die Information meistens nur tagesaktuell, in der Zeitschrift bleibt sie gemäß deren Erscheinungsweise nur oder auch schon eine Woche oder einen Monat präsent, aber im Buch auf Dauer – dafür ermöglichen die beiden Pressemedien (s. u.) die Wiederholungsschaltung. In den Funkmedien wird die größte Kontaktzahl erreicht, doch ist die Verfügbarkeit (der öffentlichen Sender) durch die gesetzliche Begrenzung der Werbezeit eingeschränkt. Verkehrsmittelwerbung erlaubt gemeinhin überhaupt keine soziodemographische Selektion (Zielgruppen), kann aber (wie z. B. für die »Städte-Atlanten«) im regionalen Einsatz genau richtig sein. Sofern die Werbeträger nicht durch die Erfahrungen der Verlage von vornherein festliegen, also bei der Einführung neuartiger Produkte sowie bei der Markterweiterung für ein vorhandenes Produktsortiment

(Verlagsprogramm), ist daher ein *Intermediavergleich* anzustellen. Dies gilt auch für Verlage mit langjährig unveränderten (oft verkrusteten) Werbegewohnheiten, da sie gegebenenfalls nur so erfahren, daß die Kosten für 1000 Kontakte im Fernsehen niedriger liegen können, als bei der Belegung von Zeitungen. Ausführliche Darstellungen zum Intermediavergleich finden sich in allen Werbe- und Marketinglehrbüchern.

5. *Werbegestaltung:* Die Werbemittel, egal welcher Art und über welche Träger verbreitet, bedürfen einer besonderen »Gestaltung«, um nicht als beliebig, sondern für den Verlag typisch zu gelten. Da die Prospekte und Anzeigen die heute meistverwendeten Mittel darstellen, muß die Gestaltung besonders auf sie konzentriert sein. Praktisch lassen sich die Erfordernisse in drei Maximen zusammenfassen: Die Werbung braucht einen *Stil,* es bedarf der Verwendung bestimmter *Werbekonstanten,* ein *Corporate-Design* in der Werbung ist anzustreben. Der Stil hebt durch den Einsatz typographischer und bildhafter Merkmale die (beispielsweise) Anzeige als eine Gestaltung hervor. Die Konstanten verweisen auf eine bestimmte Verlagsherkunft. Das Corporate-Design stiftet die notwendige Einheitlichkeit, hier in der Werbung, aber gegebenenfalls auch mit dem Design der Produkte und verweist auf eine bestehende Corporate Identity des gesamten Verlags. Stil ist alles, was prägt, zu Charakteristik und Individualität führt, egal, welche Gestaltungsmittel man mischt. Konstanten sind z. B. die Hausschrift (gegebenenfalls eine neu kreierte), der Verlagsname, das Verlagssignet (letztere beiden immer in einer charakteristischen Anordnung), bei Verwendung von Farben die Hausfarbe und die Signalfarben der Programmdisziplinen. Corporate-Design in der Werbung heißt gestalterische Einheitlichkeit hinsichtlich des äußeren Erscheinungsbildes, nämlich der Werbemittel für die gesamte Verlagspalette. Es korrespondiert mit dem möglichen Design der Produktgestaltung und im Kommunikationsbereich z. B. mit den Corporate-Communications, welche alle zusammen Teilinstrumente im Rahmen des umfassenden Corporate-Identity-Konzepts darstellen. Alle diese Elemente sind keineswegs Hülsen einer Marketinglehre oder auf Großverlage beschränkt. Bezeichnend ist vielmehr, daß bei den Verlagen die »Großen« auf ihrem Weg dahin bis auf Ausnahmen früher oder später solche Konzeptionen für sich entwickelt haben und die Kleineren, die solche Konzepte heute verfolgen, in ihrem Segment zu den Marktführern gehören.

Wenn man damit die rein den Kommunikationsprozeß betreffenden Punkte (Werbesubjekte, -objekte, -mittel mit Gestaltung, -träger und Auswahl) abschließt, bleiben die ökonomischen (Werbekosten, Werbeetats, Werbeerfolgskontrolle), die aber direkt an das Beschriebene anknüpfen:

6. *Werbekosten:* Werbe»kosten« umfassen natürlich das ganze vorher genannte Spektrum, d. h. sie entstehen als Produktionskosten (für die herge-

stellten Werbemittel), Schaltkosten (für die ausgewählten Träger oder Medien), Gestaltungskosten (für Grafiker und Agenturen etc.), aber auch als einzelnen Titeln oder Titelgruppen nicht mehr zuweisbare allgemeine Kosten wie etwa der Umlage von Kosten des Buchmessenstands. Statt auf sie alle einzugehen, wird hier ein spezielles Segment vorgeführt, das aber zentral ist, die Kosten für Anzeigenwerbung. Sie steht damit als Muster für den Umgang mit Kosten.

Auch bei ihr ist natürlich zu unterscheiden zwischen den Produktionskosten (wie Eigenkosten bis zum Vorliegen des Films, Fremdkosten bei Auftragsvergabe an eine Agentur) und den Schaltkosten, da erstere aber eigentlich Werbemittelkosten darstellen, interessieren jetzt hier die Schaltkosten. Der erste Aspekt sind die *Tausenderpreise.* Danach werden die wesentlichsten Grundsätze für eine *Wiederholungsschaltung in ein und demselben* Medium skizziert, sowie für eine simultane *Einfachbelegung in mehreren* Medien.

– *Tausenderpreise:* Kein Medium darf nur nach Maßgabe des absoluten Preises pro Seite belegt werden – das Mindestkriterium ist der »Tausenderpreis«. Der Tausenderpreis gibt an, was 1 000 Kontakte kosten, ist also von der Auflage abhängig und würde bei gleichem Seitenpreis mit der Erhöhung der Auflage sinken. Die Auflagenhöhe hat aber verschiedene Bezugsmöglichkeiten: die Druckauflage (welche, siehe unten, die größte darstellt), die verbreitete Auflage (die schon kleiner ist, aber die kostenlosen Probe-, Rezensions- und Freistücke einschließt) und die Verkaufsauflage (die remittierten Stücke sind herausgerechnet). Die Zahl der erreichten Kontakte kann sich verringern, wenn zwar gekauft, aber nicht auch gelesen wird, oder steigen, wenn ein Kaufexemplar mehrere Leser hat. Die Leserschaft pro Exemplar bzw. der Zeitschrift oder Zeitung kann zusätzlich noch heterogen zusammengesetzt sein, so daß nur ein Teil von ihr zu der Zielgruppe für die Werbung gehört. Die Auswahl einer Zeitschrift oder Zeitung erfordert also mindestens die Kenntnis des Tausenderpreises auf der Basis der Verkaufsauflage, danach der verbreiteten (alle Auflagen werden von der IVW [der »Informationsgemeinschaft zur Feststellung der Verbreitung von Werbeträgern«], auf freiwilliger Basis kontrolliert und beglaubigt), besser der aller Leser pro Nummer (= quantitativer Tausenderpreis entsprechend der quantitativen Reichweite), am besten der in den Lesern pro Nummer tatsächlich erreichten Zielgruppenpersonen (= qualitativer Tausenderpreis entsprechend zur qualitativen Reichweite). »Niedrige« Seitenpreise für Anzeigen können sich dadurch als teuer, »hohe« als preiswert herausstellen. Der zweite Aspekt ist die

– *Mehrfach-Schaltung in einem Medium,* die notwendig werden kann, wenn sich absehen läßt, daß die Zielgruppe eine Zeitschrift nur unregelmäßig liest – mit der Wiederholung wird dieses Defizit ausgeglichen. Da sich die Zahl der

Leser pro Nummer stets auf eine einzelne Nummer bezieht, bewirken Wiederholungsschaltungen eine größere Anzahl von Kontakten, als die einfache Zahl der Leser pro Nummer angibt. Die Entwicklung dieses »kumulativen« Reichweitenzuwachses gegenüber der »einfachen« Reichweite ist dafür entscheidend, bei welchen Zeitschriften und wie oft in ihnen Wiederholungswerbung geraten ist. Bei Blättern mit einem hohen Anteil unregelmäßiger Leser ist der Reichweitenzuwachs enorm und die Wiederholungsschaltung ratsam, bei Blättern mit einem hohen Anteil regelmäßiger Leser ist er zwar zu verzeichnen, entwickelt sich aber bei weitem geringer; in beiden Fällen ist die Effizienz am Anfang am größten und flacht danach im Sinn einer Degressionskurve ab. Mehrfachschaltungen in einem Medium sind deswegen ein ausgezeichnetes Mittel zur Korrektur von Kontaktausfällen, das notwendig ist; wie sich zeigen läßt, genügen zur Ausschöpfung der Reichweite aber schon die ersten zwei bis drei Wiederholungsschaltungen. Der dritte Aspekt ist die gleichzeitige

– *Einfachbelegung in mehreren Medien.* Sie ist vorzunehmen, wenn eine Zielgruppe außer durch die Kombination nicht vollständig zu erreichen ist, und stellt gegebenenfalls eine Alternative zum Ausgleich von Kontaktausfällen mit der Wiederholungsschaltung in einem Medium dar. Bei der Einfach- oder Mehrfach-)belegung in mehreren Medien kommt es jedoch in der Regel zu Überlappungen, das heißt zu Doppelt-, Dreifach- oder Vielfachüberschneidungen, die zwar im Sinne von Mehrfachanstößen bei den Umworbenen wünschenswert sein können, aber nicht unbedingt die Anzahl der erreichten Subjekte erhöht. Man darf bei der Kombination der Medien deswegen nicht von dem Kombinationspreis ausgehen, der sich nach Maßgabe der Addition der jeweils einzelnen Medien ergibt (»Brutto«reichweite), da die unbereinigte Addition eine größere Anzahl erreichter Leser vortäuscht, als tatsächlich erreicht wird, sondern die günstigste Kombination ergibt sich aus der Addition der bereinigten »Netto«reichweiten (zu ermitteln nach der in den Marketing- und Werbelehrbüchern beschriebenen Methode von Venn und der Agostini'schen Näherungsformel). Die unter Werbekosten hier angeführten drei Beispiele betreffen Grundsatzkenntnisse, die in der Werbung vieler Buchverlage bis jetzt keine Anwendung finden.

7. *Werbeetats:* Auch die Prinzipien der Bildung von Werbe»etats« wurden ja bereits angesprochen (S. 128). Die nach dem *umsatzproportionalen Prinzip* vorgenommene Bemessung (je größer der Umsatz, desto größer der Werbeetat) ist zwar die übliche, jedoch marketingmäßig kaum vertretbar, weil rückläufiger Umsatz dann ja immer weniger Werbung erlaubt. Die am *Gewinn* orientierten Bemessungsmethoden unterliegen im Prinzip der gleichen Kritik. Als ein weiteres Kriterium kann das *Verhalten der Konkurrenz* angesehen werden, das zumindest im oligopolistischen Bereich zu Anpassungen provo-

zieren kann (Im Verlag: »Wenn Rowohlt powert, muß man sich bei dtv überlegen, ob man nach dem alten Konzept weitermacht ...«). Da die am *Marktanteil* orientierten Methoden für die Verlage ziemlich ausfallen dürften, bleibt vom Standpunkt des Marketing aus die erwähnte am *Werbeziel* orientierte Methode die richtigste, in der man empirisch den für jedes einzelne Projekt erforderlichen Aufwand bestimmt und zum Gesamtwerbeetat hochrechnet, wobei man bei der späteren Steuerung nicht prozyklisch (bei höherem Umsatz wird noch mehr Werbung gemacht, bei niedrigerem wird sie zurückgeschraubt), sondern antizyklisch vorgeht (verstärkte Werbung bei nicht ausreichendem Umsatz, Konstanz oder relative Zurücknahme bei Zielerreichung bzw. Zielüberschreitung). Auch diese Grundsätze bedürfen in vielen Verlagen der Prüfung.

8. Werbeerfolgskontrolle: Wie die Wirkung der Werbung selbst ist die Werbe»erfolgskontrolle« auf den *öko*nomischen und den *außer*ökonomischen Bereich gerichtet. Die Ermittlung des ökonomischen Erfolgs ist dabei außerordentlich kritisch, da ein Absatzerfolg selten allein auf die Werbung zurückführbar ist, sondern den kombinierten Einsatz aller Marketinginstrumente im Marketing-Mix und auch externe Faktoren wie Trends, Kaufkraftverschiebungen, politische Ereignisse den Absatzerfolg beeinflussen können. Die Werbewirkungsforschung konzentriert sich schon deswegen auf die Erforschung des außerökonomischen Erfolgs. Ihr Instrumentarium folgt logisch den Wirkungsstufen des in der AIDA-Formel (vgl. S. 127: Attention, Interest, Desire, Action) ausgedrückten Kommunikationsablaufs. Die bekanntesten sind das Recognition- und Recall-Verfahren. Das *Recognition-Verfahren* prüft z. B., ob Anzeigen Aufmerksamkeit und Interesse fanden. Dazu wird einem nach Marktforschungskriterien ausgewählten Personenkreis beispielsweise eine ihm bekannte Zeitschrift zur Durchsicht vorgelegt und bei allen Anzeigen gefragt, ob sie aus zurückliegenden Lektüren bekannt sind. Das Recognition-Verfahren ist damit eine sogenannte passive Methode, denn es handelt sich um eine reine Prüfung der Wiedererkennung. Ebenfalls dem Erkennen von Aufmerksamkeit und Interesse ist das *Recall-Verfahren* gewidmet. Bei ihm bekommt die Testgruppe nach der Lektüre eine Reihe von Karten mit Produktnamen und/oder Firmen vorgelegt und soll sagen, welche in der Zeitschrift beworben wurden. Das Recall-Verfahren ist damit eine aktivere Methode, denn statt der Wiedererkennung geht es hier um Erinnerung sowie Zuordnung aufgrund einer eigenen Leistung. Zum Direkttest der Aufmerksamkeitswirkung dienen die erstaunlichsten Dinge. Es gibt Brillen und apparative Einrichtungen (Augenkamera) zum Festhalten des Blickverlaufs der betrachteten Anzeigen. Die gefühlsmäßige Wirkung (Desire, die Stufe vor Action) kann durch Messung der Pulsfrequenz, der Hautfeuchtigkeit, der Muskelkontraktion und sogar Speichelentwicklung getestet werden oder, medizinisch gesprochen, durch sämtliche physiologischen Reaktionen des vegetativen Nervensystems auf Werbe-

reize. Damit verfügt die außerökonomische Werbeerfolgskontrolle über eine
Fülle teils psychischer, teils physischer Methoden. Das Instrumentarium zur
Kontrolle des ökonomische Werbeerfolgs ist weniger vielfältig, schwieriger
und aufwendiger. Von den Methoden her sind nur kontrastive oder kompara-
tive Verfahren möglich, d. h. man startet etwa in einem Verkaufsgebiet eine
Werbeaktion und in einem ähnlichen nicht und vergleicht die Umsatzent-
wicklungen. Von der Auswertungsseite her bestehen nur komplexe mathematische Verfahren mit, wenn man in der Wissenschaft bleibt, erheblich eingeschränkten Ergebnisaussagen. Die Kostenseite ist der praktische Riegel für
die Kontrolle des ökonomischen Werbeerfolgs, da sie einen repräsentativen
Markttest voraussetzt.

2.2 Öffentlichkeitsarbeit (PR)

Unter »Public Relations« – Öffentlichkeitsarbeit – versteht man in der klassischen Theorie die Kommunikation für das Unternehmen (also den Verlag) *als
Ganzes,* daneben steht heute die »Product-Publicity« (Book-Publicity). Beide
Formen sind Modifikationen der externen PR gegenüber der internen, mit der
zusammen sie das Gesamtkonzept der PR darstellen. Alle PR-Formen gelten
nicht direkt ökonomischen Zielen. Dies trifft insbesondere für die interne PR
zu.

Externe PR

Das klassische Ziel der *externen PR* ist nach allgemeiner Auffassung die Gewinnung von Vertrauen und Verständnis in der Öffentlichkeit für die Ziele des
Unternehmens und für das Unternehmen schlechthin – dieser für staatliche
und privatwirtschaftliche meist Großunternehmen aus Handel und Industrie
relevante Aspekt ist für Verlage eher sekundär, wichtig hingegen ist die Komponente der Imagebildung. Unter Image wird dabei die Schaffung eines Vor-
stellungsbildes – hier des Verlages – verstanden, bei dem der Leser, Käufer,
Buchhändler sofort bestimmte Eigenschaften mit dem Verlag assoziiert, die er
(gegebenenfalls) positiv auf das Produkt überträgt.
  Ein solcher imagestiftender PR-Effekt kann schon mit den einfachsten
Mitteln erreicht werden, beispielsweise mit der auffallenden Einbeziehung
des Verlagssignets oder eines verlagstypischen Slogans in die Gestaltung
aller Einzel- und Sammelanzeigen (vgl. bei Hanser der Diagonalschnitt des
Verlagsnamenszuges, bei Rowohlt das permanente: »Der *erste* deutsche Taschenbuchverlag«). Schaltet ein Verlag nach diesem Konzept seine monatlichen Programmanzeigen (»Verlagsprogramm«), geht auch von der Wiederholung ein PR-Effekt aus. Auch doppelseitige Anzeigen im Börsenblatt, mit

denen Verlage unter einem dominierenden Verlagsnamensschriftzug ohne Rücksicht auf das Erscheinungsdatum vielleicht sogar alphabetisch in kleinstem Satz ihre gesamte Backlist dokumentieren, sind reine PR-Anzeigen. Zu reinen PR-Anzeigen gehören auch solche ohne eine einzige Titelangabe, wie etwa die nach dem Muster »G [= Goldmann]: das Zeichen für Lesen«. Verlage können dieses für sich allein tun, dann ist es PR für den eigenen Verlag. Sie können den PR-Effekt durch Kooperation mit ihren sonstigen Konkurrenten anstreben (s. die Gemeinschaftsanzeigen der deutschen Taschenbuchverlage S. 185 oder die titelunabhängigen, nur mit den fünf Verlagsnamen bedruckten Tragetüten der genannten fünf Taschenbuchverlage). Die übergreifendste Form ist die allen Verlagen und Buchhandlungen gemeinsam geltende alljährliche »Ein Buch ist ein Geschenk«-Aktion aus der PR-Abteilung des Dachverbandes der Branche, dem Börsenverein.

Alle PR-Maßnahmen sind in enger Anlehnung an die Zielgruppen zu planen. Obige Beispiele waren geeignet, sowohl ein Händler- wie ein Leserpublikum anzusprechen. Eine PR-Broschüre speziell für das *Sortiment* wird aber für diese Zielgruppe die Verkaufbarkeit der Autoren oder Titel eines Programms (z. B. den Vergangenheitserfolg, Händlernutzen) herausstellen und damit neben dem Imageeffekt die o. a. Vertrauenswirkung für den Verlag anzielen. Auf *Verbraucherebene* lag ein Fachverlag dagegen richtig, als er in einer überregionalen Anzeigenserie in Deutschlands bekanntester Tageszeitung ohne die Nennung eines speziellen Titels nur die Nützlichkeit dieser Titel für das betroffene Fachpublikum und hierüber auch für die *Verbraucher* dokumentierte. Für die Zielgruppe der *Autoren* schließlich wird einleuchtenderweise nicht mit direkten PR-Maßnahmen gearbeitet, eher sind sie Bestandteil von solchen Aktionen, fühlen sich aber durch sie in der Bindung an den Verlag gefestigt und führen dem Verlag durch die Publicity mit den alten Autoren neue zu. Zu den spektakulären externen Aktivitäten gehören auch noch die Presse- und Messeempfänge, bei denen die Zielgruppen Autoren, Buchhändler und Medienverleger (»Leser« sind oft ausgeschlossen) insgesamt avisiert werden und deren mögliche Resonanz in der Presse die vom Verlag selbst ausgehenden Impulse multiplizieren.

Die *Product-Publicity* als zweite (neue) Form der externen PR kehrt den Grundgedanken der PR gleichsam um, denn sie setzt nicht bei der Werbung für die Unternehmung (Verlag), sondern für die Produkte speziell (Titel) oder generell (Buch) an. Zu den generellen Möglichkeiten gehören dann etwa die oben zitierten »Ein Buch ist ein Geschenk«- Maßnahmen des Börsenvereins, die damit einen gleitenden Übergang zwischen Firmen- und Product-Publicity herstellen, zu den speziellen etwa die, wenn ein Autor in einer Talk-Show wider den Willen des Moderators sein neues Buch aus der Westentasche hervorzieht und vor die Kamera hält. Das eigentliche Prinzip der Produkt-Publicity besteht darin, daß nicht die Verlage selbst, sondern die

Medien für sie die Produktwerbung vornehmen. Praktisch bereiten die daran interessierten Verlage dies dergestalt vor, daß sie statt der üblichen Waschzettel den Redaktionen einen nach deren Themen und Stil aufgemachten Basistext zusenden, der sich leicht in einen Artikel verwandeln läßt. Sogar solide Verlage haben auf diese Weise ganzseitige »Besprechungen« in nationalen Wochenzeitungen erreicht. Die Darstellung durch die Medien hat dann gegenüber dem Leser eine erheblich größere Glaubwürdigkeit als eine Verlagsanzeige. Insofern ist in der modernen Product-Publicity-Technik eine Erweiterung des Repertoires der klassischen Pressearbeit zu sehen. Bei dem *Presse- und Rezensionswesen* im Verlag bemüht sich dieser, durch den Versand an Redaktionen generell oder Adressaten dort speziell zu Besprechungen in den Medien Zeitung, Zeitschrift, Rundfunk oder auch Fernsehen zu kommen. Deren Aufnahmebereitschaft ist natürlich in Frage zu stellen, die Rezeption durch den Rezensenten offen, die Reaktion der Leser kann nach einem Verriß begeistert oder nach Lob lähmend sein. In verschiedenen Untersuchungen populärer Verlage hieß das Fazit, daß Rezensionen den Wirtschaftserfolg von Büchern so gut wie gar nicht beeinflußten, Kleinverleger berichteten das Gegenteil, und einer der größten Markterfolge mit einem belletristischen Titel in der BRD wurde praktisch ohne eigene Verlagswerbung nur durch den Versand eines einzigen Rezensionsstückes an ein sehr populäres politisches Magazin für Nachrichten erreicht. Das Presse- und Rezensionswesen kann damit das billigste sowie potentiell effizienteste Instrument im Kommunikations- und Marketingmix sein, insbesondere wenn für einen Kommunikationserfolg keine großen Werbeetats existieren. Kleinverlage benutzen es intuitiv mit den ihnen zur Verfügung stehenden Mitteln, Großverlage arbeiten an einem EDV-gestützten systematischen Einsatz.

Interne PR

Die *interne PR* schließlich als nach innen gerichtete Kommunikation verfolgt die Information der Mitarbeiter über die Aktivitäten des eigenen Unternehmens, etwa mit einer Werks- oder Hauszeitschrift. In Großverlagen mit angeschlossenen Druckereien und Auslieferungen oder gemischten Verlagskonzernen existieren solche Blätter und erfüllen dort eine berechtigte, oft wichtige Funktion, da sie den Mangel der im kleineren Verlag möglichen persönlichen Kommunikation ausgleichen helfen, sich wie die externe PR um die Gewinnung von Vertrauen, Wertschätzung etc. der Unternehmung bemühen und damit mindestens intentionell Motivation und innerbetrieblich gute Beziehungen (daher das Synonym: *Human Relations*) stiften. Die interne PR hat daher noch weniger als die externe einen direkten Absatzbezug, sie ist ein Instrument der Unternehmensführung. Für die direkt absatzbezogene Kommunikation sorgt neben der Werbung und/oder PR die Verkaufsförderung.

2.3 Verkaufsförderung

Ob die Verkaufsförderung wirklich zum Kommunikationsmix gehören soll, ist in der Literatur strittig. Manche behandeln sie dort, manche im Distributionsmix, manche widmen ihr ein vollständig eigenes Kapitel, wieder andere klammern sie sogar in Grundlagenbüchern vollständig aus. Der Streit ist jedoch genauso müßig wie der um die richtige Benennung, da alle Begriffe synonym gebraucht werden können. Einheitlichkeit herrscht dagegen in bezug auf das, was gemeint ist. Nach einer inzwischen klassischen Auffassung ist die Verkaufsförderung die »Summe aller Aktivitäten« einer Unternehmung, also des Verlags, »zur Unterstützung ihrer Absatzhelfer und Absatzmittler« (Birkigt). Die Helfer und Mittler wurden bereits als sog. »Organe« des Absatzes in den Ausführungen zum Bereich Distributionspolitik (Vertrieb, S. 164) definitionsmäßig für den Verlag festgelegt. Verkaufsförderung bedeutet deswegen verlagsbezogen nichts anderes als die Unterstützung der vom Verlag angestellten Reisenden (Helfer) sowie seiner selbständigen Handelsvertreter wie auch der selbständigen Händler (beide sind Mittler). Diese klassische Auffassung wird heute in der Regel mindestens theoretisch um die nachfolgende Stufe erweitert: verkaufsfördernde Maßnahmen, die sich nicht an den Außendienst, nicht an die Händler, sondern den Letztabnehmer richten. Man kann die Verkaufsförderung deswegen auch wie folgt in drei Teile gliedern: die *Staff*-Promotions, die *Dealer*-Promotions und die *Consumer*-Promotions, wobei man die Einwirkung auf den eigenen Außendienst auch als *direkte* oder Verkaufsförderung »nach innen« bezeichnet und die übrigen als *indirekte* oder Verkaufsförderung »nach außen«. Unabhängig davon geht es darum, durch Aktivitäten gegenüber dem Außendienst, Händlern, Verbrauchern mehr Verkauf zu erreichen, als durch Werbung und Vertrieb bzw. die gewöhnlichen Absatzmaßnahmen alleine zustandekämen. Bevor diese Maßnahmen im einzelnen aufgeführt werden, bedarf es aber noch einer genaueren Abgrenzung der Verkaufsförderung von den vorweggegangenen Instrumenten des Kommunikationsmix, also der PR und besonders der Werbung, da sie alle unterschiedlichen Prinzipien gehorchen.

Die klassische PR verfolgt per Definition keine direkten ökonomischen Ziele und ist vom Prinzip her zeitlich gestreckt. Die Verkaufsförderung zielt auf den direkten Kaufakt und hat als klassisches Mittel dazu die vornehmlich zeitlich begrenzte Aktion. Der Vergleich mit der Werbung ist besonders aussagekräftig, da die Gegenüberstellung den Gegensatz beider hervorhebt. Während sich die Werbung nur des Einsatzes von Sachmitteln bedient, bedient sich die Verkaufsförderung, wie die obige Gliederung zeigt, auch der von Personen (der Helfer und Mittler). Während die Werbung sich an den Käufer richtet, um ihn zum Kauf zu bewegen, richtet sich die Verkaufsförderung an den Verkäufer, um seine Leistung zu steigern. Der Kardinalunterschied besteht in der entgegengesetzten Richtung bzw. marktphilosophischen Basis, nach der die Werbung durch einen » Sog« die Nachfrager ins Sortiment und an das Buch *zieht*, während Verkaufsförderung entgegengesetzt das Buch in das Sortiment *drückt*, gemäß der amerikanischen Unterscheidung zwischen dem *Push-* oder *Pull*-System. Weitere als substantiell anzusehende Elemente kommen hinzu, so die Konzentration der Verkaufsförderung auf ein singuläres Produkt oder eine thematische Produktgruppe (statt eines ganzen Programms), die zeitliche Begrenzung auf die Dauer der Aktion (statt ganzjähriger Aktivität), der punktuelle Einsatz in bezug auf den Ort und die Buchhandlung (anstelle gesamtheitlicher Streuung ohne Diskriminierung der ausgelassenen Sortimente).

Mit verkaufsfördernden Maßnahmen lassen sich also die Absätze regional, saisonal, für bestimmte Produkte oder Produktgruppen etc. steigern oder Rückgänge ausgleichen. Verkaufsförderung ist zusammenfassend damit ein taktisches Instrument, das flankierend neben die Werbung tritt (Pull- *and* Push-System!) – beide Instrumente ergänzen sich gegenseitig. Für den Einsatz der beiden sich ergänzenden Instrumente bestehen hingegen wieder unterschiedliche Voraussetzungen. Während Werbung, gerade für Bücher, quasi als Folge der Produktion automatisch gemacht wird, bedarf Verkaufsförderung eines Anlasses. Ein Anlaß kann ein Verlagsjubiläum sein (»Fischer wird 100«; alle direkt nach dem Krieg gegründeten Taschenbuchverlage feiern ab 1995 ihr »Fünfzigstes«), ein aktuelles politisches, sportliches, gesellschaftliches Ereignis, ein sensationeller »Seller« etc. Gegenüber der in der Theorie betonten Singularität von Verkaufsförderungsaktionen ist nur hervorzuheben, daß sie im Verlagsmarketing nicht einmalig (unwiederholbar) sein müssen. Permanente Verkaufsförderung wäre nicht zu bezahlen und brächte sich selbst um ihren Effekt. Aber die turnusmäßige Wiederholung ist geraten bei Schulbuchverlagen vor dem Schuljahresbeginn, bei den wissenschaftlichen Verlagen vor Semesterbeginn, bei den Belletristikverlagen vor dem »Lesesommer«, sowie bei allen vor dem Weihnachtsgeschäft. Der Verlag muß dabei stets bedenken, daß er verkaufsfördernd auf alle Mitglieder der Absatzkette einwirken kann, also Vertreter, Reisende, Händler und Leser. Da hier nicht eine, sondern alle Handelsstufen angesprochen sind, ist sein Marketing hier nicht »horizontal« (etwa nur die Händler, nur die Leser betreffend) gerichtet, »vertikales« Marketing ist angekündigt. Für alle Stufen in diesem vertikalen Prozeß kennt das allgemeine Marketing Maßnahmen, die sich auf den Verlag übertragen lassen. Demnach ist jeweils ein Instrumentarium von vier Elementen zur Beeinflussung und Unterstützung zu prüfen: die *Information,* die *Motivation,* die *Schulung* bzw. *das Training* sowie die *Sachunterstützung.* Eine Auswahl aus allen geht in das Verkaufsförderungsmix ein.

1. Maßnahmen gegenüber dem Außendienst (»Staff«-Promotions): Die Reisenden sind vom Verlag leicht beeinflußbar, die Vertreter nur nach Maßgabe ihres Interesses (vgl. Kapitel Distributionspolitik). Die Methoden und Maßnahmen müssen an das beim Aufbau der Abteilung Vertrieb und die Distributionspolitik Skizzierte aber anknüpfen, da die Vertreter- und Reisendenaktivitäten vom Prinzip her ja auch ohne den Anlaß einer Aktion verkaufsfördernd sein sollen, nur ist das Generelle speziell zu verdichten. Das Briefing hat intensiver zu sein (Information), die Setzung von Anreizen ist mit dem Erfolg der Aktion direkt zu koppeln (Motivation), die Vertriebsleitung sollte die in fremden Branchen längst bewußte und wissenschaftlich erwiesene Erkenntnis adaptieren, daß auch der fertige »Starverkäufer« noch optimierbar ist (Training und Schulung, S. 170), die Unterstützung durch »Sachmittel« (Werbetexte, Manuskript-, Fahnen-, Umbruchseiten, Umschlagandrucke, Anzeigenmuster, Werbeplankopie, Aktionsplankopie, Musterstücke des Verkaufsförderungsmaterials) muß klarmachen, daß bei einem gleich großen Einsatz wie von Verlagsseite aus für den Dealer (Buchhändler) gegenüber dem Consumer (Leser) ein überdurchschnittlicher Erfolg greifbar wird. Alle Maßnahmen der Staff-Promotions sehen es darauf ab, die Staff (die Mannschaft) zu fördern, Verkaufsförderung ist hier also zunächst Verkäuferförderung. Die Verkaufsförderung dient dem »Hineinverkauf« (in den Handel) entsprechend dem Push-Prinzip. Deswegen verbleiben auch die hier genannten Sachmittel im Besitz der Verkäufer, im Gegensatz zu dem eigentlichen noch zu nennenden Verkaufsförderungsmaterial, das an den Händler weitergeht und ihm beim Verkaufen hilft (»Abverkauf« oder Verkäuferförderung auf der Handelsstufe).

2. Maßnahmen im Buchhandel (»Dealer«-Promotions): Im Prinzip kann man das ganze Spektrum der im Distributionsmix gezeigten Kanäle ansteuern, doch haben sich bestimmte Formen besonders herausgebildet, von denen die Einzelbuchhandlung, also das Sortiment, die wichtigste ist. Im *Groß-* oder *Zwischenbuchhandel* sind die *Barsortimente* gegebenenfalls Partner, da sie im eigenen Namen auf eigene Rechnung arbeiten und folglich bereit sind, zum eigenen Nutzen verkaufsfördernde Materialien der Verlage im Rahmen ihres Sortimenterservice weiterzugeben; dies gilt besonders für die kleineren Barsortimente, die einen eigenen Vertreterstab zum Besuch der Sortimente unterhalten, und die *Grossisten.* Gewinnt man sie für Aktionen, lassen sich neben dem Vollbuchhandel in entlegenen Sortimenten, im PBS, am Kiosk, in SB-Läden, Food-Ladenketten etc. schon in einem einzigen Nielsen-Gebiet durchaus 4000 Buchverkaufsstellen neben dem Sortiment erschließen. Im *Einzelhandel* nehmen das Warenhaus und der Versandbuchhandel eine besondere Funktion ein. Das *Warenhaus* ist durch den in ihm nicht nur möglichen, sondern auch nötigen hohen Quadratmeterumsatz zu verkaufsfördernden Aktionen prädestiniert und gezwungen. Sensationalität des Titels, Preiswürdigkeit und kurzfristige Aktionsdauer sind die für die Entscheidung wichtigen Kaufhauskriterien. Der *Versandbuchhandel* akzeptiert neben dem Billigen die hochpreisigen vielbändigen Objekte. Beide Händler entfalten teils entgegengesetzte (die Signierstunde des Autors ist dem Warenhaus vorbehalten, das Direct-Mail der Versendern), teils gleichartige (Zeitungswerbung bis zur ganzseitigen Anzeige) Promotions in eigener Regie oder in Kooperation mit dem Verlag, beide erreichen ein von dem des Sortiments unterschiedenes Publikum und damit zusätzliche Märkte, beide bedürfen, wegen des Zentraleinkaufs bzw. des Versandprinzips, im Unterschied zum Sortiment fast überhaupt nicht einer Verkäuferförderung. Die Verkaufsförderung über das *Sortiment* ist nicht nur der wichtigste, weil hauptsächliche Weg, sondern zugleich auch der schwierigste. Denn zwar nimmt alle Verkaufsförderung im Verlag ihren Anfang, doch geschieht und gelingt sie zum ersten nur durch die Händler, mit Hilfe der Händler, in den Räumen der Händler und niemals gegen die Händler. Zum zweiten befindet sich das Sortiment in einer grundsätzlich anderen Situation, weil es nicht nur einen oder eine begrenzte Anzahl von Titeln lanciert – wie der Verlag –, sondern das Nadelöhr darstellt, durch das die jährlich ca. 60 000 Neuerscheinungen sollen. Wer also unter diesen Bedingungen als Verkaufsförderer nach der Push-Philosophie die Bücher in das Sortiment »drückt«, benötigt ein gutes Verhältnis zum Sortiment fürs Gelingen (Slogan eines Verlagsberaters: »Wer über Druck verkauft, braucht den Buchhändler als Freund«) und muß den Verkäufer durch Förderungsmaßnahmen für den Abverkauf unterstützen. Wie beim Hineinverkauf durch den Außendienst besteht das Instrumentarium wieder aus Information, Motivation, Schulung und Training sowie der Unterstützung durch Sachmittel. Die Information soll als Erstinformation schon während der Reise mündlich erfolgen, wobei Verkaufsförderungsmaterial durch den Außendienst, sofern es bereits vervielfältigbar war, übergeben wird; die schriftliche Information folgt rechtzeitig vor der Aktion als Händlerrundschreiben oder besser – weil billiger als eine solche Massenaussendung – durch einen in einem der Branchenblätter gedruckten Verkaufsförderungsbrief, der zudem noch eine weitaus größere Zahl Sortimente erreicht. Die Motivation kann auf dem monetären Sektor über spezielle Rabatte (Aktionsrabatt statt Reiserabatt oder Normalrabatt, Partie, Reizpartie) sowie spezielle Konditionen (statt fest auch RR oder a. c.) erreicht werden, durch Schaufenstervermietung und -wettbewerbe (ideelle Motivationen kommen auch vor, nicht selten entstehen sie durch ein gemeinsames Mittagessen der Buchhandelsangestellten mit dem Autor). Schulung und Training beinhalten eigentlich von den Verlagen veranstaltete Buchhändlerseminare, entfallen damit für viele Verlage aus Kosten- und Themengründen, sind aber für andere Verlage allein oder für ihre Sparte von Nutzen (so für den Verkauf von Lexika). Die Sachmittelunterstützung ist wie bei der Förderung des Außendienstes das sicher wichtigste Instrument, weil nirgendwo sonst ein nach Art, Gestaltung, Funktion und Kosten so breites Spektrum an Mitteln besteht, das zudem ohne direkten Händlereinsatz auf den Verbraucher einwirkt. Der kostenlos überlassene Verlagsprospekt mit dem Firmeneindruck des Händlers zur Plazierung neben der Kasse ist nur ein Anfang. Konventionelle Beispiele im Bereich Druck sind heute der Sticker, der Aufsteller, das Plakat, das Transparent, also alle Displays. Darüber hinaus gehen dann Mittel mit Zusatznutzen, z. B. der Verkaufsständer oder die Drehsäule des Verlags X (die auch mit fremden Titeln gefüllt werden kann) oder der Benzinkanister zur Dekorationshilfe und Blickfang für das Schaufenster (den der Buchhändler nachträglich privat für sich nutzt). Visuelle und audiovisuelle Mittel wie Dia-Würfel und Dia-AV-Schaus sind im Nonprint-Bereich möglich, sogar die 3-D-Schau im Schaufenster mit zum Laufpublikum gerichteter Außenbeschallung. Das Entscheidende ist stets das Vorhandensein am »POP« (Point of Purchase), indem das Mittel entweder in den Laden hineinführt oder auf das Produkt hinlenkt bzw. dem Verkäufer das Verkaufen erleichtert.

3. Maßnahmen beim Endverbraucher (»Consumer«-Promotions): Für das letzte Glied in der Absatzkette ist das theoretische Instrumentarium natürlich nicht voll realisierbar, so gibt es keine der Außendienst- oder Händlerstufe entsprechende »Verbraucherschulung« oder Unterstützung mit Sachmitteln. Daher sind informierende oder motivierende Mittel anzuwenden, die den Verbraucher im Laden des Händlers aber auch vor seinem Geschäft, unterwegs oder zu Hause direkt erreichen. Die klassische – und deswegen nicht gerade modernste – Promotion im Laden des Händlers ist die Autorenlesung mit Autogramm- oder Signiermöglichkeit. Im Laden selbst können – kombiniert damit wie auch unabhängig von solchen Gelegenheiten und etwas moderner – zum Buch (Promotionsobjekt, Verlag) passende Buttons, Pepper, Sticker oder auch Lesezeichen verteilt oder ausgelegt werden, generell alle denkbaren Sachmittel, von denen als Zugabe ein ideeller oder materieller Reiz ausgeht und die als »geringwertige Reklamegegenstände« nach der Zugabenverordnung erlaubt sind. Erfolgt die Verteilung nicht durch den Händler, sondern durch Verkaufsförderer, hat der Verlag neben den sachlichen bereits – zusätzlich – personelle Mittel eingesetzt, kann aber die neue Kapazität dazu nutzen, die Promotion aus dem Innern vor die Tür zu verlegen, so vor allem unterstützt durch Plakate, Verkaufsgondeln und mobile Displays, wodurch sich die Aufmerksamkeit der sonst vorbeiströmenden Laufkundschaft anziehen läßt. Die Aufmerksamkeit auch fern von den Läden – wo sich gar keine Buchhandlungen befinden – wird durch Plakatierung erreicht, wie sie der Börsenverein (»Ein Buch ist ein Geschenk«, als PR gemeint, jedoch verkaufsfördernd wirkend) turnusmäßig betreibt, wo sie auch einem buchhandelsuntypischem Publikum auffällt und, wenn gezielt eingesetzt, (Intermediavergleich im Kapitel Werbung), auch für kleinere Verlage finanzierbar ist. Bis direkt ins Haus oder in den privaten Briefkasten gelangen die folgenden Verkaufsförderungsmaterialien: natürlich das Direct-Mail (S. 174; aber hier werden nur die eigenen Dateien wirksam), die Prospektbeilage in Zeitungen (eine zusätzliche, aber noch demographisch strukturierte Kundschaft wird angesprochen) und die Hauswurfsendung (breiteste Streuung überhaupt ohne jegliche soziodemographische Zielung). Die einsetzbaren Maßnahmen, die hier nur als Beispiele stehen, sind unvoreingenommen, unter Kostengesichtspunkten und verlagstypisch zu prüfen, um das Mix für die Consumer-Promotions zu finden, das mit dem für die Dealer und Staff das gesamte Verkaufsförderungsmix bildet und durch die Kombination mit dem aus den Public Relations und der Werbung erst abschließend das vollständige Kommunikationsmix des Verlags etabliert.

3. Preispolitik

Historie:

Preispolitik konnte in der Verlagswirtschaft eigentlich mehr in der Historie stattfinden als in der Gegenwart, denn im Gegensatz zu heute war der Preis für Bücher ja über Jahrhunderte frei. Dabei ging es nicht nur um uneinheitliche Preise für ein einzelnes Werk je nach Kunde oder dem Kaufort, schon in der Frühdruckzeit bot ein Buchführer beispielsweise drei Exemplare ein und desselben Titels, ohne daß dies ein Sonderangebot gewesen wäre (heute »Paketpreis«) zum Preis von achteinhalb Gulden (Stückpreis mit 8,5 : 3 = 2,8333) an. Den ersten, noch in Latein verfaßten Bücheranzeigen ist zu entnehmen, daß ein Käufer mit einem »wohlwollenden Verkäufer« [72] zu tun hätte, und noch das 19. Jahrhundert ist von der massenhaften sogenannten »Buchschleuderey« mit den Nachlässen durch buchhändlerische Verkäufer geprägt. Erst 1888 entstand mit der *Krönerschen Reform* der feste, »gebundene« Ladenpreis, den der Gesetzgeber bis heute als Privileg nur dem Buchhandel und dem pharmazeutischen Handel gewährt und der mit dem Beginn des Binnenmarkts eventuell wieder wegfällt.

Gegenwart:

Die Preispolitik ist in der heutigen Marketinglehre i. d. R. in drei Bereiche gegliedert, nämlich die eigentliche Preispolitik mit dem *Ladenpreis* gegenüber dem Verbraucher, die *Abgabepreispolitik* gegenüber dem Händler (Rabatte) und schließlich, wiederum gegenüber dem Händler, die *Konditionenpolitik* (für die Zahlungsbedingungen und die Lieferformen). In der Literatur taucht hierfür auch zusammenfassend der Begriff »Entgeltpolitik« auf oder auch »Kontrahierungspolitik«. Obwohl der Verlag mit seinem gebundenen Ladenpreis eine Ausnahme darstellt, ist die Gliederung, nach der auf drei Bereichen operiert werden kann, für Verlage voll übernehmbar.

3.1 Ladenpreispolitik

1. Ladenpreisarten: Da Verlag und Sortiment stets unter dem Privileg des gebundenen Preises gesehen werden, bedarf es zunächst einiger Bemerkungen über die insgesamt möglichen Ladenpreis*arten*. Der feste oder gebundene Preis, präzis die »vertikale« Preisbindung oder »Preisbindung zweiter Hand« ist das Relikt und Verdienst der Krönerschen Reform, nach der die erste Hand (der Verlag) den Preis festlegt, zu welchen die zweite Hand (der Buchhändler) die Ware an die dritte verkaufen darf, damals zum »Ordinärpreis«. Die Motive sind, abgesehen von einer Art Präventivschlag gegen eine Wiederholung der historischen Preis- und Buchschleuderei, auch heute die durch die Preiseinheitlichkeit garantierte maximale Distribution des Kulturträgers Buch bis in die kleinsten wie entlegensten Sortimente, kulturpolitisch zum Nutzen der Verbraucher, wirtschaftlich aber vor allem zum gemeinsamen Nutzen von Verlag und Buchhandel. Der Gesetzgeber hat an dieses Privileg die Forderung nach der »Vollständigkeit und Lückenlosigkeit« geknüpft, d.h. jeder Wiederverkäufer (Buchhändler) muß die Preisbindung ausnahmslos einhalten. Die Teilnahme ist keine gesetzliche Vorschrift, sondern geschieht nach dem freiwilligen »Revers«-System, das der Rechtsanwalt Franzen für den Börsenverein treuhänderisch in Form eines Sammelrevers vorgelegt hat, den die Verlage von allen zukünftigen Buchhandelskunden vor ihrer Belieferung unterschreiben lassen oder in dem die Buchhandlungen mit der Unterschrift in nur einem einzigen Dokument sich gegenüber allen teilnehmenden Verlagen verpflichten.

Der *feste* Preis ist jedoch nicht die einzige Ladenpreisart. Neben ihm oder dem gebundenen stehen der freie, der empfohlene, dazu kommen die Ladenpreisaufhebung und -anpassung. Alle sind von den Verlegern in Entsprechung zu ihren Zielen zu wählen. Den Franzen-Revers unterschreiben zur Zeit (1990) ca. 1 600 Verlage aus der Bundesrepublik, Österreich, der Schweiz und anderen Ländern. Allein die Zahl der Mitgliedsverlage im Börsenverein aber beläuft sich auf ca. 2 000, im VLB sind über 7 000, im Adreßbuch des deutschsprachigen Buchhandels über 12 000 Einträge enthalten. Der *empfohlene* Ladenpreis stellt eine unverbindliche Preisempfehlung dar, die der Hersteller deutlich sichtbar auf dem Äußeren des Buchs z. B. durch Druck oder aufgeklebte Etiketten anbringen muß und nach zweimaliger Veröffentlichung im Börsenblatt rechtsbindend wird, die aber der Händler unterbieten darf. Der *freie* Ladenpreis zielt voll auf den Händler, indem er ihm nach Maßgabe der Abnahmemenge und des Rabatts eine autonome Preissetzung gestattet. Empfohlener und freier Ladenpreis sind mindestens heutzutage noch Phänomene für den eher untypischen Verlag mit einer Distribution z. B. in den Verbrauchergroßmärkten, aber eventuell eine Zukunftsperspektive. Die Ladenpreis*aufhebung* betrifft den festen Ladenpreis des normalen Verlags, mit ihr verbunden ist der Rückruf des Titels aus dem Sortiment mit dem Ziel, entweder durch die Weitergabe der Restauflage an das Moderne Antiquariat noch einen Ramscherlös zu erzielen, sonst einen Makulaturerlös, oder den Sortimenter die Restexemplare zum eigenen reduzierten Preis ausverkaufen zu lassen. Die *Anpassung* von festen Preisen gilt hingegen nicht Ausverkäufen, sondern Veränderungen, die aus der marktwirtschaftlichen oder betriebswirtschaftlichen Situation erforderlich werden: Ein Schulbuchverlag kann so nach Erwerb eines Programmteils eines anderen Schulbuchverlags dessen

Preise senken *(marktliche* Anpassung) und damit Erfolg haben – für die *wirtschaftliche* Anpassung rät sogar ein Landesverband in einer Schrift »Krisenvorsorge« den Verlagen bei der Preispolitik: »Wer Preisanhebungen unterläßt [. . .] riskiert auf Sicht Verluste und damit Verlust des Eigenkapitals und der Kreditierwürdigkeit.« [73]

2. Ermittlungsverfahren: Wenn mit diesen Bemerkungen Ladenpreisarten und ihre Anwendbarkeit skizziert worden sind, geht es im nächsten Schritt um die *Arten* der *Ladenpreisermittlung.* Ein ganzes Spektrum von Methoden hat sich hierbei herausgebildet, die teils kosten-, aber überwiegend markt-, also marketingorientiert sind. Zusammengefaßt handelt es sich im wesentlichen um Verfahren unter folgenden Entscheidungskriterien. *Kalkulationspreis:* Der Preis wird unter Berücksichtigung aller technischen Kosten, der Gemeinkosten, des Autorenhonorars, eines Gewinnzuschlags und des Sortimenterrabatts sowie der Mehrwertsteuer errechnet. Die Kenntnis dieses Preises ist ein Soll, muß aber keineswegs zu dem späteren Ladenpreis führen; für die endgültige Festlegung geeignet ist es praktisch nur im monopolistischen Markt. *Psychologischer Preis:* Der Preis gehorcht intuitiv erkannten oder marktforschungsmäßig belegten Kriterien wie z. B. 9,80 DM (weil unter 10,– DM), 14,80 DM (weil unter 15,– DM) oder 19,80 DM (weil unter 20,– DM), um nicht auf psychologische Barrieren zu stoßen. *Reale Kaufkraft:* Die Zielgruppe wird an ihrem Budget gemessen. Während das Stichwort beim Kriterium »psychologischer« Preis psychische Akzeptanz heißt, lautet es hier monetäre Potenz. *Konkurrenzpreis:* Alles ist hinfällig, wenn die Konkurrenz unterbietet, alles ist möglich, wenn der Kalkulationspreis, der psychologische Preis, der Kaufpreis unter ihm liegen. *»Umgebungspreis«:* Ein Exot, der meist vom Vertrieb neben dem Sortiment ausgeht und dem die Philosophie zugrundeliegt (Warweg), daß die Preisumgebung die Entreicherungsbereitschaft des Individuums maßgeblich beeinflußt (ein Buch zu 58,– DM wird beim Verkauf am Kiosk oder im Supermarkt als zu teuer empfunden, wäre es ein Buch über Pelze, das im Pelzgeschäft verkauft wird, ist der Preis hingegen keine Hinderungsschwelle). Schließlich existiert noch der *politische Preis:* Der Verlag kalkuliert einen Einzeltitel aus Imagegründen unter dem Kostenpreis; der Verlag setzt, weil er durch den niedrigen Preis einen Markteinstieg und mit hohem Preis nicht erreichbaren Absatzerfolg erhofft, das Preisniveau für ein ganzes Programm so an, daß Gewinne erst in der zweiten Auflage entstehen; der Verlag ist – so im Schulbuchbereich – gezwungen, zur Erzielung eines dem Niveau der Konkurrenz angepaßten Preises seine Erstkosten auf zwei bis sieben Nachauflagen zu verteilen.

Wie man an den Beispielen sieht, haben die Preisermittlungsverfahren nicht nur mit der Verlagskalkulation zu tun, sondern stellen echte Preispolitik dar: also den aktiven Umgang mit Preisen zum Erreichen von Zielen. Die *Ziele* können, wie in der Werbung, ökonomischer oder außerökonomischer

Art sein. Zu den nichtökonomischen gehören z. B. die Verbreitungsabsicht von Inhalten bzw. einer bestimmten Art von Literatur etwa auf dem religösen, politischen oder allgemein ideologischen Sektor (vgl. Verlag als »Tendenzbetrieb« S. 116 f.), aber auch die Schaffung eines Images für den Verlag, etwa als verbraucherfreundlicher preisgünstiger Billiganbieter oder als seine Preise werter Nobelverlag. Zu den ökonomischen gehört natürlich die Erzielung eines Gewinns, aber in den Spielarten des optimalen Gewinns, des befriedigenden Gewinns oder nur dem Ziel der Kostendeckung, kurzfristig für den einzelnen Titel oder langfristig für das Überleben des Unternehmens gedacht.

Für das Erreichen der Ziele existiert neben dem Einsatz des obigen Instrumentariums vom Kalkulations- bis zum politischen Preis bei der Ladenpreisfindung ein zusätzliches, das hier als *dynamisches preispolitisches Instrumentarium* bezeichnet wird, weil es statt mit statischen Preisen mit beweglichen Preisen operiert und gleichfalls Ermittlungsverfahren und Strategien verwendet. Bei den Ermittlungsverfahren sollte am Anfang die Bildung einer *Nachfragekurve* stehen. Die Nachfragekurve ist eine Preis-Absatz-Funktion, die davon ausgeht, daß bei der Erhöhung von Preisen weniger, bei der Reduzierung mehr Absatz entsteht; Ausnahmen bestehen nur bei dem Snob-Verhalten, dem Veblen-Effekt u. a., die aber alle längst in die Theorie aufgenommen sind. Ein Verleger, der die Auswirkung von Preiserhöhungen oder -nachlässen auf den Absatz reflektiert, kann sich dabei eine persönliche Nachfragekurve bilden (nur die eigene Einschätzung gibt den Ausschlag), die auf das Lektorat und den Vertrieb (die Abteilungen) oder auf echte Marktforschung (durch beispielsweise Institute) gestützte: In allen Fällen ist ablesbar, zu welchen Preisen und bei welcher Auflage der größte Umsatz erreicht wird. Ein nächster Schritt ist die Beobachtung der *Nachfrageelastizität.* Unter der Elastizität wird verstanden, in welcher Weise ein Verbraucher bei der Veränderung eines Preises seine Nachfrage quantitativ ändert. Reagiert er auf eine relative Preiserhöhung überproportional stark (kauft er also im Verhältnis viel weniger), ist seine Elastizität groß; bleibt der Mengenrückgang hinter der Preiserhöhung zurück, ist die Elastizität klein. Ist die Elastizität der Verbraucher groß, und der Verlag erhöht die Preise, erzielt er ein schlechtes Ergebnis. Ist sie klein, und er erhöht, sahnt er ab. Die vollständige Theorie ist entwickelt und kann in den einschlägigen Lehrbüchern nachvorfolgt werden. Für die Darstellung hier ist ersichtlich geworden, daß Preiserhöhung oder Reduzierung sich je nach der Elastizität der Nachfrager eine Umsatzsteigerung oder Einbuße zur Folge haben – was wichtig wird, wenn man aus kalkulatorischen Gründen eine Abweichung von einem psychologischen Marktpreis bedenkt. Der dritte Schritt und letztlich der entscheidende ist das Vorgehen nach dem *COURNOTschen Prinzip,* weil dies bei seiner optimalen Preis-Mengen-Kombination neben dem Absatz bzw. Umsatz auch die Kosten berücksichtigt. Alle Verfahren dieses dynamischen preispolitischen Instrumentariums für die Preisfestlegung sind allerdings auf die Nachfragekurve gestützt und damit abhängig von deren Gesichertheit und Zuverlässigkeit.

Die dynamischen Strategien zielen nicht auf das Finden und Setzen, sondern Verändern und Splitten von Preisen. Ihre Techniken werden daher zu den Prinzipien der *Preisdifferenzierung* zusammengefaßt. Das Gemeinsame besteht in allen Fällen darin, daß man einer Käuferschaft, deren Elastizität klein ist, auch einen höheren Preis abfordern kann; preistheoretisch wird dieser Vorgang als »Abschöpfung der Konsumentenrente« (sic!) bezeichnet. Preisdifferenzierungen nach den allgemeinen Theorien des Marketings sind auch im Buchmarkt *räumlich,* nach der *Zeit,* mit dem *Produkt* selbst und gegenüber dem *Publikum* möglich.

Räumliche Preisdifferenzierung liegt vor, wenn man ein und dasselbe Produkt in regional getrennten Gebieten zu verschiedenen Preisen anbietet. Eine räumliche Differenzierung kommt innerhalb der deutschsprachigen Länder aufgrund der dortigen Preisbindungen natürlich nicht vor, doch könnte z. B. im neuen Binnenmarkt auf englisch verfaßte Fachliteratur aus EG-Ländern in der Bundesrepublik teurer sein als in Ländern ohne gebundenen Ladenpreis, desgleichen z. B. mehrsprachig gedruckte Bildbände. Bei der *zeitlichen* Differenzierung ist zwischen den Strategien der Abschöpfung und der Durchdringung zu unterscheiden. Für die »*Abschöpfung*« wird der Markt mit einem politisch *herauf*gesetzten Preis beschritten, zu dem dasjenige Publikum kauft, dessen Elastizität aus sachlichen oder emotionalen Gründen klein ist und der dessen Rendite abschöpft; nachträglich wird der Preis spürbar gemindert, so daß durch die Animation derer, denen das Buch vorher zu teuer war, der Ausverkauf stattfindet. Mit der »*Durchdringung*« wird das gleiche Ziel in genau umgekehrter Richtung verfolgt. Die Marktbeschreitung erfolgt zum *niedrigsten* bzw. normalen Preis, der die breite Durchdringung gestattet; wenn die Verkäufe nachlassen und absehbar wird, daß für den Rest nur der Kern der ernsthaft Interessierten verbleibt, erfolgt die spürbare Preisanhebung. Beide zeitlichen Preisdifferenzierungen beinhalten noch keine Produktvariation. Die Differenzierung mit Hilfe der *Produktvariation* ist die am häufigsten praktizierte oder geläufige, verlangt aber die Produktion einer zusätzlichen Ausgabe des Werkes, so etwa des Paperbacks oder Taschenbuchs neben der Hardcover-Ausgabe. Auch hier besteht die Möglichkeit einer *zeitlichen* Staffelung. Am Anfang kann das Original als Hardcover stehen, und zeitlich versetzt folgen die billigen Ausgaben. Dieses Verfahren entspricht dem jeweiligen Anfangsgedanken der gerade zuvor beschriebenen Strategien, da das teure Original die Kaufkraft der Begüterten abschöpft, während mit dem Paperback oder Taschenbuch die Durchdringung erreicht wird. Die Produktion der zusätzlichen Ausgabe kann entweder durch einen Nach- oder Neudruck oder durch das Herstellen zweier verschiedener Ausgaben aus einer einzigen Auflage geschehen. Druckt man die Bögen für beide Ausgaben aus einer Gesamtauflage, wobei die Bindequote zunächst nur die Hardcover umfaßt während die übrigen Bögen auf Lager bleiben, spricht man vom *chronologischen,* weil zeitlich versetzten »Split«. Ihm steht der Synchronsplit oder *simultane* Split gegenüber, bei dem aus einer Auflage zwei Ausgaben parallel, also zeitgleich entstehen. Der Simultansplit ist dann, aber nur dann dienlich, wenn für beide Ausgaben von Anfang an gesicherte Märkte bestehen – vom Standpunkt der Markttheorie aus formuliert muß der Gesamtmarkt deutlich in Teilmärkte gespalten sein. Im Bereich der Wissenschaft ist das gleichzeitige Angebot von fester und kartonierter Ausgabe nebeneinander möglich und typisch, weil die Bibliotheken und Begüterten die gebundene teure Ausgabe erwerben, während der Student das Paperback kauft; in der Belletristik kauft ein Teilpublikum gleichfalls immer nur die gebundene Ausgabe – und allgemein läßt sich sogar zeigen, daß bei Vorliegen erkennbarer Teilmärkte (Markt»spaltung«) deren Bedienung mit den Einzelausgaben gewinnbringender ist als das Angebot einer Einheitsausgabe – womit das Splitting nicht nur möglich, sondern unter dem Aspekt einer Gewinnoptimierung nötig wird. Als weiteres Mittel der Preisdifferenzierung wurde noch die *gegenüber dem Publikum* erwähnt. Die allgemeine Theorie spricht hier von der Bildung »privilegierter Käufergruppen«, womit speziell für den Verlag der beispielsweise früher sehr häufige Hörerschein für Studenten gemeint ist; im Preismix spielen solche Formen (wie unter anderem auch der Bibliotheksnachlaß) praktisch keine Rolle, sind für Verlag und Sortiment eher verlustbringend und für den Verlag ineffizient gegenüber den Möglichkeiten, die sich etwa bei der Rabattpolitik ergeben. Die rechnerische Überprüfung aller preispolitischen Entscheidungen erfolgt über die Verlagskalkulation (vgl. dort: S. 148 ff., Gewinn, Deckungsbeitrag, Deckungsauflage).

3.2 Rabattpolitik

Ein Verlag macht seine Preispolitik nicht nur einmal, sondern mindestens zweimal: Neben der endverbraucherbezogenen Festlegung der Ladenpreise bestimmt er die Abgabepreise gegenüber dem Händler. Erfolgt der Vertrieb auch über den Zwischenhandel, ist die Preispolitik gleich dreimal zu machen. In allen drei Fällen ist der Verlag es, der die Festlegung trifft; das ihm gewährte Privileg der Preisbindung zweiter Hand führt jedoch dazu, daß der Gesetzgeber das Rabattgebaren beobachtet. Die Rabatte des Buchhandels unterliegen der Kontrolle und Aufsicht des Bundeskartellamts, das nicht nur auf die ungerechtfertigte unterschiedliche Behandlung der Buchhandlungen achtet, sondern insbesondere auf die Gewährung überhöhter Rabatte, weil diese eine Überhöhung der Endpreise verursachen, sowie andererseits auf die Gewährung eines Mindestrabatts, um die Kostendeckung der Händler zu sichern – Vergehen dagegen haben als Wettbewerbsverzerrung eine Ahndung zur Folge. Als dritter Beteiligter wirkt, bei genügender Marktmacht, auch der

Groß- oder Einzelhandel auf die Rabattpolitik ein. Verlag, Großhandel und Einzelhandel verhalten sich hierbei äußerst empfindlich, da von der Spanne das Betriebsergebnis für alle abhängt. Die Verlage haben deswegen ein flexibles Instrumentarium entwickelt, das die Rabatte nach Arten und Höhe festlegt und das sie nach taktischen und strategischen Zielen einsetzen können.

1. Arten und Höhe: Bei der Auswahl der Arten und Höhe ist es geraten, mit der Bestimmung der *Höhe* zu beginnen. Dabei geht man am besten vom Schema der Verlagskalkulation aus: Subtrahiert man vom Ladenpreis (als 100 Prozent) den Satz für die Mehrwertsteuer, das Autorenhonorar, die Gemein- und die Herstellungskosten sowie einen geplanten Gewinn, verbleibt als Rest der Satz für den möglichen Buchhandelsrabatt (zu allem s. Verlagskalkulation S. 148 ff.). Für die Bundesrepublik und »das« Buch gemittelt ergäbe sich hier ein Wert von etwa 40 Prozent, für den speziellen Verlag ein seinen Zahlen entsprechender. Um diesen Orientierungswert herum, also teils höher, teils niedriger, liegen die tatsächlichen Sätze, die der Verlag entsprechend zu den Rabattarten auswählt. Geht es um die Bestellung eines einzigen Exemplars eines einzigen Werkes, wird der *Grundrabatt* dafür tiefer angesetzt sein, beispielsweise 35 Prozent, aber beim Bezug von zehn oder fünfzig Exemplaren auf 40 oder 45 Prozent steigen. Diese *Art* des *Mengenrabatts* mit Rabattstaffel ködert den Händler zur Mengenabnahme und honoriert gleichzeitig sein dadurch für ihn größer gewordenes Risiko. Nicht zu den eigentlichen Mengenrabatten gehört der sogenannte *Partiebezug,* bei der der Händler zu den gekauften Exemplaren zusätzliche gratis erhält (und statt eines Rabatts praktisch den ganzen Ladenpreis der Zusatzexemplare bei sich behält außer der Mehrwertsteuer, daher ist eine »Partie« stets eine »gute Partie« – im Grunde ist sie ein Naturalrabatt). Eine »klassische« Partie ist vor allem die Partie 11/10, eine Reizpartie macht man heute im Bestsellerhandel zu 130/100 oder ähnlichen größeren Mengen, eine ihr entsprechende für kleine Absätze etwa zu 4/3, womit der Buchhändler im Fall der 35 Prozent Grundrabatt diesen im letzten Beispiel (wenn man umrechnet) auf einen effektiven von stolzen 50 Prozent steigert. Für den Verlag ist die Partie ein Mittel des Hineinverkaufs, also Verkaufsförderung, und zahlt sich nur aus, wenn durch die Mehrverkäufe mehr Einnahmen entstehen als durch die Einbuße bei den Rabatten. Dennoch oder auch deswegen wird auch noch die Partie*ergänzung* gestattet, bei der die Partiehöhe durch sukzessives Bestellen eines Titels erreicht wird, und schließlich sogar die *gemischte* Partie. Ein weiterer Anreiz für den Mengenbezug bzw. für den Einsatz für einen Verlag besteht in der Verabredung eines *Bonus,* den die Buchhandlung nach Ablauf eines Jahres rückwirkend erhält, wenn sie ein mit dem Verlag vereinbartes Umsatzziel erreicht oder darüber hinauskommt. Je nach dem erzielten Umsatz kann der Verlag auch die Buchhandlung für das Folgejahr in eine gegenüber dem Grundrabatt günstigere *Rabattklasse* einstufen. Bereits unter dem Kriterium Mengenbezug kennt die Rabattpolitik also ein vielfältiges Instrumentarium, es kann durch *zeitlich differenzierte Rabatte* noch ergänzt werden. Der Einführungsrabatt ist die zeitlich begrenzte Erhöhung, die der schnellen Präsenz und der breiten Distribution spezieller Neuheiten gilt; der Reiserabatt gestattet die Bestellungen der Novitäten wie auch der Backlist direkt beim Vertreter zu fünf (früher bis zehn) Prozent über dem Grundrabatt; der Messerabatt erlaubt die Bestellung zu den gleichen (früher höheren) Konditionen auch nach Abschluß der Reisen. Damit hat der Verlag nicht unbeträchtliche Möglichkeiten, nachdem der Grundrabatt einmal festgelegt ist, den Handel durch aktive rabattpolitische Maßnahmen zu beeinflussen, zumal diese auch miteinander kombiniert werden können (beispielsweise Partie, aber auf der Grundlage des Reiserabatts). Die *Grundrabatte* können sich sehr unterscheiden, sie sind von der Verlagsart oder der vom Verlag vertriebenen Buchart abhängig. Von dem Aspekt der Kategorisierung aus betrachtet, entsteht hier der nächste Typ von Rabatten. Schulbuchverlage haben das geringste Niveau, bei ihnen sind 20–25 Prozent üblich. Sie stehen damit den Verlagen von Wissenschaft und Fachliteratur nahe, die zu 25–30 Prozent rabattieren. Schöngeistige Literatur hat 35–40 Prozent Grundrabatt, im Taschenbuch fallen 40–50 Prozent an, bei Kinder- und Kunstbüchern sind bis zu 65 Prozent möglich.

Die Unterschiedlichkeit dieser Zahlen belegt, daß ein Grundrabatt nur selten, wie eingangs dargelegt, allein auf der Grundlage der Kosten festgelegt wird, sondern daß zusätzliche Komponenten des Markts ihn beeinflussen. Ein Schulbuch ist kaum oder gar nicht substituierbar, deswegen können die Schulbuchrabatte so gering angesetzt sein, ähnliches gilt für die Wissenschaft. An Taschenbüchern verdient der Händler wegen ihres niedrigen Ladenpreises absolut wenig pro Stück, zudem sind sie aufgrund des Titelangebots leichter austauschbar, also kommt der Verlag mit einem hohen relativen Rabatt dem Händler entgegen. Kinder- und Kunstbücher haben den höchsten Substitutionsgrad. Soll der Händler statt eines Konkurrenztitels den eigenen anbieten, hat der Verleger den höchsten relativen und absoluten Rabatt anzusetzen, wodurch sich zum Teil der Verkaufspreis erklärt. Die Rabattbasis ergibt sich dann nicht aus der Verlagskalkulation, sondern der Marktmacht der Partner und geht als solche Determinante in die Verlagskalkulation ein. Das Problem wiederholt sich tendenziell noch ein zweites Mal, da ja nicht nur der Grundrabatt für den Einzelhandel, sondern auch für den Großhandel zu berücksichtigen ist. Wieder von der Kategorisierung aus gesehen ist also die Unterscheidung nach den buchhändlerischen Betriebsformen (hier: Sortiment, Barsortiment) einzuführen. Das Barsortiment erhält einen Zwischenhandelsrabatt von traditionell 10–15 Prozent über dem Grundrabatt und beliefert den Sortimentseinzelhandel allgemein mit dem Originalrabatt des Verlags für ein einzelnes Stück, also zum Grundrabatt, unabhängig von der Bestellmenge. Der Verlag kann hierbei nicht nur seinen Abgabepreis an das Barsortiment, sondern auch den des Barsortiments gegenüber dem Einzelhändler bestimmen und es sogar an die Einräumung von Mengenrabatten binden, wodurch er praktisch die gesamte

Spanne definiert, die dem Barsortiment zur Finanzierung seiner Leistungen und eines Gewinns zur Verfügung steht. Die Barsortimente sind seit Jahren mit dieser Spanne aus teils einsichtigen Gründen nicht einverstanden und führen zur Zeit nach ihren eigenen Aussagen einen Überlebenskampf. Die ohnehin wenigen Oligopolisten haben sich teils konzentriert (Koch, Neff & Oetinger erwarb das Grossohaus Wegner) oder sind teils in amerikanischer Hand (Verkauf von Lingenbrink an die Bain Holdings, Amerika), so daß sich bei der ohnehin vorhandenen Nachfragemacht die Durchsetzung eines erhöhten Zwischenhandelsrabatts abzeichnet, der in die Verlagskalkulation eingeht und die Bücher schwerer kalkulierbar macht, ansonsten die Verlage zu Einbußen zwingt, bei der die z. B. zweiprozentige Mehrforderung eines Barsortiments gegenüber einen z. B. vierprozentigen Durchschnittsgewinn eines Verlags zu einer entscheidenden Frage wird.

2. Taktische und strategische Ziele: Gerade die Probleme beim Barsortiment zeigen, daß die Rabattpolitik nach strategischen und taktischen *Zielen* erfolgen muß. Die rabattpolitischen Ziele auf dem taktischen Sektor waren bereits sichtbar gemacht worden: Die Gewährung des Staffelrabatts zielt auf den Mengen- statt den Einzelbezug, die der Partie auf den Hineinverkauf, der Einführungs- und Aktionsrabatt auf die Marktbeschreitung und Marktausschöpfung, der Reiserabatt auf das Einholen von Vorbestellungen vor Druckbeginn, der Messerabatt auf die Animation zur Nachorder nach Reiseabschluß und Vororder für das Weihnachtsgeschäft etc.; dabei war für die Festlegung der Rabatthöhen teils aggressiv (Machtausspielung im Schulbuchbereich), teils defensiv vorzugehen (Anpassung im Kunst- und im Kinderbuch), aber eine Situation wie im Barsortiment zwingt bereits zu strategischem Verhalten. Die strategischen Ziele sind den taktischen übergeordnet: Alle Animationen zu größeren Mengenabnahmen dienen unter diesem Aspekt der Vertriebsrationalisierung, da sich die auftragsfixen Kosten einer Bestellung auf einen jeweils größeren Umsatz verteilen und damit den Verlagsgewinn verbessern. Strategisch ist auch zu überdenken, in welchem Umfang der Absatz einstufig oder zweistufig erfolgen soll, denn je mehr über das Barsortiment abgeht, desto mehr reduziert sich der Gewinn durch die Erhöhung des Durchschnittsrabattes und ist zu prüfen, ob der Verlag nicht einen Teil der ja hohen Spanne für den Zwischenhandel in eine Verbesserung des einzelhändlerischen Grundrabatts investiert, wovon eine höhere Bestellwirkung ausgehen kann. Ein weiteres Beispiel für eine buchhändlerische Strategie wäre die Bildung von Depot-, Vorzugs- und Treuebuchhandlungen mit entsprechender Rabattierung, auch hierbei würde die Bindung zwischen Sortiment und Verlag gekräftigt. Eine der wichtigsten Strategien ist die Erhaltung der Marktmacht. Denn sogar der kleine Verlag wird gegenüber seinen vielfältigen Sortimenten stets autonom bleiben, während er gegenüber bald vielleicht nur noch zwei Barsortimenten in eine gefährliche Abhängigkeit kommt.

3.3 Konditionenpolitik

Auch bei den Konditionen kann es nicht darum gehen, einfach die Bezugsformen und Zahlungsbedingungen zu schildern, sondern den Einsatz gewährbarer Konditionen als aktive Konditionenpolitik im Sinne des Marketing. Die Konditionenpolitik knüpft dann mit ihren Maßnahmen direkt an die Rabattpolitik an. Ein Verlag, der als *Grundrabatt* eines Titels *35 Prozent* angesetzt hat, könnte bei der Bezugsform z. B. folgendes offerieren:

> 30% bei Bestellung à. c.
> 32,5 % bei Bestellung RR oder UR
> 35 % bei Bestellung fest

Der Verlag hat dem Buchhändler damit neben dem festen auch den bedingten Bezug ermöglicht. Die Abkürzung »à. c.« steht für »*à condition*«, sie beinhaltet das reine Kommissionsgeschäft. Der Händler bestellt, hält bereit, verkauft (eventuell), remittiert alles nicht Verkaufte und bezahlt alles Abgesetzte erst nach Ablauf der Kommissionszeit. Diese Bedingtform ist die händlerfreundlichste, denn sie gestattet ihm ein breites Sortiment bei unstrapazierter Liquidität. Hieraus ergibt sich bereits das Ziel der à. c.-Politik für den Verlag: Es geht darum, mit möglichst vielen Titeln präsent zu sein, besonders dann, wenn der Sortimenter zu festen Konditionen nicht ordern würde. Mit Hilfe des Kommissionsprinzips schaffen sich z. B. die Wissenschaftsverlage die oben erwähnten Depotbuchhandlungen. »*RR*« ist das Kürzel für Remissions- oder Rückgaberecht und steht für die vollständige Formulierung »*fest mit RR*«. Hier erhält der Händler nicht wie bei a. c. die Ware nur mit Lieferschein, sondern mit Rechnung, die er auch bis spätestens zum Ende der Remissionsfrist bezahlt, kann aber bis dahin gegen Gutschrift für zukünftige Bestellungen zurücksenden. Die Festbestellung mit Rückgaberecht ist die händlerzweitfreundlichste Form. Sie hat zum Ziel, über vergünstigte Bezugsformen in den Handel zu kommen, aber der Buchhändler bekommt bereits eine schlechtere, der Verlag eine bessere Liquidität. Für den Buchhandel ist es das probate Mittel, sich risikolos die alltäglichen Ansichtsexemplare für die Einzelkunden sowie den Bedarf für Tagungen, Kongresse und Ausstellungen zu besorgen. »*UR*« ist die feste Bestellform, bei der Titel nicht zurückgegeben und verrechnet, sondern gegen andere in der Höhe des gleichen Rechnungsbetrags umgetauscht werden. Der Buchhändler aktualisiert hiermit vor allem sein Taschenbuchsortiment. Da es sich bei beiden Formen um Festbestellungen handelt, werden beide mit einem gegenüber a. c. erhöhten Rabatt honoriert. Der *uneingeschränkte Festbezug* ist spätestens dann anzusetzen, wenn sich eine sichere Verkaufbarkeit im Lesermarkt abzeichnet und ein Entgegenkommen gegenüber dem Händler nicht nötig ist. Er trägt dann das Risiko voll, hat die schlechteste und der Verlag seine beste Liquidität, honoriert dies aber mit dem höchsten Rabattsatz.

Schon diese vier bzw. drei Grundformen zeigen, daß mit Konditionen aktiv operiert werden kann und daß eine gezielte Konditionenpolitik die Titel nach Maßgabe ihrer Verkaufbarkeit geschickt in den Buchhandel lanciert, zumal sie mit den rabattpolitischen Maßnahmen kombiniert werden kann, ein Beispiel ist die Rabattstaffel zum bevorzugten Reiserabatt plus zusätzlich RR. Sonderformen ergänzen das Grundinstrumentarium, etwa die Standing Order für Taschenbücher. Hier wird das Sortiment automatisch mit mindestens einem Exemplar aller Novitäten beliefert, so daß im Laden ständig ein Gesamtprogramm präsent ist, wofür der Verlag einen überdurchschnittlichen Rabatt gewährt und zur Minderung des Risikos mit RU oder RR kombiniert. Finessen können das System noch verfeinern. So kann ein Buchhändler ein à. c. bezogenes Buch nach Ablauf des Jahres nicht nur zurückgeben oder zu à. c.-Konditionen bezahlen, er kann es auch für ein weiteres Jahr zur Disposition setzen oder im Fall des Nachbezugs eines verkauften Stücks dies zum Rabatt der festen Bestellung erhalten. Des weiteren gestaltet der Verlag die buchhändlerische Praxis oft pfleglicher als die rechtlichen und formalen Vereinbarungen, etwa es wurde zwar fest bestellt, aber trotzdem zurückgegeben. Von Verlagsseite ist aber im Gegenzug zu bedenken, daß jede Remission sich mit einem außerordentlich hohen Verwaltungsaufwand verbindet. Hart kalkulierende Verlage berechnen deswegen pro Remission eine bis zu zehnprozentige Bearbeitungsgebühr. Zur Konditionenpolitk gehören ferner noch die *Zahlungsbedingungen* und das Gebaren auf dem *Versandkostensektor*. Die Zahlungen erfolgen nach den üblichen Gepflogenheiten des Buchhandels (Skonti) oder speziell dem BAG-Einzugsverfahren (S. 29, 42), sortimentsferne Verkaufshandlungen (wie Computerläden für Computer-Bücher) können allerdings eine Vorausrechnung erhalten, und für unseriöse Sortimente besteht sogar eine vertrauliche Schwarze-Schafe-Liste. Die Portokosten kann der Verlag unter wirtschaftlichen Gesichtspunkten von einem bestimmten Bestellmindestbetrag ab übernehmen, je nach der marketingpolitischen Einschätzung dieses Mittels auch schon zuvor und zwar anteilig oder voll, er kann sie, was eine gehörige Marktmacht verlangt, aber auch voll dem Händler berechnen.

4. Produktpolitik

Historie:

Das Produkt Buch selbst blieb – abgesehen von den Varianten, in denen es in seiner Geschichte physisch realisiert wurde – natürlich über die gesamte historische Distanz dasselbe. Um so erstaunter kann man deswegen sein, wenn man sich die im historischen Teil (S. 8f.) angeführten Definitionen vergegenwärtigt, die von moderner Sicht aus versuchen, das Allgemeine und Durchgängige herauszuarbeiten und das Buch exakt zu bestimmen, also etwa:

»Eine in einem Umschlag oder durch Heftung zusammengefaßte, meist größere Anzahl von leeren, beschriebenen oder bedruckten einzelnen Papierblättern oder Lagen beziehungsweise Bogen«, oder »a nonperiodical printed publication of at least 49 pages« etc.

denn alle diese modernen »umfassenden« Definitionen beschreiben nur *eine* Seite des Buches – seine physische. Für das moderne Buchmarketing sind diese Definitionen nicht brauchbar. Es sieht das Buch sehr viel komplexer. Die physischen, materiellen Eigenschaften gehören zwar zu ihm, sind sogar ein unabhängiger Bestandteil, bilden jedoch nicht seinen »Kern«, da dieser im *Geistigen* liegt – und dies ist das Produkt, das *verkauft* wird. Insofern haben bereits die Verleger von Handschriften mit Marketinggespür eine »richtige« Produktpolitik betrieben, indem sie sich an den Inhalten orientierten, war es im Anschluß an Gutenbergs Erfindung richtig, die Bibel als erstes gedrucktes Produkt auszuwählen, und war es richtig, als erste größere Programmtätigkeit die griechischen und römischen Klassiker zu verlegen. Dies alles um so mehr, als die Verleger selbst sich über Jahrhunderte um die in der Produktpolitik auch wichtige Gestaltung des Äußeren gar nicht kümmern durften, da die dafür mit ihrem Zunftprivileg ausgestatteten Binder dies für den Letztabnehmer allgemein oder aber mit dem » Privateinband« individuell besorgten und der »Verlegereinband« erst etwa ab 1890 mit der Erfindung und Einführung der industriellen Bindemaschinen aufkam.

Gegenwart:

Die heutigen Gebiete der Produktpolitik setzen sich in der Regel zusammen aus dem *Finden* von Ideen zu neuen Produkten (Produktinnovation), ihrer *Gestaltung,* der *Markteinführung,* der sich anschließenden *Variation, Differenzierung, Diversifizierung* und schließlich *Eliminierung.* Sie folgen damit der zeitlichen Logik, denn der Weg von der bewußten Kreation eines Produkts bis zu seiner bewußten Herausnahme aus dem Programm folgt dem dem Produkt-Lebenszyklus zugrundeliegenden chronologischen Ablauf.

4.1 Innovation neuer Produkte

Innovieren ist für Verlage deswegen wichtig, weil kaum ein Verlagsprodukt existiert, das nicht veraltet. »Das« Buch allgemein hat in der BRD eine geschätzte Lebenszeit von etwa fünf Jahren. Verlage sind also, weil die Lebenskurve fällt, ständig zum Ausgleich der Absatz- und Umsatzausfälle auf neue Produkte verwiesen: Sie stehen praktisch unter Innovationszwang. Die Innovation kann jedoch nicht darin bestehen, nur einfach »Bücher« ausfindig zu machen, denn im Komplex Buch kommen immer *drei* Produkteigenschaften zusammen, die sich entweder alleine oder kombiniert, nicht oder besonders verkaufen lassen bzw. das Verkaufbare erst ausmachen. Die ersten sind die *physischen,* materiellen Eigenschaften, sie führen für den Besitzer auch nur zu einem »materiellen« Wert. Ein im Sinn obiger Definition physisch vollständiges Buch, das auf den gebundenen Seiten zwischen den Deckeln sogar bedruckt sein könnte, wäre unverkaufbar, wenn es in einer nicht beherrschten oder einer Phantasiesprache vorläge, denn es fehlte die geistige Mitteilung. Die zweiten beziehen sich auf solche wie die geistige Mitteilung, es handelt sich um die erste der beiden *immateriellen* Bucheigenschaften. Die reine Information ist dabei der nüchterne Grundwert, auch als »Grundnutzen« bezeichnet. Der Grundnutzen besteht in der Information, der Kenntnisanreicherung, Entwicklung von Fähigkeiten, wenn etwa Wissenschaft, Sachbuch und Ratgeber gemeint sind, aber auch Lachen (Witzbücher) oder Genuß (Literatur). Das Buch leistet hier einen *Service*, um dessentwillen es auch gekauft wird. Neben dem nüchternen Grundnutzen wirkt sich die zweite immaterielle Bucheigenschaft aus oder sein zweiter immaterieller Wert: das vom Besitz des Produkts Buch ausgehende *Image* (ironisch: »Protzwert«). Die vielbändigen Lexika und Enzyklopädien, die Werkausgaben von Philosophen und Dichtern, aber auch die Einzelbände, die schließlich zum Aufbau ganzer (privater) Bibliotheken führen, demonstrieren, daß neben dem Grundnutzen ein Zusatznutzen existiert und daß wegen dieses Nutzens oder Services oder Werts teilweise auch – oder manchmal auch überwiegend – gekauft wird. Diese drei Komponenten sind im Marketing zu bedenken. Übrigens gilt dies für die Produkte und die Produktpolitik ganz allgemein: Ein Automobil hat die physische oder materielle Eigenschaft, aus Blech, Gummi, Glas etc. zu bestehen; dies macht aber nicht seinen Wert aus und darum wird es auch nicht gekauft. Den Kaufreiz stiftet der Grundnutzen Fortbewegung und – je nach Typ – auch das Image. Auch andere »geistige« Produkte als das Buch sind so zu verstehen: Bei den Weinen und Wässern ist das physische Material C_2H_5OH (Äthylalkohol), der Service reicht von sehr kleinen bis zu sehr großen Wirkungen und das Image ist abhängig von der Art des gewählten Getränks. Es kommt also bei der Innovation darauf an, »Nutzen« zu *finden,* nämlich als Gebrauchs- oder Grundnutzen, als Imageoder Zusatznutzen und, sofern auch die materiellen Eigenschaften betroffen sein sollen, als ein Nutzen, der von der Gestaltung ausgeht. Dieser *Nut-*

zen ist anschließend zu *produzieren, kommunizieren* und *distribuieren* (daher Produkt-, Kommunikations-, Distributions- und auch Preispolitik, s. o.), nachdem er zuvor nach professionellen oder semiprofessionellen Methoden (Marktforschung, Ideenmarketing, Autorenmarketing s. u.) *kreiert* worden ist. Die dafür in Frage kommenden Kreativitätstechniken für Verlage haben (S. 234 ff.) ein eigenes Kapitel erhalten.

4.2 Gestaltung neuer Produkte

Im allgemeinen Marketing finden sich übereinstimmend folgende Ansatzpunkte zur Produktgestaltung, die für eine Übertragung auf das Verlagsmarketing sehr fruchtbar gemacht werden können. Es geht um den Produkt*kern* bzw. die *stoffliche Substanz,* dann um die Produkt*form* oder das *Design,* um die Produkt*farbe,* den Produkt*namen* (sofern vorhanden) und schließlich die Produkt*verpackung* bzw. seine *sonstige Umhüllung* (vgl. Böcker, von Eckardstein, Hauzeneder u. a.). Dabei lautet die Philosophie für das Verlagsmarketing wie auch für andere Produktpolitik allgemein: Es geht nicht um die Erzielung eines ästhetischen Selbstzwecks, *das Produkt muß auch über die Gestaltung verkauft werden.* Alle fünf Ansatzpunkte einschließlich ihrer dahinterstehenden Philosophie lassen sich im Prinzip stets und teils mit großem Erfolg auf das Buchmarketing anwenden:

1. »Produktkern, d. h. die stoffliche Substanz«: Zwar ist eine direkte Übernahme aus dem allgemeinen Marketing nicht möglich, da beim Produkt Buch nicht die stoffliche, sondern die geistige Substanz den Kern darstellt, und deren Gestaltung obliegt dem Autor. Aber die stoffliche, materielle Substanz kann sekundär Einfluß nehmen, etwa wenn der Leser wegen des Papiers die »Dünndruck«-Ausgabe bevorzugt, anstelle einer weniger haltbaren gelumbeckten die fadengeheftete Bindung, beim Einband eine Ausgabe in Leinen, aber auch der lederne Buchrücken mit Goldprägung können beim Kaufentscheid mitwirken.

2. »Produktform« bzw. »Design«: Kein Produkt außer Gasen und Flüssigkeiten ist ohne Form, da es eine Form von Natur aus schon hat oder sie ihm künstlich gegeben wird. Bücher sind solche mit »Kunst« formbaren Produkte, und das Marketing mit der Produktform fängt bereits mit der *Format*gebung an. Ein klassisches Beispiel zum Einstieg sind etwa die nur handtellergroßen gebundenen Bände der »Manesse-Bibliothek der Weltliteratur und Weltgeschichte«, in der Gegenwart ›boomen‹ die Mini-Formate, die Taschenbuchverlage haben das schmale, hohe Format der Nachkriegsjahrzehnte durch das heutige sogenannte (breitere, funktionellere) Taschenbuch-Großformat ersetzt und experimentieren mit Magnum- und Überformaten. In allen Fällen wird versucht, das Produkt bevorzugt oder auch über das *Format* zu verkaufen. Der nächste Schritt ist die *Form*. Ein Buch muß nicht die Form der abgeflachten hochkant gestellten Zigarrenkiste besitzen, man kann auch versuchen, durch die Formgebung den Inhalt widerzuspiegeln. Aus dem Sortiment im Kaufhaus bekannte, aber zu Unrecht belächelte Beispiele sind etwa das Tee-Buch in Teekannen- oder das Pizza-Backbuch in Pizzaform; frappierend ist aber schon ein Bildband über Kacheln aus Delft, der genau in deren quadratischem Format, der Original-Kacheldicke und mit einem blauweißen Faksimile einer Kachel auf dem lackierten Umschlag gemacht ist – praktisch die greifbare Kachel – oder auch ein (spezielles) Paperback aus der Insel Taschenbuch-Reihe, das bei normaler Grundbreite im doppelten Hochformat erscheint, weil es sich um einen Dokumentationsband über die Obelisken der Welt handelt, der solche architektonischen »Nadeln« nur auf diese Art als aufrechte Großfotografien ohne störendes Randwerk formatfallend ins Bild setzen kann. Die vielen hervorragenden Inhalt-Form-Übertragungen, die bereits realisiert sind, könnten einen eigenen Dokumentationsband füllen. Auch aus der schönen Literatur sind viele solcher Beispiele bekannt. In all diesen Fällen wird vielfach überhaupt nicht wegen des Inhalts, sondern nur wegen der Form gekauft. Das *Book-Design* ist der dritte Schritt. Es hat auch hier keinen Sinn, spezielle Beispiele anzuführen, aber die großen Linien von Verlagen mit ihren Book-Designern, so die von Suhrkamp mit Willy Fleckhaus (Erfinder des »Regenbogens«), von dtv mit Celestino Piatti (Erfinder des »dtv-weiß« für das Cover), Klett-Cotta mit Heinz Edelmann (dem Avantgardisten). In all diesen Fällen hat ein Künstler das Gesicht der Bücher, Reihen oder des Programmes geprägt und trägt über die Prägnanz seiner Handschrift zu Ansehen und Verkauf des Programms, der Reihe, des Titels bei. Äußeres und inneres Design von Büchern sind heute ein Trend, weil es an der Grenze der Marksättigung auf die Abgrenzung gegen Konkurrenten ankommt.

3. *»Produktfarbe«:* Farbe kann ein Signal geben, das auf den Verlag hinweist. So das »schreiende« Orange der relativ wenigen, aber dadurch auffallenden Titel eines Beltz-Gelberg Verlages. So das gerade genannte »Piatti-Weiß«, mit dem dieser das gesamte Programm des neu gegründeten dtv 1965 gegen die knallbunten Cover der Taschenbuchkonkurrenz abhob. So der »Regenbogen« der Edition Suhrkamp, der das gesamte Spektrum durchläuft, in das ein Prisma die Farben zerlegt, oder aber auch das monotone Rot von UTB (Uni-Taschenbücher) für sämtliche Disziplinen des vielfältigen Programms, wo die Signalfarbe zwar auf die gemeinsame Herkunft verweist, aber der Leser nicht weiß, ob er vor dem geisteswissenschaftlichen oder dem medizinischen Programm steht. In all solchen Fällen soll die Farbe zusätzlich der Indikator für ein Programm, für Preiswürdigkeit oder für beides sein, mithin die Herkunft aus einem Verlag, aber auch mehr angeben – und zum Kauf hinführen.

4. »Markenname«: Wenn »Farbe« für Qualität steht, dann erst recht der »Marken«name. »Marken« gibt es in der Verlagswirtschaft selten – so etwa bei der Etablierung des »Schneider-Buchs« für Kinder oder dem Duden mit seinem eingetragenen Warenzeichen –, aber die Verlage versuchen eine markenähnliche Verquickung ihres Namens mit ihren Produkten – »dtv-Wissenschaft«, »rororo-studium«, »Reihe Hanser«, »edition suhrkamp«, »Serie Piper« – um nur einige zu nennen. Das Marketingprinzip besteht in der Ausnutzung des Prinzips der Markenartikelwirtschaft, nach dem der Hersteller quasi für die Qualität seines Produktes bürgt (qualitative Höherbewertung), und in dem sich durch die Mitverwendung des Namens ergebenden Abgrenzungseffekt, wobei letzterer sich sowohl auf die »namenlosen« Produkte allgemein wie auf die Namensartikel der Konkurrenz bezieht. Dabei beginnt der Einsatz des Verlagsnamens als Marketingmittel keineswegs erst bei der Verquickung nach dem Muster obiger Beispiele, sondern muß auch bei jedem Einzeltitel geprüft werden. Denn sicher vergibt ein Verlag, der einen guten Ruf hat, aber seinen Namen auf dem Cover oder Umschlag nicht nennt, sich Verkaufschancen und verpaßt umgekehrt ein noch nicht renommierter Verlag, der einen ausgezeichneten Titel bringt, ohne sich auch selber entsprechend optisch zu präsentieren, Chancen der Profilierung.

5. »Verpackung, d. h. die äußere Umhüllung«: Diese Komponenten werden zwar als letzte genannt, enthalten aber die vielfältigsten Möglichkeiten. In der Markenartikelwirtschaft, so bei Konsumenten- und Verbrauchsgütern, ist die Verpackung oft fast wichtiger als der Inhalt, dort wird über die Verpackung verkauft. In der Verlagswirtschaft sind für das Verlagsmarketing die beiden Komponenten Verpackung und Umhüllung ein Desiderat, es kommt nur darauf an, was man unter ihnen versteht und wie man sich auf dieses Instrumentarium einläßt. Für das Buch bestehen mindestens *sechs verschiedene Ebenen,* auf denen man jeweils unterschiedliche Lösungen suchen kann und die hier von unten nach oben, vom Einfachsten zum Aufwendigsten, mit Beispielen skizziert werden sollen. Die unterste Ebene ist der *Buchdeckel* selbst. Der »nackte« Deckel kann fest oder biegsam sein und entscheidet darüber, ob das Buch starr oder flexibel sein wird. Die flexiblen wie auch starren Einbände können je nach Art und Behandlung des ausgewählten Materials (wie etwa porösen Kartons, lackierten Kartons, traditioneller sogenannter »Elefantenhaut« oder modernen Kunststoffs) schmutz-(wie Tinte)aufnehmend oder voll abwaschbar sein und damit einen unterschiedlichen Gebrauchsnutzen erhalten. Bei den starren Deckeln dient die Einkleidung in Leinen dazu, den geistigen Produkt»kern« über eine Gestaltung höheren Images zu verkaufen; seit Anfang der 80er Jahre gilt dies mit steigender Tendenz für die ledernen Deckel. Neben solchen konservativen Varianten sind für den starren wie auch flexiblen Einband avantgardistische möglich, etwa das spiegelnde Cover, das mit dem dreidimensionalen Umschlagsbild im traditionellen 3-D-Druck oder seit 1988 dem Hologramm, die jeweils Innovationen darstellen, und durch ihren innovatorischen und originellen Charakter zum Kauf anregen. Alle Gestaltungen galten bis hier nur den Deckeln, das Buch kommt noch ohne Umschlag aus. Der *Schutzumschlag* ist in Wahrheit kein Schutzumschlag, sondern ein Schmuckumschlag, der akquisitorischen Zwecken und der Werbung dient. Dem Schutz dient er vor allem dauerhaft nicht, da er viel zu oft vor dem Einstellen der Bücher in die Regale entfernt worden ist und zumal er zuvor leicht selbst schnell beschädigt wird, hingegen ist sein Schmuck- und sein Werbecharakter bis zum Verkauf, also sein Einsatz als Marketingmittel unverkennbar. Gewöhnlich benutzen die Verlage für die Gestaltung nur die Cover, den Rücken sowie die Klappen, sie bedrucken den aufwendigen Umschlag dann nur auf der Vorderseite. Der gesamte bedruckbare Innenteil des teuren Produktes, der zum Reden gebracht werden könnte, ist dann »gähnende Leere«. Zur Innovation bei der Umschlaggestaltung könnte also gehören, ob man nicht auch die – innere – freie Rückseite nutzt (vereinzelte Beispiele dazu sind auch bekannt). Auf ihr hätte ein ganzes Verlagsprogramm Platz oder eine Auswahl von zum gekauften Titel passenden Büchern. Anstelle von Werbung läßt sich auch der Eindruck von funktionalen Elementen denken, die den Inhalt des Buches ergänzen (beispielsweise zu einem Band über ein Land dessen gegenüber dem Buch größerformatige Landkarte); verschiedentlich wurden schon Umschläge gedruckt, die sich auseinandergeklappt zu einem doppeltformatigen Poster entfalten (sozusagen das »Buch mit Plakat« via Schutzumschlag). Die dritte Ebene ist der Einsatz *durchsichtiger Schutzfolien,* da sie die zusätzliche Umhüllung für Bücher mit oder ohne Schutzumschlag darstellt. Das konventionelle Verfahren besteht in der Verwendung von Schrumpffolie. Es ist einerseits nützlich, weil es die Ware Buch tatsächlich vor mechanischen Schäden und auch der Vergilbung durch Sonneneinstrahlung schützt und dadurch zur Werterhaltung und Minderung der Remissionen beiträgt, hat aber andererseits gravierende Nachteile im Handling und auf dem verkaufspsychologischen Sektor: Das »Aufknibbeln« eingeschweißter Bücher gestaltet sich schon manuell äußerst schwierig, mechanische Beschädigung von »Schutzumschlag oder Buchdeckel (Kratzer) sind nicht ausgeschlossen. Vor allem aber muß die Folie zur Ansicht des Buches zerstört werden, worin ein psychologisches Hemmnis besteht, da der Händler nicht jedes verschweißte Buch in mehreren Exemplaren bestellt hat oder immer eines aufschlagfertig bereithält. Der daraus resultierende verkaufshemmende Effekt ist noch nicht statistisch gemessen, aber sicher beträchtlich. Dem Dilemma läßt sich entkommen, indem man die Verpackung nicht konventionell gestaltet, sondern sie nach dem Modell buchfremder Produkte mit der »roten Litze« (vgl. Zigaretten) zum Aufreißen versieht. Das lästige Knibbeln hört auf, eine mögliche Beschädigung entfällt, der rote Faden, weil zum Öffnen gemacht, stellt keine Schwelle mehr dar, sondern wird dazu benutzt, wofür er gemacht worden ist. Ein Verlag, der sich für die neue Technik entscheidet, hat mit einer Verteuerung pro Exemplar von genau einem Pfennig zu rechnen. Allerdings steht die Verwendung von Folie für Bücher heute schon wieder prinzipiell unter Kritik – aus Gründen des Umweltschutzes. Die Tendenz geht weg von der Folie, für nicht mit Plastik eingeschweißte Bücher denkt man an einen Aufkleber des »Blauen Engels« für umweltbewußte Verlage. Diese Verpackungen werden sicher mehr als die alten kosten. Mehr Kosten und Aufwand werden auf der nächsten möglichen Ebene verursacht, der Ausstattung des Titels mit einem *Schuber*. Der Schuber hat als ursprüngliches Ziel eine Schutzfunktion: Er ist ein den Buchkörper umgebender Karton, in den man das Buch hineinschiebt, so daß nur der Buchrücken offenbleibt. Schon früher wurde er vorzugsweise zum Schutz teurer und bibliophiler Werke verwendet, an deren Gestaltung man sich auch bei der Gestaltung des Schubers selber annäherte, so daß nicht nur ein Schutz-, sondern auch ein Schmuckelement entstand, das mit dem Buch eine Einheit bildet und damit quasi zu einem Bestandteil des Buches verschmolz. Auch heute steht neben dem bloßen Schutzschuber der Schmuckschuber, in der Regel von dem Designer des Buches gestaltet, und wird von den Verlagen auch nicht zum Schutz hergestellt, sondern wegen der durch die von der Kombination von gestaltetem Buch und gestaltetem Schuber ausgelösten akquisitorischen Wirkung – Heinz Edelmanns Produktionen bei Klett-Cotta sind ein Beispiel dafür. Sind solche künstlerisch ambitionierten Designer-Schuber ein Extrem auf der einen Seite, lassen sie sich auf der anderen auch rein kommerziell, nüchtern und funktional gestalten. Der Schuber der über sechs Pfund schweren, voluminösen, großformatigen allseits bekannten »Chronik der Deutschen« hatte weder eine Schutzfunktion (da der Foliant eher zu Schutzzwecken benutzt werden kann, statt daß man ihn schützen muß) noch eine Schmuckfunktion (da diese der Schutzumschlag übernahm), sondern eine vornehmliche Transportfunktion (mittels eines mitgelieferten Plastikgurts, der nachträglich abgeknüpft werden konnte), war also ein »Trage«-schuber, der das Problem der Überbrückung der Distanz für die sechs Pfund zwischen dem Laden des Händlers und der Wohnung des Käufers löste. Genau diese Problemlösung wird wieder auftauchen, wenn es, dem Prinzip der Steigerung folgend, auf der fünften Ebene um Kassetten geht. *Kassetten* beinhalten nicht wie der Schuber ein in der Regel einzelnes, sondern mehrere Werke. Diese müssen nicht vom Verlag zum erstenmal produziert sein, es kann sich auch um eine Zusammenstellung bereits erschienener Werke in einer Konstellation handeln, die sich aus inhaltlichen oder programmatischen Gründen nahelegt, so etwa nach dem sukzessiven Erscheinen der lyrischen und prosaischen Schriften eines Autors die Kassette ›Das literarische Werk‹, entsprechend ›Das theoretische Werk‹, später die Gesamtausgabe oder Auswahl unter bestimmten Aspekten. Die Kassette ist damit nicht nur die physische, sondern vor allem die geistige Klammer, die die Bände zusammenhält, und im Verbund mit dem günstigen Preis entsteht daraus ihre besondere Eignung als Marketingmittel. Von einer gewissen Anzahl von Bänden aufwärts jedoch wird die Kassette für den Produzenten wie den Abnehmer hingegen immer überwiegender auch ein physischer Faktor, wenn es nämlich wie schon oben um den Transport durch den Kunden nach Hause oder um den Versand der Kassetten an ihn oder den Händler geht. Es handelt sich dann weniger/nicht mehr um die Stiftung der geistigen Einheit, sondern um die Gewährleistung des physischen Zusammenhalts, die Kassette fungiert als Verpackung. Manches der Probleme läßt sich bei entsprechendem Inhalt auf originelle Weise lösen, so versahen gleich mehrere verschiedene Verlage von Taschenbüchern ihre 20bändigen Lexika-Kassetten gleichfalls mit einem Gurtband zum Tragen. Kassetten können also wie Schuber unter Schutz-, Schmuck- oder Transportaspekten konstruiert werden, doch wird bei ihnen noch ein weiterer Aspekt wichtig, wenn es sich, wie bei den Taschenbuch-Lexika, um vielbenutzte Werke mit großer Substituierbarkeit handelt. Ein Teil der Anbieter verpackte seine Ausgaben in einen Karton, der die Bücher wie ein Schuber von allen Seiten ummantelte und nur ihren Rücken freiließ, zudem bestand wegen des festen Zusammenhalts durch die enge Verpackung zwischen den Bänden kein Spiel; beides bewirkt zusammen, daß sich aus solchen Kassetten ein Einzelband kaum herausziehen läßt. Ein einzelner anderer Anbieter (dtv) verpackte seine Ausgabe in eine Kassette aus dauerhaftem, durchsichtigen Acrylglas, das an den äußeren Seiten Schrägschnitte zum Greifen besitzt, auch die Oberseite nach vorn offenläßt und zudem durch lockere Anordnung ein leichtes Herausnehmen und wieder Zurückschieben gestattet. Unter dem Benutzungsaspekt ist die zweite Variante erheblich gebrauchsfreundlicher. Bei preislich gleichliegenden Werken substituierbaren Inhalts ist die Einbeziehung einer spürbaren Benutzungshilfe bei der Gestaltung dann beim Verkauf vielleicht das Entscheidende. Die Idee, die Verpackung als Mittel im Marketing einzusetzen, hat mit der Dimension Kassette einen Abschluß erreicht, doch immer noch nur einen »konventionellen«. Denn schon lange gibt es ausgefallenere Lösungen und kühnere Dimensionen. Für diese sechste Ebene kann man bei der zitierten Acrylglaskassette ansetzen, die mit ihrem Inhalt ja auch an der Wand angebracht werden könnte und damit im Bücherschrank Regalmeter sparte – weil sie selbst schon Regal ist. Ein Münchener Verlagshaus von Klassikern ging diesen Weg, indem es eine ganze Bibliothek deutscher Klassiker gleich mit dem maßgeschreinerten *Regal* präsentierte, und die aus der obigen »Chronik« abgeleiteten Jahresbände der im Aufbau begriffenen »Chronik-Bibliothek«, die für 1900 bis zum Jahr 2000 je einen Band anbieten wird, um mit dem 101. Band dann im Jahr 2001 abzuschließen, ist in einem gestalterisch ganz auf die schon vorliegenden Bände abgestimmten Chronik-»*Designschrank*« zu sehen. Sofern es nicht die Inhalte sind, die verkauft werden, ist es hier also die Präsentation. Auf dem verpackungspolitischen Sektor wiederholt sich in der Praxis die eingangs erwähnte allgemeine Philosophie für die gestaltungsbezogenen Maßnahmen, nach der das Produkt hier über die Gestaltung verkauft wird, indem sie entweder zum Verkauf hinführt oder den Verkauf fördert, oder so stark ist, daß um der Gestaltung willen gekauft wird. Nachdem damit wichtige Gesichtspunkte auf dem gestaltungspolitischen Sektor dargestellt sind, geht es im nächsten Schritt um die Markteinführung des bereits gestalteten Einzeltitels oder der vielzahligen Werke.

4.3 Einführung neuer Produkte

Nach dem Marketing allgemein sind hier zwei verschiedene Einführungsprozesse relevant, der *subjektive* direkt gegenüber dem einzelnen Individuum und der *statistische* für die Aufnahme des neuen Produkts bei der Masse. Sie gehören zusammen und bilden den Einstieg in die Theorie der *Lebenskurve,* die im nachfolgenden Kapitel alle Bereiche der Produktpolitik überspannt und bis zur gezielten Produkteliminierung fahrt.

Beim *subjektiven* Einführungsprozeß geht es um die Abfolge der psychischen Prozesse, die im Innern eines Individuums durchlaufen werden, bevor es ein neues Produkt annimmt, er wird deswegen auch als *Produktadoption* bezeichnet. Sie wird in der Regel nach der AIDA-Formel beschrieben (*A*ttention-*I*nterest-*D*esire-Action, vgl. ausführlich den Abschnitt Verlagswerbung S. 127), welche *qualitative* Aussagen über den jeweiligen Wirkungsgrad macht. Nach verfeinerten Untersuchungen (seit Rogers 1962) ist sie besser durch AID*T*A (mit T für Test) zu ersetzen, da die Individuen den Wunsch haben, vor dem endgültigen Kauf einen Versuch zu schalten. Das einfache AIDA-Modell war auf das Verlagsmarketing leicht zu übertragen. Die neue Formel ist für das Verlagsmarketing nicht nur deswegen interessant, weil auf den vorweggehenden Stufen (Attention – Interest – Desire) alles durch Werbung hervorgebracht wurde, sondern weil mit dem Test ein neues Marketing-instrument hinzukommt, das zusätzliche Käufe anregen kann. Im folgenden wird deswegen speziell der Einsatz von Tests angezielt. Für die Verlage gehört der Test schon sozusagen zum klassischen Repertoire, sofern es sich um die Zeitungs- und Zeitschriftenverlage mit ihren Null-Nummern, Probenummern und Testabonnements handelt; aufgrund ihrer periodischen Produktionsweise sind die Schaffung und das Angebot eines Tests dort einfach. Beim Buchverlag ist die Situation wegen der Einmaligkeit (Nicht-Periodizität) des Produkts Buch schwieriger und auch, weil der Versuchs- oder Probekauf offensichtlich vollkommen ausfällt. Der typische Test für den Käufer des Buchs ist bislang die Probelektüre im Laden, bei dem aber die begrenzte Lesezeit, das umgebende Publikum oder der Verkaufswille des Händlers stören. Auch scheitert ein solcher Test oft daran, daß der Titel nicht vorrätig ist und erst bestellt werden müßte (was viele Buchhändler verweigern). Das hauptsächliche Hemmnis aber ist, daß der Kunde erst einmal in den Laden des Händlers, also zum Buch *kommen* muß. Die geläufigen Tests im Buchhandel, wenn die Verlage den Wunsch des Verbrauchers nach einem echten Test akzeptieren, sind also durch andere Formen zu ergänzen, die auch das Recht haben, den Rahmen des Konventionellen zu sprengen. Als eklatantes Beispiel stehe hier der reale »Kauf auf Probe«, wie ihn der mit dem Erdöl-Konzern SHELL verbundene Stuttgarter Mair-Verlag für seinen Auto-Atlas seit 1987 verkündet: »Wenn Sie sich mit diesem Atlas verfahren, erhalten Sie Ihr Geld zurück!« Ein Test dieses Ausmaßes war bis dahin in Buchhandlungen (und an den Tankstellen) von den Verlagen noch nicht praktiziert worden. Als konventionelles Beispiel stehe hier der »In-Home-Test« der Versender für Bücher, die dann mindestens zehn Tage in der eigenen Wohnung ohne Störung und ohne Verbindlichkeiten einzugehen, kostenlos geprüft und retourniert werden können. Neue Formen sind denkbar. Wenn beispielsweise es sich Verlage (wie etwa C. Hanser) leisten können, durch den Versand 16-seitiger »Einlesehefte« den Buchhändlern einen Test ihrer halbjährlichen Produktion zu gestatten, müßten auch »Bücherzeitungen« (wie sie schon Buchhändler allein produzierten) mit Leseproben finanzierbar sein, die an der Kasse für die Kunden bereitliegen oder als Hauswurfsendung zu einem bis dahin nicht erreichten Leserpublikum kommen – schon lokal begrenzte Verbrauchermärkte mittlerer Größe schaffen in ihrer Branche solche Zeitungen für Innovitäten fast regelmäßig. Verlage, die argumentieren, daß Initiativen wie diese an ihren Kosten notwendig scheitern, sollten ins Brainstorming gehen, auch in bezug auf die Wirkung. Mit Innovation durch Adaption läßt sich das Testinstrumentarium sicher vergrößern.

Wenn mit der AID(T)A-Fommel der Phasen-Ablauf der Produkteinführung aus der Psychologie der Subjekte charakterisiert ist, geht es im nächsten Schritt um die *quantitative* Analyse, denn die Formel selbst macht nur qualitative und keine quantitativen Aussagen. Der *statistische* Phasenablauf für die Einführung neuer Produkte gegenüber der Masse wird in der Regel wie folgt beschrieben: 2,5 Prozent der Masse sind »Neuerer« (in der Sprache des Marketing auch Innovatoren, Neophile, Konsumpioniere), 13,5 Prozent folgen als »frühe Abnehmer« oder »frühe aufgeschlossene Mehrheit«, die »einfache frühe Mehrheit« macht mit 34 Prozent die erste wirkliche Hauptmasse aus, nach ihr kauft als zweite Hauptmasse mit gleichfalls genau 34 Prozent die »späte Mehrheit«, und 16 Prozent verbleiben als die »späten Abnehmer« oder »Nachzügler«. Da dann der ganze Markt durchdrungen ist, bezeichnet man die quantitativen Phasen als die der *Produktdiffusion*. In die Graphik (a) übertragen ergibt sich aus diesen Verhalten die Glockenkurve der Gauß'schen Normalverteilung, wie sie für den Idealfall abgebildet ist.

Während sich aber beim Test die Übernahme aus dem allgemeinen Marketing als nützlich erwies, ist sie hier fraglich. Denn eine belletristische Novität beispielsweise wird eine weit größere Anzahl von Innovatoren und frühen Abnehmern finden, die auch schneller kauft, weil ein Kern echter Leser

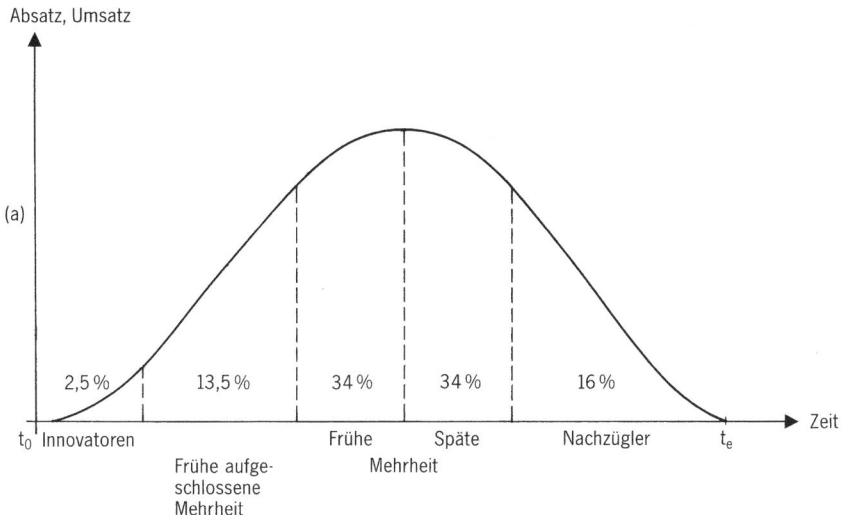

Modellverlauf des Diffusionsprozesses eines allgemeinen Produkts, in Anlehnung an Böcker u. a., Rogers u. a. (Gaußsche Normalkurve)
t_0 = *Start der Markteinführung*, t_e = *Ende*

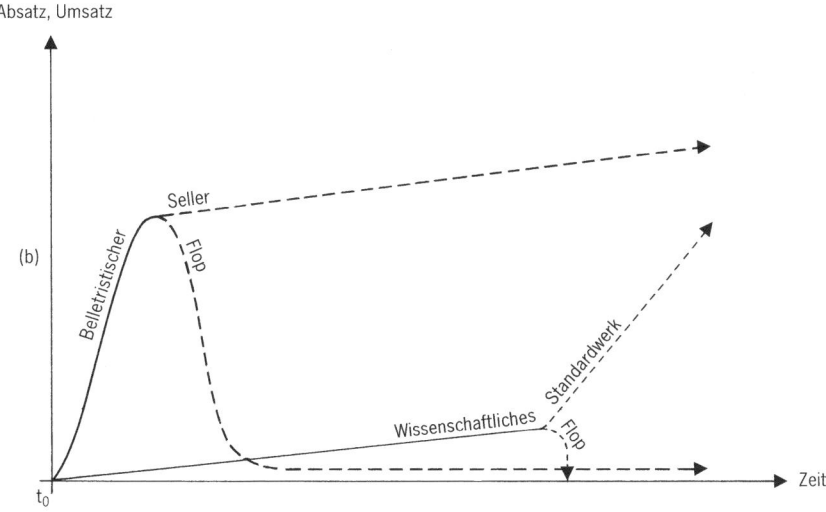

Modellverlauf für ein belletristisches/wissenschaftliches Buch

221

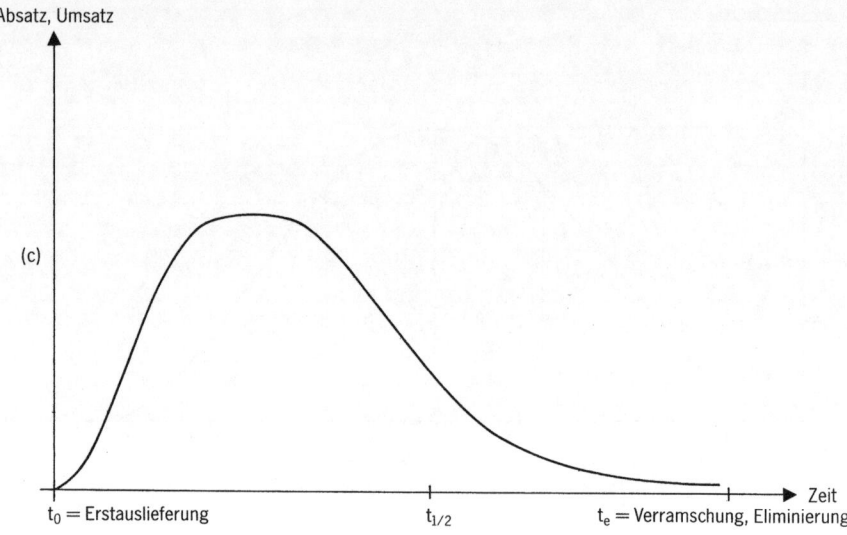

Vermutete Lebenskurve »des« Buches im deutschen Buchmarkt
Vermutete durchschnittliche Lebenszeit: 5 Jahre

besteht, die bei Erscheinen des Buchs auch sofort zugreifen (b). In diesem Fall würden die Phasen vorne gestaucht und begänne die Kurve mit einer erheblich größeren Steigung; über den weiteren Verlauf der Kurve entscheidet, ob das Buch über den engeren Kreis hinaus ein breites Publikum findet oder versandet. Autoren belegen diesen Sachverhalt oft indirekt, indem sie klagen, daß die Honorarabrechnungen im ersten Halbjahr in Ordnung sei, sich danach aber nichts mehr tue. Bei einem neuen wissenschaftlichen Lehrbuch dagegen kaufen zunächst die Dozenten und Bibliotheken, und zwar nur einzelne Exemplare. Dies bleibt so über die ersten Semester. In diesem Fall würden die Phasen vorne gedehnt und begänne die Kurve erheblich flacher; über ihren weiteren Verlauf entscheidet, ob das Buch von der Lehre akzeptiert wurde und für die Vorlesungen empfohlen oder zugrundegelegt wird, wodurch es zum Standardwerk werden könnte, oder als nicht akzeptiert oder nicht empfohlen noch unter das bisherige Niveau abgleitet. Je nach der Buchart entstehen also gegenüber dem Gaußschen Allgemeinbild für den Einführungsprozeß unterschiedliche Abläufe; man kann sogar zeigen, daß sie für die einzelnen Bucharten relativ typisch sind. Entsprechendes gilt auch für die übrigen Phasen und damit den ganzen Lebenszyklus. Würde man aus der Überlagerung aller Bücher und aller Bucharten die idealtypische Lebenskurve »des« Buches bilden wollen, so erhielte man etwa den von Gauß abweichenden, in Abbildung (c) dargestellten Verlauf mit ihren jetzt nach dem Lebenszyklus bezeichneten vier Phasen. Die Beobachtung der Lebenskurven ist für das Buchmarketing wichtig und mit Vorteilen verbunden. Sie verzeichnen nämlich viel anschaulicher und dadurch auch deutlicher das tatsächliche Verhalten der Titel auf dem Markt als die bloßen Titelabsatzstatistiken – diese sind oft nur Zahlenfriedhöfe. Erfolg oder Mißerfolg werden sofort sichtbar. Verzeichnet ein Titel stagnierenden Absatz und befindet er sich in einer Phase, in der eigentlich ein Wachstum erwartet wird (z. B. die Novität in der Einführung), ist marketingmäßig Alarm zu schlagen und mit Werbung gegenzusteuern, da man den Titel sonst nie mehr reaktivieren kann. Sind die Absätze stagnierend, aber der Titel befindet sich in der Phase des Niedergangs, geht er seinem natürlichen Ende entgegen, und verstärkte Werbung wäre – Ausnahmen bestätigen die Regel – falsch ausgegebenes Geld. Die Produktlebenskurve ist aber nicht nur ein Orientierungs- und Steuerungsmittel für z. B. Werbemaßnahmen, aus ihr leiten sich vielmehr auch die möglichen Produktstrategien ab, die nach der Einführung der neuen Produkte verfolgt werden müssen.

4.4 Produktpolitische Strategien

Das Marketing kennt zur Bildung von Produktstrategien an dieser Stelle (zur Produktinnovation vgl. S. 234ff.) vier Möglichkeiten, die *Variation,* die *Differenzierung,* die *Diversifikation* und die *Eliminierung.* Sie alle setzen bei der Analyse an, wie sich ein Produkt nach seiner Innovation und Einführung auf dem Markt bewegt und stellen produktpolitische Maßnahmen dar, die dem Wirtschaftserfolg des Produkts oder der Unternehmung gelten. Ihre gemeinsame Erkenntnisgrundlage ist die Lebenskurve.

1. Variation: Kein neues Produkt wird ewig »jung« bleiben, sondern sterben und vorher veralten – die *Variation* ist die Strategie der *Verjüngung,* die diesen Prozeß aufhält oder das Produkt durch Modifikation wieder »neu« macht. *Neu* bedeutet dabei nicht, daß ein wirklich neues Produkt entsteht, es reicht eine Veränderung bis zu dem Punkt hin, an dem es von den Verbrauchern als neu akzeptiert wird.

    Beispiele aus der allgemeinen Wirtschaft belegen, daß diese die Grundsätze der allgemeinen Definition sehr gut befolgt hat bzw. daß die Theorie die gängige Praxis sehr gut beschreibt: das »neue« Omo, Sunil, Persil, die »neue« Rama, Sanella, die »neue« Attika, Marlboro, der »neue« Golf, Passat, Polo etc. Alle Beispiele belegen aber auch gleichzeitig, daß eine wirklich absolute Erneuerung keinen Sinn hätte, der Kern des Produkts muß bei allen Veränderungen als Konstante durchstrahlen, nur, daß es sich durch die Modifikationen bis zur Neue verjüngt – dies gilt auch für alle Verlagsprodukte. Beispiele aus der Verlagsbranche sind natürlich vergleichsweise weniger spektakulär, aber der

Einsatz der Variation ist im Verlag nicht weniger zwingend, da Verlagsprodukte nicht auch, sondern meist mehr als in anderen Branchen und meist grundsätzlich der Alterung unterliegen. Die einzigen Ausnahmen wären vielleicht die sogenannten »ewigen« Bücher wie etwa die Bibel, die Klassiker, der Duden etc., aber auch diese zeigen, daß sie der Variation bedürfen. Verlage benötigen deswegen Auskunft über die *Arten der Produkte,* bei denen Variation möglich, zwingend nötig oder unsinnig sind, über die *Arten der Variation* selbst und schließlich den *Zeitpunkt* ihres Einsatzes, um sie nach Maßgabe eines variationspolitischen Instrumentariums einzusetzen.

Der richtige *Zeitpunkt* ist aus der Betrachtung der Lebenskurve direkt ersichtlich. Die Variation ist zu planen, wenn sich nach der Durchdringung die Sättigung bzw. nach der Wachstumsphase die Stagnation und ein tendenzieller Niedergang abzeichnen. Die *Arten der Variation* gliedern sich im Buchverlag mindestens in folgende drei Möglichkeiten. Erstens: inhaltliche Variation: Hier wird der inhaltlichen Alterung vorgebeugt. So entstehen der »neue« Duden, der »neue« Grundgesetzkommentar oder das »neue« Dr. Oetker Grundkochbuch. Zweitens: optische Variation: Hier wird dem äußeren Aussehen des Verlagsprodukts ein modernes Gesicht verliehen (das gerade deswegen manchmal ein »nostalgisches« Outfit bekommt); im Zeitschriftenwesen wird diese besonders für das Cover wichtige Modernisierung oft als »Face-Lifting« bezeichnet. Drittens: physische Variation: Hier werden neuartige materielle Ausstattungen eingesetzt, falls die alte nicht mehr zeitgemäß war. Die Praxis zeigt, daß die größte Verjüngung erreicht wird, wenn die drei Instrumente kombiniert werden. Der »neue« Duden (18. völlig neu bearbeitete Auflage im Jubiläumsjahr 1980) war nicht nur inhaltlich aktualisiert (neue Stichworte, neue Regeln für Schriftsatz), sondern auch optisch total neu im Erscheinungsbild (Face-Lifting), so daß zusammen mit den Veränderungen der Ausstattung ein vollständig »neues« Produkt entstand schon gegenüber der direkt vorweggegangenen, vor allem aber gegenüber den alten Ausgaben. Bei den *Arten der Produkte* schließlich (es geht hier nicht um Gattungen) kommen der Einzeltitel, die Reihe und das Gesamtprogramm für die Variation in Betracht. Ginge es um das Gesamtprogramm, wäre das Ziel eine Programmverjüngung, zu erreichen durch Modifikationen auf dem inhaltlichen, dem optischen und dem Ausstattungssektor. Geht es um Reihen, stehen theoretisch wieder die drei genannten Ansatzpunkte zur Verfügung, die Erfahrungen haben jedoch gezeigt, daß die Verlage oft besser daran tun, nur eine der Komponenten zu modernisieren (so in der »Reihe Suhrkamp Neue Folge« die Veränderung der Inhalte bei Beibehaltung des Covers, bei der »Sammlung Metzler« die Modernisierung des Covers ohne Bruch der Programmpolitik). Prüft man den Einzeltitel auf seine Variationsmöglich- oder -bedürftigkeit, steht man wieder am Ausgangspunkt und im Zentrum der Variationspolitik, denn für Einzeltitel mit der Chance nur einer einzigen Auflage erübrigt sich die Diskussion (sofern die tatsächliche Lebenskurve nicht eines Besseren belehrt), im

Fall von Erfolgstiteln, die Nachauflagen vielleicht über Jahrzehnte ermöglichen, rückt die optische Anpassung an die moderne Gestaltung in den Brennpunkt. Die Rückkehr zum Einzeltitel erfolgte an dieser Stelle noch aus einem anderen Grund. Sie zeigt, daß die Variation die einzige produktpolitische Strategie darstellt, bei der das Sortiment bzw. die Produktpalette konstant bleibt. Sie ist eine Verjüngungsstrategie zur Absatzerhaltung oder -ausweitung ohne Programmerweiterung. Das »alte« Produkt wird einfach aus dem Verkehr gezogen, indem das »neue« (verjüngte) es ablöst. Hierdurch grenzt sich die Variation gegenüber allen anderen Produktstrategien ab.

2. Differenzierung: Während hinsichtlich der Variation die Meinungen im allgemeinen Marketing einheitlich sind, gibt es für die Differenzierung höchst unterschiedliche Auffassungen. Nachfolgend erscheint hier deswegen auf der Basis der Literaturmeinungen eine eigene Darstellung.

Produktdifferenzierung liegt vor bzw. empfiehlt sich als produktpolitische Maßnahme, wenn die Lebenskurve sich so unerwartet positiv entwickelt, bzw. der Markterfolg so überragend erfolgreich ist, daß sich von dem Erfolg des Ursprungsprodukts *Nachfolgeprodukte ableiten* lassen, die den Erfolg des Ursprungsprodukts wiederholen. Es geht bei der Differenzierung also nicht um die Abgrenzung gegen (eigene oder fremde) andere Produkte, das Verfahren ist vielmehr wie in der Mathematik zu verstehen, wo Differenzieren das Ableiten aus einer Ursprungsfunktion bedeutet. Differenzierte Produkte bilden Verlage sehr leicht intuitiv, weil die mögliche Wiederholbarkeit des Erfolgs mit dem eines Anfangstitels zur Bildung von Nachfolgebänden anfeuert. So entsteht oder entstand nach dem »Däniken« (dem Textband) der »Bilder-Däniken«, nach einer Diät-Theorie (der legendären von Dr. Atkin) zum Abnehmen das zugehörige Diät-Kochbuch, nach »Dr. Oetkers Grundkochbuch« (mittels Variation immer wieder erneuert) das »Dr. Oetker Koch-Vergnügen«, »Dr. Oetker Back-Vergnügen«, etc. Die letzten Beispiele zeigen, daß die Differenzierung auch systematisch und professionell angewandt werden kann. Einem »Brockhaus« folgt dann ein »Kunst-Brockhaus« und »Gesundheits-Brockhaus«, der »Brockhaus für Kinder« etc., dem Ursprungsband der »Chronik« (»Die Chronik des 20. Jahrhunderts«) die »Chronik der Menschheit«, der Deutschen, Österreichs, der Schweiz, Bayerns, des Ruhrgebiets, Berlins, Wiens usw; insbesondere im Bereich der Comics für Jugendliche (»Mickey Mouse«) hat das Ausgehen von einem Ersterfolg, der zum Initial wurde, zu einem perfekten System differenzierter Produkte geführt. Produktdifferenzierung, das zeigen die Beispiele auch, ist eine Strategie, die, anders als die der Variation, das Sortiment nicht konstant hält, sie ist das – erste – Beispiel einer Produkterweiterungsstrategie.

3. Diversifikation: Die Diversifikation hat mit der Differenzierung gemeinsam daß ein neues, zusätzliches Produkt entsteht, und bildet damit die zweite Erweiterungsstrategie der Produktpolitik, allgemein wird sie als »bewußte, gezielte Ausweitung des Leistungsprogramms [...] auf solche Leistungsbereiche« definiert, »die für das Unternehmen grundsätzlich neu sind« [74]. Sie steht damit im Gegensatz zur sogenannten *Simplifikation,* bei der das Unternehmen seine Leistungen reduziert oder zurücknimmt.

Für die Diversifikation bestehen in der Regel *drei Motive.* Erstens kann es sein, daß nicht nur für ein Produkt, sondern für sehr viele oder für alle die Lebenskurve immer mehr abfällt, der Markt also immer mehr schrumpft und vielleicht vor dem Zusammenbruch steht, während ein fremder, neuer Markt sich entwickelt. Dies könnte, überspitzt, für die Buchverlage etwa das Motiv für die Diversifikation aus dem Print- in den Nonprintbereich der elektronischen Medien sein. Zum zweiten besteht für die Diversifikation auch ein betriebswirtschaftliches Motiv. Nach betriebswirtschaftlichen Theorien ist ein optimaler Gewinn- und Umsatzzuwachs mit einem feststehenden Produktionsprogramm auf längere Sicht prinzipiell nicht erreichbar. Verlage mit vorgegebenen Gewinnsteigerungen müssen daher, wenn die notwendigen Umsatzsteigerungen nicht mehr im eigenen Markt erreicht werden können, diversifizieren. Ein drittes Motiv besteht in der Vermeidung kartellrechtlicher Schwierigkeiten, wenn das Unternehmen so groß wird, daß die Gewinne und Investitionen nur noch im Ausland anlegbar sind. Für die Buchverlage der Bundesrepublik hat dieses Problem bis jetzt kaum bestanden, doch umgekehrt bereits dazu geführt, daß branchenfremde Konzerne des Auslandes in den bundesrepublikanischen Buchmarkt diversifizierten.

Für die Diversifikation unterscheidet man ferner *drei Arten,* die horizontale, die vertikale und die laterale Diversifikation. Bei der *horizontalen* Diversifikation geht es allgemein um »neue Aktivitäten auf der angestammten Produktions- oder Handelsstufe« (s. o.); ein Beispiel aus der allgemeinen Wirtschaft wäre etwa die horizontale Diversifikation einer Brauerei konventioneller Biersorten in den Markt von Altbier oder alkoholfreiem Bier. Bei solchen Diversifikationen ist das Risiko gering, denn das Unternehmen operiert im angestammten Bereich und profitiert von seinem bereits dort gewonnenen Know-how. Verlage können auf vielfältige Weise horizontal diversifizieren, etwa: die Diversifikation eines Wissenschaftsverlags in den Schulbuchbereich (Markterweiterung), die Diversifikation eines Schulbuchverlags in den Markt der Erwachsenen (Marktausgleich), die Diversifikation von Comic-Heften zu Comic-Books oder von populären Publikumszeitschriften zu Büchern (Marktausschöpfung) u. a. Bei der *vertikalen* Diversifikation operiert das Unternehmen nicht mehr im angestammten Bereich, sondern in der ihm vorgeschalteten oder nachgeschalteten Produktions- oder Handelsstufe. Allgemein wird dies oft getan, um sich auf der vorgeschalteten Stufe den Rohstoff oder auf der nachgeschalteten den Vertrieb und die Preise zu sichern. Verlage beschaffen sich bei der vertikalen Diversifikation entweder Setzerei-, Druck- und Bindebetriebe oder Firmen des Zwischen- oder Sortimentsbuchhandels, in die Verlage hinein können vertikal Druckereien oder andererseits Buchhandlungen diversifizieren. Da das Know-how dann immer bereits eingeschränkt ist, ist das Risiko größer. Die Diversifikation der Verlage in die vorgelagerte Technik hat sehr oft zu Problemen und beinahe Verlagsauflösungen geführt, offenbar ist die Kooperation mit Dienstleistern oder das einfache Beauftragungsgeschäft ökonomischer. Die Diversifikation in den nachgeschalteten Buchhandel hat unter eigenem oder fremdem Namen zumindest im Sortiment immer zu sicheren Depotbuchhandlungen ohne offenbare Existenzkrisen geführt. Im Zwischen- und Versandbuchhandel entdecken und testen die Verlage zur Zeit die Möglichkeiten für das eigene Programm und als Dienstleister. Bei der *lateralen* Diversifikation schließlich erfolgt die Ausweitung oder Umverlagerung der Aktivitäten des Unternehmens auf einen absolut branchenfremden Bereich. Hier bestehen weder verwandte Produkte noch verwandte Märkte, und das Risiko ist am größten. Wie wichtig die laterale Diversifikation dennoch sein kann, zeigt in der allgemeinen Wirtschaft die Diversifikation z. B. des Konzerns Mannesmann, der seine klassische Domäne in der Stahlindustrie (»Mannesmann-Röhren«, Zeit der Montan-Union) aufgibt, um sich durch den Aufkauf der Kienzle-Apparate GmbH und eine Beteiligung an der AEG/Telefunken-Nachrichtentechnik in Richtung auf einen Technologiekonzern umzuwandeln, worin gleichzeitig eine Überlebensstrategie steckt. Für Verlage waren laterale Diversifikationen eher selten, sie fanden z. B. statt, wenn ein Verlag mit Buchclub für seine Mitglieder auch Buchmöbel anbot. In der Gegenwart sind bereits die lateralen Diversifikationen für die Zukunft eingeleitet, indem die Verlagskonzerne neben Buchverlag und Buchclub das Verlegerfernsehen oder die Beteiligungen an den Privatsendern betreiben (Medienverbund). Die Buchverlagsbranche ihrerseits ist Objekt lateraler Diversifikationen von branchenfremden Unternehmen des In- und Auslandes. Der Kassetten- und Schallplattenhersteller Arcade diversifizierte in der Mitte der achtziger Jahre mit seinen »Arcade-Books« in den Buchmarkt, um, wie sich später herausstellte, sich dort ein rettendes Standbein für das auf dem aggressiven Musikmarkt angegriffene Unternehmen zu schaffen. Pelikan baute seit Jahren einen immer größeren Buchverlag auf, der, ursprünglich nur vom Schreibwarenhandel herkommend, heute ein umfassendes Programm im Schülermarkt (wenn auch unter neuem Besitzer) anbietet. Der Tabakkonzern der Marke »HB«, eigentlich B.A.T. (British American Tobaccoes), hinter dem Philip Morris steht, betreibt den »HB- Verlag« als ein deutsches Segment in seiner weltweiten Geldanlage (vgl. Kapitel »Gesponsorte Literatur«). Die laterale Diversifikation aus den Verlagen heraus oder in die Verlagsbranche hinein wird im Zug der Öffnung des Binnenmarkts und der gesamtheitlichen Konzentration der Weltwirtschaft mit Sicherheit zunehmen.

4. Eliminierung: Die Eliminierung wurde unter dem Begriff *Simplifikation* bereits indirekt als Umkehrung der Diversifikation angesprochen, sie beinhaltet als produktpolitische Maßnahme die bewußte und gezielte Ausschaltung von Produkten. Ausgeschaltet werden können Produkte unter ökonomischen und nicht-ökonomischen Kriterien. Ökonomische Kriterien können sein: gar keine Absätze und Umsätze, zu geringe Absätze und Umsätze, so daß der Titel noch nicht einmal seine jährlichen Lagerkosten deckt – beide Formen sind defizitär –, zu geringe Absätze und Umsätze, als daß ein Deckungsbeitrag entsteht. Nicht-ökonomische Kriterien können sein: Der Titel trägt zu der Profilierung des Programms nicht mehr bei, der Titel paßt aufgrund einer geänderten Programmpolitik nicht mehr in das Programm. Das Stichwort aus dem allgemeinen Marketing ist die »Programmbereinigung«. Sie kann konstruktiv durchgeführt werden. Aktiv durchgeführt bedeutet Programmbereinigung zeitgerechten Verkauf an das moderne Antiquariat (also Ramsch) oder Freigabe zur Makulatur, passiv besteht sie nur im ungesteuerten Auslaufenlassen. Mit der Größe der Verlage und dem Anwachsen der jährlichen Produktionen wird eine aktive Eliminierungspolitik schon aus Lagergründen unabdingbar (daher die vielen unechten Remittenden von Taschenbüchern im Warenhausbuchhandel). Das Wesentliche besteht darin, beim Aussondern und Beibehalten nicht nur nach der Philosophie kommerziellen Erfolgs zu verfahren, sondern »Brotartikel« mit auch weniger gängigen, aber das Programm und Profil des Verlags prägenden Titeln so zu verbinden, daß der Backstock auf Dauer einen Substanzfaktor darstellt. Eliminierung und Beibehaltung sind daher die wichtigen Endglieder einer jeglichen Produktpolitik.

II. DAS BESCHAFFUNGSPOLITISCHE INSTRUMENTARIUM

Mit den bisherigen Ausführungen zur Distributionspolitik, zur Kommunikations-, Preis- und Produktpolitik dürfte die absatzpolitische Seite des Marketing in ihren zentralen Punkten behandelt sein – wenn die beschaffungspolitische hinzukommt, wird die Darstellung des Marketing vollständig. Im Prinzip wäre ein Vorgehen wie im Absatzbereich möglich, also nach den einzelnen Instrumenten (vgl. die Darstellung S. 160), doch sind die verlagsbezogene Distributionsforschung, Preisforschung, Produktforschung etc. noch zu wenig oder auch gar nicht entwickelt, so daß eine andere Gliederung sinnvoll erscheint. Das beschaffungspolitische Instrumentarium wird deswegen unter den Aspekten *Marktforschung, Kreation neuer Ideen* und *Autorenmarketing* behandelt.

1. Marktforschung für Buchverlage

Die Marktforschung hat sich gegen eine Fülle teils deckungsgleicher, aber auch unterschiedlicher Termini und Disziplinen begrifflich und inhaltlich abzugrenzen (etwa Absatzforschung und Marketingforschung, Absatzmarktforschung und Beschaffungsmarktforschung). Sie wird ihrerseits in der Literatur so unterschiedlich aufgebaut, daß hier nur eine verkürzte Darstellung erfolgt, die aber von dem Grundsätzlichen und Gemeinsamen ausgeht und dieses mit Verlagsmaterial anreichert.

1.1 Professionelle oder gewerbliche Marktforschung

Markt*»forschung«* ist begrifflich als Terminus festgelegt: Er bezeichnet wissenschaftliche professionelle Marktforschung an den Universitäten und professionelle Marktforschung an den gewerblichen Instituten. Dies unterscheidet sie von der später zu besprechenden »Marketing-Intelligence« in den Firmen. Beide werden primär oder sekundär betrieben, beide bedienen sich des gleichen methodischen Instrumentariums.

1. Primärforschung (»Field-Research«): Primärforschung bedeutet Direkt-erhebung von Daten, nämlich als Ersterhebung. Alle empirischen oder Primärerhebungen haben eine Gemeinsamkeit: Sie sind entweder eine *Befragung* oder eine *Beobachtung* oder ein *Test.* Die drei möglichen Arten der Erhebung haben jeweils ein eigenes Instrumentarium, mit dem der Anwender sie strukturieren muß.

Am Beispiel der *Befragung* wären dies die Entscheidung, ob nur qualitative oder auch quantitative Ergebnisse gewünscht sind, ob eine nichtrepräsentative Aussage schon reicht oder die Erhebung repräsentativ sein soll, ob diese Befragung allgemein durchgeführt werden muß oder speziell durchgeführt werden kann, ob sie durch eine Einfacherhebung erledigt oder durch eine Wiederholungserhebung (Panel) erst möglich ist, ob man im »Omnibus« mitfahren kann oder exklusiv die Erhebung allein finanziert – speziell im Fall der Befragung käme dann noch die Wahl der schriftlichen oder mündlichen Durchführung hinzu. Das Ergebnis wäre dann beispielsweise eine mündliche repräsentative Allgemeinbefragung, die einmalig im Omnibusverfahren durchgeführt wird und zur Erhebung qualitativer und quantitativer Daten führt. Je nach der gewählten Struktur entstehen dann unterschiedliche Kosten. Würde man die Befragung mit einem Interviewerstab mündlich durchführen mit einer Stichprobe von 2 000 Probanden und lägen die Interviewkosten für ein einzelnes Interview von höchstens 15 Minuten bei einem Interviewer zwischen 15,– DM und 30,– DM, so ergäben sich bereits zwischen 30 000,– DM und 60 000,– DM an Feldkosten. Kommen die Institutskosten hinzu, die je nach Auswertungstiefe und -umfang mit einem Faktor von drei bis fünf zu veranschlagen sind, ergeben sich 90 000,– DM bis 300 000,– DM für einen Auftraggeber im Fall einer Exklusiverhebung. Das Omnibusverfahren ist deswegen für mittlere Betriebe geeigneter. Die Teilnahme mit nur einer einzigen Frage mit sechs Antwortvorgaben bundesrepublikanisch durchgeführt und in 14 Tagen geliefert ist mit Auswertung z.B. für 500,– DM zu erhalten. Ein Buchverlag könnte damit beispielsweise eine repräsentative Erhebung über sein Image durchführen.

Bei der *Beobachtung* wiederholen sich zum Teil die obigen Komponenten und kommen die speziellen hinzu: Neben der Beobachtung im Feld (Markt) steht die im Labor (Institut); neben der teilnehmenden die nichtteilnehmende, neben der biotischen (der Beobachtete hat keine Kenntnis über die Tatsache des Beobachtetwerdens) die nichtbiotische, um nur einige zu nennen. Bei der Beobachtung sind keine 1 000er- oder 10 000er-Erhebungen nötig, noch sind sie möglich. Ein typisches Beispiel allgemeiner Art für eine biotische, nichtteilnehmende Beobachtung im Feld ist etwa der Greiftest zu Packungen, von denen man unterschiedliche Varianten im Regal plaziert, um das Verhalten der Verbraucher zu erforschen, und das man gewöhnlich durch halbdurchlässige Spiegel oder Videokameras beobachtet: Verlage könnten auf diese Weise im Buchladen die Wirkung von Buchrücken und

Umschlägen testen. Ein Beispiel für eine nichtbiotische Beobachtung im Labor ist die Aufzeichnung des Blickverlaufs eines Probanden im Institut, bei der die Aufmerksamkeit von Verlagswerbung in Zeitschriften gemessen wird. Die Beobachtung der Wirkung ihrer Cover, Buchrücken und Werbung durch Rezipienten haben Verlage von Büchern bisher höchstens ausnahmsweise verfolgt, obwohl dies marketingmäßig für viele ein Desiderat darstellen dürfte. Am Beispiel der Schaufenstergestaltung läßt sich zeigen, wie mit relativ wenigen Mitteln eine Beobachtung aufgebaut werden kann, abläuft und auswertbar ist. Angemietet wurden in einem realen Test die Fenster dreier Sortimenter im Teilmarkt Berlin, in diesen die alternativen Varianten plaziert. Die Beobachtung erfolgte durch drei Mitarbeiter, die nur das folgende Verhalten der Laufkundschaft registrierten: erstens: der Passant geht am Fenster vorbei, es wird überhaupt nicht beachtet, zweitens: das Fenster wird beachtet, aber der Passant geht weiter, drittens: der Passant bleibt stehen, betritt den Laden aber noch nicht, viertens: er hält an, geht in den Laden und wird vielleicht Kunde. Die Auswertung von nur wenigen Tagen dürfte die Versager und die vom Publikum (nicht dem Verlag) präferierten Varianten sehr deutlich scheiden. Der Verlag investierte in dem Beispiel das Geld für den Test in dem Testmarkt Berlin, bevor er mit dem ausgewählten Konzept den bundesrepublikanischen Gesamtmarkt beschritt. Es handelte sich um einen bis dahin Branchenfremden, aber mit dem dortigen Marketing-Know-how, der seine Diversifikation in den Buchmarkt vorbereitete.

Beim *Test* oder *Experiment* sind die wichtigsten Arten: der Pre-Test (im Labor oder Versuchsmarkt), der Post-Test, wenn man nach Zeit und Raum unterscheidet, der Preis-, Konzeptions- und Gestaltungstest, wenn man vom Ziel ausgeht, sowie der Beobachtungs- bzw. Befragungstest, wenn man nach der angewandten Erhebungsart gliedert, wobei letzte Gliederung zeigt, daß Tests nur Spezialfälle der obigen allgemeinen Erhebungsformen darstellen. Tests sind in vielen Teilen in der allgemeinen Wirtschaft ungeheuer verbreitet. SB-Warenhäuser beispielsweise bieten ihre Filialen dem Handel als Neuheiten-Testmärkte an, wo die neuen Produkte als »Dummies« in den Regalen neben den echten Produkten auf Preisakzeptanz, Mengenakzeptanz und Gestaltungsakzeptanz geprüft werden. Verlage, die nach ihrer eigenen Aussage Bücher wie Markenartikel mit Marketingmethoden vermarkten (»Das beste Dr. Oetker-Buch«-Reihe) investieren bis zu je 10 000,– DM in Titelfoto-, Titel- und Konzeptionstests. Amerikanisch beherrschte Verlage mit jährlichen Gewinnsteigerungsvorgaben (Verlag »Das Beste« von Readers Digest) entwickeln ihre deutschen Buchprojekte hinsichtlich Preis, Konzeption und sogar Sprachführung teils sogar auf der Grundlage einer testenden allgemeinen Bevölkerungsumfrage. Der vorhin erwähnte Schaufenstergestalter (Arcade) nahm diesen Test zuerst im Umfeld zuvor durchgeführter Titel-, Titelfoto-, Konzeptions-, Preis- und Werbemitteltests vor.

Wie die Beispiele ahnen lassen, ist primäre Marktforschung mit professionellen Tests im Buchverlag nur bei Großprojekten oder der Planung von Serien möglich, dann aber am Platze. In Zeitschriftenverlagen ist sie hingegen das Übliche und wegen des periodischen Erscheinens auch finanzierbar, zumal der Zeitschriftenverlag in der Regel eine professionelle Abteilung Marktforschung besitzt. Finanzierbar auch für den kleinen Verlag ist in jedem Fall aber die Sekundärforschung.

2. Sekundärforschung (»Desk-Research«): Die Sekundärforschung basiert auf der Auswertung von bereits direkt erhobenem Primärmaterial. Oft ist die Lage sogar so, daß sich aufgrund des Umfangs des vorhandenen Sekundärmaterials eine zusätzliche empirische Erhebung erübrigt. Im Bereich Buchverlag sind dazu einige Grundlagen vorhanden. Zwar kann ein Einzelverlag solche Fundamente nicht schaffen, aber für die Zeit zwischen 1958 und 1985 bestehen mindestens acht empirische *Basisuntersuchungen* durch die Marktforschungsinstitute der Bundesrepublik zum Thema *Lesen und Buchmarkt,* die im Auftrag des Konzerns Bertelsmann oder des Börsenvereins entstanden, und seit 1986 existiert eine sich kontinuierlich vergrößernde, den Daten des Sortiments geltende *»Marketing-Datei Buchhandel«* (MDB). Der aktive Umgang mit dem Sekundärmaterial beginnt aber weit vor der Hinzunahme der Marktuntersuchungen. Geht es um die Planung von neuen Titeln, ist der trivialste, aber zugleich wichtigste Kontrollschritt der über das *VLB* (»Verzeichnis Lieferbarer Bücher«); wäre der geplante Band etwa ein Bildband über Schleswig-Holstein, könnte man anhand der rund 500 (!) verzeichneten Einträge unter diesem Stichwort überprüfen, ob die Idee nicht schon realisiert ist. Zur Vermeidung von Dobletten in bezug auf nicht schon lieferbare, sondern erst noch erscheinende Titel dient die Konkurrenzanalyse anhand der *Verlagsvorschauen,* denn sie enthalten auch die in der Planung begriffenen Werke. Am besten geht ein Verlag, um Vollständigkeit zu erlangen, systematisch vor: Taschenbuchverlage führen deswegen eine nach dem Prinzip des Up-Dating aktualisierte vollständige Sammlung der Ankündigungen aller Hardcover-Verlage, hier allerdings nicht als Marktforschungsmittel, um Dobletten zu vermeiden, sondern um frühzeitig zur Lizenz geeignete Originaltitel aufzuspüren. Zur Verfolgung von Trends dient die Lektüre der entsprechenden *Branchenblätter,* und zwar einmal der Fachdisziplinen selbst, dann bereits in Form von Trends auf dem Buchmarkt formuliert in Artikeln von Börsenblatt, BuchMarkt und Buchreport für den deutschen, im Bookseller, Publishers Weekly etc. formuliert für den ausländischen Markt. Zu weiteren sekundären Quellen gehören so scheinbar langweilige wie die Auswertung von *Statistiken* des Bundes, der Länder, von Wirtschaftsverbänden etc., aber hieraus ging beispielsweise die Gründung erfolgreicher Zeitschriften hervor, gestalten die Schulbuchverlage ihre Langzeit-Strategien usw. *Unternehmensinterne Quellen* konkurrierender Unternehmen können gegebenenfalls noch hinzukommen. Allgemein sprechen die Lehrbücher von der Etablierung gut ausgebauter Marketing-Informationssysteme. Auch wo dies nicht voll realisiert wird, stimmt die Maxime: Insgesamt liegt eine Fülle sekundären Informationsmaterials vor, es kommt nur darauf an, es intelligent zu benutzen.

1.2 Marktbeobachtung oder »Marketing-Intelligence«

Nicht mit Marktforschung identisch, wiewohl in der Zielsetzung gleich, ist die *»Marketing-Intelligence«.* Der Begriff ist nicht als »Intelligenz« zu verstehen, sondern so, wie man ihn für den amerikanischen Geheimdienst in »CIA« übersetzt. Nach dem lateinischen »intellegere« (etwas einsehen) könnte man sie als »marketingorientierte Einblicknahme« bezeichnen. Auf das gleichnamige Buch von W. Kelly (London 1968) zurückgehend, fußt sie auf folgendem Kontrast. Während bei der wissenschaftlich oder gewerblich beauftragten professionellen Markt*forschung* der gesamte Markt oder das betreffende Segment mit *einem* Mal (dies gilt auch bei Panels) schlagartig und vollständig wie von einem Blitzlicht erhellt wird (»Flash«), arbeitet die Intelligence sozusagen mit kleinerer Kerze (»Candle«), die perpetuierlich und Stück für Stück die einzelnen Segmente ableuchtet, bis ein Gesamtbild entsteht. Sie ist nicht, wie die Marktforschungsaktion, zeitpunktbezogen und kommt gegenüber ihr mit weniger Energie aus, also mit weniger Kosten.

Die kontinuierliche marketingorientierte Einblicknahme – ohne große Kosten, aber eben perpetuierlich – ist das Hauptinstrument zur Gewinnung primärer Daten für die Verlage, die sich keine Forschung in dem oben genannten Sinn leisten können. Sie lassen sich beinahe schon gratis gewinnen, indem man auf den Reiseblocks der Vertreter (falls nicht längst praktiziert) ein »Marktforschungsfeld« einrichtet, wodurch während der beiden Reisen direkte Informationen an den Vertrieb gelangen. Lektoren (sofern sie es nicht schon von sich aus tun) sollten veranlaßt werden, sich über die Präsenz des eigenen Programms und der direkten Konkurrenz im Buchhandel sowie über die allgemeinen Entwicklungen in Sortiment, Warenhaus sowie in den Food-Ketten zu informieren und ihre Autorenreisen gezielt mit dem Besuch von Buchhandlungen zu verbinden. Direktinformationen durch Autoren sind eine weitere Primärquelle. Neben Lektorat und Vertrieb steuern Verleger zur Datenakquisition bei. Die primäre Marketing-Intelligence als praktikable Dauermethode läuft, intuitiv oder systematisch gehandhabt, aus eigenem Impuls oder per Auftrag betrieben, im Grunde fast automatisch. Empfehlenswert ist, zumindest auf den standardmäßigen Lektorats- und Vertriebskonferenzen, die Erfahrungen der einzelnen Abteilungen auszutauschen. Die Effizienz wird für alle gesteigert, wenn es zu einer nachträglichen Sekundäranalyse des eigenen primären Materials kommt. Für die permanente Schreibtischbeobachtung ist die gängige (und gangbare) Praxis die bei dem »Desk-Research« bereits beschriebene.

2. Kreation neuer Ideen oder »Ideenmarketing«

Daß der Verlag ständig neue Ideen finden muß (s. Innovationszwang, S. 212), bedeutet konkret die Suche nach neuen Autoren und neuen Themen; da er permanent suchen muß, ist er angewiesen auf systematisches Vorgehen. Sofern die Autoren den Anfang bilden, geht das Kapitel *Autorenmarketing* darauf ein. Im Teil Themen oder – aus der Sicht des allgemeinen Marketing formuliert – der Findung von Ideen zu neuen Produkten kommt es zunächst darauf an, möglichst viele Ideen zu kreieren, danach, eine möglichst gute Selektion zu treffen. Dabei sind am Anfang die *Quellen* für neue Ideen zu sichten, und danach die *Methoden*. Der Begriff »Ideenmarketing« bei der Suche nach Quellen und Methoden soll verdeutlichen, daß das systematische Finden von neuen Ideen über den Bereich von Themen für Bücher auch auf die Werbung, Gestaltung, Preispolitik und andere Elemente des Marketingmix angewandt werden kann, wo sein systematisches Vorgehen sicherlich gleichfalls den Erfolg verbessert.

2.1 Quellen für neue Ideen

Bei den Quellen für neue Ideen kommen zwei Bereiche in Frage, der Markt und die eigene Unternehmung. Allgemein wird deswegen in die unternehmens*internen* und unternehmens*externen* Quellen gegliedert.

1. Interne Quellen: Zum Instrumentarium der unternehmensinternen Quellenbildung gehören, vom Marketing generell aus vorgeschlagen, die Einrichtung oder die Förderung des betrieblichen Vorschlagswesens, eigener Forschungs- und Entwicklungsabteilungen, der Rückgriff auf das Potential kreativer Mitarbeiter sowie die Bildung und der Einsatz von ständigen Kreativ-Teams. [75] Einige der Instrumente beinhalten erstaunliche Möglichkeiten. So machten im betrieblichen Vorschlagswesen der IBM Deutschland 1985 die Mitarbeiter ca. 20 000 Verbesserungsvorschläge, von denen über 5 000 umgesetzt wurden – eine Übertragung auf den Verlag erscheint aber mindestens fraglich. Der eigenen »Forschungs- und Entwicklungsabteilung« entsprechen im Verlag Redaktion und Lektorat, die Formulierung aus dem allgemeinen Marketing kann aber den Impuls dazu geben, daß diese sich tatsächlich stärker im Sinne von Forschung (Marktforschung) und Entwicklung (marktnaher Objekte) betätigen. Bei dem Rückgriff auf die Kreativität der übrigen Mitarbeiter haben die Verlage sicher in der Werbung, in Verkauf und Vertrieb und dem Außendienst ein Potential, das die Ideen von Redaktion und Lektorat ergänzt und vielleicht sogar korrigiert. Am unbekanntesten im Verlag ist das ständige Kreativ-Team. Branchenfremde aber haben über sie erreicht, erfolgreich in den Buchmarkt zu diversifizieren, und Verlage mit professionellem eigenen Marketing-Know-how oder der Steuerung durch amerikanisches Betriebsmanagement bilden oft zeitlich befristete Kreativ-Teams, die aber regelmäßig meist außerhalb des Verlags in einer dafür geeigneten Umgebung beispielsweise eine Woche lang tagen, nur um für neue Produkte, Werbung etc. die neuen Ideen zu entwickeln. Die Übertragung der Ratschläge des allgemeinen Marketing führt also zu sehr unterschiedlichen Ergebnissen. Hervorragend geeignete Methoden aus anderen Wirtschaftszweigen können sich als unbrauchbar erweisen, andere, auf Anhieb unmöglich erscheinende, entfalten überraschende Möglichkeiten; zumindest ist eine Reflexion immer geraten, um im Sinn einer Selbstprüfung zu testen, welche internen Quellen ein Verlag (nicht) nutzt und welche im Prinzip noch zu prüfen wären.

2. Externe Quellen: Analog verhält es sich bei der Analyse der externen Quellen. Bei den externen Quellen zählen zu den hauptsächlichen die Befragung der Letztkäufer, Händler und des Außendienstes, die Beauftragung fremder Forschungs- und Entwicklungsabteilungen, der Ideenaustausch mit Auslandvertretungen, die Beobachtung des Produktangebots der Konkurrenz speziell auf den Messen des Auslandes.

Bei den Verlagen bedeutet dies bei der Befragung eine Leser-, Buchhändler- oder Vertreterbefragung – erstere im einfachsten Fall über Coupons, die dem Buch beigelegt werden – doch sind die größten externen Ideenlieferanten für Verlage immer noch die Autoren und Beiratsstäbe. Bei der Beauftragung externer Forschungs- und Entwicklungsunternehmen hat sich eine neue Dimension eröffnet, seit nach dem amerikanischen Vorbild des »Book-Packagers« diese Firmen nicht nur die vollständige Produktion extern übernehmen, sondern außer Haus sogar im Auftrag Ideen entwickeln (und damit besteht die Möglichkeit, auch »denken zu lassen«). Der Ideenaustausch mit der Auslandsvertretung ist für den Verlag das klassische Agenturgeschäft oder Geschäft mit dem Scout. Die Messebeobachtung der Verlage des Auslands beinhaltet in bezug auf die Vielfalt, den Umfang und die Suchzeit das größte Potential; Beispiele würden den Rahmen sprengen. Die genannten vier Formen hier sind, genau wie bei den internen Quellen, nur eine Auswahl. Die Aufgabe des Managements wie auch des Lektorats besteht darin, alle denkbaren Quellen zu erschließen und die richtigen zu wählen.

2.2 Methoden für neue Ideen
oder Kreativtechniken im Verlag

Bei den Quellen ging es um das Erschließen und die Optimierung hinsichtlich Anzahl und Auswahl; mittels der Methoden oder Techniken soll das
Können der so gefundenen Quellen (der kreativen Mitarbeiter) optimiert
werden. Auch nur durchschnittlich Begabte erhalten dadurch die Fähigkeit,
mehr Ideen zu schöpfen und gefundene Ideen weiterzuentwickeln. Je nach
der Teilnehmerzahl gibt es hier Einzel- und Gruppentechniken, die oft wie
folgt systematisiert werden: Zunächst zählen die einfachen Kreativitäts-
übungen, dann die strengen *logisch-systematischen* Verfahren, ferner die *intuitiv-kreativen* und schließlich die Kreativität fördernde oder erschließende
Anwendung von *stimulierenden Hilfsmitteln*. Alle sind bei richtiger Anwendung auch Kreativitätshilfen für Buchverlage.

1. »Einfache Übungen«.Wegen der Fülle von Möglichkeiten werden auch hier
nur drei Anwendungen herausgegriffen: der Rollenwechsel, die Wahrheitsbezweiflung und die Sensibilitätsschulung. Im *Rollenspiel* besteht die verlagsbezogene Anwendung darin, sich aus der Rolle des Anbieters (des Verlags) zu
entfernen und die des Käufers als potentiellen Nachfragers zu versetzen. Dadurch werden typische Probleme erkannt, die bestimmte Verbraucher- oder so-
ziologische Gruppen haben und gegebenenfalls durch ein Literaturangebot
gelöst werden können. Das simpelste, heute klassische Beispiel dazu sind die
»Jetzt helfe ich mir selbst«-Bücher für Autofahrer, ein neueres besteht in der
seit dem Anwachsen des Durchschnittsalters der Bevölkerung in der BRD
wachsenden Produktion von Großdruckbüchern. Eine zweite Übung, die
Wahrheitsbezweiflung, negiert testweise sogenannte »Unternehmenswahrhei-
ten«. Jedes Unternehmen lebt mit im Lauf seiner Entwicklung gewonnenen»Wahrheiten«, die es für bleibend hält. Dies gilt besonders, wo sich mit
gutem Recht, weil aufgrund von Verdiensten, positive Selbsteinschätzungen
bildeten und die Gegenwart prägen. Wahrheiten haben aber oft die Eigenart,
daß sie veralten, und oft sind sie nur die halbe Wahrheit. Man soll deswegen
turnusmäßig, was bewährt ist, in Frage stellen. »Verlagswahrheiten«, die zu
bezweifeln sind, sind etwa die folgenden: »Unsere Autoren gehören zur
Creme« (wenn sie vor fünfzehn Jahren die Creme bildeten); »unsere verlagstypischen, schon klassischen Cover mit ihrem hohen Erkennungswert sind
werbewirksame Markenzeichen« (wenn sie schon über fünfzehn Jahre erprobt
sind); »das Verlagssignet ist gut und bleibt, wie es ist« (wenn es genauso lange
nicht modernisiert wurde) – in Fällen wie diesen hat die Zeit die überkomme-
nen Wahrheiten stets überrollt. Überzeugungen wie die, daß die Werbung
»gut« ist, dürfen nicht überzeugen, da man sich mit großer Wahrscheinlichkeit
nicht mehr um Innovation bemüht, es gibt bestimmt eine bessere Werbung.

236

Die Zufriedenheit, daß der Vertrieb »funktioniert«, muß als Alarmzeichen gelten, da man mit Sicherheit nur Routine betreibt und nicht auf eine Optimierung auf allen Distributionswegen zustrebt, geschweige denn sie kennt. Wahrheitsbezweiflung dient also der Überprüfung oder Aufweichung überkrusteter Auffassungen und der Wiederherstellung der alten Dynamik. Bei der *Sensibilitätsschulung* (nicht zu verwechseln mit dem Sensitivity Training) geht es darum, die eigene Person für das Gewinnen von Ideen sensibel zu machen. Jeder Mensch hat im Lauf eines Tages, einer Woche, eines Monats eine Menge von teils guten, teils schlechten Ideen zu den verschiedensten Gegenständen, die aber verschwinden, weil man sie für Augenblicksideen hält oder, auch wenn man sie für nachdenkenswert hielt, im Ablauf des Tages etc. aus dem Gedächtnis schwinden. Experten empfehlen daher als Einstieg in die Sensibilitätsschulung die Anlage einer sogenannten »Ideenkartei«, die in nichts anderem besteht, als die Ideen, die einen durchblitzen, notizartig festzuhalten, um sie später zu ordnen, zu prüfen und auszuwerten. Die Beobachtung von Verkehrswerbung in städtischen Verkehrsmitteln etwa kann zu der Überlegung führen, sie auch für Verlagswerbung einzusetzen, ein Zufallsgespräch mit dem Vertriebsleiter aus einer fremden Branche zur Prüfung dortiger Praktiken für den eigenen Vertrieb, ein Fernsehbericht zu einer bestimmten Thematik zu dem Vorschlag von für die Buchproduktion geeigneten Themen. Die Außenwelt, die Medien, die Gesprächspartner usw. werden so zu Ideenlieferanten, und die Aufgeschlossenheit, eigene Ideen zu entwickeln, wird verstärkt. Genauer gesagt ist die Sensibilisierung durch externe Impulse also die Voraussetzung und das Stimulans für die Ausnützung des in jedem angelegten kreativen Potentials. Im Marketing sollte sie selbstverständlich sein, denn nicht ständig nach neuen Ideen zu suchen, legt das kreative Potential lahm.

2. Systematisch-logische Verfahren: Zusammen mit den intuitiv-kreativen Verfahren schließen diese sich als oft so benannte kreative »Techniken« den Übungen an, weil sie in der Regel mehr methodischen Aufwand und in den Gruppentechniken für die Sitzungen sogar die Einhaltung von Ablaufplänen verlangen. Die Übergänge sind aber fließend. Angeführt werden hier als Beispiel gegenwartsbezogener Produktfindungstechniken die Success-Isomorphie und das Baukasten- oder Dominosystem, als Beispiel für die zukunftsbezogene »futurologische« Marktforschung die Trend-Extrapolation und das Delphi-Verfahren sowie allgemein das Hauptverfahren, die morphologische Methode.

Die in der Literatur noch wenig behandelte *Success-Isomorphie* fußt auf dem Phänomen, daß sich Erfolg (success) aus einer (nämlich der angestammten oder ursprünglichen) Branche mit einem analogen Produkt (isomorph = gleichgestaltig, strukturgleich) in einer anderen Branche wiederholen läßt. Dasselbe läßt sich, auch mit einem gleichen Produkt, als Erfolgswiederholung eines Inlandsprodukts im Ausland und umgekehrt zeigen. Besonders das letzte Modell klingt für die Verlagsbranche sehr vertraut, denn es erinnert an die vielen erfolgreichen (aber auch geplatzten) Geschäfte mit lizenzierten Bestsellern beispielsweise des amerikanischen Marktes. Derartige punktuelle Geschäfte sind hier jedoch gar nicht gemeint. Es geht vielmehr um Tendenzen, die sich im fremden Markt abspielen und im eigenen nationalen wiederholt werden können, also in der Regel um die Übertragung von ganzen Produktlinien. Da in der Gegenwart der »Medienverbund« immer wichtiger wird, verdient das zuerst genannte Modell für die Zukunft noch verstärkte Bedeutung. In der Verlagswirtschaft kommt dieses Verfahren und kam es auch zuvor häufig vor, besonders im Buchbereich, da die Verlage sowohl als Initiierende (nämlich Erfolgssetzer) als auch als Adaptierende (also Verwerter) auftreten können. Der Erfolgsgrund liegt darin, daß man im Grunde ein und dasselbe (geistige) Produkt vermarktet. Die historisch klassische Form ist die Übertragung des Erfolgs vom Medium Print auf Nonprint, vornehmlich also vom Buch auf den Film (als Kinofilm). Die Beispiele reichen von Thomas Manns »Tod in Venedig« über Tolkiens »Herr der Ringe« bis zu Ecos »Name der Rose« etc., bei dem jeweils der Bucherfolg den Anfang bildete. Der Erfolg in dem fremden Medium zahlt sich für die Verlage in zusätzlichen Buchverkäufen aus und (wenn der Vertrag auch das Recht zur Verfilmung enthielt) in Lizenzgeld. Die historisch nachfolgende Form ist die Übertragung eines Filmerfolgs auf das Buch; auch hier verkaufen Verlage gegenüber normalen Produkten normalerweise das Zehnfache. In der Gegenwart ist nicht nur Fernsehen, Video etc. hinzugekommen, sondern die Zeitdifferenz zwischen Buch und Film bzw. Fernsehausstrahlung verkürzt, gegen Null gerückt und [sic!] sogar »darunter« gesenkt worden. Früher, so war das Geschäft der alten Verleger, sind die Filme nach den Büchern entstanden, heute werden die Bücher nach dem Fernsehen gemacht. Dabei entsteht praktisch das Manuskript mit und parallel zu dem Drehbuch, so daß manchmal das Taschenbuch schon vor der Sendung vorliegt. Bundesrepublikanische Beispiele hierfür sind nur tendenzielle Widerspiegelungen der in den USA seit Beginn der 80er Jahre häufig gewordenen Praxis, nach der Verleger und Book-Packager den Typ der »media conglomerates« einführten, in denen die Medien Fernsehen, Film und Buch ein Gesamtpaket abgeben. Der Verleger oder Packager initiiert und betreut im »packaging of multi-media deals« das Projekt hierbei nur noch bis zum Abschluß der Konzeption, während ein Autor mit der Erstellung des Drehbuchs, ein zweiter mit der Abfassung des Romans (der »noveliziation of movies«) beauftragt wird und hinterher die simultan oder zeitlich gestaffelte Auswertung erfolgt. [76] Die Exportmöglichkeiten solcher Inlandserfolge wurden einleitend angesprochen.

Gegenüber solchen Verfahren ist das Prinzip des *Baukasten-* oder *Domino*-Vorgehens weniger spektakulär. Es geht hierbei auch nicht um die Massenverwertung sellerträchtiger zumeist einzelner Titel, sondern um eine Technik des Programmaufbaus, beispielsweise mit relativ gleichmäßig verkaufbaren Reihentiteln. Das Verfahren setzt dergestalt an, daß am Anfang – um den Begriff aufzunehmen (s. Marktforschung) – mittels »Defizit-Analyse« ein sogenanntes Defizit aufgedeckt wird: Dieser Band stellt eine Marktlücke dar und ist somit verkaufbar. Neben ihn stellt man einen zweiten, der möglichst ebenfalls eine Marktlücke schließt, der den ersten ergänzt und einen Baustein im Sinn einer Programmbildung darstellt. Haben sich mehrere Bausteine nach dem Baukasten- oder Dominoprinzip kombiniert, entsteht mit der Reihe ein Programm, zu dessen Bänden auch einmal Konkurrenz dasein darf, weil die Reihe sich nun als Ganzes durchsetzt. Mit solchen nach dem Bausteinprinzip wachsenden Planungen werden besonders Fachbücher, Ratgeber und Programme zu Wissenschaften, die in sich stark gegliedert sind, aufgebaut, aber auch lockere Reihen wie etwa Kochbücher und Reiseführer, bei denen am Ende kein Thema mehr fehlt: Das systematisch-logische Vorgehen ist die gemeinsame Wurzel.

Mit den Verfahren der *Trend-Extrapolation* wird die »futurologische« Marktforschung beschritten. In ihr wird nicht wie bei den vorherigen Verfahren auf gegenwärtige Bedürfnisse geantwortet, sondern auf Trends für die Zukunft geachtet. Einfache unwissenschaftliche, aber nützliche Verfahren sind die Reisen von Verlegern und Lektoren in ausländische Märkte und zu ausländischen Buchmessen, um die Trends zu erkennen, die mit der Verzögerung eines »Time-Lags« auf dem eigenen Markt einsetzen können. Die Nostalgiewelle war so prognostizierbar, der Bedarf nach Büchern über EDV und PC, für die Zukunft der Bedarf nach Freizeitliteratur im Sinn der Gestaltung von Ratgebern für die Freizeit, da die Arbeitszeit immer geringer und damit die Freizeitausfüllung für die Massen immer problematischer wird. Echte wissenschaftliche Verfahren versuchen, qualitative Vermutungen zu quantifizieren; die eigentliche Trend-Extrapolation tut dies, indem sie statistische Zahlen prognostisch hochrechnet. Schulbuchverlage wußten auf diese Weise, daß sie wegen des »Pillenknicks« bis zum Ende des Jahrhunderts in der BRD mit dem Rückgang eines Drittels ihres Markts rechnen müssen. Ähnliches gilt, zeitlich versetzt, für die Wissenschaftsverlage (Studenten) und die Buchproduktion allgemein (Bevölkerung), während die Senioren einen Wachstumsmarkt darstellen. Interessant wäre es, neben den *quantitativen* Prognosen auch gesicherte *qualitative* Voraussagen erhalten zu können, also etwa über zukünftige Themen. Ein geeignetes Verfahren wäre die *Delphi-Methode,* ein »Ideen-Delphi« haben aber Verlage im Gegensatz zu anderen Branchen weder aus Kostengründen bisher praktiziert, noch scheint es anwendenswert, weil sich individuelle Themen so nicht, allgemeine Themen anders voraussagen lassen.

Das Musterverfahren der systematisch-logischen Verfahren ist die *morphologische* Methode von Fritz Zwicky, vorgestellt in seinem Buch *»Entdecken, Erfinden, Forschen im morphologischen Weltbild«* von 1966 und verdichtet in dessen *»morphologischem Kasten«.* Der morphologische Kasten basiert auf dem Prinzip, zunächst einmal den fraglichen Gegenstand, für den ein Problem zu lösen oder eine Idee zu finden ist, in seine (allgemeinen) Parameter zu zerlegen, d. h. in die Anzahl aller einzelnen Komponenten, aus denen er im Prinzip zusammengesetzt ist. Anschließend werden für die Parameter die dafür bekannten (speziellen) Erscheinungsmöglichkeiten oder Lösungen gesucht und die untereinandergeschriebenen Parameter mit den horizontal geschriebenen Varianten zu einer Matrix zusammengefaßt. In der allgemeinen Industrie findet das Verfahren außerordentlich vielfältig Verwendung, aber die Literatur (z. B. Hoffmann, Kreativitätstechniken) entwickelt den morphologischen Kasten auch für den Verlag. Seine Effizienz besteht darin, daß man durch die Kombination der Elemente eine außerordentliche Anzahl von Lösungen erhält: Enthielte der Kasten nur fünf Parameter mit jeweils fünf Varianten, betrüge die Zahl der theoretisch bildbaren Kombinationen (gemäß »5 Fakultät«) 3125! Unter diesen dürften dann auch solche enthalten sein, die teils oder völlig neuartige Produkte ergeben. Zu mit Sicherheit neuen Produkten gelangt man, wenn man die Varianten um bisher unbekannte Lösungen ergänzt (beim Buch etwa »unzerreißbare Seiten«) oder um neue, unkonventionelle Parameter (schon realisiert ist für Kinder das Liederbuch »mit Klavier«). Das Verfahren an sich geht auf die Antike zurück (damals: »ars combinatoria«) und hat heute PC-Anwendungen für Hunderte von Parametern und Tausende Variablen. Logisch-systematisch lassen sich so auch Zukunftsprodukte entwickeln, womit das Verfahren auch den Anschluß an das futurologische Denken findet. Neben der Morphologie stehen weitere systematisch-logische Methoden zur Verfügung, etwa die der Morphologie ähnliche Funktionsanalyse u. a., die aber hier wieder den Rahmen sprengten.

3. Intuitiv-kreative Verfahren: Das bekannteste Verfahren ist das Brainstorming; ihm verwandt ist das Brainwriting; als kreativste Methode wird von der allgemeinen Marketinglehre die Synektik genannt. Alle sind im Gegensatz zu den meisten obigen Verfahren Gruppentechniken. Für das *Brainstorming* existieren einzuhaltende Regeln sowohl hinsichtlich der Zusammensetzung der Gruppe wie den Ablauf der Sitzung. Die optimale Gruppe soll sieben bis zwölf Personen enthalten: beispielsweise den Leiter, einen Stellvertreter, fünf ständige Mitglieder aus dem eigenen Kreis sowie fünf Gäste, dazu kommt für das Protokoll ein Schriftführer. Als optimale Zeit wird eine Mindestdauer von 15 und Höchstzeit von 30 Minuten angesetzt. Am Anfang steht die Einführungsphase, in der das zu lösende Problem ausführlich erklärt wird; ihr folgt die Diskussions- oder Lösungsphase, sie ist die eigentlich kreative. In ihr werden spontan Ideen entwickelt, welche alle Teilnehmer aufnehmen, um sie fortzuspinnen. In dieser, der Kreativ-Phase, ist es verboten, Kritik zu üben, egal, wie merkwürdig Ideen erscheinen mögen. Die Philosophie lautet vielmehr: »Je mehr Ideen, desto besser!« und »Je ausgefallener die Ideen, um so erstaunlicher die Lösungen!« Deswegen auch die Einladung von Gästen, weil sie sich nicht in den eingefahrenen Bahnen der Branche bewegen und mit ihrer Kenntnis aus fremden Bereichen das Potentialfeld der eigenen Gruppe erweitern. Kritik erfolgt erst in der nachkreativen Phase, wo entweder die Gruppe in der Form einer Nachsitzung oder eine ihr nachgeschaltete (total anders zusammengesetzt, z. B. die Firmenleitung) auf der Grundlage der Protokolls die Auswertung vornimmt. Das klassische Brainstorming in der Form des Gesprächs (Diskussionen) wird heute durch den Einsatz von PCs und einem gemeinsamen Superbildschirm erweitert, der die eingehenden Beiträge nach einer vorgegebenen Maske strukturiert aufzeigt und mit einem Programm durch die Sitzung führt. In beiden Verfahren des Brainstorming befinden sich die Teilnehmer am selben Ort. Das muß nicht so sein beim *Brainwriting, wo* sie räumlich und auch geographisch getrennt sein können. Beim Brainwriting, am bekanntesten durch die »Methode 635« von Bernd Rohrbach, werden die Problemaufrisse schriftlich verteilt, wobei (gemäß der Zahlenangabe) sechs Personen dazu jeweils drei schriftliche Lösungen innerhalb einer Frist von fünf Minuten entwickeln und anschließend an das nächste Teammitglied weitergeben. Das nächste hat dabei die Aufgabe, zu den erhaltenen drei Lösungen wieder drei Vorschläge zu machen, die aber die vorgelegte Idee aufnehmen und sie ihrerseits weiterentwickeln. Man erhält dann von sechs Mitgliedern 18 Grundsatz- bzw. Einzelideen, die fünfmal von anderen Köpfen überdacht wurden in einer sehr komprimierten Zeit, wenn das Brainwriting gemeinsam am Ort durchgeführt wurde bzw. mit entsprechend längerer Dauer, wenn die Mitglieder des Teams geographisch getrennt sind. Wenn nach der Methode 635 nicht die Erstideen vertieft, sondern auf ihrer Grundlage weitere entwickelt werden sollen, würde sich ihre Zahl auf theoretisch 108 (das Sechsfache) erhöhen. Brainstorming und Brainwriting sind im Verlag leicht anwendbare Methoden. Für die *Synektik,* die nach der allgemeinen Auffassung effizienteste Technik, fanden sich bisher keine Verlagsbeispiele. Sie bleibt daher den Studium der allgemeinen Literatur vorbehalten, wie auch eine Vielzahl hier noch nicht einmal angesprochener, auf ihre Anwendbarkeit zu überprüfenden Kreativitätstechniken.

241

3. »Autorenmarketing«

Der Begriff Marketing in der hier vorliegenden Kombination ist zwar wiederum neu, aber nicht verfehlt. Denn genau wie für Güter besteht ein »Markt« an Autoren, und wie dieser ist er dadurch gekennzeichnet, daß die wertvollsten Güter »knapp« sind. Knappheit an Autoren meint dabei nicht, daß es zu wenig Autoren überhaupt gäbe, sondern die Anzahl derer mit der Fähigkeit, Bücher zu schreiben, die zugleich qualitativ gut und gut absetzbar sind. Verlage leben hiervon nicht nur für den Augenblick, sondern auf Dauer. Derjenige Verlag, der viele und gute Autoren hat und sie auch hält, gewinnt einen »Stamm« von Autoren. Der Autorenstamm ist die *Substanz* des Verlags, denn nur durch sie kommt der Verlag zu immer neuen, genügend guten Werken. Hieraus ergeben sich bereits die ersten Maximen für ein Marketing mit den Autoren: Der Verlag muß stets einen *Autoren»stamm« anstreben,* dazu muß er stets die richtigen *neuen* Autoren *finden* können, er muß seine Autoren *halten* können, sie *binden!* Werden die richtigen neuen nicht gefunden, werden die richtigen gefundenen nicht gehalten, sondern wandern zur Konkurrenz, wird die Substanz zerstört. In beiden Fällen ist die Zerstörungsursache dieselbe: Die Autoren sind »knapp« geworden. Daraus ergeben sich die Hauptgebiete für das Marketing der Autoren, nämlich ihre Akquisition und Verlagsbindung. Insgesamt wird unter Autorenmarketing hier verstanden: Die Summe aller Ideen und Praktiken zur Beschaffung eines Autorenstamms, zu seiner Erhaltung und drittens – was erforderlich werden kann – gegebenenfalls auch der Eliminierung.

Zum Abschluß des Buches wird deswegen gezeigt, welche Ansatzpunkte es geben könnte, um zu einem systematischen Autorenmarketing im obigen Sinn und der im Marketing üblichen Bildung eines »Mixes« zu kommen. Die teils stichwortartig oder je nach Wichtigkeit ausführlicher behandelten Punkte sind:

1. Autorenmarketing durch die Person des Verlegers: Durch die Person des Verlegers wurden nahezu alle Programme der bedeutenden Verlage geschaffen; da die Zahl echter Verlegerpersönlichkeiten heute gesunken ist, muß man ein akquisitorisches Defizit oder eine fehlende autorenbindende Fähigkeit des Verlegers zum Beispiel über das Lektorat ausgleichen.

2. Autorenmarketing durch Lektoratszusammensetzung: Hier kommt es darauf an, ein genügend großes akquisitorisches Potential aufzubauen und andererseits dafür Sorge zu tragen, daß von dem Lektorat die nötige Bindekraft ausgeht. Es darf nicht der Fall eintreten können, daß – wie (wahrscheinlich nicht nur einmal) geschehen – ein Lektor drei Jahre lang nur redigiert, ohne für den Verlag ein einziges Projekt zu gewinnen; und umgekehrt nicht, daß er nur ak-

242

quiriert, jedoch die Arbeit am Manuskript und die Langzeitbetreuung vernachlässigt. Eigentlich wäre für Lektoratsarbeit eine Funktionsteilung in einen dynamischen Außen- und einen gründlichen Innenlektor geraten, sofern sich nicht beides in einer Person vereinigen läßt. Beispiele für Anforderungen an eine Person, die für ein Agieren auf dem *akquisitorischen* Sektor gestellt werden müssen, sind:

– große Fachkompetenz im betreuten Programmbereich, denn ohne diese wird man vielleicht *einen,* aber nicht einen *Stamm* von Autoren gewinnen,
– große kommunikative Kompetenz, ein Lektor muß im Konkurrenzfall einen Autor überzeugen und im Zweifelsfall überreden können, warum er bei seinem und nicht einem anderen Verlag veröffentlichen soll,
– eine entsprechende psychische Konstitution, denn Akquisition erfordert Nachvornegehen. Akquisitionslektoren müssen auf die Kommunikation, die Menschengewinnung und den Programmaufbau *Lust* haben!

Diesen stehen Faktoren lektoratsmäßiger *Innenarbeit* gegenüber, die Autoren besonders binden – oder im Negativfall abspringen lassen:

– fachwissenschaftliche Manuskriptbetreuung, denn Autoren spüren die Qualifikation der Redaktionsarbeit, fühlen sich in guten Händen und sagen dies anderen weiter. Gute Zusammenarbeit »bindet« also nicht nur, sondern wirkt akquisitorisch,
– »Titelvertretung«, das ist Förderung und Kontrolle der buchbezogenen Promotions bis zum Erscheinungstermin, danach
– »Interessenvertretung«, d. h. zuverlässige und gründliche Verfolgung der sich aus der Publikation noch ergebenden, aber im Verwaltungsprozeß oft untergehenden Leistungen des Verlags an den Autor (von der Honorarabrechnung bis zum Belegstückversand), denn in der Regel ist der Lektor für den Autor der einzige Ansprechpartner,
– Autorenbetreuung und insbesondere »-pflege« nicht nur während der Manuskript-Entstehungszeit, sondern auch hinterher, damit gute alte Autoren mit guten neuen Plänen nicht von anderen Verlagen akquiriert werden, die wachsamer sind.

3. Autorenmarketing über die Konditionen: Ein Lektorat kann so gut besetzt sein, wie es will, es wird niemanden gewinnen, wenn die Honorare nicht stimmen. Honorare können also die Zugkraft eines Verlages für Autoren beträchtlich erhöhen oder unattraktiv machen; richtiges Agieren hier ist eine Beschaffungsmaßnahme. Potente Verlage leisten (sich) hier gegenüber Prominenten Erhebliches. Ein vieldiskutiertes Beispiel aus der Gegenwartsliteratur ist ein Honorar im Gegenwert eines italienischen »Testarossa«, andere Autoren erhalten Vorauspauschalen, die auch im Fall ausbleibenden Absatzes nicht zurückzahlbar sind. Wieder andere Verlage geben ihren Autor(inn)en monatliche Salärs; wenn es nicht um pauschale Zuweisungen geht, liegt das Absatzhonorar bei Prominenten statt bei zehn (oder weniger) bei 15, 17, 18, ja 20 Prozent. Aber auch die kleinen Verlage können auf ihrem Gebiet mitmischen – wie die folgenden Beispiele zeigen. Ist ein Verlag z. B. noch klein und will attraktiv für die gemeinhin bei der bereits etablierten Konkurrenz schreibenden Autoren werden, kann er ein *höheres Absatzhonorar* (»Kampfhonorar«) bieten: böte er 12,5 statt der üblichen zehn Prozent und wäre bei jedem Verlag eine Auflage von 5 000 Stück und zum Ladenpreis von 19,80 DM geplant, stünden bei vollem Ausverkauf entweder 9 900,– DM oder 12 400,– DM und damit 2 500,– DM mehr zur Verfügung – absolut viel für den Autor, eher wenig für den Verlag – und fällig allein mit dem Absatz. In der Regel können sich diese Politik Kleinverlage leisten, weil und solange ihre Gemeinkosten klein sind; später kann man mit der Begründung der gestiegenen Gemeinkosten das Honorar normalisieren. Will ein Verlag bei prozentual gleich hohem Honorar im scharfen Autorenmarkt sich einen Autorenstamm schaffen, kann er das Honorar anstelle des eines unsicheren Absatzhonorars im voraus als *Pauschale* anbieten, in den üblichen Dritteln bei Abgabe des Manuskripts, bei Beginn der Drucklegung und bei Erscheinen, im schärfsten Fall zu 100 Prozent bei Vertragsunterschrift. Auch die Kombination aller Maßnahmen ist denkbar. Betreibt ein Verlag aggressive – »autorenfreundliche« – Honorarpolitik, verbreitet sich dies in der Autorenschaft wie ein Gerücht, und zieht ein Autor oft den anderen nach sich. Wer in dem Ruf steht, Autoren gut zu bezahlen, bekommt die Autoren alleine – muß aber verstärkt auf seine Liquidität achtgeben. Neben den Honoraren lassen sich über weitere Vertragskonditionen autorenpolitische Maßnahmen ergreifen. Früher enthielten Verlagsverträge oft einen Passus, nach dem sich der Autor verpflichtete, auch sein nächstes Manuskript dem Verlag anzubieten. Das Motiv dabei war, daß ein Autor, den ein Verlag über seine Erstveröffentlichungen eingeführt hatte, mit seinen erfolgreichen Werken nicht zu einem fremden Verlag wechselte, der dann die Früchte der Aufbauarbeit erntet. Eine solche Knebelung ist heute nicht mehr gestattet; es besteht aber die Möglichkeit, in den Vertrag eine *Option* aufzunehmen, wobei der Optionsparagraph festlegt, daß bei zukünftigen Werken dem Verlag das Manuskript zuerst vorgelegt wird, oder im Fall des gleichzeitigen Angebots an mehrere Verlage die erste Wahl bei dem eigenen liegt. Dieses Verfahren wird besonders erfolgreich, wenn man die Optionsklausel zugleich mit einer Optionsvergütung verbindet, vielleicht einem *Bonus* von 1 000,– DM oder/und ein Absatzhonorar zwei Prozent über dem Durchschnitt. Eine dritte Möglichkeit auf dem Konditionssektor betrifft die finanziell gar nicht gravierende Frage der *Freiexemplare*. Gibt man die üblichen 15 pro Tausend, oder zehn, oder fünf, oder 50? Knickerigkeit spricht sich unter Autoren noch schneller herum, als Großzügigkeit.

Komponenten, die noch bei der Gewinnung und Bindung von Autoren wichtig sein können, sind in Stichworten:

4. Autorenmarketing über Programmkontext: Profilierte Programme und klare Tendenzen ziehen Autoren an. Ihnen ist wichtig, in welchem Kontext sie stehen. Ein Programm ist möglichst so aufzubauen, daß alle Autoren die übrigen Verfasser (auch, wenn sie ihre Feinde sind) achten!

5. Autorenmarketing über die Ausstattungsqualität: Autoren bevorzugen bestimmte Verlage oder gehen zu anderen nicht (!), weil die hergestellten Produkte sie vom Material her und vom Design anziehen oder abstoßen.

6. Autorenmarketing über Autoreninformationen: Der Stamm von Autoren wird von der Arbeit des Verlages wesentlich mehr überzeugt, wenn er regelmäßige Informationen über den Programmfortschritt und weitere Aktivitäten erhält. Über die Tatsache der Information selbst hinaus entsteht hier ein Effekt, der die Autoren an »ihren« Verlag bindet.

7. Autorenmarketing durch Integration: Der Verlag versteht sich nicht nur als Wirtschaftsbetrieb (der er zwar immer ist) mit ihm zugeordneten Betriebsangehörigen, sondern bindet die Autorenschaft sowohl als individuelle einzelne, wie auch als Stamm mit einer geistigen Gemeinsamkeit in das Verlagsleben ein. Dazu bedarf es nicht auf der Frankfurter Buchmesse gefeierter öffentlicher Autorenempfänge (samt deren Aufwand). Es gelingt im kleinen Rahmen, besonders im eigenen Verlagshaus (»Autoreneinladung«) oft wesentlich besser. Und zeigt sich im individuellen Fall etwa in der Aufmerksamkeit eines Glückwunschbriefs der Verlagsleitung zu einem Geburtstag oder dem Bücherpaket mit von den betreuenden Lektoren speziell ausgesuchten verlagseigenen Titeln als Weihnachtsgabe.

Die obigen sieben Bemerkungen beschreiben in Stichworten Ansätze. Sie sind nicht vollständige, aber mögliche Komponenten für ein aktives Instrumentarium, in dem die einzelnen Elemente kombiniert werden können. Wie im übrigen Marketing auch müssen die Verlage im Autorenmarketing, ihrer speziellen Situation und den Anforderungen angepaßt, sich also ihr »Mix« daraus machen.

»Autorenmarketing« – »Ideenmarketing« – »Marktforschung«: Das waren die in der hier vorliegenden Darstellung gewählten Instrumente auf dem beschaffungspolitischen Sektor im Verlagsmarketing. Da sie den Bereich Absatz ergänzen, kann man das Marketing damit inhaltlich und methodisch als abgeschlossen betrachten. Die in dem gewohnten Schema (S. 160) des absatzpolitischen Instrumentariums parallel aufgebauten Instrumente wie Produktforschung, Preis-, Kommunikations- und Distributionsforschung für Buchverlage werden vielleicht in einer zukünftigen Auflage folgen.

TEIL F:
ANHANG

Bibliographie

Die Bibliographie verzeichnet benutzte und weiterführende Literatur. Sie erhebt keinerlei Anspruch auf Vollständigkeit.

Bibliographien

Buchhändlerische Fachliteratur: Hg. v. Börsenverein des Deutschen Buchhandels e.V. (Sortimenterausschuß), Frankfurt (Buchhändler-Vereinigung), jährlich.

Kliemann, Horst und Peter Meyer-Dohm: Buchhandel. Eine Bibliographie. Hamburg (Verlag für Buchmarkt-Forschung) 1963.

Lengenfelder, Helga und Gitta Hausen (Hg.): Fachliteratur zum Buch- und Bibliothekswesen Teil 1, Europa. München (Verlag Dokumentation / Saur) [10]1973 und [12]1981.

Schauer, Georg Kurt (Hg.): Eine Fachbibliothek für Buchhändler. Frankfurt (Buchhändler-Vereinigung) [4]1969.

Zeitschriften

Anzeiger des österreichischen Buchhandels. Wien (Hauptverband des österreichischen Buchhandels).

Bertelsmann-Briefe. Gütersloh/Wiesbaden (Verlagsgruppe Bertelsmann/Verlag für Buchmarkt- und Medienforschung).

Börsenblatt für den Deutschen Buchhandel. Hg. v. Börsenverein des Deutschen Buchhandels, Frankfurt (Buchhändler- Vereinigung). [Insbesondere Heft 75 (1988) »Strukturwandel«]

Börsenblatt für den Deutschen Buchhandel. Hg. v. Börsenverein des Deutschen Buchhändler zu Leipzig. Fachzeitschrift für Verlagswesen und Buchhandel, Leipzig (VEB Fachbuchverlag) [eingestellt Ende 1990].

The Bookseller. The Organ of the Book Trade. London (Whitaker).

Buchhändler heute. Fachzeitschrift für den gesamten Buchhandel. Düsseldorf (Triltsch Druck und Verlag GmbH & Co. KG).

BuchMarkt – Das Ideenmagazin für den Sortimentsbuchhandel. Düsseldorf (BuchMarkt GmbH K. Werner).

Buchreport. Hg. v. Bodo Harenberg, Dortmund (Kommunikation Verlags- und MedienGmbH & Co. KG). [Insbesondere Heft 40 (1988) »Markt Europa«]

Buchwelt. Das Autorenmagazin aus dem Verlag Frieling & Partner. Berlin (Frieling & Partner GmbH).

B + Z Buch- und Zeitschriftenberater. Informationsblatt für den Buch- und Zeitschriftenhandel. Bielefeld (A. Victor Wehling).

Der Dienst. Meinungsbeiträge zur Medienszene. Hamburg (Alfred Adam).

Deutscher Drucker. Stuttgart (Deutscher Drucker Verlagsgesellschaft mbH & Co. KG).

Impressum. Literarischer Pressedienst für Autoren und Verleger. Hg. v. Literarischen Informationszentrum Josef Wintjes. Bottrop (Eigendruck im Selbstverlag).

Krontrapunkt. Mitgliederzeitschrift der Industriegewerkschaft Medien, Druck und Papier, Publizistik und Kunst, Stuttgart (IG Medien).

kress report. Intensiv-Information für Kommunikation und Werbung. Stuttgart (kress report).

der literat. Zeitschrift für Literatur und Kunst. Das Fachorgan für Schriftsteller, Übersetzer, Kritiker, Publizisten und Kulturschaffende. Frankfurt (der literat).

Livres de France. Paris (Editions Professionelles du Livre).

Livres Hebdo. La Bibliographie de la France/Le Bulletin du Livre. Paris (Editions Professionelles du Livre).

Medien Kritik. Frankfurt (Institut für Medienentwicklung und Kommunikation).

Der Polygraph. Frankfurt (Polygraph).

Publishers Weekly. The Journal of the Book Industry. New York (Bowker).

Der Schweizer Buchhandel/La librarie suisse/La libreria suizzera. Zürich (Schweizerischer Buchhändler- und Verlegerverband).

texten + schreiben. Bad Wörishofen (Holzmann).

Der Übersetzer. Hg. v. Verband deutschsprachiger Übersetzer. Straelen.

(Vertrauliche) Verleger-Mitteilungen. Hg. v. Börsenverein des Deutschen Buchhandels e.V. (Verleger-Ausschuß), Frankfurt (Buchhändler-Vereinigung).

der neue vertrieb. Fachzeitschrift für Vertrieb und Vertriebswerbung. Hamburg (Hamburger Fachverlag Gerhard Sondermann).

w & v. werben und verkaufen. München (Europa-Fachpresse-Verlag GmbH).

Jahrbücher

Buch und Buchhandel in Zahlen. Hg. v. Börsenverein des Deutschen Buchhandels e.V., Frankfurt (Buchhändler- Vereinigung). Alle Ausgaben bis 1990.

Gutenberg-Jahrbuch. Mainz (Verlag der Gutenberg-Gesellschaft [Selbstverlag]).

Jahrbuch '89, '90. Hg. v. Börsenverein des Deutschen Buchhandels e.V., Frankfurt (Buchhändler-Vereinigung). Alle Ausgaben seit Erstausgabe 1989.

Polygraph Jahrbuch. Frankfurt (Polygraph).

Lexika, Wörterbücher

ABC Alternatives Börsen-Communique. Sondernummer zur 4. Frankfurter Gegenbuch-
messe 1980. Trier (éditions trèves e.V.) 1980.

Börsenverein (Hg.): Media-Begriffe Fachzeitschriften. Frankfurt (Buchhändler-Vereinigung) ²1982.

*von Corsten, Severin, Günther Pflug, Friedrich Adolf Schmidt-Kunsemüller (Hg.): Lexikon
des gesamten Buchwesens.* Stuttgart (Hiersemann) 1985ff. [vgl. dazu jetzt Kirchner]

Gent, Sigrid: Die Taschenbuch-Fibel. Düsseldorf (BuchMarkt Verlag K. Werner) 1982.

Hiller, Helmut: Wörterbuch des Buches. Frankfurt (Klostermann). Vierte, vollständig
neubearbeitete Auflage (1980) der dritten, durchgesehenen und erweiterten Auflage
1967 von ¹1958.

Kirchner, Joachim (Hg.): Lexikon des Buchwesens. Band I bis IV. Stuttgart (Hiersemann) 1952ff. Neuausgabe in vollständiger Überarbeitung s. von Corsten u. a.

Koszyk Kurt und Karl H. Pruys: Wörterbuch zur Publizistik. München (dtv) 1969.

Lernkartei für den Buchhandel. Die Kartei enthält die wichtigsten Tatsachen, Begriffe
und Fachausdrücke aus dem umfangreichen Lernfach Buchhandel. Die Texte schrie-
ben Dozenten an den Schulen des Deutschen Buchhandels in Frankfurt am Main.
Stuttgart (Klett) 1986.

Mora, Imre (Hg.): Wörterbuch des Verlagswesens in 20 Sprachen. Pullach bei München
(Verlag Dokumentation) ²1977.

Nadolski, Dieter: Kleines Lexikon der Schwartzen Kunst. Spracheigentümlichkeiten und
Brauchtum des Buchdruckerhandwerkes von A-Z. Leipzig (VEB Bibliographisches
Institut) und Frankfurt (Büchergilde Gutenberg) 1990.

Stiehl, Ulrich: Satzwörterbuch des Buch- und Verlagswesens. Deutsch – Englisch. München (Verlag Dokumentation) 1977.

Stöckle, Werner: ABC des Buchhandels. Wirtschaftliche, technische und rechtliche
Grundbegriffe. Weil der Stadt (Lexika Verlag) ⁵1982, ⁶1986.

Bücher
(Monographien und Sammelbände)

Allert-Wybranietz, Kristiane: Wie finde ich den richtigen Verlag? Anregungen, Tips,
Adressen für Autoren. München (Heyne) 1988.

*Anonymus [= Friedrich Perthes]: Der deutsche Buchhandel als Bedingung des Daseins
einer deutschen Literatur.* Hamburg (Perthes) 1816. Diplomatische Ausgabe Stuttgart
(Reclam) 1967.

Anonymus [= August Prinz]: Stand, Bildung und Wesen des Buchhandels. Von dem Verfasser der »Bausteine zur Geschichte des deutschen Buchhandels«. Altona ([anony-
mes] Verlagsbureau) 1856. Unveränderter Nachdruck [Reprint, Jahresgabe 1978/79].
Heidelberg (Carl Winters Universitätsverlag) 1978.

Arnold, Heinz Ludwig (Hg.): Literaturbetrieb in der Bundesrepublik Deutschland. Ein
kritisches Handbuch. München (edition text + kritik) 1971, ²1981.

*Baier, Hans (Hg): Verlagswesen und Buchhandel in der Deutschen Demokratischen Re-
publik.* Eine Dokumentation des Börsenvereins der Deutschen Buchhändler zu Leipzig. Leipzig 1986.

Banaschewski, Edmund J. A.: Theorie des Verlags. Ein Beitrag zur Typo-Soziologie des
Verlagswesens. Leipzig (Voigtländer) 1933.

Beinsen-Ruf, Hans-Ludwig: Kalkulation der Buchgemeinschaft, dargestellt an den Clubs des Bertelsmann-Konzerns. Diplomarbeit an der Fachhochschule für Druck Stuttgart im Studiengang Verlagswirtschaft und Verlagsherstellung im WS 1979/80.

Benzing, Josef: Die deutschen Verleger des 16. und 17 Jahrhunderts. Eine Neubearbeitung. Frankfurt (Buchhändler- Vereinigung) 1977.

Bergmann, Hans: Autorenhonorare und Verlegergewinne. Frankfurt (Diss.) 1833.

Bez, Thomas: Der deutschsprachige Buchmarkt. Unter Berücksichtigung der Branchenrationalisierung aus der Sicht eines Barsortimenters. Frankfurt (Buchhändler-Vereinigung) 1978.

Bibelhandschriften, Bibeldrucke. Gutenbergbibel in Offenburg. Offenburg (Selbstverlag der Stadt Offenburg) 1980.

Bidlingmaier, Johannes: Marketing. Band 1 und 2. Reinbek bei Hamburg (Rowohlt) [7]1978, Opladen (Westdeutscher Verlag) [9]1981.

Biermann, Wolf: s. Stein, Hannes

Birkenfeld, Günther: Die Schwarze Kunst. Ein Gutenberg-Roman. Berlin (Büchergilde Gutenberg) 1936.

Birkigt, Klaus: Angewandte Verkaufsförderung. Hamburg (Marketing Journal) 1983.

Blana, Hubert: Die Herstellung. Ein Handbuch für die Gestaltung, Technik und Kalkulation von Buch, Zeitschrift und Zeitung. München (K. G. Saur) [1]1986, [2]1991.

Böcker, Franz (u. a.): Grundzüge des Marketing. München (Verlag Dokumentation) [3]1976.

Bologna, Giulia: Handschriften und Miniaturen. Das Buch vor Gutenberg. München (Südwest) 1989.

Brawand, Leo: Die SPIEGEL-Story. Wie alles anfing. Düsseldorf (Econ) 1987.

Deutsches Bucharchiv München (Hg.): Das Verlagswesen der Bundesrepublik Deutschland. Rastatt (Verlag für zeitgeschichtliche Dokumentation) 1971.

Diverse [ohne Hg.]: Der deutsche Buchhandel in unserer Zeit. Mit Beiträgen von Heinrich Cronstei [Vertriebsformen des Buches], Herbert G. Göpfert [Das deutsche Verlagswesen der Gegenwart; Bemerkungen zum Taschenbuch], Hans Ferdinand Schulz [Von Beruf und Berufung des Sortimenters], Ernst Hauswedell [Das Antiquariat] und Helmut Hiller [Die Buchgemeinschaften]. Göttingen (Vandenhoeck & Ruprecht) 1961.

Von Büchern und Menschen. [Almanach]. Frankfurt (Frankfurter Verlagsanstalt) 1987 ff.

Bücher, Karl: Der deutsche Buchhandel und die Wissenschaft. Denkschrift im Auftrag des Akademischen Schutzvereins. Leipzig (Teubner) 1933.

Bücher, Karl: Die gewerblichen Betriebssysteme in ihrer geschichtlichen Entwicklung. Aus der Vortragsreihe: Die Entstehung der Volkswirtschaft. 1. Auflage Tübingen 1893 und 16. Auflage Tübingen 1922.

Büchner, Rudolf (u. a.): Bücher und Menschen. Vom Buch und seinen Wirkungen in Geschichte und Gegenwart. Gütersloh (Bertelsmann) 1976.

Bücking, Helmut: Verlag, Verlagsbuchhandel und Unternehmer. Diss. Jena (Gustav Fischer) 1931.

Bundesamt, Statistisches: Kostenstruktur im Großhandel bei Buch- u. ä. Verlagen. Stuttgart (Kohlhammer) 1980 ff.

Carter, John und Percy H. Muir (Hg.): Bücher, die die Welt verändern. Herausgeber der deutschen Ausgabe: Kurt Busse. Darmstadt (Wissenschaftliche Buchgesellschaft) 1969.

Clark, Giles N.: Inside Book Publishing. A Career Builder's Guide. London (Blueprint Publishing / Book House Training Centre) 1988.

Czerwensky, Claudia: Die Auflagenhöhe als betriebswirtschaftliches Problem im Verlagsbuchhandel. Frankfurt (Buchhändler-Vereinigung) 1979.

Daiber, Hans (Hg): Wie ich anfing. 24 Autoren berichten von ihren Anfängen. Düsseldorf (Claassen) 1979.

Daum, Thomas: Die 2. Kultur. Alternativliteratur in der Bundesrepublik. Gutenberg-Syndrom 2. Mainz (NewLit) 1981.

Delius, Peter: Grundprobleme bei Gründung und Aufbau von Buchverlagen. Diplomarbeit an der Fachhochschule für Druck Stuttgart im Studiengang Verlagswirtschaft und Verlagsherstellung im SS 1988.

Dessauer, John P.: Book Publishing. What It Is, What It Does. A comprehensive and provocative introduction to the structure and operation of the book publishing industry. New York & London (Bowker) ²1981.

Dietze, Klaus und Schulte, Hans: Verlagskunde. Beiträge zur Geschichte des deutschen Verlagsbuchhandels. Köln (Der Jungbuchhandel) 1952.

Döbler, Hannsferdinand: Döblers Kultur- und Sittengeschichte der Welt. Handwerk Handel, Industrie. München (Goldmann) 1978.

Neven Du Mont, Reinhard: Die Kollektivierung des literarischen Konsums in der moderen Gesellschaft durch die Arbeit der Buchgemeinschaften. Diss. Köln (Du Mont) 1961.

Engelmann Bernt (Hg.): Bestandsaufnahme. V. Schriftstellerkongreß VS. München (Goldmann) 1980. Darin: Schönstedt, Eduard: Das gerächte Honorar. Über das Honorar in der Verlagskalkulation.

Escarpit, Robert: Die Revolution des Buches. Gütersloh (Bertelsmann) 1967.

Eschenbach, Rolf und Gerhard Plasonig (Hg.): Planung und Kontrolle. Unternehmerische Entscheidungsgrundlagen in einem Buchverlag. Wien (Service-Fachverlag an der Wirtschaftsuniversität) 1986.

Estermann, Alfred und Hans-Albrecht Koch: Deutsche Literatur in Titelblättern. Reproduktionen aus Büchern der Stadt- und Universitätsbibliothek Frankfurt am Main. München (Verlag Dokumentation) 1986.

Faulmann, Carl: Das Buch der Schrift. Enthaltend die Schriftzeichen und Alphabete aller Zeichen und aller Völker des Erdkreises. Reprint der Wiener Ausgabe von 1880. Nördlingen (Greno) 1985.

Fischer, Gustav: Grundzüge der Organisation des deutschen Buchhandels. Diss. Jena (Gustav Fischer) 1903.

Földes-Papp, Károly: Vom Felsbild zum Alphabet. Die Geschichte der Schrift. Stuttgart (Belser) 1984.

Flemmer, Walter: Verlage in Bayern. Geschichte und Geschichten. Mit einem einführenden Kapitel über die Frühgeschichte des bayerischen Verlagswesens von Fritz Schmitt-Carl. Pullach (Verlag Dokumentation) 1974.

Fohrbeck Karla und Andreas J. Wiesand: Der Autorenreport. Mit einem Vorwort von Rudolf Augstein. Hamburg (Rowohlt) 1972.

Friedrich, Heinz: Aufräumarbeiten. Berichte, Kommentare, Reden, Gedichte und Glossen aus vierzig Jahren. Hg. v. Lutz-W. Wolff. München (dtv) 1987.

Frieling, Wilhelm Ruprecht: »Autor sucht Verleger«. Der direkte Weg zum eigenen Buch. Berlin (Frieling & Partner) o. J.

Friese, Franz: So entsteht ein Buch. Vom Schreibtisch des Verfassers bis ins Schaufenster des Buchhändlers. Frankfurt (Reinhardt) 1948.

Geck, Elisabeth: Grundzüge der Geschichte der Buchillustration. Darmstadt (Wissenschaftliche Buchgesellschaft) 1982.

Göhler, Wolfgang: Kaufmännisches Rechnen, Statistik. München (K. G. Saur) ²1983.

Goldfriedrich, Johann: Geschichte des Deutschen Buchhandels. Zweiter Band: Geschichte des Deutschen Buchhandels vom Westfälischen Frieden bis zum Beginn der klassischen Literaturperiode (1648–1740). Leipzig (Verlag des Börsenvereins) 1908. [s. auch Kapp, Friedrich]

Göpfert, Herbert G.: Vom Autor zum Leser. Beiträge zur Geschichte des Buchwesens. München (Hanser) 1977.

Görtz, Franz Josef: Innenansichten. Über Literatur als Geschäft. Frankfurt (Athenäum) 1987.

Greenfeld, Howard: Bücher wachsen nicht auf Bäumen. Vom Bücherschreiben und Büchermachen. München (Ellermann) 1979.

Gregor-Dellin, Martin (Hg.): PEN Bundesrepublik Deutschland. Seine Mitglieder, seine Geschichte, seine Aufgaben. München (Goldmann) 1978.

Großekämper, Werner: Marketing für wissenschaftliche Bücher. Eine empirisch fundierte Grundlagenbildung am Beispiel wirtschafts- und sozialwissenschaftlicher Literatur. Diss. Frankfurt (Peter Lang) 1982.

Guojun, Liu und Zheng Rusi: Die Geschichte des chinesischen Buches. Beijing (Verlag für fremdsprachige Literatur) [1]1988.

Haberstumpf, Helmut und Jürgen Hintermeier: Einführung in das Verlagsrecht. Darmstadt (Wissenschaftliche Buchgesellschaft) 1985.

Halbey, Hans Adolf (Hg.): Museum der Bücher. Dortmund (Harenberg Kommunikation) 1986.

Heimeran, Ernst: Der Verlagsvertreter. Windeck (Windecker Winkelpresse) 1987.

Heinold, Erhardt: Bücher und Büchermacher. Was man von Verlagen und Verlegern wissen sollte. Heidelberg (Decker & Müller) [1]1987, [2]1988.

Heinold, Erhardt (Hg.): Handbuch des Buchhandels, Band II, Verlagsbuchhandel. Hamburg (Verlag für Buchmarkt-Forschung) 1975.

Henze, Eberhard: Kleine Geschichte des deutschen Buchwesens. Düsseldorf (»Buchhändler heute«) 1983.

Hiller, Helmut: Zur Sozialgeschichte von Buch und Buchhandel. Bonn (Bouvier) 1966.

Hiller, Helmut und Wolfgang Strauß (Hg.): Der deutsche Buchhandel. Wesen, Gestalt, Aufgabe. Fünfte, verbesserte und vollständig überarbeitete Auflage 1975 von [1]1961.

Hoffmann, Gerd E. (Hg.): P. E. N. International. München (Bertelsmann) 1986.

Jeremias, Günther: Das billige Buch. Entwicklungs- und Erscheinungsformen. Berlin (Diss.) 1938.

Jordan, Hans (H&): Auf Verlegers Rappen. Vom Büchermachen und Buchverkäufern. München (Ehrenwirth) 1986.

Jovanovich, William: Barrabas war ein Verleger. München (Droemer Knaur) 1965.

Kästing, Friederike und Franz-Joachim Klock (Hg.): Beiträge zur Ökonomie des Verlagsbuchhandels. Baden-Baden (Nomos) 1990.

Kapp, Friedrich und Johann Goldfriedrich: Geschichte des Deutschen Buchhandels. Leipzig (Verlag des Börsenvereins) 1886–1913. Band I: Kapp, Friedrich: Geschichte des Deutschen Buchhandels bis in das siebzehnte Jahrhundert. Aus dem Nachlaß herausgegeben 1886. Band II: Goldfriedrich, Johann: Vom Westfälischen Frieden bis zum Beginn der klassischen Literaturperiode (1648–1749). 1908. Band III: Goldfriedrich, Johann: Vom Beginn der klassischen Literaturperiode bis zum Beginn der Fremdherrschaft (1740–1804). 1909. Band IV: Vom Beginn der Fremdherrschaft bis zur Reform des Börsenverein im Deutschen Reich (1805–1889). 1913.

Kapr, Albert: Johannes Gutenberg. Persönlichkeit und Leistung. München (C. H. Beck) [2]1988.

Kapr, Albert: Stationen der Buchkunst. Rückblick und Umblick von der Internationalen Buchkunst-Ausstellung Leipzig 1982. Leipzig (VEB Fachbuchverlag) 1985.

Karrasch, Isabel: Verlagswesen und Buchhandel in der DDR. Diplomarbeit an der Fachhochschule für Druck Stuttgart im Studiengang Verlagswirtschaft und Verlagsherstellung im WS 1988/89.

Kehr, Christian: »Rabatt habe ich nie gegeben«. Aus der Selbstbiograghie von Ludwig Christian Kehr, Buchhändler in Kreuznach anno 1843. Reprint Windeck (Windecker Winkelpresse – Günther Weiss-Margis) 1980.

Keuchen, Gernot: Berufspraxis in Verlagen. Grundwissen, Berufspolitik, Aus- und Fortbildung, Checkliste, Kontakte, Bibliographie. Hardebek (Eulenhof) ²1986.

Keuchen, Gernot: Kalkulation im Buch- und Zeitschriftenverlag. Deckungsbeitragsrechnung, Buchkalkulation, Zeitschriftenkalkulation, Controlling, Planung, Dokumente. Hardebek (Eulenhof) 1988.

Keuchen, Gernot: Karriere im Verlag. Prinzipien der Arbeit in Lektorat und Redaktion. Hardebek (Eulenhof) 1982.

Klameth Hans: Das Kommissionsgeschäft im Buchhandel. Rechtsstellung und wirtschaftliche Bedeutung des Buchhändler-Kommissionärs. Bern (Diss.) 1930.

Kliemann, Horst: Stundenbuch für Letternfreunde. Besinnliches und Spitziges über Schreiber und Schrift, Leser und Buch. Nachdruck. Dortmund (Harenberg Kommunikation) 1984.

Kohlhammer, Walter W.: Der Kommissionär im Buchhandel. Diss. Stuttgart (Kohlhammer) 1904.

Kossack, Eberhard: Bericht über eine betriebswirtschaftliche Reihenuntersuchung bei mittelständischen Verlagen in Baden-Württemberg. Stuttgart (Verband der Verlage und Buchhandlungen in Baden-Württemberg e.V.) 1977.

Kossack Eberhard: Kalkulation, Planung, Kontrolle. Ein Informationssystem für den Verlag. Stuttgart (Verband der Verlage und Buchhandlungen in Baden-Württemberg e.V.) 1979.

Kossack, Eberhard: Krisenvorsorge. Frühwarnsystem für Verlage. Stuttgart (Verband der Verlage und Buchhandlungen in Baden-Württemberg e.V.) 1987.

Kraus, Hans P.: Die Saga von den kostbaren Büchern. Zürich (SV international / Schweizer Verlagshaus) 1982.

Krause, Joachim: Der deutsche Buchhandel. Kurze Geschichte und Organisation. Düsseldorf (»Buchhändler heute«) 1975.

Kühn, Bodo: Meister Gutenberg. [Ein Roman]. Berlin [Ost] (Union) 1961.

Kunze, Horst: Das große Buch vom Buch. Eine Geschichte des Buches und Buchgewerbes von den Anfängen bis heute. Berlin [Ost] (Der Kinderbuchverlag) 1983.

Kurzer, Michael: Vertriebsanalyse und Entwicklung einer vertrieblichen Marketing-Strategie im Carl Ernst Poeschel Verlag. Diplomarbeit an der Fachhochschule für Druck Stuttgart im Studiengang Verlagswirtschaft und Verlagsherstellung im WS 1988/89. Gesperrt bis 01. 01. 2000.

Lauterbach, Burkhart R.: Bestseller. Produktions- und Verkaufsstrategien. Tübingen (Tübinger Vereinigung für Volkskunde e.V.) 1979.

500 Jahre Buchstadt Leipzig. Von den Anfängen des Buchdruckes in Leipzig bis zum Buchschaffen der Gegenwart. Leipzig (VEB Fachbuchverlag Leipzig) 1981.

Link, Ernst: Ideenfindungstechniken. Grundlagen und ihre Anwendungsmöglichkeiten im Verlag. Diplomarbeit an der Fachhochschule für Druck Stuttgart im Studiengang Verlagswirtschaft und Verlagsherstellung im SS 1988.

Ludwig, Karl: Kurze Geschichte des Buchhandels in Deutschland. Düsseldorf (Der Jungbuchhandel) ²1955.

Lülfling, Hans und Hans-Erich Teigte: Handschriften und alte Drucke. Kostbarkeiten aus Bibliotheken der DDR. Wiesbaden (Reichert) 1981.

Mazal, Otto: Europäische Buchkunst. Von der Romantik bis Gutenberg. Graz (Akademische Verlagsanstalt) 1978.

McLuhan, Marshall: Die Gutenberg-Galaxis. Das Ende des Buchzeitalters. Düsseldorf (Econ) ¹1968.

Menz, Gerhard: Was weißt du vom Buch? Prien (Anthropos) 1924.

Menz, Gerhard: Der deutsche Buchhandel. Gotha (Perthes) [1]1924, [2]1942.

Menz, Gerhard: Die Gutenberg-Fibel. Potsdam (Rütten & Loening) 1949.

Mettmann, Birgit: Zur Struktur des Buchmarktes in den USA. Diplomarbeit an der Fachhochschule für Druck Stuttgart im Studiengang Verlagswirtschaft und Verlagsherstellung im WS *1988/89.*

Meyer-Dohm, Peter: Buchhandel als kulturwissenschaftliche Aufgabe. Gütersloh (Bertelsmann) *1967.*

Meyer-Dohm, Peter: Der westdeutsche Büchermarkt. Eine Untersuchung der Marktstruktur, zugleich ein Beitrag zur Analyse der vertikalen Preisbindung. Diss. Stuttgart (Gustav Fischer) *1957.*

Meyer-Dohm, Peter und Wolfgang Strauß (Hg.): Handbuch des Buchhandels in vier Bänden. Band I: Allgemeines. Hg. v. Horst Machill *(1974).* Band II: Verlagsbuchhandel. Hg. v. Erhardt Heinold (1975). Band III: Sortimentsbuchhandel. Hg. v. Franz Hinze *(1971).* Band IV: Übrige Formen des Bucheinzelhandels – Zwischenbuchhandel und Buchgemeinschaft. Hg. v. Friedrich-Wilhelm Schaper (1977).

Molden, Fritz: Der Konkurs. Aufstieg und Fall eines Verlegers. Hamburg (Hoffmann & Campe) [1]1984.

Müller-Wieland, Horst: Verleg dich doch selbst! Praxisorientierte Anleitung zum erfolgreichen Gründen und Betreiben eines Kleinverlages. Hamburg (Tiplit-Verlag) 1984.

Mundhenke, Reinhard: Der Verlagskaufmann. Berufsfachkunde für den Kaufmann im Zeitungs-, Zeitschriften- und Buchverlag. Frankfurt (Societäts-Verlag) [1]1977 bis [5]1988.

Naissance de l'Écriture. Cunéiformes et Hiéroglyphes. Paris (Ministere de la Culture / Éditions de la Réunion des musées nationaux) [1]1982.

Neue Lehrbriefe für den Buchhandel [NLB]. Hg. v. Verband der Verlage und Buchhandlungen in Baden-Württemberg e.V. Loseblattwerk [Fernkurs], neue Edition 1988 ff.

Nieschlag, Robert, Erwin Dichtl, Hans Hörschgen: Marketing. Berlin (Duncker & Humblot) [14]1985.

Olbrich, Wilhelm: Einführung in die Verlagskunde. Stuttgart (Hiersemann) [1]1932, [3]1955.

Otten, Klaus W.: Wissenschaftliche und technische Informationsvermittlung: Neue Perspektiven für Verlagswesen und Buchhandel. Frankfurt (Buchhändler-Vereinigung) 1979.

Pape, Helmut: Klopstocks Autorenhonorare und Selbstverlagsgewinne. Frankfurt (Buchhändler-Vereinigung) 1969.

Paschke, Max und Philipp Rath: Lehrbuch des Deutschen Buchhandels. 2 Bände. Leipzig (Börsenverein) [4]1918 und 1919.

Pfeiffer, Hermann: Der deutsche Buchhandel, seine Organisation und seine Einrichtungen. Dessau (C. Dünnhaupt) 1928.

Pflug, Günther (Hg.): Der deutsche PEN-Club im Exil. Eine Ausstellung der Deutschen Bibliothek Frankfurt am Main. Frankfurt (Buchhändler-Vereinigung) 1980.

Philippi Hans: Die betriebswirtschaftliche Situation des Sortimentsbuchhandels 1976 im Spiegel des Betriebsvergleiches. Frankfurt (Buchhändler-Vereinigung) 1978.

Piatti, Celestino: s. Weber, Bruno

Piontek Heinz: Das Handbuch des Lesens. Erfahrungen mit Büchern und Autoren. Frankfurt, Berlin, Wien (Ullstein) 1982.

Plenz, Ralf: Wie mache ich mich mit einem Verlag selbständig? Grundlagen und Praxistips für die Herstellung und den Vertrieb von Zeitschriften und Büchern. Bonn (Rentrop) 1989.

Popper, Karl Raimund: Auf der Suche nach einer besseren Welt. Vorträge und Aufsätze aus 30 Jahren. München (Piper) 1984.

Powell, Walter W.: Getting into Print. Chicago, London (University of Chicago Press) 1985.

Presser, Helmut: Johannes Gutenberg. Mit Selbstzeugnissen und Bilddokumenten. Hamburg (Rowohlt Taschenbuch) [1]1967 ff.

Prinz, August [anonym]: Stand, Bildung und Wesen des Buchhandels. Von dem Verfasser der »Bausteine zur Geschichte des deutschen Buchhandels«, Altona ([anonymes] Verlagsbureau) 1856. Unveränderter Nachdruck [Reprint, Jahresgabe 1978/79]. Heidelberg (Carl Winters Universitätsverlag) 1978.

Prosi, Gerhard: Ökonomische Theorie des Buches. Volkswirtschaftliche Aspekte des Urheber- und Verlagsschutzes. Düsseldorf (Bertelsmann Universitätsverlag) 1971.

Raschwitz, Jochen: Die Finanzierung von Verlagsgründungen und Verlagsprogrammen. Hardebek (Heinold Personal- und Unternehmensberatung) 1990.

Röhring, Hans-Helmut: Wie ein Buch entsteht. Eine Einführung in den modernen Buchverlag. Darmstadt (Wissenschaftliche Buchgesellschaft) [1]1983, [5]1992.

Rogge, Klaus J.: Das System des vertikalen Marketings auf dem »wissenschaftlichen Kommunikationsmarkt«. Frankfurt (Buchhändler-Vereinigung) 1976.

Roos, Peter (Hg.): Exil. Die Ausbürgerung Wolf Biermanus aus der DDR. Eine Dokumentation. Mit einem Vorwort von Günter Wallraff. Köln (Kiepenheuer & Witsch) 1977.

Roth, Paul: Leipzig, der Mittelpunkt des Buchhandels. Leipzig (Verein der Buchhändler zu Leipzig) 1914.

Rühle, Günther: Die Büchermacher. Von Autoren, Verlegern, Buchhändlern, Messen und Konzerten. Frankfurt (Suhrkamp) 1985.

Salberg-Steinhard, Barbara: Die Schrift. Geschichte, Gestaltung, Anwendung. Ein Lehr- und Lernbuch. Köln (DuMont) 1983.

Sarkowski, Heinz: Von der Entstehung und vom Wandel des Herstellerberufs. Dielsdorf (Domus) 1988, oder »Buchhandelsgeschichte«, Frankfurt (Buchhändler-Vereinigung) Heft 3, 1988.

Scheider, Adolf: Der Monopolcharakter des Buches. Diss. Leipzig (Noske) 1936.

Scheer, Themas: Marktforschung für kleine und mittlere Verlage. Hardebek (Heinold Personal- und Unternehmensberatung) 1990.

Scherer, Erich: Das Unternehmertum des deutschen Verlagsbuchhandels. Diss. Göttingen (Scherer) 1926.

Schnell, Ralf: Die Literatur der Bundesrepublik. Autoren, Geschichte, Literaturbetrieb. Stuttgart (Metzler) 1986.

Schottenloher, Karl: Bücher bewegten die Welt. Eine Kulturgeschichte des Buches. 2 Bände. Stuttgart (Hiersemann) [2]1968.

Schramm, Albert: Deutschlands Verlagsbuchhandel. Leipzig (Tondeur & Säuberlich) 1925.

Schröder, Fritz: Die Herstellung von Büchem und Zeitschriften. Stuttgart (Poeschel) 1930.

Schroeder, Wemer: Der optimale Außendienst. Von der Alternative Handelsvertreter oder Reisende zum Entlohnungssystem. Hardebek (Eulenhof) 1981.

Schatz, Hans J.: Verbotene Bücher. Eine Geschichte der Zensur von Homer bis Henry Miller. München (C. H. Beck) 1990.

Schulz, Gerd: Buchhandels-Ploetz. Abriß der Geschichte des deutschsprachigen Buchhandels von Gutenberg bis zur Gegenwart. Freiburg (Ploetz) [4]1989.

Schulz, Rolf S.: Die soziale und rechtliche Verpflichtung des Verlegers. Pescha am Starnberger See (R. S. Schulz) 1972.

Schulze, Friedrich: Der deutsche Buchhandel und die geistigen Strömungen der letzten hundert Jahre. Leipzig (Verlag des Börsenvereins der Deutschen Buchhändler) 1925.

Schweizer, Günther: Die Bedeutung von Leistungsanreizen für das Innovationsmanagement wissenschaftlicher Fachverlage. Göttingen (Diss.) 1990.

Seele, Heide: Alte Bücher. München (Battenberg) 1982.

Siebeck, Hans: Hat der wissenschaftliche Privatverlag noch Daseinsberechtigung? Diss. Tübingen (Mohr) 1951.

Große Sowjet-Enzyklopädie: Das Verlagswesen. Das Buch. Berlin [Ost] (Verlag Die Wirtschaft) 1955.

Stein, Hannes und Wolf Biermann (Hg.): Klartexte im Getümmel. 13 Jahre im Westen. Von der Ausbürgerung bis zur November-Revolution. Köln (Kiepenheuer & Witsch) 1990.

Steinberg, Michael: Gesponserte Literatur. Auswahl, Werbung, Vertrieb und Kalkulation am Beispiel neuartiger Reiseführer. Diplomarbeit an der Fachhochschule für Druck Stuttgart im Studiengang Verlagswirtschaft und Verlagsherstellung im SS 1980.

Steinberg, S. H.: Five Hundred Years of Printing. London (Pinguin) ³1977.

Steinberg, S. H.: Die Schwarze Kunst. 500 Jahre Buchwesen. München (Prestel) 1961.

Stiehl, Ulrich: Die Buchkalkulation. Ein Lehr- und Übungsbuch. Mit zahlreichen Musterkalkulationen und einem PC-Kalkulationsprogramm. Wiesbaden (Harrassowitz) ¹1980 bis ⁴1989.

Stiehl, Ulrich: Der Verlagsbuchhändler. Ein Lehr- und Nachschlagewerk. Mit einem deutsch-englischen Wörterbuch für Verlagsbuchhändler. Hamburg (Hauswedell) 1980.

Stockem, Anno: Vermarktung von Büchern. Eine Analyse aus der Sicht der Verlage. Wiesbaden (Harrassowitz) 1988.

Thielmann, Michael Freiherr von: Taschenbuch der Betriebswirtschaft. München (Humboldt) 1978.

Thieme, Eberhard: Verlagskunde in Einzeldarstellungen. 2 Bände. Düsseldorf (Buchhändler heute) ³1979.

Uenk Renate: Die deutsche Medienlandschaft. Daten, Fakten, Analysen. München (Thiemig) 1977. [Für Medien außer dem Buch]

Uhlig, Friedrich: Geschichte des Buches und des Buchhandels. Stuttgart (Poeschel) 1953.

Uhlig, Friedrich: Der Verlags-Lehrling. Ein Lehrbuch für den Verlagsbuchhandel. Hamburg (Hauswedell) ⁵1953, ⁹1972.

Ulmer, Roland u. a.: Verlegerische Betätigung der öffentlichen Hand. Hg. v. Börsenverein des Deutschen Buchhandels e.V. (Verleger-Ausschuß). Frankfurt (Buchhändler-Vereinigung) 1984.

Umlauff, Ernst: Der Wiederaufbau des Buchhandels. Beiträge zur Geschichte des Büchermarktes in Westdeutschland nach 1945. Frankfurt (Buchhändler-Vereinigung) 1978.

Unseld, Siegfried: Der Autor und sein Verleger. Vorlesungen in Mainz und Austin. Frankfurt (Suhrkamp) ²1982.

Unwin, Sir Stanley: Das wahre Gesicht des Verlagsbuchhandels. Stuttgart (Poeschel) ¹1927, Zürich (Atlantis) ²1950 sowie Stuttgart (Poeschel) ³1965. [Original: The Truth about Publishing. London (Allan and Unwin) ¹1926]

Urban, Peter: Das Buch vom Verlag der Autoren 1969–1989. Beschreibung eines Modells und seiner Entwicklung. Frankfurt (Verlag der Autoren) 1989.

Urheber- und Verlagsrecht. Urheberrechtsgesetz, Verlagsgesetz, Recht der urheberrechtlichen Verwertungsgesellschaften. Internationales Urheberrecht. Textausgabe mit einer ausführlichen Einführung etc. von Hans-Peter Hillig. München (Deutscher Taschenbuch Verlag) ⁴1988.

Uschtrin, Sandra (Hg.): Handbuch für Autoren. Informationen und Adressen aus dem deutschsprachigen Literaturbetrieb. München (Grafenstein) 1985.

Weber, Bruno (Hg.): Meister des graphischen Sinnbilds. Mit 7 Schwarzweiß- und 67 Farbabbildungen. München (dtv) 1987.

Weigner, Felix: Ausgelesen? Das Buch im Umfeld von Kultur und Kulturindustrie. Münsingen-Bern (Fischer) 1989.

Weigel, Christoff: Abbildung der gemeinnützlichen Hauptstände. Von denen Regenten und ihren so in Friedens- als Kriegszeiten zugeordneten Bedienten biß auf alle Künstler und Handwerker noch Amts- und Berufsverrichtungen gezeichnet und in Kupfer gebracht [...]. Regensburg (ohne Verlagsangabe) 1698. Unveränderter Nachdruck [Reprint]. Dortmund (Harenberg Kommunikation) ²1977.

Widmann, Hans: Buchformen, Buchherstellung und Buchvertrieb im alten Griechenland und Rom. München (als Manuskript gedruckt [= Oberammergauer Vorträge, 16. Arbeitstagung der Herstellungsleiter]) 1966.

Widmann, Hans u. a.: Der deutsche Buchhandel in Urkunden und Quellen. Hg. v. Hans Widmann unter Mitwirkung von Horst Kliemann und Bernhardt Wendt. Band 1 und 2. Hamburg (Hauswedell) 1965.

Widmann, Hans: Geschichte des Buchhandels vom Altertum bis zur Gegenwart. Teil 1: Bis zur Erfindung des Buchdrucks, sowie: Geschichte des deutschen Buchhandels. Wiesbaden (Harrassowitz) ¹1952, ²1975.

Widmann, Hans: Vom Nutzen und Nachteil der Erfindung des Buchdrucks – aus der Sicht der Zeitgenossen des Erfinders. Mainz (Gutenberg Gesellschaft) 1973.

Wiener, Markus: Verlagsorganisation und Buchprogramme. Produktinnovationen in Buchverlagen. Frankfurt (Buchhändler-Vereinigung) 1977.

Wittlin, Jerzy: Lesen ist Silber, Schreiben ist Gold. Jerzy Wittlins satirisches ABC des Literaturbetriebes. Düsseldorf (Claassen) 1971.

Wömer, Jochen: Die Verlagsauslieferung. Selbst ausliefern? Fremd Ausliefern? Optimal ausliefern! Hardebek (Eulenhof) 1985.

Zeidler, Johann Gottfried: Buchbinder-Philosophie oder Einleitung in die Buchbinderkunst. Unveränderter Nachdruck [Reprint] der Ausgabe von 1708. Hannover (Schlütersche Verlagsanstalt) 1978.

Adressenverzeichnisse

Adreßbuch für den deutschsprachigen Buchhandel. Buchhandels-Adreßbuch für die Bundesrepublik Deutschland, Verzeichnis des Buchhandels der Deutschen Demokratischen Republik, Adreßbuch des österreichischen Buchhandels, Schweizer Buchhandels, Verzeichnis des Buchhandels anderer Länder. 3 Bände, Frankfurt (Buchhändler-Vereinigung) 1990.

Anschriften deutscher Verlage und ausländischer Verlage mit deutschen Auslieferungen. Marbach (Verlag der Schillerbuchhandlung Hans Banger) 1975ff.

Internationales Verlagsadreßbuch mit ISBN-Register. Band 1 und 2. München (K. G. Saur) 1984.

Stamm, Willy: Stamm – Presse- und Medien-Handbuch durch Presse und Werbung. Essen (Stamm) 1979ff.

Stamm, Willy: Deutsches Verlags-Register. Bundesdeutsche Verlage und ihr periodisches Schrifttum. Essen (Stamm) 1979ff.

Vinz, Curt und Günther Olzog (Hg.): Dokumentation deutschsprachiger Verlage. München (Olzog) 1971ff.
Who is Who at the Frankfurt Book Fair. An International Publishers' Guide. Edited by the Frankfurt Book Fair. München, London, New York, Paris (K. G. Saur) 1989 f.

Kataloge

Bücher, die man sonst nicht findet. Katalog der Minipressen. Augsburg (Maroverlag) 1978 ff.
Frankfurter Buchmesse [Messekatalog]. Hg. v. der Ausstellungs- und Messe-GmbH des Börsenvereins des Deutschen Buchhandels. Frankfurt, jährlich.
KNOe/K&V Barsortiments-Lagerkatalog. Stuttgart (Koch, Neff und Oetinger) jährlich.
Libri Barsortiments-Lagerkatalog. Hamburg/Frankfurt (Lingenbrink) jährlich.
Mainzer Minipressen-Messe[n]. Katalog[e]. Mainz (NewLit) 1981ff [und vorher].
VLB. Verzeichnis Lieferbarer Bücher. Hg. v. Börsenverein des Deutschen Buchhandels. Frankfurt, halbjährlich.
VlaB. Verzeichnis lieferbarer alternativer Bücher. Katalogbände zu den Mainzer Minipressen-Messen. Trier (editions treves e.V.) 1983 ff.

Anmerkungen

Die vollständigen Nachweise der nur in Kurzform zitierten Titel finden sich im Literaturverzeichnis.

1 Hiller, Wörterbuch des Buches, S. 303.
2 Kirchner, Lexikon des Buchwesens, S. 832f.
3 von Thielmann, Taschenbuch der Betriebswirtschaft, S. 145.
4 Döbler, Kultur- und Sittengeschichte, S. 60.
5 von Thielmann, Taschenbuch der Betriebswirtschaft, S. 142.
6 Döbler, Kultur- und Sittengeschichte, S. 60.
7 Duden-Lexikon in drei Bänden, Mannheim 1962, Stichwort »Verlagssystem«.
8 Hiller, Wörterbuch des Buches, S. 58.
9 Hier zitiert nach einem Prospekt des Verlags Freeman, New York.
10 Nach Widmann, Vom Nutzen und Nachteil, S. 15 f.
11 Vgl. hierzu den »Beginn des Verlagswesens« mit der »Produktion einer Auflage« bei Uhlig, Geschichte des Buches, S. 15, 18, 21, 24 und 33.
12 Popper, Karl Raimund: Bücher und Gedanken: Das erste Buch Europas, Festvortrag 1982, in: Popper, Auf der Suche, S. 125.
13 Uhlig, Geschichte des Buches, S. 15.
14 Uhlig, Geschichte des Buches, S. 15.
15 Popper, vgl. Anm. 12, S. 119.
16 Uhlig, Geschichte des Buches, S. 18.
17 Z. B. Uhlig, Geschichte des Buches, S. 21.
18 Uhlig, Geschichte des Buches, S. 21.
19 Zitiert nach Widmann, Vom Nutzen und Nachteil, S. 9, dort mehrfache Beispiele.
20 Kapp, Geschichte des Deutschen Buchhandels, Bd.1, S. 294, zitiert nach Bücking, Verlag, Verlagsbuchhändler [...], S. 47 f.
21 Zitiert nach Presser, Johannes Gutenberg, S. 123.
22 Uhlig, Geschichte des Buches, S. 33.
23 Nach: Kirchhoff, Albrecht, Beiträge zur Geschichte des deutschen Buchhandels, zitiert bei Bücking, Verlag, Verlagsbuchhandel [...], S. 52.
24 Zitiert z. B. bei Hiller/Strauß, Der deutsche Buchhandel, S. 37f.
25 Zitiert gemäß Pressemitteilungen zur Leipziger Buchmesse 1985–1990.
26 Zedler (s. Text), zitiert nach Band 47 (»Ver-Vers.«), Sp. 1081–1082.
27 Kant, Metaphysische Anfänge der Rechtslehre.
28 Pfeiffer, Der deutsche Buchhandel, S. 3.
29 Hier zitiert nach der Ausgabe von Unwin, Das wahre Gesicht des Verlagsbuchhandels, Zürich (Altantis) 1950, ähnlich in allen vorherigen und nachfolgenden Ausgaben.

30 Zitiert nach dem Faksimile des Originals, in: Umlauff, Der Wiederaufbau, Sp. 1490.
31 Zitiert bei Mundhenke, Der Verlagskaufmann, S. 17.
32 Mundhenke, Der Verlagskaufmann, S. 17.
33 Henry Nannen in der Sonderausgabe des »stern« anläßlich des 40jährigen Jubiläums der Erstausgabe vom 1. August 1948.
34 Persönliche Mitschrift des Verfassers nach einer Fernsehdokumentation zum Thema »Aufbau der Presse im Nachkriegsdeutschland«.
35 Mundhenke, Der Verlagskaufmann, S. 17.
36 Uhlig, Geschichte des Buches, S. 98.
37 Uhlig, Geschichte des Buches, S. 100.
38 So jedenfalls nach den offiziellen Selbstdarstellungen der ehemaligen DDR, nach anderen Zählungen ergaben sich verschiedentlich bis zu etwa 90 Verlage.
39 DDR-Handbuch, hg. v. Bundesministerium für innerdeutsche Beziehungen, Köln (Verlag Wissenschaft und Politik) [3]1985, Stichwort »Verlagswesen«, S. 1430.
40 Große Sowjetenzyklopädie, Das Verlagswesen, S. 67, 21 und 46.
41 Genaueres vgl. das Vorwort von Heinz Friedrich (»Die Taschenbuch-Story«) in: Sigrid Gent, Die Taschenbuchfibel, S. 9–19.
42 Gablers Wirtschaftslexikon, 10. Auflage 1980, Sp. 2414.
43 Thomas Bez: Die Barsortimente – Gefahren und Chancen, in: Börsenblatt für den Deutschen Buchhandel, Heft 75 (1988) [»Strukturwandel«], S. 2719.
44 Vgl. Bücking, Verlag, Verlagsbuchhandel [...], S. 29ff.
45 So in der Broschüre von Frieling sowie in einschlägigen Anzeigen.
46 So in dem Schriftsteller-Gewerkschaftsblatt »Die Feder« (Nr. 4, 1982) sowie im Band von Heinz Ludwig Arnold »Literaturbetrieb«.
47 Alle Anzeigen, Angebote etc. in einer sich über mehrere Jahre erstreckenden Sammlung des Verfassers zu diesem Thema inklusive ausführlicher Korrespondenz. Jeder »Verlag« wurde angeschrieben.
48 Ein Beispiel aus der Szenenzeitschrift »Impressum« von Josef Wintjes, die auf solche Fälle besonders sorgfältig achtet.
49 Nachwort im Almanach des Rotbuch Verlags anläßlich des zehnjährigen Bestehens 1983, S. 60.
50 Vgl. dazu ausführlich z. B. Bernhard Fabian, Artikel »Öffnung zur Kultur. Das Vorbild der angelsächsischen Universitätsverlage«, in der FAZ vom 1. 10. 1986.
51 Gablers Wirtschaftslexikon, [10]1980, S. 2341.
52 Gablers Wirtschaftslexikon, [10]1980, S. 2341.
53 Gablers Wirtschaftslexikon, [10]1980, S. 956.
54 Hiller, Wörterbuch des Buches, S. 120.
55 Zitiert nach Beinsen-Ruf, Kalkulation der Buchgemeinschaft, S. 13.
56 Beinsen-Ruf, S. 37 ff.
57 Roland Gööck, Bücher für Millionen, Gütersloh 1968, S. 115.
58 Beinsen-Ruf, S. 29.
59 Beinsen-Ruf, S. 79.
60 Verlautbarung der Verlagsgruppe von Holtzbrinck, Firmenpublikation.
61 Vgl. z. B. Blana, Plenz, Stiehl, im Literaturverzeichnis.
62 Jürgen Seuss, Buchhersteller und Gestalter ehemals z. B. in der Büchergilde Gutenberg, heute Professor in Hamburg, in der FAZ-Serie »Was werden?«, Berufe rund ums Buch (3).

63 Vgl. Uhlig, Der Verlagslehrling, Kapitel Herstellung.

64 S. o. Anm. 62 Seuss, zum Verlagshersteller.

65 Zuletzt sogar Blana, wörtlich im Vorwort, S. XVIII.

66 Vgl. Stiehl (1980), Röhring (1983), Heinold (1988ff.) und vorherige.

67 Röhring, Wie ein Buch entsteht, S. 96.

68 Röhring, Wie ein Buch entsteht, S. 102.

69 Als Beispiel etwa bei Hiller/Strauß, Der deutsche Buchhandel, S. 33f.

70 Als Beispiel etwa bei Böcker, von Eckardstein, Hauzeneder u. a., Grundzüge des Marketing, S. 38.

71 Stiehl, Der Verlagsbuchhändler, S. 328.

72 Auf deutsch in Hiller/Strauß (s. Anm. 69), S. 28, zitiert, lateinischer Text mit Faksimile ebendort, eingeheftet.

73 Kossack, Krisenvorsorge, S. 16.

74 Gablers Wirtschaftslexikon, [10]1980, S. 1067.

75 Böcker, von Eckardstein, Hauzeneder u. a., S. 19.

76 Lewis A. Coser, Charles Kadushin, Walter W. Powell in: Books. The Culture and Commerce of Publishing, New York (Basic Books Inc. Publishers) 1982, S. 265.

Nachweise der Motti
in Vorspann und Vorwort

Der Ausspruch von *Döblin* findet sich z. B. in: Alfred Döblin, Kleine Schriften, Olten und Freiburg (Walter) 1985, Band 1, Seite 150. Döblin war zynisch.

Der Ausspruch von *Goethe* findet sich z. B. in: Johann Wolfgang Goethe, Gedenkausgabe hg. v. Ernst Beutler, Zürich (Artemis) 1948ff., Band 23 (Gespräche, Teil 2), S. 596. Goethe war ehrlich.

Der Ausspruch von *Byron ist* zugleich der Titel des gleichnamigen Buches des amerikanischen Großverlegers William (»Bill«) Jovanovich (s. Bibliographie und a. a. O. Seite 21). Lord Byron war der Begründer des »Byronismus«.

Fachadressen
für die Aus- und Weiterbildung

Der Börsenverein gibt seit der Leipziger Buchmesse 1991 einen aufwendigen Prospekt bzw. eine Sonder-Beilage zum Börsenblatt mit allen Fachinstitutionen im neuen gemeinsamen Deutschland heraus (»Fortbildung im Buchhandel«), die über den Börsenverein (60311 Frankfurt, Großer Hirschgraben 17–21, Abteilung für Berufsbildung) beziehbar ist und die von allen Ausbildungsstätten eine ausführliche Charakteristik enthält. Hier eine Auswahl der wichtigsten.

Akademie des Deutschen Buchhandels
(Seminare für bereits im Verlag Beschäftigte)
Salvatorplatz 1, 80333 München

Akademie Klausenhof
(Umschulung zum Verlagskaufmann)
Klausenhofstraße 100, 46499 Hamminkeln-Dingen

Ausstellungs- und Messe-GmbH des Börsenvereins
(Seminare für internationale Kooperation)
Reineckstraße 3, 60313 Frankfurt am Main

Bertelsmann Stiftung
(Lektorenfortbildungsseminare, internationaler Praktikantenaustausch)
33333 Gütersloh

Berufsakademie Mannheim
(Diplom-Betriebswirt [BA])
Coblitzweg 7, 68163 Mannheim

Berufsakademie Ravensburg
(Diplom-Betriebswirt [BA] Medien- und Kommunikationswirtschaft)
Marienplatz 2, 88212 Ravensburg

Deutsches Bucharchiv München
(Managementseminare)
Erhardtstraße 8, 80469 München

Eulenhof Seminare Heinold, Spillner & Partner
(Grundwissens-, Fachwissens- und Führungsseminare)
Behringstraße 28a, 22765 Hamburg

Hochschule für Technik, Wirtschaft und Kultur Leipzig (FH)
Fachbereich Buch und Museum, Studiengang Buchhandel/Verlagswirtschaft
Bertolt-Brecht-Str. 1, 04347 Leipzig
Fachbereich Polygrafische Technik, Studiengang Verlagsherstellung
Gutenbergplatz 2–4, 04103 Leipzig

Fachhochschule Stuttgart
Hochschule für Druck und Medien
Studiengang Verlagswirtschaft und Verlagsherstellung
(Diplom-Wirtschaftsingenieur [FH] der Fachrichtung Verlag)
Nobelstraße 10, 70569 Stuttgart

Johannes Gutenberg Universität Mainz, Institut für Buchwissenschaft
(Magister artium, Promotion Buchwesen)
Friedrich-von-Pfeiffer-Weg 5, 55128 Mainz

Klett Wirtschafts- und Bildungsservice WBS
(Marketing- und Vertriebsassistent)
Hasenbergstraße 31/1, 70178 Stuttgart

Schulen des Deutschen Buchhandels
Wilhelmshöher Straße 283, 60389 Frankfurt am Main

Technische Universität Berlin
(Vorlesungen Buch- und Verlagswesen)
Straße des 17. Juni 135, 10623 Berlin

Friedrich-Alexander-Universität Erlangen/Nürnberg,
Studium Buchwissenschaft (Magister, Promotion)
Harfenstraße 16, 91054 Erlangen

Universität Gesamthochschule Essen
Fachbereich Literatur- und Sprachwissenschaften
(Studiengang Literaturvermittlung und Medienpraxis)
Universitätstraße 12, 45141 Essen

Universität zu Köln
(Lehrstuhl für Bibliothekswissenschaft)
Albert-Magnus-Platz, 50931 Köln

Universität München, Institut für Deutsche Philologie
(Aufbaustudiengang Buchwissenschaft)
Schellingstraße 3, 80799 München

Universität Gesamthochschule Siegen,
Fachbereich Sprach- und Literaturwissenschaften
(Medienwirt im Studiengang Medienplanung, -entwicklung)
Hölderlinstraße 3, 57076 Siegen

Westfälische Wilhelms-Universität
Forschungsinstitut für Buchwissenschaft und Bibliographie
Schloßplatz 2, 48149 Münster

Register

Neben den Stichworten wurden auch einige Schlagworte gebildet. Neben den Substantiven wurden auch wichtige Adjektive berücksichtigt. Namen von *Personen* erscheinen *kursiv*. Wo es für das Verständnis förderlich schien, wurden (in Klammern) Ergänzungen gemacht.